Günter Liehr

MARSEILLE

Günter Liehr

MARSEILLE

Porträt einer widerspenstigen Stadt

Farbfotos von Orlando Piña

Rotpunktverlag

www.rotpunktverlag.ch

Umschlagfoto: © John Frechet, Iconotec / GraphicObsession
Bildbearbeitung: typopoint GbR, Ostfildern
Druck und Bindung: CPI – Clausen & Bosse, Leck, www.cpibooks.de

ISBN 978-3-85869-535-2
1. Auflage 2013

Inhalt

Eine Außenseiterin rückt ins Zentrum

Heftig wird an dieser Stadt zurzeit gearbeitet. Man hat ihr neuen Glanz verordnet, ein futuristischer blauer Turm beherrscht das Panorama, pittoresk ergänzt durch die schmucken weißen Korsika-Fähren. Vor das alte Fort Saint Jean hat sich ein kubisches Museum hingepflanzt. Hafennahe Zonen sind zu Riesenbaustellen geworden.

Ein Prozess der Transformation scheint Marseille erfasst zu haben. Es ist noch nicht lange her, da machten Touristen einen Bogen um diese Stadt. Jetzt wird die viel geschmähte Ganovenhochburg von Kreuzfahrtschiffen angelaufen. Man reibt sich die Augen.

Tatsächlich hatte Marseille lange einen chronisch schlechten Ruf, aber damit soll jetzt Schluss sein. Es präsentiert sich eine sonnenverwöhnte Mittelmeerstadt unter blauem Himmel mit üppigem Kulturangebot und hohem Freizeitwert. Mit der früheren Industrie- und Problemstadt gleichen Namens scheint dieses Marseille nicht viel gemein zu haben, auch wenn gelegentlich Rückfälle zu beklagen sind und Presse und Fernsehen sich über Vorkommnisse verbreiten, die dem neuen Bild nicht recht entsprechen wollen. Man erfährt dann von Schießereien, kriminellen Polizisten, Korruptionsskandalen, auf einmal ist da wieder dieses unmögliche, entsetzliche, unverbesserliche Marseille, und schon droht das Erreichte wieder zu zerbröckeln. Die Lage ist offenbar noch etwas instabil. Das ist schmerzlich für die Stadtväter und alle, die so angestrengt am Image arbeiten. Aber vielleicht ist die Stadt tatsächlich nicht so sonnig-heiter und mittelmeertouristisch-harmlos, wie man sie gerne hätte?

Wo immer in den französischen Medien von ihr die Rede ist, auch wenn es wieder irgendetwas Katastrophales zu vermelden gibt, taucht der

Ausdruck »Cité phocéenne« auf. Journalisten benutzen ihn als Namensalternative für Marseille. Aber es scheint auch etwas wie Respekt dabei mitzuschwingen, fast als wäre es der Ehrentitel für die älteste Stadt Frankreichs. Als wäre dies keine Stadt wie jede andere. »La cité phocéenne« hat übrigens nichts mit den Phöniziern zu tun. Mit ihnen werden die »phocéens« von deutschen Autoren gern verwechselt, selbst Walter Benjamin erlag diesem Irrtum. Nein, die Phokäer waren die Bewohner des griechischen Phokäa in Kleinasien – heute heißt es Foça und ist eine kleine Stadt in der Türkei. Von da kamen 600 v. u. Z. die Gründer von Massalia. Sie entdeckten nicht nur einen idealen Naturhafen, den sie Lacydon nannten, sondern darüber hinaus geografische Verhältnisse, die für die weitere Karriere der Stadt entscheidend sein sollten: ein Territorium, das vom Hinterland durch eine halbkreisförmige Kette von Bergen abgeschirmt und nur zum Meer hin offen war. Von Anfang an bestanden engere Verbindungen zu anderen Mittelmeerufern und Häfen als zum Landesinneren. Lange Zeit hindurch drehte die Stadt dem Land im Norden den Rücken zu, blickte nach draußen, in die Fremde, die ihr aber nie besonders fremd war.

Gewiss, die Hafenstadt war dann durch die historische Entwicklung schicksalhaft mit Frankreich verbunden, aber die Beziehung blieb stets problematisch. Wiederholt rebellierte Marseille gegen die Pariser Zentrale, lehnte sich gegen Zugriffe und Reglementierungen auf, wollte in Ruhe den eigenen Geschäften nachgehen und sich möglichst auch selbst regieren. Das konnte nicht zugelassen werden. »Der französische Kapitalismus hatte dieser Stadt eine strategische Rolle zugedacht«, schreibt Alessi dell'Umbria, der in seiner großartigen *Histoire universelle de Marseille* die Geschichte einer fortschreitenden Unterwerfung erzählt.

Gebraucht wurde Marseille nicht zuletzt für die französischen Kolonialabenteuer, es erfüllte die Funktion einer Drehscheibe für Menschen und Waren, wovon seine Reedereien, seine Industrie, seine Bourgeoisie profitierten, solange das System funktionierte. Und die Hafenstadt erlebte auch das bittere Ende, die Dramen der kolonialen Endphase, bis hin zur massenhaften Ankunft der »pieds-noirs« nach dem Debakel der »Algérie française«.

Aber wer war nicht vorher schon alles gekommen! Das 19. und 20. Jahrhundert hindurch wurde die Bevölkerung laufend aufgefrischt durch neue Einwanderungswellen. Immigranten stellten den permanenten Nachschub für Industrie und Hafen, bildeten das Gros des Marseiller Proletariats, während andere Zuwanderer aus der Fremde in die oberen Etagen der Stadt aufstiegen. Griechen, Syrer, Italiener, Spanier, Korsen, Armenier, Afrikaner, Maghrebiner haben Anteil an diesem einzigartigen Menschenmosaik, in dem der Schriftsteller Henri Bosco eine Kompensation für das Fehlen alter Kulturbauten sah: »Es gibt da dennoch etwas in Marseille, ein außergewöhnliches Monument, das aber nicht besichtigt werden kann. Denn es ist kein steinernes Gebäude, es ist ein immenses Gebäude aus Fleisch und Blut; es ist die Bevölkerung die sich temperamentvoll und unermüdlich in Szene setzt.«

Die Faszination wurde nicht von allen geteilt. Die beispiellose Mixtur galt vielen als bedrohlich, für Rassisten jeder Provenienz wurde Marseille zum Schreckbild. Der kosmopolitische Bevölkerungsmischmasch, die Tradition der Revolte, politische Eigenwilligkeit, wiederholte Hafenarbeiterstreiks, kriminelle Subkulturen: das Ressentiment gegen diese Stadt speiste sich je nach historischer Phase aus unterschiedlichen Quellen. Und es ist auch heute keineswegs verschwunden.

Im Gegenzug hat sich in Marseille eine Haltung aus Trotz und Eigensinn mit einem Hauch von Selbstmitleid entwickelt. Man begreift sich als Opfer, führt Klage über Benachteiligung, Arroganz und Stigmatisierung. Marseiller können Beispiele aufzählen, wann und von wem ihrer Stadt in der Vergangenheit übel mitgespielt wurde. Die Empörung darüber und der damit verbundene Anti-Paris-Affekt sind geradezu Bausteine der lokalen Identität geworden, und die ist stark ausgeprägt: Trotz aller Krisen und Konvulsionen, oder vielleicht gerade deshalb, hat sich bei den Bewohnern von Marseille ein intensives Gefühl kollektiver Zugehörigkeit entwickelt, egal woher sie kommen und wie lange sie schon da sind.

Ein wenig konsterniert sind viele von ihnen angesichts der aktuellen städtebaulichen Veränderungen, die ihnen als Fait accompli vorgesetzt werden, ohne dass sie darauf hätten Einfluss nehmen können. Aber die Stadt hänge am Tropf, so sagt man ihnen, sie verharre schon zu lange in Stagnation, es fehle ihr an Dynamik, sie könne sich nicht für ewig in der Krise einrichten, brauche neue Perspektiven, müsse endlich wachgerüttelt und zukunfts-, das heißt konkurrenzfähig gemacht werden.

Vor einigen Jahren sind deshalb staatlich beauftragte Marseille-Verbesserer mit dem Milliardenprojekt »Euroméditerranée« auf den Plan getreten. Eine neue Ära soll für die Stadt beginnen, und sie zeichnet sich schon ab. Mit den Altlasten der industriellen Vergangenheit wird aufgeräumt. Wo Lagerhäuser waren, wachsen Bürotürme empor, von »Revitalisierung« ist die Rede, von internationalen »Events«, von Mittelmeer- und Tagungstourismus. Mit der neuen Karriere als mediterrane Dienstleistungsmetropole soll ein Schlusspunkt hinter die maritime Orientierung gesetzt werden, die vor 2600 Jahren mit den Phokäern und ihrem Lacydon begonnen hat.

Noch sind urbanistische Erneuerung und Imagewandel nicht vollendet. Und es ist auch nicht sicher, ob die Metamorphose so stattfinden wird wie gewünscht. Zweifellos aber ist Marseille – nach Blaise Cendrars »eine der geheimnisvollsten Städte der Welt« – an einem Wendepunkt angekommen. Jetzt, wo die ureigene und uralte Tradition der Hafen- und Industriestadt überwunden werden und auf ihren Ruinen etwas Gefälliges und Aseptisches hochgezogen werden soll, bietet es sich an, einen Blick in die aufregende Geschichte dieser Stadt zu werfen und sich vielleicht von ihr in Staunen versetzen zu lassen.

Von der Marseillaise zur »Stadt ohne Namen«

Am 30. April 1790 gegen drei Uhr morgens schleicht ein kleiner Trupp Nationalgardisten im Dunkeln den Hügel von Notre-Dame de la Garde hinauf, wo sich eines der drei Marseiller Forts befindet. Als bei Tagesanbruch die Ziehbrücke heruntergelassen wird, behaupten die Männer, sie seien gekommen, um der Frühmesse in der Kapelle beizuwohnen. Das will man den frommen Bürgern nicht verwehren, man lässt sie herein und sie überrumpeln die Besatzung. Der Kommandant des Forts zögert zunächst, aber als ihm die Eindringlinge weismachen, draußen warte eine zweitausend Mann starke Truppe auf ihren Einsatz, gibt er auf. Anstelle des königlichen Lilienbanners wird die Trikolore aufgezogen, unten in der Stadt können es alle sehen, und die Neuigkeit verbreitet sich in Windeseile.

Beim Marsch auf das Fort Saint Nicolas beteiligt sich dann schon eine größere, freudig erregte Menschenmenge. Auch hier gelingt die Einnahme recht problemlos und friedfertig. Der Kommandant der königlichen Garnison kapituliert nach einer Anstandsfrist. Und bald weht es auch hier blau-weiß-rot vom Turm.

Anders läuft es dann beim Fort Saint Jean: Hier wird Widerstand geleistet, was der Kommandant Calvet und der Major Louis de Beausset mit dem Leben bezahlen. Beider Köpfe werden im Triumphzug auf Piken durch die Stadt getragen. Der Fall der Marseiller Bastillen wird ausgiebig gefeiert. »Wir mussten diesen Brandherd der Konterrevolution löschen, der in unserer Mitte loderte und uns bedrohte. Indem wir uns der Forts bemächtigten, haben wir eine heilige Pflicht erfüllt«, teilen die Marseiller Patrioten der Nationalversammlung in Paris mit.

Es handelt sich hier nicht einfach nur um eine Imitation des Pariser Ereignisses vom Vorjahr. Diese Forts haben eine sehr eigene Bedeutung für Marseille, sie stehen für die demütigende Unterwerfung der Stadt durch Louis XIV, den »Sonnenkönig«, 130 Jahre zuvor.

Begleitet von dumpfem Trommelklang rückten am 22. Januar 1660 die königlichen Truppen in die Stadt ein. Marseille hatte sich unbotmäßig verhalten, hatte rebelliert gegen die Missachtung seiner städtischen Sonderrechte, sich gegen den Gouverneur der Provence aufgelehnt und Louis XIV den Gehorsam verweigert – für den jungen König Anlass, ein Exempel zu statuieren, schließlich war die Hafenstadt für sein Reich unverzichtbar. Die Besatzungstruppe demontierte die auf der Stadtmauer platzierten Kanonen, entfernte die Schlösser von den Toren und zerstörte die Porte Réale, das große Haupttor, wo alle Herrscher vor ihrem Eintritt in die Stadt bislang rituell gelobt hatten, deren Sonderrechte zu respektieren. Beidseits des Tores wurde eine Bresche in die Mauer geschlagen, durch die dann der König am 2. März 1660 demonstrativ in Marseille einzog. Die Botschaft war klar: Diese Stadt war nun niedergerungen und erobert, mit ihrer relativen Autonomie war es zu Ende.

Bis dahin konnte Marseille in den verschiedenen Phasen seiner Geschichte stets seine Freiheiten verteidigen, hatte im Mittelalter zeitweilig die Form einer Stadtrepublik angenommen, später die Grafen der Provence auf Distanz gehalten und seine Eigenständigkeit so deutlich manifestiert, dass diese es vorzogen, ihren Hof im freundlicheren Aix-en-Provence zu installieren. Als die Provence 1481 an den König von Frankreich fiel, wurden die Sonderrechte der Stadt vertraglich festgelegt und in der Folge wiederholt erneuert. Ende des 16. Jahrhunderts hatte sich Marseille unter dem ersten Konsul Charles de Casaulx zeitweilig in eine diktatorisch regierte unabhängige Republik verwandelt und sich mit den Spaniern gegen den französischen König Henri IV verbündet. Selbst als dessen Macht wiederhergestellt war, bestätigte der Monarch die traditionellen Privilegien der Hafenstadt. Noch des »Sonnenkönigs« Vater und Vorgänger Louis XIII schwor, wie es üblich war, bevor er Marseille durch das Haupttor betrat, die Freiheiten der Stadt zu respektieren.

Mit der Unterwerfung durch Louis XIV wurde Marseille ins absolutistische Königreich eingegliedert, bekam ein neues Gemeindereglement und eine Garnison verpasst. Zwei Festungen, das Fort Saint Nicolas und das Fort Saint Jean, wurden an den Eingang des Hafens gebaut, nicht so sehr, um die Stadt vor äußeren Bedrohungen zu schützen, sondern vor allem, um ihre Bewohner in Schach zu halten und ihnen täglich die Präsenz einer übergeordneten Autorität vor Augen zu führen. »Louis le Grand hat diese Zitadelle bauen lassen in der Sorge, dass sich Marseille dem Überschwang der Freiheit hingeben könnte«, so stand es dort eingemeißelt.

Der große Mittelmeerhafen wurde für die wirtschaftlichen und militärischen Interessen des Zentralstaats in Dienst genommen. Am Südufer des Lacydon entstand – als Stadt in der Stadt – das Arsenal der königlichen Galeeren. Mit über 12 000 Galeerensträflingen, dazu 6000 zugehörigen Seeleuten, Soldaten, Offizieren und Schreibern bekam Marseille eine sehr spezielle neue Bevölkerung. Bis 1748 sollte diese Einrichtung funktionieren. Eine beträchtliche Auswirkung auf das Hafengeschehen hatte die Colbert'sche Wirtschaftspolitik. Jean-Baptiste Colbert, der Finanzminister von Louis XIV, musste die absolutistische Maschinerie in Gang halten, die Finanzierung des luxuriösen Hofstaats und der Kriegszüge des Königs sicherstellen. Es galt, Manufakturen und Handel zu stimulieren, die Hafenstädte zu fördern. Marseille wurde Freihafen und bekam das Monopol für den Levantehandel, was Macht und Bedeutung der bourgeoisen Elite verstärkte.

Während sich der Reichtum der Händler-Oligarchie mehrte, verschlechterten sich die Lebensbedingungen der kleinen Leute kontinuierlich im Laufe des Jahrhunderts. Die Steuern auf Konsumprodukte wie Mehl, Salz, Wein wurden immer drückender, die Lebensmittelpreise stiegen in unerträglichem Maße. Händler horteten Getreide, um den Preis zu treiben. Gewaltsame Proteste, Streiks und Hungerrevolten waren die Folge.

Revolutionäre Avantgarde

120 000 Einwohner hatte Marseille im Jahr 1789, doppelt so viele wie 1660. Der dicht besiedelte Kern lag wie schon zur Zeit der Antike am Nordufer des tief ins Land schneidenden Naturhafens, im Lacydon der Phokäer, die sich dort um 600 v. u. Z. angesiedelt hatten. Auch wenn die Stadt in

der Vergangenheit mehrfach gebrandschatzt, zerstört und wieder aufgebaut wurde, entsprach die Straßenführung noch weitgehend dem antiken Stadtplan – ein ungefähres Schachbrettmuster, angepasst ans hügelige Terrain und an die lokalen Witterungsbedingungen, mit engen gewundenen Gassen, die vor der heißen Sonne schützten und den kalten Mistral draußen hielten.

Die untere Stadt, das Quartier Saint Jean, bestand aus etwa dreißig parallelen Gassen, die von der Höhe zum Ufer hinunterführten. Sie wurden von mehreren Querstraßen durchschnitten, die parallel zum Kai verliefen. Von der auf drei Hügeln gelegenen Oberstadt ist heute das Panier genannte Viertel übrig, mit dem ältesten Platz der Stadt, der Place de Lenche, am Ort der griechischen Agora und des römischen Forums.

In der Altstadt waren die religiösen Traditionen lebendig, 28 Klöster gab es und wie überall in der Provence diverse Büßer-Bruderschaften mit ihren Kapellen, dazu mehrere Hospitäler und das von dem genialen Architekten Pierre Puget errichtete Armenasyl, die Charité. Nach seinen Entwürfen hatte sein Bruder Gaspard das Rathaus unten am Kai gebaut, in dessen Erdgeschoss die Börse untergebracht war, und auf Pugets Planungen ging auch der Cours zurück, damals die »gute Stube« von Marseille. Heute heißt er Cours Belsunce, aber von der großzügigen barocken Anlage ist kaum mehr etwas zu ahnen. Pugets Cours war die Nahtstelle zwischen der alten Stadt und dem neueren Teil, der nach dem Abriss der Stadtmauern entstanden war – zugleich ein Ort der Promenade und des Marktes, ein öffentlicher Raum par excellence, wo sich alle Bevölkerungsschichten begegneten. Hier und in den anderen gleichförmigen Straßen des Erweiterungsgebiets aus der absolutistischen Ära lebte inzwischen die Elite aus Aristokraten und Händlern, wobei die Bourgeoisie deutlich dominierte. Die Adligen waren in Marseille nicht sehr zahlreich, im Unterschied zur Provinzhauptstadt Aix, wo sich die großen Institutionen der Provence befanden. Typisch für die neue Wohngegend, die sich Richtung Osten und Süden erstreckte, war das Drei-Fenster-Haus, das sich später als Stil-Merkmal der Marseiller Architektur überallhin ausbreiten sollte.

Der dritte Stadtteil war aus dem früheren Galeerenarsenal entstanden. Am Südufer des Hafens, Rive Neuve, waren auf dem Terrain dieser

»Stadt in der Stadt« Wohn- und Lagerhäuser gebaut worden. Rund um den Canal de l'Arsenal, den man im 20. Jahrhundert zugeschüttet hat (und der heute zum Cours d'Estienne d'Orves geworden ist), konzentrierten sich die Warenlager der Import-Export-Händler. Rund 700 »négoçiants« zählte die Stadt am Vorabend der Revolution.

Der quirlige Hafen bot Besuchern ein faszinierendes Schauspiel. »Es sind in diesem Moment ungefähr 550 Schiffe im Hafen«, schrieb 1787 der reisende Poet Laurent-Pierre Bérenger. »Die Bewegung, die ein solcher Handelsbetrieb hervorruft, ist grandios. Überall sieht man Packen, Tonnen, Träger beladen mit Kisten und Kästen, überall Gespanne, Karren, Tragegestelle; ein starker Geruch von Essenzen und Gewürzen kommt in Schwaden aus den Lagerhäusern. Produkte aus allen Himmelsrichtungen, Menschen sämtlicher Weltgegenden in ihren verschiedenen Trachten, alle Flaggen, die die Meere befahren, sind hier zusammengekommen.«

Die großen Händler waren die Herren des Marseiller Wirtschaftslebens, sie kontrollierten auch Teile der handwerklichen Produktion sowie die aufkeimende Industrie – Tuchwebereien, erste Seifenmanufakturen und Zuckerraffinerien –, in der bereits Lohnarbeiter beschäftigt wurden, als Nachfolger der Galeerensträflinge, die vorher als billige Arbeitskräfte zur Verfügung gestanden hatten.

Von Anbeginn war Marseille eine Hochburg der Revolution, ein Herd der Avantgarde. Schlechte Ernten, spekulierende Händler, ein ungerechtes Steuersystem, das die Grundnahrungsmittel verteuerte – all dies schuf schon zu Beginn des Jahres 1789 eine explosive Situation, die in einem Revolutionsvorspiel mündete. Es begann am 23. März, als eine Volksmenge die Häuser des leitenden Steuerbeamten und des Bürgermeisters plünderte und verwüstete. Als Nächstes schienen die Warenlager der Rive Neuve an der Reihe. Das wäre der Handelsbourgeoisie an die Substanz gegangen; eine ad hoc aufgestellte Bürgermiliz verhinderte gerade noch das Schlimmste. Aber der Stadtrat sah sich genötigt, nachzugeben, senkte die Preise und setzte das Steuersystem außer Kraft. Zu seinen bisherigen, vorwiegend aristokratischen und großbourgeoisen Mitgliedern stießen über 150 Angehörige des Dritten Stands, darunter Handwerker und Bauern, die nun den Ton angaben. Zwei Monate lang regierte dieses illegale Gremium die Stadt in einem Klima wiedergefundener Autonomie, weder der Intendant noch sonst ein höherer Provinz- oder Staatsbeamter wagten sich in dieses gefährliche Rebellennest. Schließlich rückte der Graf von Caraman, Kommandeur der königlichen Truppen der Provence, mit einer ganzen Armee an, um den Aufstand zu beenden.

Mit Euphorie wurde dann in Marseille auf die Kunde vom Sturm auf die Bastille reagiert. Der rebellische Charakter dieser Stadt, der sich auch in der Folge immer wieder manifestierte, veranlasste auch die misstrauischen neuen Autoritäten in Paris, als Hauptort des im März 1790 neu gegründeten Départements Bouches-du-Rhône das aristokratisch gesittete Aix-en-Provence vorzuziehen.

Im April desselben Jahres entstand als treibende Kraft und revolutionäre Pressure-Group nach dem Modell des Pariser Jakobinerclubs die »Patriotische Gesellschaft der Freunde der Verfassung«. Man bezeichnete sie auch als »Volksgesellschaft« oder einfach »Club«. Ihr Versammlungslokal befand sich in der Rue Thubaneau, einer Seitenstraße des Cours. Zu den profiliertesten Mitgliedern zählten der Lehrer François Isoard und der Anwalt Charles Barbaroux, der 1791 als Abgeordneter der Gesetzgebenden Versammlung nach Paris geschickt wurde. Marseille ergriff deutlich Partei gegen die Vertreter des Ancien Régime, verstand sich als Hüterin der neuen Institutionen, ließ Truppen der Nationalgarde nach Avignon und Arles marschieren, um die Konterrevolutionäre zu verjagen, die sich dort breitgemacht hatten. Außerdem veranstalteten die Jakobiner vom Thubaneau-Club revolutionspädagogische Reisen in die Provence. Auf seinem Missionzug im Frühjahr 1792 gelangte Isoard bis Sisteron. Die neuen Verhältnisse waren immer noch bedroht, mussten überall gefestigt und erklärt werden. Es galt, die lokalen Patrioten in ihrem Kampf gegen Aristokraten und revolutionsfeindliche Priester zu unterstützen, sie zum Entfernen feudaler Symbole von Gebäuden zu ermutigen. Noch in den kleinsten Nestern wurde die Gründung patriotischer Vereine betrieben. Marseille exportierte seine Revolution in eigener Regie, preschte immer wieder voran und forderte noch vor den Parisern die Absetzung des Königs.

Kampf den Despoten

Seit Louis XVI versucht hatte, außer Landes zu fliehen, standen er und seine Familie unter Aufsicht im Pariser Tuilerien-Palast. Er machte sich zusätzlich verdächtig, als er per Veto die Ausnahmemaßnahmen für den Krieg gegen Preußen und Österreich verweigerte. Der Abgeordnete Barbaroux appellierte an den Marseiller Bürgermeister, er möge kampfesmutige Männer in die Hauptstadt schicken, um die Pariser Revolutionäre gegen die monarchistischen Intrigen zu unterstützen. Ein Bataillon von 517 Freiwilligen zog am 2. Juli 1792 los. Auf dem Weg sangen sie mit schmetternder Inbrunst ein neues Kampflied von Rouget de Lisle, das überall sehr gut ankam. Man nannte es »das Lied der Marseiller« beziehungsweise »la Marseillaise«. Nach einem Monat Fußmarsch wurden sie in Paris begeistert empfangen und als »die tapferen Marseiller« gefeiert.

Es gab freilich auch Leute, die sie weniger schätzten, wie der spätere napoleonische General Paul Thiebault, der ihrem Einzug beiwohnte und korrektes militärisches Auftreten vermisste: »Es war an 30. Juli, als diese scheußlichen Verbündeten, der Auswurf von Marseille, in Paris ankamen. Das Eindringen der Briganten entfesselte den Pöbel und das Verbrechen vollends. Ich glaube, man kann sich nichts Abscheulicheres vorstellen als diese fünfhundert tollen Menschen, die zu drei Vierteln betrunken sind, fast alle in roten Mützen, mit nackten Armen und zerlumpt …«

Jedenfalls hatten die Marseiller entscheidenden Anteil am Angriff auf den Tuilerien-Palast am 10. August, der das Ende der Monarchie einleitete. Am 20. September unterlagen die preußischen Truppen bei Valmy. Zwei Tage später schaffte der Nationalkonvent, die neu gewählte Verfassungsgebende Versammlung, das Königtum ab, und es war erstmals von der »einen und unteilbaren französischen Republik« die Rede .

In Marseille – wohin als Dank für die aktive Beteiligung am 10. August die Direktion des Départements Bouches-du Rhône transferiert worden war – forderten wieder vor allen anderen sämtliche Instanzen das Todesurteil für den abgesetzten König. Die Hinrichtung am 21. Januar 1793 war Anlass für ein mehrtägiges Fest. Man kann nicht sagen, dass Marseille lau gewesen wäre in Sachen revolutionäre Entschlossenheit.

Der Club war nicht die einzige Repräsentation des revolutionären

Marseille: Es gab außerdem die 32 Sektionen, die Basisversammlungen der Quartiers, die sich ebenfalls in die öffentlichen Angelegenheiten einmischten. Teilnehmer waren potenziell sämtliche Bewohner des Viertels, woraus sich ein breites Spektrum der städtischen Gesellschaft ergab. Über längere Zeit waren die Sektionen der politischen Linie des Clubs gefolgt. Aber im März 1793 entwickelte sich ein Konflikt, der in der Folge dramatische Formen annehmen sollte. Unter Beteiligung der Sektionen war ein Volksgericht entstanden, das sich bemühte, willkürliche, angeblich revolutionäre Gewaltakte und Lynchjustiz zu verhindern. Nun aber beschlossen Stadrat, Distrikt und Département auf Betreiben des Clubs anstelle dieses Tribunals die Schaffung eines von Isoard geleiteten Revolutionskomitees mit zwölf Mitgliedern. Die Sektionen weigerten sich, die Abschaffung des Volkstribunals zugunsten eines institutionalisierten Komitees zu akzeptieren. »Wir haben den Tyrannen und die Despoten gestürzt; die natürliche und unantastbare Souveränität liegt einzig beim Volk«, heißt es in einem Sitzungsprotkoll, und in einem anderen wird klargestellt: »Die Souveränität des Volkes, die einzig legitime, liegt bei den Sektionen, das heißt bei den Basisversammlungen.« Sie beharrten auf dem Prinzip der direkten Demokratie, wohingegen der Club Funktionen wie die des Gerichts von Repräsentanten übergeordneter Instanzen ausgeübt sehen wollte, wie es den Direktiven des Pariser Konvents entsprach.

Die Entsendung zweier Missionsbeauftragter des Konvents, die die Marseiller Jakobiner unterstützen sollten, radikalisierte die Situation noch weiter. Die beiden versuchten, auf die Sektionen Einfluss zu nehmen. Sie wollten die Teilnahme an den Versammlungen reglementieren, »unsichere« Mitglieder ausgrenzen, was heftig zurückgewiesen wurde: Jeder Citoyen habe das Recht, ohne spezielle Genehmigung an den Basisversammlungen teilzunehmen und seine Stimme abzugeben. Die Sektionäre entzogen auch dem clubnahen Bürgermeister und dem Stadtrat das Vertrauen, empörten sich über die »Diktatoren, die sich im Schatten der vom Volk verliehenen Funktionen erheben«.

Der Graben vertiefte sich. Der Club der Rue Thubaneau erschien den Sektionen als Transmissionsriemen des Konvents und als Verkörperung der »Tyrannei der Exekutivmacht«. Den beiden Emissären wurde es mulmig, sie zogen es vor, sich diskret nach Montélimar abzusetzen. In ihrem

Bericht an die Assemblée denunzierten sie die verwerfliche Orientierung der Stadt.

Das Volkstribunal setzte seine Arbeit fort und verurteilte die, die von der revolutionären Situation profitierten, um sich zu bereichern oder Gewaltakte zu verüben, wie die Brüder Savon, die in eigener Regie reiche Bürger an Laternen aufgeknüpft hatten. Sie wurden auf der Plaine Saint Michel guillotiniert. Die 32 Sektionen bildeten nun ein Generalkomitee, das erklärte, es werde die Dekrete des Konvents und seiner Exekutive, des Wohlfahrtsausschusses, nicht anerkennen. Isoard, der Vorsitzende des Clubs, ging noch einmal in die Gegenoffensive, rief auf zur Einigkeit von Club und Sektionen und warnte vor der konterrevolutionären Gefahr. Die Sektionen, die in Marseille eindeutig Oberwasser hatten, beschlossen nach intensiven Debatten am 3. Juni, die Volksgesellschaft in Marseille wegen despotischer Tendenzen zu schließen. Das Tribunal verfügte die Verhaftung der Verantwortlichen. Isoard verließ Marseille und brachte sich nach Paris in Sicherheit.

Die Bewegung der Sektionäre war nicht konterrevolutionär, sie bekannte sich auch durchaus zur einen, unteilbaren Republik. Aber als deren Grundlage betrachtete sie die lokalen Versammlungen. Sie wehrte sich gegen das autoritäre Gebaren der Pariser Zentralmacht und begehrte auf gegen deren mit unbegrenzten Befugnissen ausgestatteten Repräsentanten.

Drei Tage nach der Auflösung des Clubs erfuhren die Marseiller vom Ausgang des Konflikts im Pariser Konvent: vom Sturz der Girondisten und vom Triumph der Bergpartei (Montagnards), die so genannt wurde, weil ihre Anhänger die oberen Plätze innehatten. Zu den Girondisten, die gemäßigtere Positionen eingenommen und die großen Handelsstädte repräsentiert hatten, war auch der Marseiller Abgeordnete Charles Barbaroux gestoßen, der zuvor den Club der Rue Thubaneau frequentiert hatte. Zwar gelang es ihm, den Verfolgungen in Paris zu entkommen, aber ein Jahr später wurde er in Bordeaux hingerichtet.

Auf den Sturz der Girondisten im Juni 1793 folgten die Hegemonie der Montagnards über den Konvent und die föderalistischen Aufstände in verschiedenen Teilen des Landes. Anfang Juli verfügten die Marseiller über eine eigene Armee, die im gesamten Département Bouches-du-Rhône rekrutiert worden war. Sie besetzte Avignon und drang bis Orange vor, wurde dann aber von den Truppen des Konvents unter General Carteaux zurückgeworfen. Angesichts des drohenden Debakels infiltrierten royalistische Elemente das Zentralkomitee der Sektionen. Sie gingen so weit, mit den verfeindeten Engländern über die Öffnung des Hafens zu verhandeln. Wie es zu dieser Kontaminierung der bis dahin republikanischen Sektionen kommen konnte, bleibt rätselhaft, auch die Historiker sind sich nicht recht klar darüber. Am 25. August zog Carteaux siegreich in Marseille ein, womit die royalistische Gefahr gebannt war.

Es folgte die Bestrafung der royalistischen und föderalistischen Frevler. In einer ersten Phase war damit das Kriminalgericht des Départements betraut, in dem Mitglieder des wiedereröffneten Clubs das Sagen hatten. Es arbeitete zügig, aber einigermaßen gewissenhaft: Bloße Denunzierung genügte nicht, verurteilt wurde nur, wem reale Taten nachzuweisen waren. Immerhin wurden 162 Todesurteile gefällt. Die Guillotine stand weiter auf der Plaine Saint Michel, also am Stadtrand.

Mit anderen Marseiller Jakobinern war auch François Isoard zurückgekehrt und hatte seinen Platz als Präsident des Clubs wieder eingenommen. Sogleich machte er sich höheren Orts unbeliebt: Für den Oktober organisierte er einen »republikanischen Kongress« sämtlicher Volksgesellschaften aus den südlichen Départements. 1500 Teilnehmer strömten in Marseille zusammen. Es wurde die Forderung erhoben, solche Versammlungen jedes Jahr abzuhalten. Damit wäre eine vermittelnde Instanz zwischen der Pariser Exekutive und den lokalen Komitees und Gemeinden geschaffen worden, die eine starke Beteiligung der Bürger am politischen Prozess ermöglicht hätte, etwa bei der Vorbereitung von Gesetzen. Dies rief heftige Ablehnung bei den Pariser Montagnards hervor, nach deren Vorstellung alle Macht in den Händen des Konvents und seiner Ausschüsse konzentriert werden musste. Ausgangspunkt der politischen Initiative konnte nur die Hauptstadt sein, die Provinz hatte zu folgen. Isoard wurde föderalistischer Neigungen bezichtigt, der Kongress als »infam« und »subversiv« angeprangert und im November per Dekret vom Konvent wegen Infragestellung des »legislativen Zentralismus« verboten. Ein Rundschreiben begründete das Verbot: »Der politische Körper, wie der menschliche Körper, wird zu einem Monster, wenn er mehrere Köpfe hat. Die einzige Autorität, die alle seine Bewegungen steuert, ist der Konvent: außerhalb der von ihm umschriebenen Sphäre ist Leere und unendliches Chaos.«

Nicht nur die Sektionen, auch deren lokale Gegner wurden also föderaler Neigungen verdächtigt. Zwar schreibt der Historiker Jacques Guilhaumou: »Den beiden Varianten des Marseiller Föderalismus ging es darum, eine egalitäre und demokratische Beziehung zwischen Paris und der Provinz herzustellen, und nicht darum, die eine und unteilbare französische Republik in einen Föderalstaat zu verwandeln.«

Aber die Stadt stand nun unter Generalverdacht. Noch ein Jahr zuvor war Marseille als Avantgarde der Revolution bewundert und verherrlicht worden. Im Herbst 1793 verblasste in den Diskursen der Pariser Jakobiner das heroische Bild des Marseiller Revolutionärs. An seine Stelle trat eine unter dem Einfluss versengender Sonnenstrahlen politisch verirrte Gestalt. Häufig wurden nun die Auswirkungen des Klimas angeführt, um die Neigung der Marseiller zum Föderalismus zu erklären. Guilhaumou: »Es ist dort heißer als anderswo, und diese Hitze kann, wenn sie gut gesteuert wird, der Freiheit nützlich sein; sie kann auch den gegenteiligen Effekt haben und ihren Feinden dienen. Marseille ist der Beweis dafür.«

Im Konvent empfand man das Marseiller Strafgericht als zu milde und schickte zum entschlossenen Aufräumen vier Kommissare, von denen sich besonders Louis-Marie-Stanislas Fréron hervortat. Er beschuldigte die lokalen Jakobiner, bei ihrer Strafverfolgung zu schonend mit den Sektionären und den reichen Kaufleuten umgegangen zu sein – »Die Reichen zittern nicht, der Föderalismus ist dort nur eingeschlafen« –, und setzte die Terreur auf die Tagesordnung. 80 Mitglieder des Thubaneau-Clubs wurden des Föderalismus beschuldigt und verhaftet. Fréron setzte die Rathausmannschaft ab – auch alles Föderalisten! Isoard, den er besonders im Visier hatte als Initiator des infamen Marseiller Kongresses, sah sich erneut gezwungen zu fliehen (1795 sollte auch er unter der Guillotine enden). Für Fréron war diese Stadt mitsamt ihren Jakobinern zutiefst infiziert. Er sah dafür geografische Gründe: »Der Marseiller betrachtet sich von seiner Natur her als ein eigenes Volk. Die geografische Situation, die Berge und Flüsse, die ihn vom Rest Frankreichs trennen, seine spezielle Sprache, alles nährt diese föderalistische Meinung. Die besten hiesigen Patrioten sehen nur Marseille, Marseille ist ihr Vaterland, Frankreich ist nichts.«

Nun begann die zweite Phase der Bestrafung: Das Revolutionsgericht wurde aufgelöst und durch eine Militärkommission ersetzt, die sehr viel flotter und unbekümmerter war, was die Todesurteile anging. Die Hinrichtungen – 123 in knapp zwei Monaten – fanden sofort nach dem Urteilsspruch statt, das Schafott war jetzt demonstrativ auf der Canebière aufgebaut. Verurteilt wurden nun auch Bürger, die nichts weiter getan hatten, außer vielleicht ihre Ablehnung des Pariser Zentralismus zu artikulieren, darunter einige der bekanntesten Marseiller Reeder.

Fréron beschränkte sich aber nicht auf die Bestrafung von Menschen, er demolierte auch Monumente. So ließ er alle Gebäude zerstören, in denen sich die Sektionsmitglieder getroffen hatten. Mehrere Kirchen wurden dem Erdboden gleichgemacht, darunter die Eglise des Accoules. Nur der Kirchturm blieb stehen und steht da bis heute.

Frérons Fazit zu dieser Stadt, die sich gegen den Geist des zentralistischen Nationalstaats versündigt hatte: »Ich glaube, Marseille ist für immer unheilbar, es sei denn, man deportierte alle seine Bewohner und ersetzte sie durch Menschen aus dem Norden.«

Das war nun nicht möglich, aber immerhin fiel ihm eine besonders demütigende Strafmaßnahme ein: Die Aberkennung des Namens der Stadt. Marseille wurde zur »Ville sans nom«. Auch wenn diese Maßnahme wenig später wieder aufgehoben wurde, so zeigte doch die Verurteilung zur »Stadt ohne Namen« die Entschlossenheit, jede Spur der kommunalen Freiheit auszulöschen.

Die Gemeinde Marseille wurde aufgesplittet in drei Verwaltungseinheiten unter der Autorität eines Zentralbüros. Unter dem Vorwand des kriegsbedingten Ausnahmezustands wurden die verbliebenen Reste eigenständiger lokaler Handlungsmöglichkeiten liquidiert, alle Instanzen, die Beamten, die Polizei der Autorität der zentralstaatlichen Exekutive von Wohlfahrtsausschuss und Sicherheitskomitee unterworfen, regionale Zusammenschlüsse untersagt. »Über ganz Frankreich hinweg mussten die Kommunen und mit ihnen zugleich ihre Volksgesellschaften, ihre Revolutionskomitees mit ansehen, wie jede direkte Verbindung unter ihnen verboten wurde, jede zentrale Versammlung, die mehrere

Ortschaften oder Départements vereinigte«, schreibt der Historiker Daniel Guérin.

Die im Ancien Régime entwickelten Strukturen des staatlichen Absolutismus erlebten ihre Wiederauferstehung in neuem Gewande. Das Prinzip der Einheit und Unteilbarkeit wurde zum Dogma erhoben, alles war zu beseitigen, was der heiligen Fiktion einer einheitlichen Nation zu widersprechen schien. Die kulturelle Diversität, die viele Städte und Regionen charakterisierte, war von Übel und musste homogenisiert werden. In der »einen und unteilbaren Republik« sollte es auch nur eine Sprache geben. Eine Untersuchung des Abbé Grégoire, Mitglied der Verfassungsgebenden Versammlung, kam zu dem schockierenden Ergebnis, dass von 83 Départements nur 15 komplett frankofon waren. Eine Vielzahl von Sprachen wurde in Frankreich gesprochen: Bretonisch in der Bretagne, Baskisch im Baskenland, Deutsch im Elsass, Flämisch in Flandern, Korsisch in Korsika, Katalanisch im Roussillon und Okzitanisch im weiten Süden. Die offizielle Amtssprache Französisch im Ancien Régime hatte daran wenig geändert – ein Missstand, dem der Abbé Grégoire abhelfen wollte: »Es ist wichtiger, als man denkt, diese Verschiedenheit von groben Idiomen auszulöschen, die nur die Kindheit der Vernunft und das Alter der Vorurteile verlängern.« Grobe Idiome? Über den okzitanischen Sprachraum, zu dem die Provence gehört, schrieb Friedrich Engels: »Die südfranzösische, vulgo provenzalische Nation [...] hatte zuerst vor allen anderen Nationen eine gebildete Sprache. Ihre Dichtkunst diente sämtlichen romanischen Völkern, ja den Deutschen und Engländern zum unerreichten Vorbild.« Aber was scherte es die Gleichmacher. Im Juli 1794 wandte sich der Konventsabgeordnete Barère de Vieuzac an die Citoyens mit der Aufforderung: »Bürger, ihr hasst den politischen Föderalismus, schwört nun auch dem der Sprache ab. Die Sprache muss einheitlich sein wie die Republik.«

Der Marseiller Jakobinerclub, immerhin, war zweisprachig und hatte bei seinen patriotischen Missionsreisen ohne Hemmungen das Provenzalische benutzt, um die Menschen auf dem Lande zu erreichen und für die Revolution zu gewinnen. Aber nachdem der Montagnard-Konvent Marseille nach dem föderalistischen Aufstand zurückerobert hatte, verboten die Autoritäten die Benutzung des Provenzalischen bei Theateraufführungen. Französisch zu sprechen wurde zur patriotischen Pflicht.

Dennoch lebte die angestammte Sprache des Südens noch lange fort: Weitere hundert Jahre hindurch herrschte Zweisprachigkeit. Während die Bourgeoisie das Französische als die obligatorische Sprache der Aufsteiger und Gebildeten übernahm und sich auch sonst kulturell zur Hauptstadt hin orientierte, blieb das Provenzalische in Marseille die Sprache der kleinen Leute. In dem Volkspoeten Victor Gelu hatte sie einen eminenten Repräsentanten. Man machte sich lustig über prätentiöse Mitbürger, die sich betont französisierten: »Faire le Francïot«, wurde das genannt, den Franzosen markieren. Die »Kindheit der Vernunft« dauert noch eine ganze Weile fort, wie François Mazuy, Autor eines Essays über Marseiller Sitten und Gebräuche Mitte des 19. Jahrhunderts, anmerkt: »Der Provenzale ist vielleicht nicht perfekt im Französischen, aber er beherrscht es genügend, um sich verständlich zu machen. Würde man allerdings behaupten, dass er es gerne spricht, dann würde man lügen: Die französische Sprache ist für uns eine durch das Recht des Siegers aufgezwungene Sprache.«

Händlerelite und Seifenbarone – Aufbruch ins Industriezeitalter

Mit der napoleonischen Herrschaft, die der Staatsstreich vom 18. Brumaire (9. Oktober) 1799 einleitete, wurde das System des Zentralstaats noch weiter perfektioniert. Bonaparte behielt die Innovationen der Revolutionsadministration bei, beseitigte aber alle gewählten Instanzen auf den Niveaus von Départements, Kantonen und Gemeinden, entledigte sich jeder möglicherweise rivalisierenden Macht auf lokaler Ebene. Das Gesetz vom Februar 1800 führte die vom Ersten Konsul und später vom Kaiser ernannten Präfekten ein, die den Départements vorstanden. Von der Staatsspitze eingesetzt wurden auch die Chefs der Unterpräfekturen und die Bürgermeister der größeren Städte, die der kleineren Gemeinden wurden von den Präfekten ernannt. Die gesamte Verwaltungshierarchie war damit abhängig vom Chef der Exekutive, also von Bonaparte. Der direkte Einfluss der Zentralmacht bis in den letzten Winkel des Landes war so garantiert, Ausdruck eines autoritären Herrschaftswillens, von dessen Prinzipien spätere französische Republiken wesentliche Teile übernahmen. Nicht verwunderlich, dass man in Marseille, dieser Stadt mit ihrem tief verwurzelten Unabhängigkeitsgeist, einer solchen Verschärfung des Zentralismus wenig Sympathien entgegenbrachte.

Der neue, von oben ernannte Bürgermeister war ein angeheirateter Verwandter der Bonaparte-Familie. Aber immerhin wurde damit der seit 1793 als Reaktion auf den föderalistischen Aufstand geltende Ausnahmezustand beendet, der die Stadt als Verwaltungseinheit zerschlagen und in drei Sektoren aufgeteilt hatte.

Vielleicht musste man ja doch nicht alles so negativ sehen? Der erste Präfekt Charles Delacroix war durchaus bemüht, sich mit den Notabeln gutzustellen; so verlegte er etwa die Verwaltungshauptstadt des Départements wieder von Aix nach Marseille, das wurde mit Genugtuung aufgenommen.

Und nach der 1793 begonnenen Blockade der Straße von Gibraltar durch die Engländer mit ihren üblen Folgen für die Marseiller Wirtschaft gestattete der Friedensschluss von Amiens im März 1802 endlich ein Aufatmen. Die Handelsbeziehungen zu den Antillen konnten wiederbelebt, die traditionellen Kontakte im Mittelmeerraum wieder aufgenommen werden. Die Kaufleute witterten Morgenluft, trauerten aber manchen alten Privilegien nach und hätten gern wieder einen Freihafen gehabt, wenngleich unter Beibehaltung gewisser Schutzmaßnahmen. Schroff wurden sie von Bonaparte abgekanzelt: »Die Marseiller können nicht gleichzeitig Franzosen und Ausländer sein.« Und basta.

Der Aufschwung war von kurzer Dauer. Nach einem Jahr war es wieder vorbei mit der wirtschaftlichen Aufheiterung, denn ab Mai 1803 wurde der Krieg gegen die Engländer wieder aufgenommen. Einige Monate später lieferte ein Kommissar des Départements seinen Stimmungsbericht, in dem es hieß: »Im Allgemeinen ist der Einwohner von Marseille nicht glücklich. Seine physische und moralische Existenz hängt vom Handel ab. Er leidet, weil dieser zusammengebrochen ist.«

Was scherte es den Feldherrn? Der neue Präfekt Antoine Claire Thibaudeau, der auf Delacroix folgte, machte sich rasch unbeliebt, indem er die zur Kriegsführung nötigen Steuergelder eintrieb und die allseits gefürchtete Soldatenaushebung überwachte. Außerdem unterdrückte er energisch jede Art von missliebiger Meinungsäußerung.

Das Regime Bonapartes, der sich im Mai 1804 zum »empereur« gekrönt hatte, büßte durch seine Kriege beim Handelsbürgertum bald die letzten Sympathien ein, es führte die Marseiller Wirtschaft schlichtweg in den Ruin. Mit der im November 1806 verfügten Kontinentalsperre, die jeden Handel mit den Britischen Inseln verbot, verschärfte sich die englische Seeblockade der französischen Küsten. Der Marseiller Fernhandel kam fast ganz zum Erliegen. Die Überwachung durch die Engländer verhinderte selbst eine bescheidene Küstenschifffahrt. Die Schiffe blieben im Hafen und verrotteten. Die Blockade warf Marseille in seiner Bedeutung als Handelsplatz weit zurück und begünstigte die Konkurrenzhäfen am Mittelmeer. Durch das Ausbleiben der Lieferungen von Baumwolle brach die lokale Textilproduktion zusammen. Als Ausgleich ließ Napoléon 1811 eine der sechzehn nationalen Tabakmanufakturen in Marseille installieren. Vor allem Frauen fanden Arbeit in dieser Fabrik, die immerhin bis 1989 funktionierte.

Aber das war völlig unzureichend, um das Absterben der Hafenaktivität zu kompensieren. Armut und Hunger grassierten, Volkssuppenküchen mussten eingerichtet werden, die Bevölkerungszahl schrumpfte. In Massen verließen die Menschen diese Stadt, in der es keine Arbeit gab.

In der Misere hielt Thibaudeau mit drakonischen Maßnahmen die Ordnung aufrecht. Aufrührerische Elemente hatten keine Chance gegen seine brutale Polizei. Als im April 1814 die Nachricht vom Sturz Napoléons und der Machtergreifung von Louis XVIII kam, wurden Freudenfeuer entzündet, kaum jemand weinte dem Empereur eine Träne nach. Der Mann und seine Politik waren Gift für Marseille gewesen. Zu Fuß und als Jäger verkleidet floh der Präfekt Thibaudeau aus der Stadt. Als ein Jahr darauf Napoléon aus Elba zurückkam, wurden seine Repräsentanten außerordentlich kühl empfangen. Die Niederlage von Waterloo im Juni 1815 war für Marseille eine Erlösung. Die Wiedereinsetzung des Königs wurde mit Erleichterung aufgenommen.

Dynamische Kräfte von auswärts

Man arrangierte sich recht gut mit den im zweiten Anlauf zurückgekehrten Bourbonen, erhoffte sich friedliche und dem Geschäftsleben zuträgliche Zeiten, Ordnung und Wohlstand. Es war ja keine Rückkehr zum Ancien Régime, die fürs Handelsbürgertum wichtigen Ergebnisse der Revolution blieben beibehalten. Und der neue Bürgermeister Marquis de Montgrand war ein besonnener, den Extremen abgeneigter Mann, ebenso wie der Präfekt Villeneuve-Bargemon, der sich bis zu einem gewissen Grad dem Fortschritt aufgeschlossen zeigte.

Die Monopolstellung, die Marseille vor 1792 im Levantehandel hatte, war freilich dahin, daran ließ sich nicht einfach wieder anknüpfen. Zwanzig Jahre Seeblockade hatten den Hafen marginalisiert und aus dem internationalen Geschäft verdrängt. Die Lieferanten von einst hatten inzwischen andere Kunden gefunden. Im östlichen Mittelmeer waren die

Marseiller mit der Konkurrenz von Engländern, Italienern, Österreichern oder Russen konfrontiert. Es galt, den geografischen Handelshorizont zu erweitern.

In diesen Jahren formierten sich die Händler- und Reederdynastien, die für lange Zeit das Marseiller Wirtschaftsleben dominieren sollten. Selten nur stammten ihre Gründer aus alteingesessenen Marseiller Familien, die meisten waren von außerhalb zugewandert. Manche hatten sich schon gegen Ende des Ancien Régime in Marseille installiert, wie die aus Lyon stammenden Gebrüder Bergasse. Sie waren zunächst auf den Weinhandel spezialisiert. Bis nach Südamerika exportierten sie ihre Fässer, die folgenden Generationen importierten dann auch Weizen aus Russland, später war die Familie Bergasse an Reedereien beteiligt sowie im Bankwesen aktiv und blieb bis weit ins 20. Jahrhundert fester Bestandteil der Marseiller Bourgeoisie. Ein Henry Bergasse war bis 1965 Abgeordneter im Marseiller Stadtrat.

Auch die Familie Pastré, die aus dem Languedoc stammte, war schon kurz vor der Revolution gekommen. 1825 eröffnete Jean-Baptiste Pastré, der gute Beziehungen zum ägyptischen Vizekönig Mehmet Ali unterhielt, ein Kontor in Alexandria. Die Pastré waren auch sehr präsent in Tunesien und pflegten engen Kontakte zum Bey von Tunis Ahmed I. und seinem Finanzminister Mustafa Khaznadar. Die Pastré sollten für lange Zeit zum inneren Zirkel der großen Marseiller Notabeln gehören. Während des Zweiten Weltkriegs tat sich Lily Pastré damit hervor, dass sie in ihrem noblen Anwesen verfolgte Künstler beherbergte.

Ein anderes Beispiel dynastischen Erfolgs ist die Familie Rocca, deren Familienstammsitz sich im ligurischen Loano befand. 1811 eröffnete sie ein Kontor in Marseille, das sich wenig später zu einem bedeutenden Handelshaus entwickelte und lange verflochten blieb mit anderen Teilen der Familie und deren Niederlassungen in Neapel, Tarent, Bari, Triest und Odessa. Und wenn anfangs die Firma Rocca frères ihre Aktivitäten aufs Mittelmeer beschränkten, sollte sie bald mit ihren über 45 Seglern auch New Orleans, Hongkong und Schanghai anlaufen. Durch Eheschließungen und Betriebszusammenschlüsse entstand 1892 mit Rocca, Tassy & de Roux die größte Marseiller Speiseölfirma.

Viele der von außen Gekommenen waren Protestanten. Zu ihnen gehörten die Fraissinets, die ursprünglich in den Cevennen beheimatet waren. Marc Fraissinet fing mit bescheidener Küstenschifffahrt nach Italien, Spanien und Portugal an, um zu einem der ganz Großen unter den Marseiller Reedern aufzusteigen. Anderthalb Jahrhunderte lang blieb die Compagnie Fraissinet präsent.

Protestanten waren auch die meisten in Marseille ansässigen Deutschen. Einer, der es in die oberen Kreise schaffte, war Emil Schloesing aus Pirmasens. Er kam gegen 1820 nach Marseille, arbeitete sich hoch, heiratete eine Seifenfabrikantentochter und eröffnete das Handelshaus Schloesing frères & Cie. Es war erst spezialisiert auf den Import von Sesamkörnern aus Südindien, später gründeten die Schloesings eine Chemiefabrik und produzierten Kunstdünger. Ihrer Bedeutung entsprechend ehrte man die Sippe mit einem Boulevard Schloesing.

Das Hauptkontingent der protestantischen Unternehmer bildeten die Schweizer. Zu den Erfolgreichsten gehörten die Gebrüder Imer sowie die Vettern Charles und Auguste Bazin, die eine langlebige Dynastie begründeten. Über mehrere politische Regime hinweg gehörte sie zur Marseiller Geschäftselite. Die Schweizer Kolonie, die zu Beginn des 19. Jahrhunderts nach den Italienern mit bis zu 3000 Familien die zweitstärkste ausländische Bevölkerungsgruppe stellte, dominierte die reformierte Kirchengemeinde der Rue Grignan und entwickelte ein reges Vereinsleben. Die reichen Notabeln finanzierten den Bau eines protestantischen Krankenhauses und gründeten zur Unterstützung notleidender Landsleute den Wohltätigkeitsverein Société de Bienfaisance.*

In besonderem Maße trugen zur Wiederbelebung des Geschäftsverkehrs zwischen Okzident und Orient die griechischen Kaufleute bei, die sich in großer Zahl um 1822 in Marseille ansiedelten. Auslöser dafür war das Massaker von Chios, mit dem die Türken auf einen griechischen Aufstand reagierten. Viele dieser Neuankömmlinge unterhielten familiäre und geschäftliche Beziehungen mit Hafenstädten wie Konstantinopel, Odessa, Smyrna, Saloniki, Triest oder Livorno. Durch sie wurde Marseille in ein weitverzweigtes Netz integriert.

* Eine Schweizer Vereinsgründung brachte den Fußballsport in das heute so fußballbesessene Marseille. Der 1904 gegründete Club Stade Helvétique wurde sogar dreimal französischer Meister, bevor Olympique Marseille die Nachfolge antrat.

Familien wie die Mavrogordato, Zygomalas, Rodocanachi, Zafiropulo oder Zarifi wurden zu festen Bestandteilen der Wirtschaftsbourgeoisie. Zeugnisse aus der Anfangszeit der Marseiller Griechen sind die griechisch-katholische Kirche in der Rue Edmond Rostand und die griechisch-orthodoxe Gemeinde in der Rue de la Grande Armée.

Die Clans der Händler und Reeder bildeten eine geschlossene Gesellschaft mit ritualisierten Lebensformen. Familienzusammenhalt wurde großgeschrieben, man blieb möglichst unter sich, heiratete in den eigenen Kreisen, das mehrte den Reichtum und stärkte die Dynastien. Zahlreiche Nachkommenschaft war die Regel, was wieder neue Allianzen durch zweckmäßige Eheschließungen begünstigte.

Mit Vorliebe residierte diese Elite südlich der Canebière, wo sich neue, in klassizistischer Ordnung rechtwinklig angelegte Quartiers ausdehnten. Das alte am nördlichen Ufer des Hafens gelegene Stadtzentrum, in dessen verwinkelten Gassen Aristokraten, Bürger und Plebejer jahrhundertelang dicht beieinander gelebt hatten, war von den führenden Kreisen schon seit Längerem aufgegeben und den kleinen Leuten, den Fischern, Handwerkern und Tagelöhnern überlassen worden.

Zwei Städte waren entstanden, die ein amerikanischer Reisender gegen Ende der Restaurationszeit beschreibt: »Die erste Stadt ist unregelmäßig und schlecht gebaut; die Straßen sind eng und gewunden; und die Ausdünstungen machen sie unangenehm und ungesund. [...] Dies ist die alte Stadt. Aber in dem Moment, wo man sie verlässt und die neue betritt, atmet man eine ganz andere Atmosphäre. Hier sind die Straßen breit, sauber, regelmäßig, gut gepflastert, die Gebäude sind großzügig und elegant [...], alles strahlt Luxus, Glanz und Heiterkeit aus.«

Auf dem großzügigen, baumbestandenen und gut beleuchteten Cours Bonaparte, der mittlerweile Cours Pierre Puget heißt, wie in der Rue Saint Ferréol oder der Rue Grignan reihten sich hinter nüchternen aber noblen Fassaden die Familien- und Firmensitze der Bergasse, Fabre, Bazin, Fraissinet, Pastré auf.

Ein wichtiger Teil des Familienlebens fand allerdings draußen in den »bastides« statt, den ländlichen Dependancen an den grünen Hängen des Umlands. Der Wechsel von Stadt zu Land gehörte zur spezifischen Lebensweise der Marseiller Oberschicht. Einige dieser Bastiden ähnelten wahrhaften Schlössern. Wenn bei den Stadthäusern ostentative Schmuckelemente nach Möglichkeit vermieden wurden, legte man sich bei den Bastiden keinen Zwang auf, sparte nicht mit Säulen, Statuen, Balustraden und Ziertreppen. Zu den besonders spektakulären Landhäusern zählten die Anwesen der Familie Pastré in Montredon oder die Domäne des Reeders Cyprien Fabre in Luminy mit ihrem Terrain von über tausend Hektar. Heute breitet sich auf diesem Gelände am Rand des Calanques-Massivs der Marseiller Universitätscampus aus.

Auf manchen Bastiden wurde auch etwas Landwirtschaft betrieben, es gab Weinreben, Gemüsegärten und Federvieh. In erster Linie jedoch dienten sie familiären Vergnüglichkeiten. Dorthin, wo das Leben so viel entspannter ablief, brach man regelmäßig zum Wochenende auf, worauf eine Bemerkung des Marseille-Besuchers Stendhal hinweist, der sich in seinen Reisenotizen beschwerte, dass just am Wochenende in der Stadt nichts los war: »Die Bastiden stellen die dominierende Leidenschaft der Marseiller dar, und dies ist der Grund, warum es am Samstag keine Theatervorführungen gibt.«

Die Landhäuser dienten jedes Jahr als Refugien für die heißen Sommermonate. Und manchmal zog man sich auch in anderen Jahreszeiten in die Bastiden zurück, zum Beispiel wenn in der Stadt Choleraepidemien wüteten, wie das 1834, 1865 und 1884 der Fall war.

Vom Spekulanten zum Industriellen

In der Geschäftswelt der Marseiller Händler, der »négociants«, herrschte traditionell das Import-Export-Prinzip. Ihre Tätigkeit bestand nicht darin, einen Markt mit Konsumprodukten zu versorgen, sondern mit dem Wert der Waren zu spekulieren. Sie importierten mit dem einzigen Ziel, im günstigsten Moment zum bestmöglichen Preis wiederzuexportieren. Die Stätten für die Lagerung zwischen Import und Export waren die meist am südlichen Ufer des Hafens gelegenen »entrepôts«. Wenn der Wiederverkauf nicht rechtzeitig gelang oder kein akzeptabler Preis zu erzielen war, wurde die Ladung, beispielsweise Getreide, notgedrungen vor Ort verarbeitet, wie Pierre Rastoin, Nachfahr einer alten Kaufmannsfamilie, erläutert: »Man brauchte einfache Verarbeitungsmethoden, um diese Ergebnisse misslungener Transaktionen zu verwerten, aber das, worum es wirklich ging, das grundlegende Gewerbe, bestand darin, Schiffsladungen zu kaufen und wieder zu verkaufen.«

Diese rudimentäre Form der Industrie war also zunächst nicht viel mehr als eine Ergänzung des spekulativen Handels. Allmählich aber entwickelte sich die Verarbeitung landwirtschaftlicher Produkte zu einem eigenständigen Sektor. Eine Weile existierten die beiden Bereiche der Hafenwirtschaft, Handel und Fabrikproduktion, nebeneinander, wobei der industrielle Aspekt im Lauf des 19. Jahrhunderts zunehmend an Bedeutung gewann.

Entscheidende wirtschaftliche Belebungen versprachen sich die Marseiller Geschäftsleute von den aufregenden Ereignissen des Jahres 1830. Die Aufregung betraf weniger die Pariser Julirevolution und den Regimewechsel, mit dem man sich relativ rasch arrangierte. Ohne größere Bauchschmerzen wurde die weiße Fahne der Monarchie gegen die Trikolore ausgetauscht. Das System des Bürgerkönigtums schien, was für den Kommerz entscheidend war, Ordnung und Stabilität zu gewährleisten, das Zensuswahlrecht, nach dem nur Vermögende wählen konnten, hielt allzu unruhige Kräfte aus den politischen Gremien fern.

Nein, wichtig war das Jahr 1830 vor allem wegen der Einnahme von Algier, die in Marseille enthusiastisch begrüßt wurde. Mit seinem Eroberungskrieg wollte der kurz danach abgesetzte Bourbonenkönig Charles X von den sich zuspitzenden inneren Schwierigkeiten ablenken und sein königliches Prestige aufpolieren. Als ein Vorwand dienten die Piratenübergriffe auf französische Schiffe durch algerische Korsaren.

Die Marseiller Kaufleute, die tatsächlich unter den Korsaren zu leiden hatten, sahen in der französischen Niederlassung an der algerischen Küste eine Kompensation für den Verlust des Levantehandels und der Antillenkolonie Saint Domingue, die jetzt unabhängig war und Haiti hieß. Im Übrigen schien ihnen der Zugriff auf Algerien schon aus geografischen Gründen gerechtfertigt. Lag nicht Algier, als wäre es das Pendant zu Marseille, gleich drüben auf der anderen Seite? Die Zeitung *Le Sémaphore* machte geltend, dass doch zwischen Marseille und Algerien »bloß ein bisschen Wasser« sei, als gehöre man irgendwie naturgemäß zusammen.

Dass die Eroberung von Algier durch die Marseiller Wirtschaftskreise befürwortet wurde, stellte allerdings eine Ausnahme dar, denn sie waren im Allgemeinen keine Anhänger von kolonialen Territorialstrategien. Ihr konkretes Interesse beschränkte sich in der Regel auf die Freiheit des Handels und den Zugang zu den Rohstoffen anderer Weltgegenden. Ein gutes Beispiel hierfür liefern die Gebrüder Régis, experimentierfreudige Kaufleute mit der Nase im Wind, die auf mehreren Erkundungsfahrten die Möglichkeiten ausloteten, die sich für sie in Westafrika boten. Als aufmerksame Marktbeobachter hatten sie festgestellt, dass die Engländer bei der Seifenherstellung bedeutendere Gewinne machten und größere Mengen produzierten als die Marseiller, weil sie Palmöl und Erdnussöl benutzten, während die heimischen Produzenten ausschließlich teures Olivenöl verwandten.

Und so bemühte sich das Handelshaus Régis, Stammesfürsten an der westafrikanischen Küste, die just zu jener Zeit unter dem Rückgang der Einnahmen aus dem Sklavenhandel zu leiden hatten, zum Anbau von Erdnüssen und der Gewinnung von Palmöl zu bewegen. Unter anderem schlossen sie einen Vertrag mit König Guézo von Dahomey, der ihnen die Exklusivität beim Kauf von Palmöl und bei der Versorgung seines Königreichs mit europäischen Waren einräumte. Optimale Bedingungen! An einer französischen Kolonie konnten sie kein Interesse haben, denn dann wäre es mit der Exklusivität für ihr Handelshaus vorbei gewesen.

Die politische Protektion durch lokale Stammeschefs verschaffte den Marseiller Kaufleuten Monopolstellungen und sicherte ihnen außerordentlich hohe Profite, daher ihre ablehnende Haltung gegenüber der kolonialen Expansion in Westafrika.

Durch die veränderte Zusammensetzung der Seife ließen sich die Produktionskosten senken und die Quantität steigern. Eine bemerkenswerte Dynamik wurde durch die Importe neuer Ölsaaten freigesetzt. Zwischen 1832 und 1842 stieg deren Einfuhr von 430 Tonnen auf rund 37 000 Tonnen. Neben Seifenfabriken entwickelten sich Zuckerraffinerien und Getreidemühlen. Diverse Händler, die ukrainischen Weizen importierten, verwandelten sich in Fabrikherren und begannen, Teigwaren herzustellen. Seifenwürfel, Nudeln und Zuckerhüte wurden zu typischen Marseiller Produkten.

Die Schornsteine beginnen zu rauchen

Die Denkweise, die den nordeuropäischen Industriekapitalismus hervorbrachte, war den meisten Marseiller Geschäftsleuten allerdings fremd. Auch wenn viele »négociants« de facto zu Industriellen geworden waren, blieben sie der Logik des Import-Export-Händlertums verpflichtet, das den schnellen Gewinn suchte und langfristige Verpflichtungen wie kostspielige Investitionen mied. »Konsequenz: Wenn man Geld verdient hatte, dann – anstatt es ins Unternehmen zu investieren, Fabriken mit immer höherem Standard zu bauen – legte man es auf sichere Weise an. Man kaufte also Immobilien und große Aktienportefeuilles; man investierte in Zweitresidenzen, in Landhäuser, in ›Bastiden‹«, schrieb Pierre Rastoin in *Marseille quai d'avenir.*

Die industriellen Aktivitäten beruhten auf sehr rudimentären Techniken. Die Verarbeitungsvorgänge in der Fabrik waren relativ schlicht, es schien also unnötig, Geld in teure Maschinen zu stecken, zumal Arbeiternachschub aus den nahen Berggebieten und Italien reichlich zur Verfügung stand.

Worauf man dann allerdings trotz anfänglichen Zögerns nicht verzichten konnte, war der Erwerb einer Dampfmaschine. Wie rapide die Marseiller Industrie wuchs, ist ablesbar am Einsatz dieser neuen Produktivkraft: 14 Maschinen waren 1835 installiert, 1843 waren es schon 80, nur zwölf Jahre später erhöhte sich ihre Zahl auf 200, und weitere zehn Jahre darauf schickten schon 450 ihren Qualm in den blauen Marseiller Himmel. Das Handelskammermitglied Jules Julliany freute sich 1842 in seinem *Essai sur le commerce de Marseille* über die hohen Fabrikschlote, »deren schwarzer Rauch von Weitem ankündigt, dass unsere Stadt nun dem kommerziellen Genie das industrielle Genie hinzufügt.«

Ein weiteres Indiz für das rapide Wachstum der Marseiller Industrie ist die Zahl der Arbeiter: Um 1830 waren es sie rund 18 000, zwanzig Jahre später wurden schon an die 40 000 beschäftigt.

Allerdings gab es ein Hemmnis für die weitere industrielle Entfaltung, das unbedingt beseitigt werden musste: der Wassermangel. Es existierte im Bereich der Stadt bloß das bescheidene Flüsschen Huveaune, das für den ständig sich steigernden Bedarf der dampfgetriebenen Fabriken nicht mehr hinreichte. Auch die Versorgung mit sauberem Trinkwasser für die stetig wachsende Bevölkerung war zum Problem geworden, worauf die wiederholten Choleraepidemien in drastischer Weise hinwiesen. So setzten Rathaus und Handelskammer große Hoffnungen auf den Bau eines Kanals, der aus dem 80 Kilometer entfernten Fluss Durance Wasser nach Marseille leiten sollte. 1838 begannen die Arbeiten an diesem ingenieurtechnischen Großprojekt. »Wenn der Durance-Kanal fertig ist, wird die industrielle Bedeutung von Marseille genauso groß sein wie seine Bedeutung als Handelsplatz«, prophezeite Jules Julliany. Vollendet wurde der Kanal dann 1849 und speist seither die Marseiller Wasserleitungen.

Für weitreichende Veränderungen sollte die Dampfmaschine auch in der Seefahrt sorgen. Im November 1818 lief der Schaufelraddampfer »Ferdinando 1er« aus Neapel kommend im Marseiller Hafen ein – eine echte Sensation. Die führenden Kreise der Stadt konnten an Probefahrten bis zum Château d'If teilnehmen. Die Marseiller Reeder waren zwar fasziniert, zögerten aber vorerst, sich in das neue Abenteuer zu stürzen. Ebensowenig wie die Fabrikbesitzer gehörten sie zur voranstürmenden Avantgarde, was technische Neuerungen betraf. Mit Segelschiffen kannte man sich aus, da wusste man, was man hatte. Und es war ja auch nicht unklug, erst einmal abzuwarten, bis das neue Antriebsverfahren seine Kinderkrankheiten überwunden hatte.

Den Anfang machten dann Charles und Auguste Bazin: 1830 ließen sie zwei Schiffe des neuen Typs bauen und eröffneten mit ihnen die Linie Marseille–Neapel. 1841 kam eine regelmäßige Dampfschiffverbindung zwischen Marseille und Algier hinzu.

Auch Marc Fraissinet & Cie begann bescheiden mit zwei kleinen Dampfern aus Holz. Es war damals kaum zu ahnen, dass aus dieser Firma eine der ganz großen Marseiller Reedereien werden sollte.

Durch den Einsatz von Dampfschiffen war es möglich, die Dauer des Transports auf dem Meer zu kalkulieren, während sie bei den Seglern von Zufällen abhing, was allenfalls vage Vorhersagen gestattete. Durch die Gleichmäßigkeit der Fahrtzeiten konnten erstmals reguläre Linien eingeführt werden. Geschwindigkeit und Berechenbarkeit sollten bald zu wesentlichen wirtschaftlichen Faktoren werden, auch wenn die Segelschiffe den mediterranen und transatlantischen Verkehr noch eine ganze Weile dominierten.

Was den Betrieb noch enorm verlangsamte, waren die archaischen Zustände im Marseiller Hafen. Auf den Kais stapelten sich Fässer und Säcke, es wimmelte von Menschen: Händlern, Zöllnern, Wiegemeistern, Matrosen und den »portefaix«, die zuständig waren für Be- und Entladung der Schiffe – eine Art Arbeitsaristokratie mit eifersüchtig gehüteteten korporatistischen Regeln. Unter ihnen waren in der Hierarchie der Hafenjobs die Lastenträger angesiedelt. Sie schleppten die Waren vom Kai in die Lagerhäuser, die über die Stadt verteilt waren. Die meisten fanden sich am Südufer und in den dahinter liegenden Gassen, in der Gegend des früheren Galeerenarsenals. Den Aufschwung des Handels in den 1830er-Jahren signalisierte ein immer dichter werdender Wald von Masten. Die Verstopfung nahm alarmierende Formen an. Die Schiffe mussten endlos warten, bis sie abgefertigt wurden. Es gab so wenig Platz, dass sie umständlich über kleinere Boote entladen werden mussten.

Eine Erweiterung des Hafens beziehungsweise der Bau eines neuen Hafens schien geboten. Französische Ingenieure reisten nach England, studierten die moderne Ausstattung der Häfen von London, Liverpool und Portsmouth. Vorbilder standen also zur Verfügung, aber in Marseille ging es langsam voran. Längere Diskussionen und Streitereien gab es über die Frage, wo denn der neue Hafen entstehen sollte. Eine Weile überwog der Plan, ihn im Süden zu bauen. Etwa dort, wo sich heute die Plage des Catalans befindet, sollte als Verdoppelung des bisherigen Hafens ein neues Bassin ins Land gegraben werden. Diese Option wurde von der Handelskammer befürwortet. Tatsächlich hatten viele der Marseiller Kaufleute ein Interesse daran, dass der Hafen einen direkten Bezug zur Stadt bewahrte: Es ging schließlich um ihren Immobilienbesitz, um die Einnahmen aus den Warenlagerhäusern, die sie nicht verlieren wollten. Dagegen schlugen die Ingenieure vom technischen Elitecorps der Ponts et Chaussées vor, nördlich des Lacydon einen völlig neuen Hafen ins Meer hinein zu bauen, weit entfernt von den alten Warenlagern des Quai de la Rive Neuve.

Gegen 1840 wurde das Problem zu brennend, als dass die Diskussionen noch ewig weitergehen konnten. Die Regierung stellte sich auf die Seite der Ingenieure und klopfte die Nord-Variante per Gesetz fest. Mithilfe großer Mengen von Beton entstand im Bereich der Bucht von La

Joliette ein künstlicher Hafen, abgegrenzt vom Meer durch eine Schutzmole, die im Lauf der nächsten Jahrzehnte parallel zur Küste immer weiter nach Norden wachsen sollte, bis sie schließlich acht Kilometer lang war und fast das Fischerdorf L'Estaque erreichte.

Der Lacydon, die natürliche Hafenbucht, die seit Ankunft der Phokäer 600 v. u. Z. das Herz und die Raison d'être der Stadt war, sollte nun zum wirtschaftlichen Nebenschauplatz werden. Aus dem »Port« wurde der »Vieux Port«.

Zweites Kaiserreich – wirtschaftlicher Aufschwung unter Louis Napoléon

Die Revolution vom Februar 1848, die der Julimonarchie ein Ende setzte, fand in Paris statt. Für die Marseiller kam sie überraschend, »wie ein Blitz aus heiterem Himmel«, schrieb der Lokaldichter Victor Gelu. Man feierte die Ausrufung der provisorischen Republik auf der Canebière. Aus Paris wurde ein junger enthusiastischer Kommissar geschickt, beseelt vom Geist der Verbrüderung. Er schuf eine gemischte Rathauskommission, in der sogar zwei Arbeiter vertreten waren. Als lokale Variante der Pariser Nationalwerkstätten wurden die »chantiers communaux« (kommunale Baustellen) eingerichtet.

Mehr als 8000 Arbeitslose fanden Beschäftigung beim Bau der Kanalisation, die das Wasser aus dem neuen Durance-Kanal in die Stadtviertel weiterleitete; sie planierten das Gelände der künftigen Gare Saint Charles, pflanzten Bäume auf der Plaine Saint Michel, begannen mit dem Bau der Corniche, der langen Uferpromenade im Süden der Stadt.

Das war alles sehr schön und nützlich, leider aber zu kostspielig. So wurde erst der Lohn gekürzt, dann die Arbeitszeit verlängert. Nach einigen Monaten hatte sich der Wind gedreht, Schluss mit dem Gerede von »Sozialismus«. In Paris begann mit der Abschaffung der Nationalwerkstätten der zweite, hässliche Teil der Revolution.

Auch in Marseille griffen am 22. Juni Arbeiter zu den Waffen und bauten Barrikaden. Aber am Ende des Tages war die Revolte schon gescheitert.

Der Pariser Volksaufstand vom Juni 1848 war ungleich massiver und wurde mit weitaus größerer Brutalität niedergerungen. Noch Tage danach wurden die Revolutionäre zu Hunderten füsiliert. In Marseille nahm die Repression solche exzessiven Formen nicht an, aber es war die einzige andere französische Stadt, die in jenen Tagen eine aufständische Situation erlebte.

Im blutigen Aufeinanderprallen der bürgerlichen Republik mit dem aufständischen Proletariat war jede Verbrüderungsillusion zerstoben und der zuvor verschleierte Klassengegensatz deutlich aufgebrochen.

In der Folge herrschten dumpfe Ruhe und politische Apathie in Marseille. Mit Indifferenz nahm man die neue Verfassung hin, die zum ersten Mal die Direktwahl des Staatsoberhaupts vorsah. Mit großer Mehrheit wählten die Franzosen Louis Napoléon Bonaparte zum Präsidenten, den Neffen des korsischen Kaisers. Während er im Durchschnitt auf 75 Prozent der Stimmen kam, brachte er es in Marseille bloß auf 23 Prozent. Man hatte hier etwas gegen diese Familie, allzu wach war noch die Erinnerung an den größenwahnsinnigen Onkel und die Katastrophe, die seine Herrschaftszeit für die Stadt bedeutet hatte.

Im Dezember 1851 hebelte der Neffe mit seinem Putsch die Republik aus, im Dezember 1852 folgte die Proklamation zum Kaiser Napoléon III. Einen Monat zuvor hatte er per Volksabstimmung sein neues imperiales Regime bestätigen lassen. Die Ja-Stimmen waren überwältigend, in Marseille aber hatte die Hälfte der Wahlberechtigten das Plebiszit boykottiert, und von denen, die hingingen, stimmten viele mit Nein. Der Mann war einfach nachhaltig unbeliebt.

Als der »prince-président« noch vor seiner Inthronisierung im Herbst 1852 zum ersten offiziellen Besuch nach Marseille kam, waren alle Vorbereitungen getroffen, um Glanz und Freude zu verbreiten. Und zur Vermeidung von Misstönen hatte der Präfekt die stadtbekannten Demokraten und potenziellen Störenfriede vorsorglich in Haft nehmen lassen. Drei Tage blieb der Herscher in der Stadt. Das offizielle Protokoll verzeichnete »Vive l'empereur«-Rufe und »herzlichen Applaus«.

Victor Gelu, der querköpfige Marseiller Volksdichter, erzählt es freilich anders: »Kein ›Vivat‹ kam von den 300 000 Personen, die während dieser drei Tage auf den Straßen von Marseille unterwegs waren, mit Ausnahme von dreißig kleinen Schuhputzern, die dem Zug der Kaiserlichen Hoheit überallhin folgten und diesen nach Kräften bejubelten, um ihren halben Piaster zu verdienen, einigen Korsen, die es auf den Stadtrat und die rote Schärpe abgesehen hatten, sowie ein paar von Alter, Krankheit und Alkohol zerrütteten Kriegsinvaliden.«

Es war ein eisiger Empfang. Inmitten allgemeiner Gleichgültigkeit legte Louis Napoléon den Grundstein für das neue Gebäude der Börse an der Canebière und gleich auch noch für die künftige Kathedrale. Was ihm immerhin die Sympathie wenn schon nicht der Marseiller Bevölkerung, so doch des Marseiller Bischofs eintrug.

Auch wenn man ihm die kalte Schulter zeigte, warb er doch sehr nachdrücklich um die Stadt, denn sie spielte in seinen Plänen eine große Rolle. Er wollte aus Marseille Frankreichs Zentrum für die wirtschaftliche Eroberung des Mittelmeerraums machen.

Dass dieses Mittelmeer berufen war, zum Ort des Austauschs zwischen Europa und dem Orient zu werden, hatte 1832 Michel Chevalier in seinem richtungweisenden Essay »Système de la Méditerranée« geschrieben, von dem Louis Napoléon tief beeindruckt war. »Das Mittelmeer wird zum Hochzeitsbett von Orient und Okzident werden«, hieß es da. Der Herrscher sah sich als Heiratsvermittler mit Sonderinteressen.

Fortschrittsreligion

Chevalier gehörte zum Kreis der Saint-Simonisten, die den sozialutopischen Lehren von Claude Henri de Saint-Simon anhingen. Die neuen Entwicklungen auf dem Gebiet der Technik lösten bei ihnen gewaltige Hoffnungen aus. Die Zukunftserwartungen nahmen teilweise die Form eines religiösen Kults an. Dem Lehrmeister zufolge würde aus der Allianz der modernen Industrien eine gerechte und harmonische Sozialordnung hervorgehen. Moderne Verkehrswege, vor allem Eisenbahnen, würden durch die Entwicklung des Handels zur Ausbreitung des allgemeinen Wohlstands, zum Austausch zwischen den Staaten und zur Versöhnung der Völker beitragen. Der Ingenieur, der Bankier und der Arbeiter sollten die Akteure sein, die am großen Werk des Menschheitsfortschritts zusammenwirkten. Wobei den Saint-Simonisten freilich der Klassengegensatz von Proletariat und Bourgeoisie noch entging. Beide gehörten in ihrer Sicht einfach zu den arbeitenden Gliedern des Volkes.

Louis Napoléon, der längere Zeit im englischen Exil zugebracht hatte, plante eine energische Modernisierung des Landes. Frankreich lag in seiner wirtschaftlichen Entwicklung weit hinter Großbritannien zurück und war immer noch weitgehend ländlich geprägt, mit allenfalls zaghaften Ansätzen moderner Industrie. Für den ehrgeizigen Sprung nach vorn waren ihm die enthusiastischen Anhänger der saint-simonistischen Ideologie von großem Nutzen und wurden zu wichtigen Akteuren, so der Ingenieur und Eisenbahn-Unternehmer Paulin Talabot, der in Marseille eine entscheidende Rolle spielen sollte, Financiers wie die Rothschilds oder die Brüder Pereire, die das französische Bankwesen gründlich erneuerten, oder Ferdinand de Lesseps, der die kühne Idee verfolgte, einen Kanal zu bauen, der das Mittelmeer mit dem Indischen Ozean verbinden sollte. Sie alle ließen sich ein auf das Kaiserreich, ungeachtet seines diktatorischen Charakters. Es ermöglichte ihnen Aktivitäten und Weichenstellungen, von denen sie geträumt hatten. Wobei die anfangs religiös beschworenen sozialutopischen Ziele rasch aus dem Blickfeld gerieten.

Größten Wert legte der Herrscher auf die Revolution des Eisenbahnwesens, und tatsächlich konnte der Rückstand gegenüber Großbritannien rapide aufgeholt werden. Der Staat leistete massive Finanzhilfe und begünstigte die Fusionen kleinerer Bahnen zu großen Gesellschaften. Banken wie die der Rothschilds und der Brüder Pereire konkurrierten bei der Aufteilung des Kuchens. Von 3500 Kilometern im Jahr 1851 erweiterte sich das französische Eisenbahnnetz bis 1870 auf fast 20 000 Kilometer. Ein Boom, der beträchtliche Auswirkungen auf andere Wirtschaftszweige hatte.

In Marseille vollzog sich während des Zweiten Kaiserreichs der Aufbruch ins Zeitalter der Dampfschiffe, die Zahl der Segler ging merklich zurück. Für sie blieb der Alte Hafen reserviert. Es war allerdings weitaus teurer, einen Dampfer bauen zu lassen, als ein Segelschiff. Und die Einführung der Linienschifffahrt machte es erforderlich, gleich mehrere Schiffe zu besitzen, um regelmäßige Dienste anbieten zu können. Große Dampfschiff-Reedereien wurden gegründet, hinter denen entsprechende Financiers standen. Den Marseillern aber fehlte es ganz einfach an Kapital für solche Investitionen. Das lokale Bankwesen war noch wenig entwickelt, erst 1865 entstand auf Initiative des Reeders Jean-Baptiste Pastré die Société marseillaise de crédit. Die Marseiller Reedereien wurden jetzt überflügelt von den 1852 gegründeten Messageries Impériales, deren Kapital weitgehend aus der Pariser Geschäftswelt stammte, Marseiller Financiers waren nur mit 12,5 Prozent beteiligt. Die Schiffe der Messageries Impériales repräsentierten mehr als die Hälfte der in Marseille beheimateten Dampfschiffe. Der Sitz des Unternehmens aber befand sich in Paris.

Talabot und die Compagnie des Docks

Das 1844 begonnene neue Hafenbecken von La Joliette konnte 1853 in Dienst genommen werden. Aber die Arbeiten wurden gleich fortgesetzt mit dem Bau der Bassins von Lazaret und Arenc. Das Schiffsaufkommen stieg ständig. Zur Beförderung von Waren und Passagieren kamen die Truppen hinzu, die von Marseille aus eingeschifft wurden und hier – in welchem Zustand auch immer – wieder ankamen. So etwa während des Krimkriegs 1853 bis 1856. Noch waren die saint-simonistischen Träume vom Völkerfrieden nicht realisiert.

Die Länge der benutzbaren Kais wuchs in der Zeit des Second Empire von 3500 auf 11 000 Meter. Marseille war nun der größte französische Hafen und für eine Weile der zweitgrößte Europas nach London. Die Stadt war eine Boom-Town, sie zog Geschäftsleute, Glücksritter und Kapital an. Durch den neuen Hafen eröffneten sich grandiose Perspektiven. Jemand, der dies früh begriffen hatte, war Paulin Talabot, ein Mann voll von industriellem Tatendrang.

Als Abgänger der Ecole Polytechnique konnte er vom Corpsgeist seiner Eliteschule profitieren, er hatte beste Kontakte zu den Kreisen der Ehemaligen. Viele waren wie er vom saint-simonistischen Gedankengut beeinflusst und offen für neue Ideen und neue Techniken. Talabot hatte gute Beziehungen zu hochgestellten Freunden in Pariser Ministerien. Im Finanzsektor konnte er auf die Rothschilds zählen. »Marseille, das ist unser Schlachtfeld«, hatte er schon 1842 vorausschauend an James de Rothschild geschrieben.

Nachdem er kleinere Bahnlinien in Südfrankreich eröffnet hatte, fusionierte er mehrere Strecken zur großen Gesellschaft Paris-Lyon-Marseille (PLM), mit der er den Schienenverkehr von und nach Marseille kontrollierte. Als Nächstes gelang ihm über seine Compagnie des Docks et Entrepôts der Zugriff auf die neuen Hafenbecken von Lazaret und Arenc. Die Stadt hatte ihm das angrenzende Terrain für 99 Jahre abgetreten. Nach Londoner Vorbild entstand dort ein großer sechsstöckiger, von Pariser Ingenieuren konzipierter Gebäudekomplex. 1864 wurde Talabots Dock in Betrieb genomen. Es war eine hochmoderne Anlage mit Dampfkränen und hydraulischen Hebevorrichtungen für das Einlagern der Schiffsfrachten und Gleisanlagen für den Weitertransport auf der PLM-Strecke.

Im größten Teil des neuen Hafens hatte die Compagnie des Docks somit die Kontrolle über den Ladeverkehr und die Güterabfertigung. Das Docksystem bedeutete einen radikalen Bruch mit den Marseiller Praktiken: Die korporativ organisierten 3000 Portefaix hatten hier nichts mehr zu melden, sie bekamen keinen Zutritt und wurden durch »freie« Arbeiter ersetzt, die man bald »dockers« nennen sollte.

Mit der Kombination Dock und PLM besaß Talabot das Monopol über die Transitfunktionen des Marseiller Hafens. Die mit dem Schiff angekommene Fracht ging durch das Talabot-Dock und wurde dann von Talabots Bahngesellschaft in den Norden transportiert.

Das Gros der Teilhaber an der Compagnie des Docks kam aus Kreisen des Pariser Großkapitals. Hauptaktionär war der Spekulant Jules Mirès, ein Geschäftsmann neuen Typs, der begeistert auf neue Möglichkeiten aufsprang und sich unter anderem für fünfzig Jahre die Exklusivrechte für die Gasbeleuchtung von Marseille gesichert hatte. Zwar waren auch einige einheimische Kapitalisten – Pastré, Fraissinet, Rostand – beteiligt, hielten aber nicht einmal 20 Prozent der Anteile.

Unter dem Zweiten Kaiserreich hatte die lokale Bourgeoisie die Initiative zugunsten der Financiers aus dem Norden verloren. Mochte sich auch die Handelskammer noch so sehr dagegen sträuben, Marseille war für die nationalen Interessen funktionalisiert worden.

Die Marseiller Ökonomie erlebte zwar einen immensen Aufschwung, Schiffsverkehr und Frachtaufkommen verdoppelten sich in kurzer Zeit, aber die großen Unternehmen waren in finanzielle und technische Abhängigkeit von der Hauptstadt geraten, worauf 1863 der Lokalpolitiker Alexandre Clapier mit Bestürzung hinwies: »Marseille scheint sich nicht mehr selbst zu gehören! Der größte Teil seiner Dampfschifffahrt ist in den Händen einer Gesellschaft konzentriert, die ihren Sitz in Paris hat und die nur von den Agenten verwaltet wird, die von Paris geschickt werden; in Paris sitzen die Verwaltungen der Marseiller Eisenbahn, der Docks und des Trockendockbassins.«

Groß war hingegen der Enthusiasmus, den der Boom des Mittelmeerhafens in den führenden Kreisen des Kaiserreichs hervorrief. Und nun begann auch noch Ferdinand de Lesseps 1859 mit dem Bau des Suezkanals ein Projekt zu verwirklichen, bei dem sich die wirtschaftspolitischen Visionen der Saint-Simonisten mit den geostrategischen Machtträumen des Empereurs verbanden. Hier war sie, die Wohlstand und Frieden stiftende Öffnung zum Orient! Der Optimismus war so grenzenlos wie die für Marseille zu erwartenden Perspektiven. »Wenn, wofür alles spricht, der Durchstich des Isthmus von Suez gelingt, dann wird Marseille zum Zentrum der Beziehungen zwischen Europa und Asien [...]. Es wird die Basis sein für einen neuen Anstoß von Moralisierung und Fortschritt. Alles, was diese Stadt betrifft, scheint außerhalb der üblichen Größenordnung zu liegen. [...] Die Wirklichkeit übersteigt alle Vorhersagen und alle Hoffnungen«, freute sich die Pariser Zeitung *Le Moniteur*.

Imperiale Verschönerungen

Die Herrin des Mittelmeers! Eine so herausgehobene Stadt musste auf angemessene Weise gestaltet werden, zumal es ihr – wie schon seit Langem beklagt – an architektonischen Reizpunkten fehlte. Jetzt wurden ihr die monumentalen Elemente gleich im Dutzend beschert. Die meisten der herausragenden Bauten in Marseille stammen aus dem Zweiten Kaiserreich: Das wuchtige, die Staatsmacht verkörpernde Gebäude der Präfektur, die pompöse Börse an der Canebière, der spektakulär über der Hafeneinfahrt errichtete Pharo-Palast, gedacht als Residenz des kaiserlichen Paares, das dort freilich nie Wohnung nahm, das kürzlich zum Luxushotel umgerüstete Krankenhaus Hôtel-Dieu, der ergreifend kitschige Longchamp-Palast, der an die Fertigstellung des Durance-Kanals erinnern sollte und hinter dessen Zuckerbäckerfassade sich tatsächlich ein großes Wasserreservoir verbirgt.

Und auch mit neuen Kirchenbauten wurde die Stadt bereichert. Louis Napoléon war zwar selbst nicht besonders fromm, betrachtete aber die religiöse Wiederaufrüstung aus pragmatischen Gründen als notwendig. Durch den sozialen und moralischen Einfluss der Kirche sollten die Ordnung stabilisiert und revolutionäre Neigungen geschwächt werden. Bei allen offiziellen Anlässen wurden Bischöfe und Kardinäle einbezogen. Nach den antiklerikalen Stürmen der Revolution, nach all den Schrecknissen der Entchristianisierung betrachtete die katholische Kirche den Empereur als einen Mann der Vorsehung. Sein Regime trug finanziell zur Errichtung einer großen Zahl neuer Kirchen bei; so auch in Marseille, sehr zum Entzücken von Bischof Mazenod, der in wenigen Jahren einen Grundstein nach dem anderen legen durfte.

Nur bei der neuen Kathedrale machte Louis Napoléon es selbst. Es war die größte Kirche, die in Frankreich im 19. Jahrhundert gebaut wurde, ein Riesenobjekt neobyzantinischer Stilrichtung, in dem sich aber auch romanische und gotische Elemente finden. Einer der maßgeblichen Architekten war Henri-Jacques Espérandieu, dem auch das Palais Longchamp zu verdanken ist – ein Meister des aufgedonnerten Eklektizismus.

Auch beim Bau des weithin sichtbaren Wahrzeichens der Stadt, Notre-Dame de la Garde, das eine zu klein gewordene Wallfahrtskapelle ersetzte, kam Espérandieu zum Zuge, und er lieferte auch hier wieder byzantinisch-neoromanische Architektur, wobei die besondere Sorgfalt der golden strahlenden, neun Meter hohen Madonna auf der Turmspitze galt.

Und noch ein weiteres stadtbildprägendes Gotteshaus sollte in der Second-Empire-Epoche entstehen: die neogotische Kirche Saint Vincent de Paul. Früher stand an ihrer Stelle die kleine Chapelle des Augustins réformés, und deshalb hat sich für das zweitürmige Gebäude am oberen Ende der mittlerweile bis dorthin verlängerten Canebière der Name Eglise des Réformés gehalten, was bei vielen auswärtigen Besuchern zu der irrigen Annahme führt, es handle sich um ein evangelisches Gotteshaus. In Anna Seghers' Roman *Transit* etwa ist die Rede von der »häßlichen großen protestantischen Kirche«. Dem sensiblen Marseiller Schriftsteller André Suarès gefiel sie auch nicht. Er nannte sie »eine in die Mitte der Stadt gepflanzte scheußliche Standuhr«. Immerhin dienen die beiden spitzen Türme der Réformés als nützliche Orientierungsmarken.

Die einschneidendste städtebauliche Veränderung aber war die Rue Impériale – einschneidend im wörtlichen Sinne, denn sie wurde quer durch die Altstadtsubstanz und durch störende Hügel gehackt, eine schnurgerade Verbindung vom alten zum neuen Hafen.

Jules Mirès, der kühne und risikofreudige Financier, verfolgte zunächst ein noch viel radikaleres Vorhaben, er wollte sich die gesamte Altstadt vornehmen, die er in düstersten Farben malte: »Aus dieser Anhäufung von 3000 Häusern, von denen die meisten baufällig sind und die Zivilisation beleidigen, dringen die für die öffentliche Gesundheit gefährlichsten Ausdünstungen hervor.«

Also komplett abreißen, dieses mediterrane Labyrinth, das sich dem Zugriff der Immobilienspekulation entzog und einer vernünftigen Grundstücksparzellierung im Wege stand. Mirès schwebte ein völlig neuer Stadtteil nach Pariser Muster vor, mit einem Bahnhof gleich neben dem Rathaus. So weit wollte man ihn dann doch nicht gehen lassen, aber für den Straßendurchstich bekam er 1860 grünes Licht vom Empereur, der es sich nicht nehmen ließ, den dynamischen Bankier mit dem Orden der Ehrenlegion auszuzeichnen. Allerdings hatte sich Mirès dann mit seinen vielen Projekten übernommen, ging bankrott und wurde verhaftet. Die Brüder Pereire sprangen mit ihrer Compagnie immobilière ein und übernahmen das staatlich geförderte Straßenbauvorhaben.

Bei den Arbeiten an der Rue Impériale wurden über tausend Gebäude zerstört, achtunddreißig alte Straßen verschwanden. Ein Felshügel, la Butte des Carmes, musste durchsägt werden. 16 000 Menschen wurden in Randgebiete der Stadt vertrieben. Hohe, gleichförmige Gebäude, wie sie zu dieser Zeit auch unter dem Präfekten Haussmann an den neuen Boulevards der Hauptstadt entstanden, säumten den fertiggestellten Prachtkilometer. »Der Pariser Akzent kommt hier auf glücklichste Weise zur Geltung«, lobte die Zeitung *Le Sémaphore,* Stimme der lokalen Geschäftswelt. Tatsächlich war Paris ja schon seit Längerem das Maß aller Dinge für die Marseiller Oberschicht. Aber auch wenn sie sich so pariserisch wie möglich gab, mochte sie doch nicht in die der Bourgeoisie zugedachte Rue Impérial einziehen.

Wer sich solche teuren Wohnungen hätte leisten können, hatte sich längst in den noblen Vierteln des Südens eingerichtet und zeigte wenig Neigung, in diese hafennahe Zone und die Nachbarschaft des niederen Volkes zurückzukehren. Nur schwer ließen sich Käufer oder auch nur Mieter finden. Die Operation erwies sich bald als finanzielle Katastrophe. Die Aktienkurse der Immobiliengesellschaft brachen zusammen. Die von lokalen Unternehmern gegründete Société Immobilière Marseillaise erwarb das Pleiteobjekt, um zu retten, was zu retten war. Erst gegen Ende des Jahrhunderts waren alle Häuser bewohnt, aber von einer sehr viel bescheideneren Kundschaft als jene, welche die Spekulanten des Zweiten Kaiserreichs angepeilt hatten.

Der Kaiser als Arbeiterfreund

Unter Napoléon III erlebte Marseille einen massiven wirtschaftlichen Aufschwung, der Hafen entwickelte sich prächtig, die Stadt wurde wie nie zuvor mit Monumenten bereichert. Dennoch war der Monarch unpopulär bis zum Schluss.

Der Marseiller Elite liefen die Orientierungen des Regimes zuwider, auch wenn einige nicht schlecht von den Entwicklungen dieser Zeit profitierten. Die Integration von Marseille in den nationalen Markt bedeutete die Entmachtung der lokalen Unternehmer und die Herrschaft ortsfremder Kapitalisten.

Während der zweiten, »liberalen« Phase des Kaiserreichs sah sich der Empereur veranlasst, die Zensur zu lockern und Vereinsbildungen zuzulassen. Weil er die Sympathien der Arbeiterschaft gewinnen wollte, ließ er 1862 eine Delegation zur Weltausstellung nach London reisen. Aus einem Treffen mit Vertretern der britischen Arbeiterbewegung ging 1864 die Internationale Arbeiter-Assoziation (IAA) hervor. Die Arbeiterorganisation nutzte ihre neuen Rechte, schlug sich aber keineswegs auf die Seite der Regierung. Streikbewegungen griffen um sich, die Internationale radikalisierte sich. Die Leitung der Marseiller Sektion übernahm André Bastelica, ein junger Korse, der Michail Bakunin nahestand. Große Teile des Marseiller Arbeitermilieus gerieten unter den Einfluss revolutionärer Propaganda. Die Hafenstadt entwickelte sich zu einem Herd des Aufruhrs. Bald war die Marseiller Sektion auf 4500 Mitglieder angewachsen, und sie strahlte weit ins provenzalische Umland aus, selbst in kleineren Orten wie Saint-Tropez, Cogolin, Collobrières, Gonfaron, La Garde-Freinet entstanden durch Bastelicas fleißige Missionsarbeit Sektionen der Internationale.

Die Liebe des Kaisers zur Arbeiterschaft währte nicht lange, er begriff, dass seine Anbiederungsversuche gründlich gescheitert waren. Bald war wieder Repression angesagt, die Regierung ließ die Anführer der IAA verhaften, Bastelica floh nach Barcelona.

Auch die bürgerlich-republikanische Opposition, die das Empire in seiner ersten Phase geknebelt hatte, nutzte die liberalen Konzessionen und machte sich nach Kräften bemerkbar. Öffentliche Versammlungen wurden abgehalten, die oppositionelle Presse blühte auf und ritt heftige Attacken gegen das Regime. Bei den Legislativwahlen von 1869 triumphierten in den großen Städten die regimekritischen Republikaner. In Marseille siegten die linksbürgerlichen Kandidaten Léon Gambetta und Alphonse Esquiros.

Am 8. Mai 1870 wollte der Kaiser sich und seine liberalen Reformen per Referendum vom Volk bestätigen lassen. Das gelang ihm, die Zustimmung war groß, vor allem in den ländlichen Gebieten. In Marseille aber wurde, wie sonst nur in Paris, massiv mit Nein gestimmt.

Als allerdings Napoléon III am 19. Juli Preussen den Krieg erklärte, sorgte die Nachricht allenthalben für patriotischen Überschwang. Es waren keine drei Monate nach dem Plebiszit und der entschiedenen Absage an den Herrscher vergangen, da ließen sich auch in Marseille die Menschen von der Kriegsbegeisterung benebeln. Einer der wenigen, der seine Stimme gegen das militärische Abenteuer erhob, war der Marseiller Abgeordnete Esquiros. Auch die Arbeiter-Internationale demonstrierte dagegen. Aber ansonsten hatte der Monarch die Massen durch die Mobilisierung nationaler Euphorie erst einmal wieder hinter sich gebracht.

Umso empörter war die Bevölkerung, als am 4. September 1870 der Empereur selbst bei Sedan gefangen genommen wurde und das Kaiserreich kläglich zusammenbrach. Die patriotische Begeisterung schlug um in Wut, begleitet vom Gefühl, betrogen worden zu sein. Aufgebrachte Demonstranten zogen durch die Marseiller Straßen, schlugen die imperialen Adler aus den Fassaden, drangen in den Börsenpalast ein, enthaupteten die Statue des Empereurs und schleiften den Kopf die Rue Saint Ferréol entlang bis zur Präfektur.

Die Kommune – eine letzte Revolte des Südens

Nach der peinlichen Gefangensetzung des Kaisers durch die Preußen und dem Zusammenbruch seines Regimes ging der Krieg erst einmal weiter.

Der patriotische Auftrag, das Vaterland zu verteidigen und das Machtvakuum, das durch die Abnabelung von der Zentralregierung zustande kam, stießen in Marseille Entwicklungen an, die in Parallele zur Pariser Kommune oft pauschal als »Commune de Marseille« bezeichnet werden. Deren Besonderheit bestand aber darin, dass sie sich über einen Zeitraum von sieben Monaten hinzogen, wobei dem eigentlichen kurzlebigen Experiment einer Kommune nach Pariser Modell eine im Ansatz dezentrale Revolte vorausging.

Am Abend des 4. September 1870 kam die Meldung, dass in Paris die Republik ausgerufen und eine »Regierung der nationalen Verteidigung« gebildet worden war, zu der unter anderem Léon Gambetta und Jules Ferry gehörten. Am nächsten Morgen drang eine erregte Menge in die Präfektur ein, dieses vor Kurzem erst fertiggestellte Symbolgebäude des bonapartistischen Zentralstaats. In nicht unberechtigter Todesangst ergriff der Präfekt samt Familie die Flucht, während die üppig ausgestatteten Salons und Privatgemächer geplündert wurden. Im Keller konnten die Eindringlinge 1200 Gewehre sicherstellen. Es war die Geburtsstunde einer Arbeitermiliz, die als »Gardes civiques« bekannt wurde. Viele ihrer Mitglieder gehörten der Internationale an, aber es waren auch einige verwegene Gestalten aus dem Lumpenproletariat dabei. In den folgenden Wochen sollten die Zivilgarden die Straßen von Marseille beherrschen, sehr zum Entsetzen der braven Bürger und der gemäßigten Republikaner, die den Stadtrat dominierten.

Als provisorische politische Führung formierte sich eine Departementalkommission, die ihren Sitz in der Präfektur nahm. Dort gaben Linksrepublikaner und Internationalisten den Ton an, während das bourgeoise Element vom Rathaus repräsentiert wurde. Als Wortführer der Kommission profilierte sich Gaston Crémieux, Sohn eines jüdischen Tuchhändlers und Verfechter des sozialen Fortschritts, der sich als »Anwalt der Armen« einen Namen gemacht hatte. Prosper Lissagaray, Zeitgenosse und Historiker der Kommune, nannte ihn zwar »einen eleganten und weiblich feinen Redner«, aber der sanfte Crémieux vertrat in seinen Reden meist ziemlich radikale Standpunkte.

Die Departementalkommission scheute nicht davor zurück, sich auf die Gardes civiques als Ordnungsinstanz zu stützen. Allerdings verhielt sich diese Truppe recht eigenmächtig und war kaum zu kontrollieren, sie nahm nach Gutdünken Verhaftungen von Bonapartisten und Kirchenmännern vor und ließ rote und schwarze Fahnen vom Turm der Präfektur flattern – ein schockierender Anblick für das gehobene Bürgertum, das in den Zivilgardisten Wiedergänger der Sansculotten und anderer Schreckensgestalten der Revolution sah.

Affront gegen die Zentralmacht

Eine Verfügung von Gambetta, der sich um regierungskonforme politische Verhältnisse sorgte, bestimmte als übergeordneten Verwalter des Départements Alphonse Esquiros, den er mit zivilen und militärischen Vollmachten ausstattete. Esquiros wurde in Marseille begeistert empfangen. Man kannte ihn gut, er war hier im Vorjahr zum Parlamentsabgeordneten gewählt worden – ein entschiedener Gegner des kaiserlichen Regimes, von antiklerikaler, romantisch-sozialistischer Gesinnung, voller Verständnis für revolutionäre Bestrebungen. Sein Dilemma bestand darin, dass er einerseits die Ordnung aufrechtzuerhalten hatte, andererseits mit den Aufständischen sympathisierte.

Die waren deutlich vom föderalistischen Bazillus infiziert. Als »wahrhafte Tyrannei« hatte Pierre-Joseph Proudhon, dessen Theorien während des Zweiten Kaiserreichs großen Einfluss auf die Arbeiterschaft gewannen, den Zentralstaat bezeichnet. Zusätzliche Virulenz gewann die Idee des Föderalismus in der Internationalen Arbeiter-Assoziation, deren wichtigster Marseiller Vertreter, André Bastelica, dem von Bakunin formulierten Prinzip zustimmte, nach dem die Basis jeder politischen Organisation eines Landes die autonome Kommune sein müsse und das Ganze dann nichts anderes wäre als eine »freie Föderation autonomer Kommunen«.

Dagegen beherrschte das Dogma von der Einheit der Nation die politische Klasse in Paris. Jede auch nur ansatzweise Infragestellung der Machtzentralisierung erschien wie ein Sakrileg.

Nachdem sich die Regierung der nationalen Verteidigung aus Sicherheitsgründen von Paris nach Tours zurückgezogen hatte, waren die Verbindungen in die ferne Provinz teilweise unterbrochen.

Am 14. September forderten Esquiros, der Stadtrat und die Departementalkommission in einem Schreiben an Gambetta die Aktionsfreiheit des Südens, was Fragen der Verteidigung betraf. Bastelicas Internationalisten hatten darauf besonders gedrängt. Groß war die Zahl der Freiwilligen, die sich in Marseille und im ganzen Départment zum Waffendienst meldeten. Was wie eine pragmatische Überlegung zur Organisation der Landesverteidigung erscheinen mochte, stellte tatsächlich eine der wichtigsten Machtbefugnisse der Zentralregierung infrage: den Einsatz militärischer Gewalt. Dahinter stand unausgesprochen der föderalistische Gedanke der regionalen Autonomie.

Von Gambetta kam keine Antwort. So schritt man denn zur Tat: Am 18. September gründeten Delegierte aus 13 Départements des Südens in Marseille die Liga des Südens für die Verteidigung der Republik und ernannten Esquiros zu ihrem Präsidenten. Mit der Ligue du Midi entstand ansatzweise eine provisorische Konföderation der südfranzösischen Départements mit Marseille als Hauptstadt. Kommissionen für militärische und finanzielle Belange wurden gebildet. Aber über die Aufgaben der nationalen Verteidigung hinaus diskutierte man politische und soziale Maßnahmen von eher revolutionärem Zuschnitt: Die Reichen sollten mit einer Sondersteuer belegt, Waffen, Munition und Pferde requiriert, der Besitz des Klerus konfisziert, Priester in die Armee eingezogen und die Trennung von Staat und Kirche vollzogen werden. Beschlossen wurde außerdem die Einführung der Pressefreiheit und die Wahl der Richter durch die Bevölkerung.

Fließend waren die Übergänge zwischen Patriotismus und Sozialismus in der Ligue du Midi. Manche sahen im Machtvakuum die Chance, eine föderative, von zentralistischer Vormundschaft befreite Organisation der Gesellschaft voranzutreiben. »Die Aktion der Liga des Südens muss vollkommen unabhängig sein. Die Regierung in Tours hat sich in die Entscheidungen nicht einzumischen«, erklärte Crémieux am 23. September.

Marseille, das mehr als zwei Wochen lang völlig losgelöst von der Zentralmacht war, verhielt sich wieder einmal provokant. Am 25. September drang eine von den Gardes civiques angeführte Menge ins Zentrum der Jesuitenkongregation in der Rue du Tapis-Vert ein, die zu den unverbrüchlichen Unterstützern des Zweiten Kaiserreichs gehört hatten. Der antireligiöse Überschwang nahm handgreifliche Formen an, ein paar Priester wurden eingesperrt.

Die Radikalisierung der Aktionen in Marseille ließ den bereits latenten Bruch zwischen Gemäßigten und Extremisten noch deutlicher zum Vorschein kommen. Aber die bei Esquiros eingehenden Klagen über die Exzesse der Zivilgarden blieben relativ folgenlos; auch wenn er manchen Übereifer missbilligen mochte, blieb er doch recht nachsichtig.

Enthusiastische Reaktionen rief am 7. Oktober das Eintreffen von Giuseppe Garibaldi und seiner Freiwilligen-Truppe hervor. Der alte Haudegen hatte mit den Worten »Was von mir übrig ist, steht zu Ihrer Verfügung« Gambetta seine Dienste im Krieg gegen die Preußen angeboten. Er sollte kurz darauf in der Gegend von Dijon aktiv werden. Mehrfach defilierten seine 500 disziplinierten und kampfentschlossenen Italiener durch die Stadt, unter heftigem Applaus der Zuschauer. Die Zeitung *Le Peuple* bejubelte sie als »Soldaten der universellen Republik«.

Gambetta gewinnt die Oberhand

Den gemäßigt republikanischen Bürgern im Rathaus wurde es zusehends unbehaglich. Die revolutionär gestimmten Kreise hingegen gaben sich zusehends radikaler und antiklerikaler. Und Esquiros war meist auf ihrer Seite. Unterstützt von den Internationalisten verfügte er das Verbot der royalistischen Zeitung *La Gazette du Midi* und die Ausweisung der Jesuiten.

Das brachte nun die Regierung in Tours, die um einen versöhnlichen Kurs bemüht war, entschieden gegen ihn auf. »Esquiros geht zu weit!«, zürnte Gambetta und beschloss seine Absetzung, zumal die Entwicklung in Marseille eine unerträglich föderalistische Richtung genommen hatte.

Als sich allerdings der von Gambetta geschickte Nachfolger am 17. Oktober der Präfektur näherte, ließ ihn die aufgebrachte Menge nicht hinein. Er insistierte nicht lange und gab auf. Der eigentlich entlassene Esquiros blieb vorläufig im Amt, bestätigt von einer Riesendemonstration, bei der zugleich Gambetta heftig beschimpft wurde. In Tours gingen Telegramme ein mit Drohungen wie »Beibehaltung von Esquiros oder Bürgerkrieg!«.

Zwischen Stadtregierung und Präfektur brach nun ein offener Konflikt aus. Das Rathaus verlangte die Auflösung der Gardes civiques, mit dem Ergebnis, dass sich am 1. November eine Menschenmasse auf der immensen Plaine Saint Michel zusammenrottete und von dort mit roten Fahnen auf das Rathaus marschierte, um es zu besetzen. Die davor postierten Nationalgardisten leisteten keinen Widerstand. In Übereinstimmung mit der von Crémieux geleiteten Departementalkommission wurde noch am selben Tag die revolutionäre Kommune Marseille ausgerufen. Sie war zusammengesetzt aus zwanzig Männern, die das ganze Spektrum der radikalen und sozialistischen Opposition repräsentierten. Mehrere Mitglieder der Internationale, darunter Bastelica, gehörten dazu. Der abgesetzte Bürgermeister sandte am nächsten Tag eine Botschaft an Gambetta: »Terror und Anarchie herrschen. Schicken Sie Truppen.«

Würde sich Esquiros an die Spitze dieser Rebellion setzen? »Vive Esquiros!«, hatten sie gerufen und sogar »Esquiros Diktator!«. Nein, es grauste ihm vor Gewalt und Blutvergießen. Er war kein Garibaldi, zum charismatischen Revolutionär taugte er nicht. Am 3. November forderte eine Schießerei zwischen Nationalgardisten, die auf der Seite des vertriebenen Stadtrats geblieben waren, und den Gardes civiques mehrere Tote. Das gab für Esquiros den Ausschlag, noch am selben Tag zurückzutreten.

Am 6. November nahmen gambettatreue Einheiten Aufstellung vor der Präfektur, die von den Zivilgarden besetzt war. Nun wendete sich das Blatt sehr rasch. Die Anführer der Commune, erschrocken angesichts der Gefahr, dass eine breite Mobilisierung auf einen Bürgerkrieg hinauslaufen könnte, wagten nun doch nicht, komplett mit der Regierung zu brechen und verzichteten darauf, den Aufstand fortzusetzen.

Und genau wie die Commune brach auch die Ligue du Midi zusammen. Gambetta erklärte sie in einem Rundbrief an alle Präfekten des Südostens als illegal. Ihr Kommandant reagierte unschlüssig. Aber als Gambettas Truppen auftauchten, warf er das Handtuch.

Anderthalb Monate hatte der Versuch gedauert, die Verteidigung der südlichen Départements autonom zu organisieren – ein abgewürgtes Experiment, das für den Beginn einer Revolte gegen die Zentralmacht stand. Es war ein Aufflackern gewesen, mehr nicht, aber besorgniserregend genug: ein kleiner Riss im Gebäude des Zentralismus.

Es war eine kluge Entscheidung von Gambetta, als Nachfolger von Esquiros den republikanischen Anwalt Alphonse Gent zum neuen Bevollmächtigten für Marseille zu ernennen, einen Mann mit glorioser kämpferischer Vergangenheit und diplomatischen Qualitäten. Esquiros, der ihn gut kannte, kam nicht auf die Idee, gegen ihn aufzubegehren, und nach anfänglichem kurzen Aufmucken brachte ihm auch die Bevölkerung Sympathien entgegen. Gent schaffte es in den nächsten Tagen, die Bewegung zu entschärfen und die Lage in der Stadt zu normalisieren. Bei aller Liebe zur Ordnung vermied er jedoch weise jede antirepublikanische Repression. Er konnte die Gardes civiques dazu bewegen, die seit zwei Monaten besetzte Präfektur zu räumen und sich in die Garde nationale integrieren zu lassen. Ein größerer Teil zog es allerdings vor, zu den von Garibaldi geführten Verbänden zu stoßen, die gegen die Preußen kämpften. Am 13. November konnte Gent an Gambetta telegrafieren, dass die Ordnung in Marseille vollständig wiederhergestellt war.

Am 28. Januar 1871 kapitulierte die inzwischen nach Bordeaux ausgewichene Regierung der nationalen Verteidigung vor den Preußen. Die am 8. Februar abgehaltenen Wahlen zur Nationalversammlung wurden, wie es vorauszusehen war, von der konservativsten Fraktion der Bourgeoisie gewonnen. Landbevölkerung und Kleinstädter hatten gegen die großen Städte gewählt und eine Mehrheit mit monarchistischer Orientierung ins Parlament geschickt.

Die Pariser Nationalgarde wollte sich von der stramm rechten Regierung unter Adolphe Thiers nicht entwaffnen lassen und verweigerte ihr die Gefolgschaft. Diese zog sich daraufhin samt Nationalversammlung nach Versailles zurück. Das Zentralkomitee der Nationalgarde besetzte das Rathaus und überließ es am 28. März der durch allgemeine Wahlen konstituierten Commune de Paris.

Angriff aus Aubagne

Für den Marseiller Internationalisten Bastelica spielte die revolutionäre Musik nun in der Hauptstadt, und dort zog er hin, um aktiv am Geschehen teilzunehmen. Aber auch in Marseille begann es nach einer Phase der Lethargie wieder politisch zu brodeln. In einer großen Versammlung erklärten engagierte Arbeiter ihre Solidarität mit der Pariser Bewegung.

Gaston Crémieux hielt energische Reden gegen Thiers und ließ die Pariser Kommune hochleben. »Welche ist die Regierung, die ihr als legal anerkennt? Die von Paris? Die von Versailles?« Der ganze Saal rief: »Vive Paris!« Und es wurde ein Schwur abgelegt, die Kommune mit allen Mitteln zu verteidigen.

Der frisch eingesetzte Präfekt Admiral Paul Cosnier, nach Einschätzung von Lissagaray »ein ausgezeichneter Seemann, jedoch eine vollkommene politische Null«, hatte die unglückliche Idee, zu einer Unterstützungsdemonstration für die Versailler Regierung aufzurufen.

Das Resultat: Es kamen nur deren Gegner, ehemalige Zivilgardisten, Garibaldisten, mehrere Einheiten der Nationalgarde. Und es wiederholte sich das schon eingespielte Szenario: Die Präfektur wurde eingenommen, der Präfekt zur Abdankung gezwungen. Für Lissagaray hatten Klima und südliches Temperament ihren Anteil am rebellischen Geschehen: »Die Stadt blieb somit gänzlich in den Händen des Volks. Dieser vollkommene Sieg verdrehte den Hitzigsten die Köpfe. Es gibt ja nur eine Meinung in dieser Sonnenstadt. Der Himmel, die Landschaft, die Charaktere, Alles hat dort grelle, kriegerische Farben. Am 24. pflanzten die Bürger die rothe Fahne auf.«

Eine neue Departmentalkommission trat zusammen, mit Crémieux, drei Männern der Internationale, drei Nationalgardisten und drei Delegierten des Rathauses. Deren Hauptsorge war es, die rote Fahne von der Fassade der Präfektur zu holen und die Bourgeoisie zu beruhigen.

Der Kommandant der Marseiller Garnison, der stockreaktionäre General Espivent, laut Lissagaray »ein stumpfer Legitimist und energieloser Frömmler«, zog sich mit den Truppen der Garnison nach Aubagne zurück und erklärte den Belagerungszustand für das gesamte Département.

Aubagne wurde zum Marseiller Versailles. Dorthin war auch ein großer Teil der Beamtenschaft verschwunden, was die Verwaltung der Stadt paralysierte. Crémieux und die Kommission waren hilflos überfordert. Sie mussten sich um die in Marseille verbliebenen Truppen, die versprengten Garibaldisten, die Zivil- und Mobilgarden kümmern, sie unterbringen, ernähren und möglichst bezahlen. Eine wild zusammengewürfelter Soldatenhaufen verschiedener Nationalitäten, Italiener, Spanier, Polen, kampierte auf der Plaine Saint Michel und machte den großen Platz zu einem wüsten Feldlager.

Inzwischen waren andere Kommune-Bewegungen in Frankreich bereits gescheitert. Die Toulouser Kommune wurde am 27. März liquidiert. In Lyon dauerte das Experiment nur drei, in Saint-Etienne vier Tage. Auch in Narbonne war das Abenteuer zu Ende. Übrig blieben nur noch Paris und Marseille.

Das am 31. März veröffentlichte Programm der Marseiller Kommune hatte etwas von einem trotzigen Aufbäumen. Es bestätigte die kommunale Autonomie und forderte die Abschaffung der Präfekten. Schluss sollte sein mit der staatlichen Autorität über das Gemeindeleben.

Unmittelbare Folge der Veröffentlichung dieses Manifests war die Flucht des Gemeinderats nach Aubagne. Die Pariser Kommune schickte drei Repräsentanten auf Mission nach Marseille, die sich freilich als wenig effizient erwiesen. Ihr Anführer, ein gewisser Bernard Landeck, spielte sich als großer Revoluzzer und Feldherr auf, schwadronierte aber vor allem und erwies sich als kläglicher Organisator. Landeck, den Lissagaray einen »Hanswurst« und »Prahlhans« nannte, dachte nicht daran, die Bataillone der Nationalgarde und der zahlreichen über die Stadt zerstreuten Soldaten zu bewaffnen und die wichtigen strategischen Positionen zu besetzen. Aber auch Crémieux als Chef der Departementalkommission war der Situation nicht gewachsen und unterließ es, die nötigen Vorkehrungen für die Verteidigung zu treffen. Er hatte weder die Forts noch den

Hügel von Notre-Dame de la Garde noch den Bahnhof besetzen lassen. Er war ein Mann des Wortes, nicht der Aktion, die Idee militärischer Konfrontation war ihm ein Horror. Er glaubte an Verhandlungen, meinte, Espivents Truppen würden sicher nicht angreifen. Aber die Marseiller Aufständischen waren schon zu weit gegangen, als dass von der Versailler Regierung irgendeine Nachgiebigkeit zu erwarten gewesen wäre.

Am 4. April in der Frühe drangen Espivents Truppen in Marseille ein, besetzten im Nullkommanichts den Bahnhof, die Plaine Saint Michel und die Place Castellane. Die Kämpfer der Kommune sahen sich in Richtung Präfektur zurückgedrängt, um die herum hastig einige Barrikaden errichtet worden waren. In der Präfektur war man ratlos, aber zum Widerstand entschlossen. Crémieux begab sich zur Place Castellane, um mit Espivent zu verhandeln. Die erregte Menge, die sich dort massiert hatte, rief »Vive Paris!« und wollte die Soldaten dazu bringen, sich mit dem Volk zu verbrüdern – ergebnislos wie auch Crémieux' Bemühungen.

Kurz nach Mittag begannen die Kanonen von Notre-Dame de la Garde und dem Fort Saint Nicolas die Stadt zu beschießen. Bis zum Abend wurde noch Widerstand geleistet, dann war die Commune de Marseille am Ende. »Am 5. hielt Espivent unter dem wilden, berauschten Zuruf der Reactionäre seinen triumphirenden Einzug. Aber aus der zweiten Reihe der Menge tönte den Bluthunden Geschrei und Zischen entgegen«, berichtet Lissagaray.

Die Bilanz: 150 Tote bei den Kommunarden, 30 tote Soldaten. Rund tausend Gefangene wurden in die Verliese des Château d'If gesteckt. Das Kriegsgericht tagte den ganzen Sommer hindurch, verteilte Gefängnisstrafen und einige Todesurteile. Vollstreckt wurde nur ein einziges: Am 30. November wurde Gaston Crémieux im Morgengrauen vor dem Pharo-Palast erschossen.

Die Stadt blieb bis 1876 unter Belagerungszustand und war diese Zeit über dem streng repressiven Regiment des monarchistisch und klerikal orientierten Generals Espivent ausgeliefert.

Wenn die letzte Episode, die zwei Wochen gedauert hatte, wie eine verkleinerte Version der Pariser Kommune erscheint, so liegt die Originalität der Marseiller Entwicklung zweifellos in der vorangegangenen Phase: In jener Bewegung, die über die Frage der militärischen Verteidigung hinausging und eine andere, lokal verankerte Idee von Demokratie aufscheinen ließ, wie unsicher und unausgegoren diese Erhebung auch gewesen sein mochte. Oder in den Worten des Historikers Antoine Olivesi: »Seit Jahrhunderten schlief die alte Stadt, die stolz darauf war, eine eifersüchtig gehütete Unabhängigkeit gekannt zu haben, den Schlaf der Provinz. 1870 und 1871, hat sich Marseille, bevor es in die Ewigkeit einer politischen und administrativen Zentralisierung zurückfiel, wie zur Erinnerung an seine vergangene Freiheit einen Moment lang ins Licht gesetzt, in das Licht der autonomen Aktion und des revolutionären Ideals.«

Tor zum Süden – Kolonialismus als Schicksal

Ein Schiff nähert sich der Küste, das blaue Meer leicht gekräuselt, im Hintergrund die golden von der Sonne beleuchtete Skyline der Hafenstadt. Links lehnt an der Reling ein aristokratisch gekleideter junger Herr, ein osmanischer Pascha vielleicht oder ein reicher Inder, jedenfalls ein Orientale. Neben ihm lagern auf Teppichen vornehme Frauen mit und ohne Schleier, gleich dahinter sitzt, ins Studium der Bibel versunken, ein orthodoxer Pope. Weitere Passagiere stehen auf dem Deck, Kaufleute mit Fezen und Turbanen. Man sieht auch die muskulösen Männer der Besatzung unterschiedlicher Hautfarbe: Einer von ihnen, ein Schwarzer, schickt sich an, zum Einlaufen die weiße Fahne mit dem Halbmond zu hissen. Backbord ein entgegenkommendes Schiff, dessen Mannschaft den Ankömmling freundschaftlich begrüßt.

Marseille, Porte de l'Orient heißt dieses Gemälde von Pierre Puvis de Chavannes, das die Ankunft eines Türkenschiffes vor Marseille zeigt. Seit 1869 schmückt es das Treppenhaus des Palais Longchamp. Heraufbeschworen werden die gedeihlichen Kontakte, die Marseille traditionell zum Orient unterhält: die wirtschaftliche wie die kulturelle Kommunikation mit der Ferne. Die fremden Kaufleute nähern sich hier dem Hafen als willkommene Gäste und geschätzte Partner – denn groß ist seit Langem die Bedeutung des Levantehandels für die Hafenstadt. Tatsächlich schickten Marseiller Kaufleute einst ihre Söhne zum Türkischlernen nach Konstantinopel. Das Verhältnis zum Orient, wie es sich hier andeutet, ist eine Beziehung auf Augenhöhe, eine respektvolle Begegnung von Gleichberechtigten. Die gemalte Ankunftsszene bietet eine vorkoloniale Vision, sie ist inspiriert vom Geist des freien Seehandels, wie er für das

Selbstverständnis der städtischen Kaufmanns- und Reederschicht von zentraler Bedeutung war.

Fertiggestellt und aufgehängt wurde das Gemälde im Jahr der Eröffnung des Suezkanals. Das war kein Zufall, denn die Verheißung dieses Kanals bestand ja darin, dass er das Tor zum Orient noch weiter öffnen, noch intensivere und lukrativere Handelsbeziehungen, nun auch mit dem fernen Osten ermöglichen würde. Entsprechend hatte sich für den Bau der neuen Wasserstraße das Département Bouches-du-Rhône mit massiven finanziellen Mitteln beteiligt. Allerdings erfüllten sich die großen Hoffnungen, die man in den Suezkanal gesetzt hatte, anfangs nicht so recht. Zum einen hatte die Dampfschifffahrt den Seetransport deutlich beschleunigt und im Verhältnis zur Eisenbahn auch verbilligt, wodurch Marseille als Umladestation an Bedeutung verlor: Viele aus dem Kanal kommenden Schiffe dampften nun gleich weiter durchs westliche Mittelmeer und die Straße von Gibraltar in die Häfen Nordeuropas. Außerdem war auch im Hinblick auf den Weitertransport der Waren mit der Bahn neue Konkurrenz entstanden. Seit 1881 verkürzte der 15 Kilometer lange Gotthardtunnel den Weg durch die Alpen, was die italienischen Häfen stärker ins Spiel brachte. Vor allem Genua konnte sich nun einen größeren Teil des Transitverkehrs in Richtung des nördlichen und östlichen Europa sichern, was obendrein durch niedrige Bahntarife begünstigt wurde.

Die Praxis des Transithafens, wie sie noch gegen Ende des Zweiten Kaiserreichs dominierte und den Interessen der Pariser Wirtschaftskreise entsprach, wurde deshalb jetzt von den Vertretern der Marseiller Kaufmannschaft noch energischer als zuvor infrage gestellt. Durch sie, so klagte der Anwalt und Ökonom Eugène Rostand, werde die Bedeutung Marseilles auf die Funktion eines bloßen Übergangskais reduziert: »Was aber den Reichtum eines Hafens ausmacht, ist die Summe der Arbeit und des Profits, die jede Tonne von Waren der Bevölkerung hinterlässt.« Im Konflikt mit der von Paris gesteuerten Compagnie des Docks, der Eisenbahngesellschaft PLM und den hauptstädtischen Finanzkreisen betrieb die Handelskammer hartnäckig die Wiedergewinnung der Kontrolle über den Hafenbetrieb. »Der Marseiller Hafen den Marseillern«, lautete ihr Slogan. Nach verbissenen Kämpfen schaffte sie es, dem Staat die Konzession für die neuen Hafenbecken abzuringen. Die lokalen Akteure schickten sich an, ihre Entscheidungsfreiheit von den Parisern zurückzuerobern.

Für die Compagnie des Docks war es das Ende eines zwei Jahrzehnte dauernden Quasimonopols, sie war nur noch eine Firma unter anderen im Hafen. Freilich hatte der Marseiller Hafen, der nun nicht mehr in den Händen einer ortsfremden Gesellschaft war, nicht mehr viel gemein mit jenem, den 1864 die Pariser Kapitalisten an sich gerissen hatten. Vorbei war die Zeit der Lastenträgergilde der »portefaix«, als die Schiffsfrachten noch in Säcken auf den Schultern oder dem Rücken getragen, die Fässer gerollt, zum Transportieren allenfalls Schubkarren benutzt wurden. Er war ein moderner Hafen geworden, mit einer neuen Hafenarchitektur, mechanisierten Gerätschaften, beweglichen Kränen auf Schienen und Eisenbahnanbindung.

Seife für die Welt

Die Marseiller Handelsbourgeosie, deren Wiedereinstieg ins Hafengeschäft sich also auf deutlich verbessertem technischen Niveau vollzog, interessierte sich wenig für die Bedürfnisse des französischen Binnenmarktes, viel wichtiger war es, den drohenden Niedergang der Hafenstadt abzuwenden. Die Antwort auf diese Gefahr bestand in einer entschlossenen Neuorientierung des Hafens in Richtung auf eine industrielle Karriere. Nun war der französische Süden seit Längerem schon wirtschaftlich verödet. Die Provence bot kein industrielles Hinterland, von klassischen Sektoren wie Textil- oder Metallindustrie konnte so gut wie keine Rede sein. Die Stadt war also darauf angewiesen, sich ihre eigene Industrie zu schaffen. Angeknüpft werden konnte dabei an die bereits in bescheidenerem Umfang bestehenden Aktivitäten, jene simplen Fabriken, die im Verhältnis zum spekulativen Handel eine untergeordnete Rolle spielten. Jetzt gewannen sie rapide an Bedeutung und waren bald entscheidend für das Verkehrsaufkommen des Frachthafens. Die zumeist landwirtschaftlichen Rohstoffe, die mit dem Schiff hereinkamen, wurden nun weitgehend vor Ort verarbeitet, um wiederum mit dem Schiff als Fertigprodukt exportiert zu werden. In Frankreich blieb nur ein kleiner Teil davon, Marseille schaute in die andere Richtung, wandte sich – erneut – konsequent dem Meer zu. Die Handels- und Industrieherren hatten die weltweiten Bezugsquellen zur profitabelsten Versorgung ihrer Betriebe im Blick, und dafür erwies sich der Suezkanal, der neue geografische Zugänge und Märkte erschloss, nun doch endlich als sehr förderlich.

Tragende Säule war die öl- und fettverarbeitende Industrie. Die Marseiller Ölmühlen importierten unterschiedlichste Ölsaaten aus aller Herren Länder. Und untrennbar mit ihnen verbunden waren die Seifenfabriken. »Le Savon de Marseille« wurde zum berühmtesten Erzeugnis der Stadt. »In Marseille wird die Hälfte der Luxusseife hergestellt, die wir in Amerika verwenden, doch die Einwohner von Marseille haben nur eine vage Vorstellung davon, wie man sie anwendet«, stichelte der respektlose Frankreichreisende Mark Twain. Seife für die Welt! Anfang des 20. Jahrhunderts pusteten 98 Seifenfabriken ihren charakteristischen Dunst in die Marseiller Luft. Im Jahr 1913 belief sich die Produktion auf 180 000 Tonnen. Aber Seife war nicht alles: Bei der Pressung der Ölsaat fielen Nebenprodukte an, die für die Produktion von Kerzen, Margarine oder Backfett nutzbar zu machen waren. So ließ sich die Firma Rocca, Tassy & de Roux 1898 eine Kokosbutter unter dem Namen Végétaline patentieren, die auch heute noch in Frankreichs Küchen Verwendung findet. Die Stadt entwickelte sich zum größten europäischen Markt für Pflanzenfette, die Marseiller Börse war auf die weltweiten Kurse für Ölpflanzen spezialisiert. Um die Jahrhundertwende lebte ein Viertel der Bewohner direkt oder indirekt von der Öl- und Seifenindustrie.

Auch die Mühlenbetriebe gehörten zum industriellen Spektrum. Mit Vorliebe wurde aus dem Schwarzmeerhafen Odessa gelieferter russischer Weizen zu Grieß und Nudeln verarbeitet – bis zur Oktoberrevolution 1917, danach mussten andere Quellen erschlossen werden. 45 Nudelfabriken arbeiteten um 1900. Wie bedeutend der Sektor war, lässt sich noch ahnen, wenn man vor dem großen Getreidesilo von Arenc steht, der kürzlich in den Konzert- und Veranstaltungssaal Le Silo umgebaut wurde.

2000 Personen waren Ende des 19. Jahrhunderts in den Zuckerraffinerien beschäftigt, von denen die Fabrik von Saint-Louis die größte war. Sie verarbeitete Rohrzucker aus der Karibik, aus Madagaskar oder Java. Nach dem Raffinieren wurden die Zuckerhüte in alle Welt exportiert.

Zu den wenigen Erzeugnissen, deren Rohstoff an Ort und Stelle gewonnen wurde, gehörten Dachziegel. Die 25 Ziegeleien, zusammengefasst in der Société générale des Tuileries de Marseille, befanden sich gleich in der Nähe der Tongruben von L'Estaque und Saint Henri. Auf mehreren Gemälden von Cézanne sind ihre Schornsteine zu sehen. Die aus der Ferne gekommenen Schiffe nahmen die Ziegel auf dem Rückweg quasi als Ballast mit und machten sie weltweit bekannt. In Australien, Hongkong oder Santiago de Chile sind Dächer mit Marseiller Ziegeln gedeckt.

Der Hafen boomte. Gegen Ende des 19. Jahrhunderts war er für einige Zeit der viertgrößte der Welt, die Hälfte der französischen Handelsflotte war in Marseille beheimatet. Schiffsbau- und Reparaturwerften entstanden, neue Bahnanschlüsse und Kräne beschleunigten die Arbeit an den Kais von La Joliette und Arenc. Der Be- und Entladebetrieb modernisierte sich, elf Tage dauerte bald nur noch die Abfertigung eines Frachtdampfers. Mit Ausnahme der Werften waren all diese Industrien technisch wenig anspruchsvoll. Es wurden große Mengen unqualifizierter Arbeitskräfte beschäftigt, die sich für niedrige Löhne abrackern mussten – Zuwanderer aus den armen französischen Alpengebieten, vor allem aber aus Italien.

Die ersten Wellen kamen aus dem Piemont, weitere dann auch aus der Toskana und dem Mezzogiorno. In Frankreich machten sich gegen Ende des 19. Jahrhunderts generelle fremdenfeindliche Tendenzen bemerkbar, in Marseille manifestierten sie sich auf handgreiflich-brutale Weise. Eifrig beteiligte sich die Presse an der Verbreitung antiitalienischer Stereotypen. Von »Invasion« war dort zu lesen angesichts der massiven und kontinuierlichen Zuwanderung. Wie die Heuschrecken seien die transalpinen Immigranten über Marseille hergefallen, ganze Straßen und Quartiers hätten sie besetzt wie eine fremde Armee. Natürlich, so wurde geklagt, machten sie keine Anstalten, sich zu integrieren, sprachen weiter ihre Sprache, waren überheblich, schmuddelig und streitsüchtig, das Messer saß ihnen locker. Von den Unternehmern wurden die Italiener als Lohndrücker und Streikbrecher eingesetzt, was die französischen Arbeiter gegen sie aufbrachte. Die negative Voreingenommenheit ging mehr und mehr in Hass über. Für gewaltsame Übergriffe bedurfte es bloß geringfügiger Anlässe.

Als am 17. Juni 1881 auf dem Rückweg von Tunesien französische Truppen durch die Marseiller Straßen defilierten, sollen aus den Fenstern eines italienischen Clubs Pfiffe ertönt sein. Daraufhin kam es im Stadtzentrum zu Massenzusammenrottungen und zur Jagd auf »les babis«, wie die Italiener beschimpft wurden. Prügeleien brachen aus, es gab Tote und Verletzte. Mit Empörung wurden die Marseiller Vorfälle wiederum von der italienischen Presse aufgegriffen, antifranzösische Demonstrationen waren die Folge. Auf einer Pariser Versammlung im Juli 1881 trug der Sozialistenführer Jules Guesde eine Resolution vor, in der es hieß: »Für die Französische Arbeiterpartei sind für die Unruhen von Marseille und ihre internationalen Konsequenzen ausschließlich die Marseiller Fabrikanten verantwortlich, welche mit der Not ausländischer Arbeiter spekulieren, um ihre Profite zu erhöhen, und sich dieser Notleidenden bedient haben und weiterhin bedienen, um die französischen Arbeiter ins Elend zu stürzen.«

Das war nun allerdings eine reichlich grobe Vereinfachung. Die fremdenfeindlichen Zwischenfälle eskalierten 1893 im Massaker von Aigues Mortes in der Camargue. In der Salzgewinnung beschäftigte italienische Saisonarbeiter der Salines du Midi wurden beschuldigt, Niedriglöhne zu akzeptieren. Eine von rassistischen Beschimpfungen begleitete Schlägerei steigerte sich zum blutigen Exzess, in dem mindestens acht Italiener ihr Leben ließen.

Französische und italienische Sozialisten in Marseille begannen, differenziertere Positionen einzunehmen, und sahen in der Ausbreitung des Chauvinismus im Arbeitermilieu ein ernsthaftes Problem. Es wurden aufklärende, erzieherische Initiativen gestartet, um die Abneigungen zu überwinden, man beschloss, italienische Arbeiter möglichst zahlreich in die Gewerkschaftsorganisationen aufzunehmen. Tatsächlich machte sich dann gegen 1900 ein deutlicher Wandel im Verhalten bemerkbar, und es dauerte nicht lange, da engagierten sich Italiener gemeinsam mit den französischen Kollegen bei den regelmäßig aufflammenden Arbeitskämpfen. Sehr zum Missfallen der Fabrikherren begannen die italienischen Arbeiter nun sogar, bei manchen Streiks eine führende Rolle zu spielen. Auch wenn die antiitalienischen Ressentiments nicht von heute auf morgen verschwanden, wurde doch die italienische Kolonie in recht kurzer Zeit zu einem akzeptierten Teil der Marseiller Bevölkerung.

Freihandel oder Protektionismus

Nach der Repressionsphase, die auf die Commune gefolgt war, lebte die politische Linke rasch wieder auf. Im Jahr 1884 wurden gewerkschaftliche Betätigungen in Frankreich gesetzlich zugelassen. Drei Jahre später entstand in Marseille die zweite Arbeitsbörse nach der von Paris. Diese Gewerkschaftshäuser waren weit mehr als Versammlungsstätten: Sie beherbergten soziale Hilfsdienste, Solidaritätskassen, Bibliotheken und Lebensmittelkooperativen, waren gewissermaßen Festungen der Arbeiterbewegung. Unter den engagierten Gewerkschaftern in Marseille dominierten die Anarcho-Syndikalisten, die Beteiligung an Wahlen ablehnten und als revolutionäre Praxis den Generalstreik propagierten.

Dennoch erlangte bei den Kommunalwahlen im Mai 1892 eine aus verschiedenen sozialistischen Gruppen zusammengesetzte Liste die Mehrheit im Stadtrat und brachte den Arzt Siméon Flaissières auf den Bürgermeisterstuhl. Als Stadtoberhaupt begleitete er eine lange und oft dramatische Phase der Marseiller Geschichte, amtierte von 1892 bis 1902, dann wieder von Dezember 1919 bis zu seinem Tod im März 1931. In der Bevölkerung war er beliebt, man nannte ihn den »guten Doktor Flaissières«. Der Armenarzt aus dem Viertel Endoume mit dem weißen Weihnachtsmannbart galt als Sozialist, ohne selbst Mitglied einer Partei zu sein, und wurde von links eher wegen seiner moderaten Haltung kritisiert. Von Klassenkampf wollte er nicht viel wissen, suchte eher den Konsens, und auf jeden Fall unternahm er nichts, was die Marseiller Unternehmer behindern oder stören konnte. »Keine Angst vor dem Fortschritt«, lautete seine schlichte Devise. Es trug zu seiner Popularität bei, dass er durch diverse soziale Maßnahmen die Lebensverhältnisse in der Stadt verbesserte. Dazu gehörten die Einrichtung von Grundschulen und kostenlosen Schulkantinen, die Beschränkung des Arbeitstags für städtische Angestellte auf acht Stunden, der Ausbau des Straßenbahnnetzes und die Festlegung eines niedrigen Einheitsfahrpreises von 10 Centimes. Die Tram wurde zu einer unverzichtbaren Einrichtung in Marseille, sie bediente die weit auseinanderliegenden Viertel und Dorfkerne, von wo die Arbeiter zuvor ihre Fabriken zu Fuß erreichen mussten.

Heftige Sozialkonflikte erschütterten die Stadt um die Jahrhundertwende, ein Streik löste den anderen ab. 1901 wurde zwei Monate lang der

Hafenbetrieb von Seeleuten und Dockern lahmgelegt, was die Schließung mehrerer Fabriken zur Folge hatte. Das Gespenst einer sozialen Explosion jagte der »besseren Gesellschaft« Angst und Schrecken ein. Die Erinnerung an die Commune war noch frisch. Einige Persönlichkeiten aus dem Unternehmermilieu reagierten auf Proletariermisere und Aufruhrgefahr mit Initiativen zur materiellen und moralischen Verbesserung der Arbeiterschaft. Der konservative Humanist Eugène Rostand betrieb die Einrichtung von Volkssparkassen und gründete die Société des habitations salubres et à bon marché de Marseille, eine Gesellschaft zur Errichtung gesunder und preisgünstiger Wohnungen. Dem Proletariat sollte Zugang zum individuellen Häuschen ermöglicht werden. Das würde Eigentums- wie Familiensinn stärken, Zusammenrottungen in Arbeiterkneipen und Alkoholismus verhindern und den sozialen Frieden sichern.

Wenn sich auch einige Unternehmer mit solchem damals modern wirkenden Sozialpaternalismus hervortaten, beschränkten sich die meisten auf die gelegentliche Unterstützung karitativer Einrichtungen; dergleichen war man dem guten Namen von Firma und Familie schuldig.

Der Marseiller Patron blieb noch lange ein recht archaischer, stockkonservativer Kapitalist, einer, der sein Geschäft höchstpersönlich im Griff hatte, ein Individualist, der den direkten Kontakt von Mann zu Mann schätzte. Was er hingegen gar nicht mochte, waren administrative Reglementierungsversuche, Einmischungen seitens der Politik.

Vermieden wurden nach Möglichkeit allzu enge Berührungen mit anderen Komponenten der lokalen Elite. Wenig Kontakt hatte diese Marseiller Bourgeoisie zu den Vertretern des Staates oder der höheren Administration. An ihrer Tafel fand sich kein hoher Finanzbeamter, kein Präfekt, selten ein Bürgermeister. Man wünschte dort auch keine Politiker, nicht mal Abgeordnete konservativer Parteien, es sei denn, ein solcher stammte aus dem eigenen Stall.

So jemand war Jules Charles-Roux – eine glänzende Ausnahmeerscheinung in der Welt des Marseiller Handelsbürgertums. Nach seinem Chemiestudium hatte er die Seifenfabrik des Vaters übernommen und sie erfolgreich erweitert. Einer seiner Mitarbeiter, der brillante junge Chemiker François Merklen aus Thann im Elsass, erwarb sich besondere Verdienste, indem er die definitive Formel für Savon de Marseille entwickelte. In der Folge wurde die Zusammensetzung verbindlich festgelegt: 63 Prozent Kopra- oder Palmöl, 9 Prozent Soda oder Meersalz, 28 Prozent Wasser. Charles-Roux wurde mit diesem »Marseiller Reinheitsgebot« Seifenmarktführer und Vorbild fürs übrige Gewerbe. Er war aber nicht nur Fabrikdirektor, sondern wurde auch im Reedereiwesen aktiv, unter anderem als Präsident der Compagnie générale transatlantique und später als Präsident des Zentralverbands der französischen Reeder. Daneben saß er in den Vorständen von Werften, Banken und Versicherungen, alles Unternehmen, die etwas mit Seefahrt und Handel zu tun hatten. Der erfolgreiche Geschäftsmann war zudem ein Freund der Künste und Künstler, kaufte Gemälde, profilierte sich als Mäzen, unterstützte die provenzalische Dichterbewegung des Felibrige, verehrte Schumann und Wagner. Außerdem verfolgte Charles-Roux eine politische Karriere: Seit 1887 war er gewähltes Mitglied im Stadtrat, bald auch Mitglied im Rat des Départements Bouches-du-Rhône und Abgeordneter in der Pariser Nationalversammlung. Er trat auf als Herold eines liberalen Wirtschaftskurses, als glühender Verfechter des freien Handels, wie es für einen Marseiller Patron naheliegend war.

Es mag überraschen, dass sich sein Name Anfang des 20. Jahrhunderts mit der uneingeschränkten Bejahung des Kolonialismus verband, der ja die Stadt dann für lange Zeit prägen sollte. War Marseille dazu prädestiniert, die Kapitale des französischen Kolonialimperiums zu werden? Im Rückblick mag es so scheinen. Gleichwohl war die Beziehung der Marseiller Handelsbourgeoisie zur Kolonisierung zunächst eher zwiespältig. Gewiss, man hatte die 1830 eingeleitete Eroberung Algeriens nach Kräften unterstützt. Aber die Marseiller Kaufleute verfolgten dabei eng begrenzte Absichten. Es ging ihnen um die Öffnung neuer Handelswege und die Einrichtung von Kontoren, nicht aber um die Besetzung großer Territorien und die Beherrschung ganzer Völker. Dem Geist der Hafenstadt entsprach der freie Handel. Was die Marseiller Wirtschaftselite prinzipiell interessierte, waren offene Märkte. Als sich gegen Ende des Jahrhunderts in Europa und vor allem in Frankreich eine Rückkehr zum Protektionismus abzeichnete, konnte das in Marseille nur als existenzielle Bedrohung empfunden werden.

Vor allem die Maßnahmen, die die Pariser Regierung gegen Ende des

Jahrhunderts zum Schutz französischer Landwirtschaftsprodukte beschloss, liefen den Interessen der Marseiller Industrie zuwider: Als Erstes betraf es die Mühlenbetriebe, die unter der Besteuerung des importierten Weizens zu leiden hatten. Es folgten die neuen Zölle auf ausländischen Rohzucker, die die Zuckerraffinerien bedrohten. Die Regierung wollte sich die Rübenzuckerbarone des Nordens gewogen halten, die in Paris großen Einfluss hatten. Schließlich kam die Öl- und Fettindustrie an die Reihe und wurde mit Zöllen auf die Einfuhr von Ölpflanzen destabilisiert.

Katastrophenstimmung breitete sich aus, es begann zu gären in der Stadt. Diese Veränderungen waren ja nicht nur für die Unternehmer bedrohlich, vom Funktionieren der Marseiller Industrien war ein beträchtlicher Teil der Bevölkerung abhängig, der gesamte Hafenbetrieb war betroffen und damit der Lebensnerv der Stadt. Erneut ging das Gespenst von Niedergang und Verelendung um in Marseille.

Es war Jules Charles-Roux, der während des ganzen Jahres 1891 die Proteste koordinierte. Als Initiator eines Komitees, das die kommerziellen, industriellen und maritimen Interessen verteidigte, zog er Bürgermeister und Stadtverordnete auf seine Seite. Und trotz eines gewissen Unbehagens in den Kreisen der bourgeoisen Elite – denn eigentlich war so etwas höchst unschicklich – schreckte er nicht davor zurück, mithilfe der lokalen Zeitungen eine breite Volksbewegung anzustoßen und – horribile dictu – die »Straße« zu mobilisieren. Unternehmer, Kaufleute mit Zylinder, Arbeiter im Blaumann versammelten sich in seltener Einigkeit vor der Börse. *Le Petit Marseillais* sekundierte mit der düsteren Schlagzeile »Wieder einmal wird Marseille geopfert!«. Nicht zum ersten Mal divergierten die Interessen Frankreichs und die der großen Mittelmeer-Hafenstadt. Im Pariser Palais Bourbon legte sich der Abgeordnete Charles-Roux mächtig ins Zeug, alle übrigen Volksvertreter des Départments Bouches-du-Rhône zogen mit. Als sich dennoch die Protektionisten durchsetzten, organisierte er eine ungewöhnliche Massendemonstration auf der Canebière. Vorneweg, in der ersten Reihe, marschierten mit besorgten Mienen die Fabrikherren, gefolgt von Zigtausenden Arbeitern – ein würdiger und vorerst gewaltfreier klassenübergreifender Protest. Das machte dann auch in Paris einen gewissen Eindruck. Wozu, um

Himmels willen, mochten diese Marseiller als Nächstes in der Lage sein? Und so wurden schließlich zu ihrer Beruhigung zumindest für den Ölpflanzenimport Konzessionen eingeräumt.

Aber das war zu wenig, um die wirtschaftliche Entwicklung des Hafens sicherzustellen. Der allgemeine Schutz des nationalen Marktes ließ den Horizont von Marseille bedenklich schrumpfen. Als letzter Ausweg erschien vielen in dieser bedrohlichen Situation das Prinzip des Freihafens. So sagte Charles-Roux im Juni 1891 an die Adresse der Pariser Protektionisten: »Organisiert ihr im Landesinneren das System ruhig so, wie es euch gefällt, lasst aber uns in unseren Häfen so leben, wie es für uns unverzichtbar ist.«

Konkret schlug er die Einrichtung einer Freihandelszone im Hafenbereich vor, in der die Zollregeln nicht gelten sollten, ein Hafenbecken mit Kais, Lagerhäusern und Betrieben, wo die ankommenden Rohstoffe verarbeitet und weiterverschifft würden, gewissermaßen ohne französisches Territorium zu berühren. Für die zutiefst zentralistisch geprägte Regierung war es freilich undenkbar, dass auch nur ein kleiner Teil des Territoriums von den fiskalischen Regeln der Nation ausgenommen werden könnte. Keine Extrawurst für Marseille!

Umso unerhörter der Antrag, den Pierre Bertas, einer der Vertreter von Bürgermeister Flaissières, im November 1897 im Marseiller Stadtrat einbrachte: »Stellen wir uns vor, die Zollschranken befänden sich nicht am Eingang des Hafens, sondern sie wären zurückverschoben an den äußeren Rand der Gemeinde. Sofort würden sich unsere großen Häfen mit Schiffen füllen, die ohne Behinderung kämen und gingen. Die Kais wären nicht breit genug für die Anhäufung der Waren aus aller Welt, die Arbeiter nicht zahlreich genug, sie zu transportieren, zu lagern, zu bearbeiten. Neue Fabriken würden entstehen dank der niedrigen Rohstoffpreise; die Arbeiterschaft könnte sich mit preisgünstigen Lebensmitteln versorgen, die befreit wären von hohen Aufschlägen; das preisgünstige Leben würde die Arbeit verbilligen; unsere Industrien könnten ihre Absatzmöglichkeiten um ein Vielfaches steigern, aufgrund der mäßigen Produktionskosten würden sie alle Märkte überschwemmen; Marseille würde auf diese Weise in kurzer Zeit seinen Reichtum und seine Bevölkerung verdoppeln und verdreifachen. Dieser Traum ist realisierbar.«

Ganz Marseille zum eigenen Nutzen aus dem nationalen Markt auszuklinken, wahrlich eine kühne Idee und nicht untypisch für den rebellischen Föderalisten Pierre Bertas, der auch als provenzalischer Dichter von sich reden machte. Sein Vorschlag, der im Rat der Stadt übrigens einstimmig angenommen wurde, war aus Pariser Sicht nichts anderes als eine dreiste Provokation, eine dieser typischen Marseiller Unverschämtheiten.

Nein, die Position Marseilles als quasi außerterritorialer Hafen war nicht zu halten. Und so wurde die Stadt in eine neue Karriere hineingedrängt, zu der es keine Alternative zu geben schien: »Solange es keinen freien Handel gibt, wird Marseille kolonial sein oder es wird nicht sein«, seufzte der Reeder Adrien Artaud. Eine Einsicht, der sich auch Jules Charles-Roux nicht mehr verschließen konnte. Er hielt sich nicht lange damit auf, den verlorenen Freiheiten nachzutrauern, sondern stellte sich pragmatisch auf die veränderte Lage ein und wurde eine der führenden Protagonisten der »kolonialen Partei«.

Der koloniale Schwenk

Mit der seit 1871 bestehenden Dritten Republik hatte eine neue Phase der Kolonialära begonnen, während der sich Frankreich maßgeblich an der Aufteilung der Welt beteiligte. Nach der Niederlage im Deutsch-Französischen Krieg 1870/71 und dem demütigenden Verlust von Elsass-Lothringen sahen Staatsmänner wie Léon Gambetta und Jules Ferry im Aufbau eines Kolonialreichs die Möglichkeit zur Wiedergewinnung nationaler Größe und Weltgeltung, legitimiert durch die zivilisatorische Mission, die »Eingeborenen« beziehungsweise »Wilden« mit dem Licht des französischen Geistes zu beglücken.

»Die höheren Rassen haben ein Recht gegenüber den niederen Rassen. Ich sage, dass es für sie ein Recht gibt, weil es eine Pflicht für sie gibt. Sie haben die Pflicht, die niederen Rassen zu zivilisieren.« So Regierungschef Jules Ferry in seinem Plädoyer im Abgeordetenhaus 1885. Die Vorstellung von der Höher- oder Minderwertigkeit der Rassen war weit verbreitet. Selbst der junge Jean Jaurès lobte die Initiative, Frankreichs Glorienschein in Afrika zu verbreiten. »Diese Völker sind Kinder«, befand der spätere Vater des französischen Sozialismus, eine Haltung, die er freilich bald revidieren sollte. Neben dem Zivilisationsauftrag, der als ideologisches Hauptmotiv galt, fielen natürlich auch wirtschaftliche Argumente ins Gewicht: Die Kolonien wurden als Rohstoffressourcen und potenzielle Absatzmärkte für die französische Industrie gepriesen. Und obendrein sah man in ihnen ein soziales Sicherheitsventil: Unruhige, unzufriedene, unruhige Elemente aus der eigenen Bevölkerung bekämen dort unten in Afrika oder dort hinten in Asien ein weites Feld von Betätigungsmöglichkeiten, dadurch würden sich die politischen Spannungen im Mutterland verringern – Kolonien gewissermaßen als ein Heilmittel gegen den Sozialismus.

Unermüdlich arbeitete eine prokoloniale Lobby daran, die außenpolitischen Entscheidungen der Republik im Sinne eines expansiven Kurses zu beeinflussen, die Botschaft von den Vorteilen des Kolonialreichs unters Volk zu bringen. Überzeugungsarbeit war nötig, denn es herrschte in der französischen Gesellschaft keineswegs Einigkeit über die koloniale Frage. Vehement wurde in den 1880er-Jahren über das Pro und Contra gestritten. Auf der Rechten wie auch bei Teilen der Linken sah man in diesen Überseeaktivitäten eine Vergeudung der Kräfte und befürchtete, Frankreich könnte auf diese Weise die »blaue Linie der Vogesen« aus den Augen verlieren, sich von der notwendigen Revanche gegen Deutschland ablenken lassen. War es nicht verdächtig, dass gerade Bismarck den französischen Kolonialvorhaben ausgesprochen wohlwollend gegenüberstand? Auch bei vielen Liberalen hielt sich die Begeisterung für die Kolonisierung in Grenzen, ihnen schien sich hier unter wirtschaftlichen Gesichtspunkten eher ein Fass ohne Boden aufzutun, während die Linksaußen-Opposition ansatzweise schon Menschenrechtsargumente und Kapitalismuskritik gegen das Kolonialabenteuer ins Feld führte.

Gegen die in Ideologie und Zielvorstellungen uneinheitlichen antikolonialen Kräfte konnte sich trotz einiger Rückschläge das prokoloniale Lager durchsetzen, dem ebenfalls Anhänger verschiedener politischer Richtungen angehörten, dessen überwiegende Mehrheit aber gemäßigte Republikaner bildeten. So wurde mit heiligem Eifer und martialischem Einsatz fortgeführt, was im Zweiten Kaiserreich mit der Ausdehnung der französischen Präsenz in Algerien, der Eroberung von Cochinchina (Südvietnam), Kambodscha, Neukaledonien, den pazifischen Inseln Polynesiens und in Senegal begonnen hatte.

Vor allem begann jetzt der Wettlauf mit den Briten um die besten Stücke aus dem großen afrikanischen Kuchen. Beschleunigt wurde die Aufteilung des Schwarzen Kontinents unter die europäischen Mächte durch die Berliner Kongo-Konferenz im Winter 1884/85. Rapide breitete sich alsbald der violette Fleck französischer Eroberungen auf der Landkarte aus, die administrativ in zwei Großeinheiten zusammengefasst wurden: zum einen L'Afrique occidentale française (AOF) mit Mauretanien, Senegal, dem französischen Sudan, Guinea, Elfenbeinküste, Obervolta (heute Burkina Faso) und Dahomey, zum anderen L'Afrique équatoriale française (AEF) mit Gabun, dem Mittleren Kongo, Tschad und Oubangi-Chari. 1895 wurde die militärische Eroberung von Madagaskar abgeschlossen, ein Jahr später die von Indochina. In wenigen Jahren hatte sich Frankreich Gebiete angeeignet, die neunzehnmal so groß waren wie das »Mutterland« .

Marseille, der Hafen des Südens, fand sich naturgemäß an der Schnittstelle der neuen Menschen- und Warenströme dieses nationalen Großunternehmens wieder. Jetzt gelte es, die unvemeidliche Hinwendung zum Kolonialreich auch freudig zu vollziehen, meinte in seinem Essay *Marseille et la colonisation* française der Marseiller Professor Paul Masson: »Unsere Kolonien sind in gewisser Weise für uns die Reserve, die Zukunft, die größte Hoffnung für unsere Industrie und unseren Handel [...]. Die Marseiller sollten den Mut nicht sinken lassen. Es ist der Kolonialhandel, der ihnen bis jetzt ermöglicht hat, den Niedergang zu vermeiden. Und er ist es, der ihnen erlauben kann, von einer glänzenden Zukunft zu träumen.«

So wurde denn – nolens volens – der koloniale Traum geträumt. Die Handelskammer stand jetzt ohne Wenn und Aber hinter territorialen Eroberungen. Inzwischen ging es nicht mehr nur um »comptoirs«, bloße Handelsniederlassungen, sondern um Rohstoffmonopole und garantierte Absatzmärkte für Marseiller Produkte.

Als »Apostel der kolonialen Sache« profilierte sich der Marseiller Botaniker und Medizinprofessor Edouard Heckel. Mit Inbrunst widmete er sich dem Studium der Nutzpflanzen aus den überseeischen Schlaraffenländern, andererseits war er sich aber auch sehr wohl über die Gesundheitsgefährdung im Klaren, die das koloniale Abenteuer mit sich brachte und die ein erweitertes Know-how auch in medizinischer Hinsicht erforderte. Das hatte er am eigenen Leib erfahren, als er eine Gelbfieberinfektion, die er sich auf den Antillen geholt hatte, fast nicht überlebte. So eröffnete er an der Medizinischen Hochschule eine Abteilung für Tropenkrankheiten. Auch der Gesundheitsdienst der Armee reagierte auf die neuen Risiken und richtete 1905 auf dem Gelände des Pharo-Palastes, den sich Napoléon III an die Hafeneinfahrt gesetzt, aber nie bewohnt hatte, für die Kolonialtruppen eine Tropenmedizinschule ein, die bis heute fortbesteht. In der Rue Noailles gründete der umtriebige Heckel 1893 das Institut colonial – ein Studien- und Dokumentationszentrum in enger Verbindung zur Handelskammer, dessen höherer Zweck es war, Propaganda fürs Kolonialimperium zu treiben, das Marseiller Publikum pädagogisch zu bearbeiten und fürs wirtschaftliche Engagement in Übersee zu werben.

Traumreich mit Statisten

Edouard Heckel war es auch, der 1901 die Idee lancierte, in Marseille die erste französische Kolonialausstellung zu organisieren. Sein engster Mitstreiter war der unermüdliche Jules Charles-Roux. Günstig wirkte sich aus, dass dieser sich inzwischen mit den militärischen Kolonialhelden Gallieni und Lyautey angefreundet hatte, die bei der Regierung höchstes Ansehen genossen. Joseph Gallieni hatte sich durch die Niederschlagung von Aufständen sowie geschickte Verhandlungen in Schwarzafrika Meriten erworben und fungierte zeitweilig als Generalgouverneur des Soudan français, bevor ihn das Eroberungsgeschäft nach Südostasien führte. In Indochina, wo mit harter Hand chinesische Piraten zu bekämpfen waren, traf er mit dem Karriereoffizier Hubert Lyautey zusammen. Beide wurden danach gemeinsam in Madagaskar aktiv, wo entschlossenes Durchgreifen gegen lokale Widerstandsbewegungen erforderlich war – die Befriedung kostete hunderttausend Einheimische das Leben –, bevor das Zivilisationswerk seinen Lauf nehmen konnte: der Aufbau einer Kolonialadministration, Infrastrukturmaßnahmen, Errichtung von Schulen, medizinische Versorgung, freilich auch die Einführung von Zwangsarbeit für die Eingeborenen.

Wie der kultivierte Haudegen Lyautey, der sich später als französischer Statthalter in Marokko bewährte und nach anfänglichen Befriedungsaktionen das Maghrebland administrativ zu organisieren und zu gestalten wusste, galt Gallieni als positiver Held, der den kolonialen Betrieb mit humanitärem Firnis überzog. So hieß es noch in einem Schulbuch von 1967 über den Eroberer: »Die Eingeborenen bewunderten seinen Mut und sein Geschick. Am Ende gehorchten sie ihm und arbeiteten, statt sich aufzulehnen. Gallieni errichtete Schulen, wo man ihnen Französisch beibrachte, er eröffnete Märkte, wo sie Stoffe und kleine Gegenstände kaufen konnten; er ließ Straßen und Eisenbahnen bauen.«

Charles-Roux konnte jedenfalls auf die Unterstützung dieser beiden einflussreichen Militärs für das große Marseiller Ausstellungsprojekt zählen, auch wenn die Pariser Presse erwartungsgemäß gegen das Vorhaben stänkerte und die Meinung vertrat, dergleichen solle doch wohl besser in der Hauptstadt veranstaltet werden.

Als Terrain für die »Exposition coloniale« wurde ein ehemaliges Manövergelände im Süden der Stadt, der heutige Parc Chanot am Rond Point du Prado, hergerichtet. Das Plakat zur Ausstellung, deren Eröffnung am 14. April 1906 stattfand, könnte an das erwähnte Gemälde *Marseille, Porte de l'Orient* von Puvis de Chavannes erinnern. Auch hier wird die Ankunft eines aus der Ferne kommenden Schiffes vor der Kulisse von Marseille gezeigt. Aber es gibt wesentliche Unterschiede, und sie sind bezeichnend für den neuen Geist, der nun herrscht: Das Schiff ist eine Piroge, die Besatzung besteht aus halbnackten Eingeborenen, und Marseille erscheint symbolisch als monumentale, mit phrygischer Mütze geschmückte Marianne, auf die das Boot demütig zusteuert. An die Stelle des freien Austauschs zwischen ebenbürtigen Partnern war die hierarchische Beziehung zwischen Kolonisator und Kolonisierten getreten.

Aber was für eine großartige Ausstellung! Wie ein Traumreich wird da die koloniale Welt präsentiert, mit Rekonstruktionen aus allen Winkeln des Imperiums – alles fast echt und mit Originalstatisten bevölkert. Da steht der Tempel von Angkor Wat, und bezaubernd schweben zierliche kambodschanische Tänzerinnen die Stufen hinunter; der König Sisowath hat sie auf dem Dampfschiff »Amiral de Kersaint« mitgebracht. Hier ein hoch aufragender afrikanischer Palast, wie er in Timbuktu stehen könnte, ebenso eine Ansammlung sudanesischer Lehmbauten mit typischem Dorfleben. Dort eine Moschee aus dem Maghreb: Ein echter Muezzin ruft vom Minarett herunter, in den Basarstraßen raspeln, klöpfeln und dengeln authentische Handwerker. Nomaden sitzen in ihrem Zelt und knüpfen Teppiche. Spezielle Pavillons sind den einzelnen Kolonialgebieten gewidmet, etwa Tunesien, Algerien, dem südindischen Pondichéry, den Antilleninseln Martinique und Guadeloupe oder der chinesischen Konzession von Kwangtschouwan. Rikschas mit Gummirädern fahren die Besucher umher.

Ganze Familien stürzen sich ins Vergnügen, reiten auf Kamelen, sehen den chinesischen Drachen vorbeiziehen, 60 Meter lang ist er und speit Feuer. Dies ist die Feier einer neuen Zeit, die große Kolonialkirmes, und Kinder sind natürlich ein wichtiges Zielpublikum. Sie sollen im Sinne der Kolonialpolitik erzogen werden und sprechen besonders auf das Exotische und Märchenhafte an. Aber auch auf die Erwachsenen verfehlt die sinnenbetäubende Schau ihre Wirkung nicht. Kaum ein Franzose ist ja bislang schon in den Kolonien gewesen, hier werden sie ihm nähergebracht und schmackhaft gemacht. Dazu kommt: Selbst dem kleinsten Kleinbürger wird das gute Gefühl von Überlegenheit vermittelt. In Marseille liegt der Hafen voller moderner Dampfschiffe, und seit Kurzem fahren elektrische Straßenbahnen durch die Stadt. Diese Eingeborenen aber laufen halbnackt herum oder reiten auf Kamelen. Da erkennt man leicht, wie hoch man über diesen Völkern steht und wie sehr sie väterlicher Fürsorge bedürfen. Ein sehr anrührender Moment war der Nationalfeiertag am 14. Juli 1906. Die Eingeborenen standen in Reih und Glied und sangen zu den Klängen eines Blasorchesters aus Madagaskar die Marseillaise.

Als die Ausstellung nach sieben Monaten Verzauberung am 18. November schloss, war sie von 1,8 Million Menschen besucht worden. Hochrangige Gäste waren darunter wie der König von Kambodscha oder der Exkönig von Dahomey. Und natürlich die großen Kolonialfeldherren Hubert Lyautey und Joseph Gallieni. Die Marseiller konnten zufrieden sein. Man hatte es den missgünstigen Parisern endlich mal gezeigt, zumindest für ein paar Monate. Und während der Ausstellung hatte sich für die Hafenstadt tatsächlich die Bezeichnung »Capitale de l'Empire« eingebürgert. In seiner Abschlussrede sagte Jules Charles-Roux: »Lasst uns hoffen, dass eine neue Ära für Marseille anbricht!« Die Hoffnung ging in Erfüllung. Und die neue Ära brachte für mehrere Jahrzehnte eine klare Ausrichtung an der kolonialen Funktion, den Rückzug aufs Imperium. Marseille wimmelte von Aktivitäten wie nie zuvor, und zugleich geriet die Stadt in eine nie gekannte Abhängigkeit.

Auf die große Kolonialschau von 1906 folgte eine Reihe weiterer Ausstellungen, die auf ihre Weise der Kolonialpropaganda gewidmet waren und mit den Interessen der Marseiller Wirtschaft in Verbindung standen: 1908 ging es um Ölpflanzen, 1909 um Kautschuk, 1910 war es der nordafrikanische Weizen, 1911 standen neue »Kulturen« wie Reis, Sorgho und Mais im Mittelpunkt, 1913 kamen Kakao, Kaffee, Zucker und Tee zu Ehren. Der zunehmende Handelsverkehr erforderte eine sukzessive Erweiterung des Hafens. Nach der Einweihung des Bassin National 1883 begannen 1893 die Ausschachtungen für das Bassin de la Pinède. 1910 wurde das Bassin de la Madrague fertiggestellt, zwei Jahre später das Bassin Mirabeau. Sieben große Becken reihten sich bald nach Nordwesten hin aneinander, geschützt von einer immer länger werdenden Mole, die schließlich bis auf sieben Kilometer anwuchs. Marseille schickte seine Schiffe und die Produkte seiner Industrie in alle Winkel des Kolonialreichs. Die Dampfer der Compagnie Fraissinet versahen nicht nur den Post-, Passagier- und Frachtdienst nach Korsika, sondern auch nach Westafrika und in den Kongo, bedienten aber außerdem Konstantinopel und das Schwarze Meer. Die Compagnie de navigation Paquet stellte zunächst die Schiffe für die militärischen Befriedungsaktionen in Marokko und wurde so ganz natürlich zum Spezialisten für die Casablanca-Verbindung, unterhielt aber auch Linien nach Dakar. Die Dampfer der Reederei Cyprien Fabre bedienten Linien in den Nahen Osten, nach Algerien, Westafrika, Brasilien, Argentinien, New York und New Orleans und transportierten zudem Pilger nach Mekka sowie Truppen nach China beziehungsweise Madagaskar.

Auch für ausländische Schifffahrtslinien war Marseille ein wichtiger Start- und Zielpunkt, so für die British India Steam Navigation Company oder die Reederei Peninsular and Oriental (P&O), deren Schiffe von hier aus nach Alexandria und Bombay in See stachen. Und die Deutsche Mittelmeer-Levante-Linie eröffnete 1906 eine wöchentliche Verbindung von Marseille nach Odessa.

Die Werft im nahen La Ciotat war mehr als ausgelastet. Sie baute unter anderem die Passagierdampfer für die Linien der Messageries Maritimes die den Indischen Ozean, Australien und Neukaledonien bedienten. Der Marseiller Bedarf überstieg die Kapazitäten der Werft. Eine weitere auf Dampfschiffe spezialisierte Werft wurde in Port-de-Bouc in Betrieb genommen. Als erstes Schiff lief dort 1901 die »Marc Fraissinet« vom Stapel, kurz darauf ließ Jules Charles-Roux, als Reeder der Compagnie générale transatlatique, in Port-de-Bouc den Ozeandampfer »Espagne« auf Kiel legen.

Fortschrittsmonument aus Eisen

Seit 1905 hatte die Hafenstadt ein neues Wahrzeichen – hoch aufragend wie ein triumphales Tor zur Welt: den Pont Transbordeur. Rechtzeitig zur Kolonialausstellung war er eingeweiht worden: ein immenses Fortschrittsmonument, das die Einfahrt zum Alten Hafen überspannte. Schnell wurde er zum Marseiller Markenzeichen, so wie der Eiffelturm für Paris. Und wie dieser wurde er von Besuchern je nachdem bewundert oder geschmäht. Abfällig äußerte sich Egon Erwin Kisch über die ungewöhnliche Brücke: »... die haben die sprichwörtlich großtuerischen Marseiller erbaut, um der steinernen Überholtheit der Forts die eiserne Aktualität moderner Brückentechnik recht imponierend entgegenzustellen. Aber es ist gar keine Brücke, unterhalb der Drahtseile zwischen den fünfzig Meter hohen Eiffelturmpfeilern rutscht nur eine Fähre, und das alles ließe sich viel einfacher besorgen.«

Der rasende Reporter urteilte freilich etwas voreilig: Nicht die »großtuerischen Marseiller« selbst hatten sich den Pont ausgedacht und gebaut, sondern das war der Erfinder Ferdinand Arnodin aus Châteauneuf-sur-Loire. Der hatte zuvor schon mehrere solcher Brücken errichtet – so in Rouen, im tunesischen Bizerte und in Rochefort – und dafür auf der Weltausstellung von 1900 einen »grand prix« eingeheimst. Aus eigenem Antrieb war Arnodin bei Bürgermeister Siméon Flaissières vorstellig geworden, um ihm sein Brückenkonzept als Lösung für ein chronisches Marseiller Verkehrsproblem anzupreisen. Der Verkehr zwischen den beiden Ufern des Alten Hafens wurde bis dahin von kleinen Dampfbooten besorgt, aber sie transportierten nur Personen, keine Fahrzeuge. Ansonsten gab es hin- und herpendelnde Ruderboote, mit denen alte Seeleute mühselig ihr Brot verdienten. Den Pferdekarren indessen blieb nichts übrig als die zeitaufwendige Umrundung des Lacydon, auf dessen Kais Ballen, Fässer, Bauholz, Kisten und Kästen zu Haufen getürmt waren. Hier könne der Transbordeur Abhilfe schaffen, ein stählernen Bauwerk zwischen Quai du Port und Quai de Rive Neuve. Es wäre so hoch, dass der Schiffsverkehr nicht behindert würde, denn zwar waren die Dampfschiffe schon in den neuen Teil des Hafens abgewandert, aber die Segler, unter ihnen manche mit sehr hohen Masten, liefen weiter den Alten Hafen an. Personen und Fahrzeuge würden dank Arnodins Erfindung auf einer an Kabeln hängenden Plattform im Nullkommanichts von einer Seite zur anderen befördert.

Der Bürgermeister war von dem Vorschlag sehr angetan, zumal das Prachtstück die Stadt keinen Sou kosten sollte. Arnodin wollte dafür die Einnahmen aus dem Fährgeld und eine Konzession für die nächsten 75 Jahre. Danach, das wäre 1977 gewesen, sollte die Brücke in den Besitz der Stadt übergehen. Doch es sollte anders kommen: der Transbordeur überlebte den Zweiten Weltkrieg nicht.

Trotz ästhetischer Einwände mancher Stadtverordneter und zorniger Proteste der Fährbootbetreiber wurde der Vertrag 1902 unterzeichnet, und alsbald begann die Montage. Die Einzelteile kamen aus der Fabrik des Konstrukteurs Ferdinand Arnodin in Châteauneuf-sur-Loire mit der Bahn nach Marseille. Vom Bahnhof wurden sie in einer endlosen Kette von Pferdefuhrwerken auf die Baustelle geschafft. Am 15. Dezember 1905 konnte die nach dem Pariser Eiffelturm höchste Metallkonstruktion Europas eingeweiht werden. Sie bestand aus zwei Pylonen von 87 Meter Höhe, verbunden von einem »tablier« genannten 240 Meter langen Steg in 53 Meter Höhe, an dem an Stahlseilen die »Fähre« hing, eine zwei Meter über dem Wasser schwebende, von einem Elektromotor bewegte Plattform. Fünf Centîmes kostete die Überfahrt für Fußgänger, so viel wie eine Lokalzeitung. Anderthalb Minuten brauchte der Transbordeur, um von einem Ufer zum anderen zu gleiten, alle acht Minuten fuhr er los. Nach einem Jahr hatte der Neuerwerb bereits mehr als eine Million Menschen transportiert. Die Reaktionen blieben noch für längere Zeit zwiespältig. Manche Marseiller empfanden das rohe industrielle Gerüst als

Zumutung, als Sünde wider die Harmonie der Hafenlandschaft. »Die Brücke ist wahrscheinlich ein Wunderwerk der mechanischen Konstruktion, aber sie verunstaltet, beschmutzt, beschädigt eine Landschaft, deren Schönheit die Société des amis de Marseille vergeblich versucht hat vor dem Vandalismus der Ingenieure zu schützen«, klagte ein Kolumnist im *Marseille-Républicain*. Andere begrüßten das Bauwerk wegen seines Werbeeffekts. Die den Wirtschaftskreisen verbundene Tageszeitung *Le Sémaphore de Marseille* gab zu bedenken, dass »diejenigen, die von hier aus mit dem Schiff abfahren oder ankommen, sich daran als an etwas Außergewöhnliches erinnern werden. Sie werden die Erinnerung in ihr Land mitnehmen und auf diese Weise zum Renommée des Marseiller Hafens beitragen, der in dieser wie in manch anderer Hinsicht den Weg des Fortschritts weist.«

Während der Kolonialausstellung wurde der Pont gleich massenhaft benutzt, und es kam ordentlich Geld herein. Die Leute fuhren begeistert mit der Schwebefähre, wanderten aber auch über den Steg in 53 Meter Höhe, um das prächtige Panorama zu genießen, den weiten Blick auf Stadt, Hafen und Bucht, die Abfahrt der Überseedampfer, das Gewimmel der Fischerboote, während der Wind in den Gestängen und Kabeln pfiff. Ab 1907 stand ein Fahrstuhl zur Verfügung. Auf der Seite des Fort Saint Jean wurde hoch oben ein Aussichtslokal eröffnet, »bekannt für seine Spezialitäten Bouillabaisse und Langusten ›à l'Américaine‹ sowie ›afternoon tea‹«, wie es in der Anzeige hieß.

Mit der weithin sichtbaren Metallkonstruktion des Pont Transbordeur war ein neues grafisches Element in der urbanen Landschaft entstanden. »Porte du Sud«, Tor zum Süden: dieser Marseille verliehene Beiname schien sich nachgerade in diesem stählernen Tor zu verkörpern. Es wurde rasch zur Attraktion für in- und ausländische Touristen. Und die Brücke eignete sich bestens, um Aufmerksamkeit zu erregen: Ein Akrobat vollführte 1908 den »gefährlichsten Sprung der Welt«, 1911 steuerten tollkühne Piloten ihre Flugzeuge unter dem Steg hindurch. Hin und wieder gab es Unfälle: Einmal fielen Zugpferde von der schwebenden Plattform und ertranken. Auch ereignete sich ein Zusammenstoß mit dem spanischen Dreimaster »Cala Figuera«, und es ließ sich nicht vermeiden, dass der Pont gelegentlich als Selbstmörderbrücke diente. Geschäftsleute nutzten die Bekanntheit des Monuments als Markennamen; Öle, Seifen, Mehle wurden nach dem »Transbordeur de Marseille« benannt. Und natürlich zierte er Werbeplakate wie Ansichtskarten. Manche Künstler hatten schon während der Bauphase begonnen, sich mit dem Pont zu beschäftigen. Arnodins Brücke fand sich als Motiv auf Gemälden von Raoul Dufy und Albert Marquet, auch von Ausländern wie den Expressionisten Oskar Kokoschka und Erich Heckel wurde sie gemalt. Man Ray und Germaine Krull kamen, um das himmelwärts strebende Eisengebilde zu fotografieren.

Die Weimarer Bauhaus-Professoren machten ihre Studenten auf das Marseiller Objekt aufmerksam. Dem Architekturhistoriker Sigfried Giedion galt es als Musterbeispiel moderner Baukunst. In seinem Buch *Bauen in Frankreich, Bauen in Eisen, Bauen in Eisenbeton* hob er den Pont Transbordeur als avantgardistische Konstruktion hervor: »Dieser Bau ist nicht als ›Maschine‹ zu werten. Er kann nicht aus dem Stadtbild fortgeleugnet werden, dessen fantastische Krönung er bedeutet. Aber sein Zusammenwirken mit der Stadt ist weder ›räumlich‹ noch ›plastisch‹ fassbar. Es entstehen schwebende Beziehungen und Durchdringungen, die Grenzen der Architektur verwischen sich.« Der Marseiller Eisenbau, so Giedion, vermittle »das ästhetische Grunderlebnis des heutigen Bauens: Durch das dünne Eisennetz, das in dem Luftraum gespannt bleibt, strömen die Dinge, Schiffe, Meer, Häuser, Masten, Landschaft, Hafen. Verlieren ihre abgegrenzte Gestalt: kreisen im Abwärtsschreiten ineinander, vermischen sich simultan.«

Und also pilgerten die Adepten der Moderne aus dem Norden Europas herbei, das richtungweisende Bauwerk anzuschauen, auszuprobieren und abzulichten. Fotografien der Brücke wurden 1929 im Rahmen der Werkbundausstellung »Film und Foto« in Stuttgart präsentiert. Im selben Jahr kam László Moholy-Nagy, um in Marseille einen Film zu drehen und den bereits mythischen Transbordeur in Augenschein zu nehmen. Als »technisches Wunder« bezeichnete er ihn und lobte seine Präzision und Eleganz. Wie kurzlebig das Objekt ihrer Bewunderung sein würde, konnten diese Verehrer freilich nicht voraussehen.

Menschenschleuse – Stadt der Einwanderer

Marseille war nun bei Weitem der größte französische Hafen. Für eine Weile war zwar das Kolonialimperium noch nicht allesbeherrschend in den Handelsbeziehungen der Stadt, bis zum Ersten Weltkrieg blieb Großbritannien mit seiner Freihandelspolitik wichtigster Handelspartner vor Algerien, Indien und Argentinien. Aber unaufhaltsam wuchs die Bedeutung der Kolonien. Einen immensen Zuwachs erlebte der Passagierverkehr – Militärs, Geschäftsleute, Beamte, Kolonialsiedler, Priester, Missionare, Touristen: Hunderttausende kamen hier an, und ebenso viele reisten von hier ab. Für eine große Zahl von Menschen, die in der Zeit vor dem Ersten Weltkrieg mit dem Schiff eintrafen, war Marseille ein schicksalhafter Zwischenstopp. Sie wollten weiter, in der Regel nach Nord- oder Südamerika, ein neues Leben beginnen. Häufig kamen diese Auswanderungskandidaten aus dem Gebiet des Osmanischen Reichs, aus Konstantinopel, Beirut oder Alexandria.

Alle Ankömmlinge mussten erst einmal mehrere Tage auf der Ile de Ratonneau verbringen, der Marseille vorgelagerten Quarantäne-Insel, denn die Ankunft der orientalischen Migranten rief größere Beunruhigung hervor: »Diese Banden von Männern, Frauen und Kindern, in der Regel unsauber, aus Ländern kommend, die häufig heimgesucht werden von Cholera und Pest, könnten eine Quelle schwerer Krankheiten für die Bewohner von Marseille werden.« So 1904 der Hygiene-Professor Gustave Reynaud, Mitglied des Marseiller Kolonialinstituts.

Aus dem Osmanischen Reich stammende Orientalen, pauschal als »Türken« oder »Levantiner« bezeichnet, waren in Marseille schon seit Längerem ansässig. Aber sie waren meist wohlangesehen und gehörten in der Regel einer höheren Klasse an als die neuen Amerika-Aspiranten. Man könnte sie sich als die Passagiere des Türkenschiffs von Puvis de Chavannes vorstellen: Libanesen, Syrer, Griechen, Armenier, die im Laufe des 19. Jahrhundert gekommen waren – unter ihnen wohlhabende Geschäftsleute und Schiffseigner. Da war etwa die christlich-syrische Familie Daher, die seit 1895 eine Reederei besaß und später die Zuckerraffinerie Saint-Louis leiten sollte. Wie die Brüder Assouad aus Aleppo oder die im Seiden- und Lederhandel aktive Familie Arochas aus Smyrna gehörte sie zu den Spitzen der Marseiller Gesellschaft.

Auf bescheidenerem Niveau lebten andere aus dem Orient stammende Gewerbetreibende, Restaurantbesitzer, Inhaber kleiner Hotels. Für sie waren die herbeiströmenden Levantiner von höchstem geschäftlichem Interesse. Kaum setzten sie von der Quarantäne-Insel kommend ihren Fuß auf Marseiller Boden, machten sich Schlepper an sie heran. Die Neulinge fanden sich ja recht hilflos und verstört im unübersichtlichen Gewimmel des Kais wieder, standen da mit ihren Koffern und Bündeln, waren der französischen Sprache kaum mächtig und empfanden daher Erleichterung, wenn sich gleich ein Landsmann anbot, eine Unterkunft zu besorgen. Alsbald wurden sie in die schäbigen Migrantenhotels zwischen Hafen und Bahnhof dirigiert, die sich meist im Besitz von Libanesen, Syrern, Armeniern und kleinasiatischen Griechen befanden. In höchsten Tönen lobten die Helfer die Qualität der Absteigen. Von Kakerlaken und Wanzen war dabei natürlich nicht die Rede. Man hätte gleichwohl auf ihre Präsenz gefasst sein können: In den Gassen waberte ein verräterischer Schwefelgeruch, denn überall wurde versucht, das Ungeziefer auszuräuchern. Die meisten dieser Etablissements – Hôtel de Jérusalem, Hôtel des Armeniens, Le Grand Hôtel du Levant und wie sie alle hießen – lagen im Quartier Belsunce, einem Transitviertel, in dem alles auf vorübergehende Gäste, kurzzeitige Bewohner, Migrantenbedarf zugeschnitten war. Hier waren die Schlepper den frisch Eingetroffenen auch beim Einkaufen behilflich, denn wer aus dem Orient kam, wollte meist dringend seine althergebrachte Tracht loswerden, sich neu einkleiden, die Vergangenheit ablegen und dadurch weniger sichtbar sein. Auch darauf hatten sich im Quartier Belsunce allerlei Geschäfte spezialisiert.

Die Auswanderungswilligen blieben meist nur ein paar Wochen. Marseille war für sie das Vorzimmer zum großen Aufbruch, zum Sprung ins Land der Hoffnung und des Neuanfangs. Wohin sollte es gehen? Nach Nordamerika? Brasilien? Argentinien? Häufig war das Ziel der Reise zunächst noch unklar und wurde erst während der Marseiller Etappe bestimmt, etwa durch die Frage der Preise für die Schiffspassagen. Viele mussten auch erst einmal Arbeit suchen, um die Kosten der Weiterreise bestreiten zu können. Und von diesen blieben manche gleich ganz hier hängen und reihten sich ein ins große Heer der Marseiller Arbeiter.

In der Bevölkerung der Arbeitsimmigranten dominierten zu Beginn des 20. Jahrhunderts nach wie vor die Zuwanderer aus Italien – aus Piemont, Ligurien, Neapel oder aus der Toscana, wie Ivo Livi, der sich als Hilfsfriseur und Docker durchschlug, bevor er unter dem Namen Yves Montand Karriere machte. Marseille war eine »italienische Stadt« und blieb es noch lange. 1914 lebten hier rund 100 000 Italiener, sie stellten damit fast 25 Prozent der Bewohner. Sie bevölkerten die alten Quartiers am Hafen sowie das Proletarierviertel Belle de Mai hinter den Bahngleisen der Gare Saint Charles. Der Arbeiterbedarf im Hafenbereich und in den Fabriken war groß, die Arbeit primitiv, hart und schlecht bezahlt. In den Ölmühlen, bei Rocca, Tassy & de Roux etwa, wurde elf Stunden am Tag gearbeitet, für drei Francs, in zwei Schichten. Etwas besser ging es denen, die im Hafen beschäftigt waren: Sie hatten einen Neunstundentag und bekamen sechs Francs. Das soziale Klima verschärfte sich. Zwischen 1880 und 1900 kam es zu 237 Streiks. In der Arbeiterschaft breitete sich zunehmend Unruhe aus. Die Italiener, vor nicht allzu langer Zeit noch als willfährige Lohndrücker angesehen, waren allmählich unbequem geworden, stellten Forderungen, entfalteten Gewerkschaftsaktivitäten, die den Unternehmern gar nicht gefielen. Und so wurden für die Ölmühlen, die Seifen- und Zuckerfabriken, die Ziegeleien und Gießereien erstmals Arbeitskräfte aus Nordafrika angeworben, Kabylen aus der Gegend von Tizi Ouzou, Azeffoun, Azazga. Diese »mouzabis«, wie sie herablassend genannt wurden, waren anspruchslos, streikresistent und nach Belieben einsetzbar. Das Kolonialreich wurde jetzt erstmals, wenn auch noch in begrenztem Umfang, als Arbeitskräftereservoir für die Hafenstadt ausgeschöpft.

Das weitläufige, 23 000 Hektar große, von Bergen umgrenzte und bisher kaum bebaute Stadtgebiet mit seinen landwirtschaftlich genutzten Zonen wurde nun rapide und auf ungeplante Weise urbanisiert. An die alten Dorfkerne – etwa Saint Just, Saint Henri, Saint Antoine, Sainte Marthe, Saint Julien, Montolivet, Saint Loup, Saint Marcel, Mazargues – lagerten sich Cabanons, kleine, oft selbst gebaute Arbeiterhäuser an. Das weitverzweigte Straßenbahnnetz begünstigte die Zersiedlung, die schließlich die Bastiden, die luxuriösen Landschlösschen des Marseiller Geldadels erreichte. Dafür wurde im Zentrum eine seltsam anmutende Entkernung vorgenommen. Der rechtsliberale Bürgermeister Amable

Chanot, der den Doktor Flaissières für einige Jahre ablöste, leitete mit dem Abriss des uralten Viertels »Derrière la Bourse« eine Operation ein, die nachhaltige Verunstaltungen zur Folge hatte. Im Mittelalter hieß das im Süden von der Canebière, im Osten vom Cours Belsunce, im Norden von der Rue Colbert, im Westen von der Rue de la République begrenzte Armeleuteviertel La Blanquerie. Manche Häuser in diesem Gewirr enger Gassen waren baufällig, aber längst nicht alle. Das Rathaus fasste den Beschluss, es verschwinden zu lassen. Man hatte allerdings den Abriss beschlossen, ohne zu wissen, was dort entstehen sollte. Zwar wurde ein Ideenwettbewerb veranstaltet, aber die Vorschläge schienen alle zu kostspielig. Dennoch hatte dies den Abrissbeschluss nicht infrage gestellt.

»Der Wettbewerb war offenbar nur veranstaltet worden, um als öffentliche Rechtfertigung für die Vertreibung von mehreren Tausend Marseillern mit bescheidenen Lebensverhältnissen zu dienen, und für die Eliminierung eines Stücks vom historischen Zentrum, das, so nahe an der Canebière, keinen guten Eindruck machte in den Augen der besseren Gesellschaft«, schreibt der Historiker Alessi dell'Umbria in seiner *Histoire universelle de Marseille*. 1912 wurde mit der Kahlschlagaktion begonnen. In der Folge entstand ein großes »terrain vague« mitten in der Stadt. Und so blieb es für die kommenden fünfzig Jahre, in denen man mit der großen Freifläche »hinter der Börse« nichts anzufangen wusste.

Kosmopolis am Mittelmeer – der Erste Weltkrieg und die Folgen

Nach dem großen Erfolg der ersten Kolonialausstellung wurde 1913 den pikierten Reaktionen aus Paris zum Trotz beschlossen, drei Jahre später eine weitere große »Exposition coloniale« in Marseille zu veranstalten. Es gab grandiose Fortschritte zu feiern und weitere brillante Perspektiven aufzuweisen.

»Marseille ist Frankreichs Triumphstraße zu den nördlichen Küsten Afrikas; das große Tor, das sich zu den Ländern des Orients und des fernen Ostens hin öffnet«, sagte Raymond Poincaré, Präsident der Republik, der zur Grundsteinlegung angereist war. Es kam dann allerdings der Krieg dazwischen, und mit ihm wurde die Stadt fast über Nacht zum Anlaufpunkt und Drehkreuz für Millionen von Männern. Kilometer von Kais, Docks und Hangars waren der Ankunft und Weiterverschiffung von Truppen und Kriegsmaterial vorbehalten. Der Großraum Marseille wurde zum Heerlager, Soldaten aller verbündeten Länder kamen hier zusammen. In den Camps von La Valentine und La Barasse warteten Einheiten aus den Weiten des britischen Empire auf ihren Weitertransport nach Norden, an die Dardanellenfront oder nach Saloniki.

Im Parc Borély schlugen Inder ihr provisorisches Lager auf. Mit ihren Bärten und Turbanen waren sie die Attraktionen für den Sonntagsspaziergang der Einheimischen. Und hier die Australier, und dort die Russen – all die unbekannten Physiognomien und fremden Uniformen: Fern vom Grollen der Front mochte das auf die Betrachter zunächst gewirkt haben wie ein pittoresker Ausnahmezustand, ein buntes Militärfest mit dem Aufmarsch internationaler Teilnehmer.

Auch die französischen Kolonialtruppen gingen natürlich in Marseille an Land. Aufsehen erregten im Sommer 1914 die ersten schwarzen Soldaten, »les tirailleurs sénégalais«, die mit roten Mützen und klingendem Spiel von den Schiffen kommend in die Stadt einmarschierten. Die Unterbringungsinfrastruktur ließ freilich zu wünschen übrig, man war schlecht auf den Massenaufmarsch vorbereitet. Einige Tiralleurs-Kompanien wurden in der Vieille Charité im Panier-Viertel untergebracht. Im von Arkaden umgebenen Innenhof des früheren Armenspitals übten sie Präsentieren, Grüßen und Strammstehen. Andere kampierten im Parc Chanot oder in sonstigen rasch improvisierten Lagern, oft unter kläglichen sanitären Bedingungen.

Aber der Zufluss riss nicht ab. Zwanzig Schiffe fuhren ohne Unterlass zwischen Dakar und Marseille hin und her. Auch aus Haiphong und Saigon wurden »Eingeborenen«-Truppen herbeitransportiert. Insgesamt rund 450 000 Kolonialsoldaten aus dem Maghreb, aus Indochina, aus Französisch-West- und Französisch-Äquatorialafrika, aus Madagaskar, Dschibuti und von den Antilleninseln kamen in Marseille an. Sie galten offiziell als Freiwillige, auch wenn es bei der Rekrutierung in den Kolonien mit der Freiwilligkeit meist nicht weit her war. Nach einem kurzen Aufenthalt in den Ausbildungslagern der Provence wurden sie an die Front befördert – Kanonenfutter für die Materialschlachten von Verdun und dem »Chemin des Dames«.

Im Winter dienten große Camps bei Marseille und im weiteren Umland zur Erholung der afrikanischen Soldaten von den Schlachtfeldern und dem krank machendem Klima des Nordens. Schwarze Menschen zuhauf! Zumal in kleineren Orten hatte man dergleichen noch nie gesehen. Aber keine Sorge: Sie mögen furchterregend ausschauen, dennoch geht keine Gefahr von ihnen aus. »Man kann sich kaum vorstellen, wie sanft, freundlich und dankbar sie sind«, hieß es beruhigend in einer provenzalischen Zeitung.

Zu den Kriegsdienstleistungen von Marseille gehörte auch die medizinische Versorgung. Die Stadt wurde zwischen 1914 und 1918 zu einem wichtigen Zentrum für die Behandlung und Pflege von Kriegsverletzten, die von der Front kamen. Bald waren die großen Krankenhäuser wie Hôtel-Dieu, Conception oder Sainte Marguerite überlastet und es mussten zusätzlich 17 Hilfslazarette eingerichtet werden.

Außer verwundeten und erschöpften Soldaten trafen aus dem Norden und Osten Frankreichs auch Zigtausende Flüchtlinge ein, die aus den von der Kriegswalze bedrohten Gebieten evakuiert worden waren.

Aber nicht nur Individuen, sondern auch Industrieunternehmen wurden in frontferne Regionen ausgelagert. So wie die Luftfahrtindustrie nach Toulouse auswich, planten die Automobilfirmen Peugeot und Hotchkiss, sich in Marseille anzusiedeln. Die Terrains waren schon erworben, sie befanden sich dort, wo heute das Stade Vélodrome steht und wo schon seit 1899 die kleine lokale Autofabrik Turcat-Méry ihre edlen, quasi handgefertigten Karossen baute. Ein Turcat-Méry gewann sogar 1911 die erste Rallye Monte Carlo, aber die Firma entwickelte sich nicht über ein handwerkliches Niveau hinaus. Turcat-Méry schien den alteingesessenen Marseiller Unternehmern nicht weiter bedrohlich. Aber Peugeot und Hotchkiss? Nein danke. Solche modernen Großbetriebe würden auch in Marseille die Anwesenheit vergleichsweise gut bezahlter und selbstbewusst auftretender Arbeiter fördern, von denen eine ansteckende Wirkung auf die Proletarier in den eigenen primitiven Fabriken zu befürchten wäre. Der Erfolg der traditionellen Industrie hing nun einmal ab von einer wenig qualifizierten und schlecht bezahlten Arbeiterschaft, und so wurden mit Erfolg alle Hebel in Bewegung gesetzt, um die Ansiedlung dieser Firmen zu verhindern.

Es ist bezeichnend für den Esprit dieser Unternehmer, dass sie keiner eigentlichen Industrielogik folgten, keinen industriellen Weitblick mit der Perspektive steigender Produktivität und entsprechender Lohnpolitik entwickelten, weil es eben auch anders ging, vor allem durch den »kaptiven« Markt der Kolonien. Die Marseiller Wirtschaft funktionierte als hafenorientertes, in sich geschlossenes System und wünschte keine Veränderungen.

Zusätzlich zu Soldaten wurden auch Massen von Arbeitskräften aus dem Kolonialreich ins »Mutterland« geholt, vor allem nachdem es ab 1915 so aussah, als wollte sich der Krieg für länger einrichten. Um für die Männer an der Front Ersatz in Landwirtschaft und Industrie zu schaffen, organisierte der Staat Rekrutierung, Transport, und Verteilung von Hunderttausenden Kolonialarbeitern. Auch für sie war Marseille die erste Station in Europa. Überdies kamen 140 000 in China angeworbene Vertragsarbeiter in Marseille an. Die meisten wurden von der britischen Armee beschäftigt, 38 000 arbeiteten in Frankreichs Landwirtschaft und Industrie, so etwa in den Marseiller Werften.

Die Arbeiter aus den französischen Kolonien, zumal aus dem Maghreb oder Indochina, riefen bei den Marseiller Behörden und Ordnungskräften eine gewisse Nervosität hervor. Nach Möglichkeit steckte man sie in militärisch bewachte Lager. Aber sie waren zu zahlreich, und viele bezogen die Behausungen der klassischen Immigrantenviertel, vor allem im Quartier Belsunce, wo sie sich zu mehreren ein schäbiges möbliertes Zimmer teilten und die Betten im Schichtwechsel belegten. Sie galten als Risikobevölkerung, neigten dazu, sich zu beschweren. Es war zu befürchten, dass sie Protestbewegungen in Gang brachten, sich am Ende gar noch politisch betätigten oder Spionage betrieben, wer weiß. Ihre polizeiliche Überwachung schien geboten. Außerdem wurde eine spezielle Zensurkommission eingerichtet, die ihre Postsendungen kontrollierte.

Für die Kolonialarbeiter wie für die Kolonialsoldaten war jedenfalls der Erste Weltkrieg die Zeit, in der sie das »Mutterland« entdeckten. Dies betraf mehr als 550 000 Algerier, Tunesier, Marokkaner, 250 000 Asiaten aus Indochina sowie Zigtausende Schwarzafrikaner, Madegassen, Leute von den Antillen oder aus Neukaledonien. Für sie alle war Marseille das Zugangstor zu einem Land, über das sie bis dahin so gut wie nichts wussten. Sie lernten ein ungeahntes Lebensniveau kennen, machten Bekanntschaft mit den offiziellen Leitwerten, welche die Kolonialmacht bei sich zu Hause pflegte, mit der Idee der Gleichheit, den in Frankreich herrschenden Freiheiten, den politischen Rechten. Die Erfahrungen dieser Zeit sollten die kolonialen Beziehungen gründlich verändern.

»Ihr vergießt dasselbe Blut, ihr bekommt dieselben Rechte«, hatte es bei der Anwerbung der jungen Männer in Algier, Saigon oder Dakar geheißen. Für die im Krieg gebrachten Opfer waren entscheidende Änderungen in Aussicht gestellt worden. Dass diese Erwartung enttäuscht wurde, konnte bei den heimgekehrten Frontkämpfern nur Frustrationen auslösen. Aber auf Kritik und Aufbegehren wurde bloß mit verschärfter Repression reagiert.

Als der Krieg zu Ende war, konnte Frankreich als Siegermacht sein Imperium um die ehemals deutschen »Schutzgebiete« Togo und Kamerun erweitern, und auch die osmanische Erbmasse vergrößerte die französische Einflusszone: Frankreich wurde Mandatsmacht über Syrien inklusive des Libanon und eines Teils von Südostanatolien, zu dem unter anderem die Stadt Adana gehörte.

Die Marseiller Handelsflotte war während des Krieges intensiv genutzt und dabei stark in Mitleidenschaft gezogen worden. Groß waren die Verluste durch die Attacken deutscher und österreichischer U-Boote. Die Reederei Fabre hatte von ihren elf Schiffen die »Libia«, »Provincia« und »Liberia« verloren, und noch 1918 versenkte ein Torpedo vor der tunesischen Küste den als Truppentransporter genutzten Frachter »Sant'Anna« mit 2000 Menschen an Bord. Die Paquet-Flotte war zum Transport von Soldaten aus Afrika eingesetzt worden, aber auch zur Evakuierung der serbischen Armee und für den Transport russischer Truppen von Archangelsk nach Brest. Vier ihrer Dampfer wurden versenkt. Von den Fraissinet-Schiffen waren »Italia«, »Golo«, »Esterel«, »Marc Fraissinet«, »Suzette Fraissinet« und »Balkan« den feindlichen U-Booten zum Opfer gefallen.

Die größten Verluste hatten indessen die Messageries Maritimes zu beklagen: Sie büßten 22 Schiffe ein, verfügten aber sofort nach dem Krieg wieder über eine stattliche Flotte, da ihnen in besonderem Maße deutsche Reparationsleistungen zugute kamen. So war aus dem Dampfer »Friedrichsruh« der Hamburg-Amerika-Linie die »Amboise« geworden, aus der bei Blohm und Voss gebauten »Cap Arkona« die »Angers«, aus deren Schwesterschiff »Cap Vilano« die »General Metzinger«, beide kamen auf der Strecke Marseille–Saigon–Haiphong zum Einsatz. Das Norddeutsche-Lloyd-Dampfschiff »Schleswig« wurde in »General Duchesne« umgetauft und versah den Postdienst nach Ostafrika, aus der »Prinzessin« wurde die »General Voyron«, die ebenfalls Ostafrika bediente, aus der »Cassel« die »Maréchal Gallieni«, die nun Kurs auf Madagaskar nahm. Die »Remscheid« verwandelte sich in die für den Fernostverkehr bestimmte »Yang Tse«. Die »General« der Deutschen Ostafrika-Linie hieß nun »Azay le Rideau« und dampfte nach Indochina, die aus Flensburg stammende »Wachtfels« fuhr als »Antinoüs« nach Australien. Insgesamt 18 Schiffe aus Deutschland gingen auf die Messageries Maritimes über, erst 1924 wurden wieder Schiffsneubauten in La Ciotat in Auftrag gegeben. Hauptgeschäft der Reederei blieben auch nach dem Krieg die Fernostverbindungen. Der zweitwichtigste Firmensitz befand sich in Saigon (das Gebäude steht noch und beherbergt heute ein Ho-Chi-Minh-Museum). Daneben wurden aber auch neue Linien eröffnet, so durchfuhr 1919 die »El Kantara«, als erstes französisches Schiff den Panamakanal.

Auch die Reederei Fabre erweiterte ihr Netz. Von Syrien und Ägypten bis New York fuhren nun ihre transatlantischen Kombischiffe, und auch der zum Kolonialreich hinzugewonnene kamerunische Hafen von Douala wurde angesteuert. Außerdem nahm die Reederei als Neuheit Mittelmeerkreuzfahrten ins Programm. Die Reederei Paquet orientierte sich neben ihren Schwarzmeer-Verbindungen und der Linie nach Senegal vor allem in Richtung Marokko. Von dort konnten inzwischen Gemüse und Obst in größeren Mengen nach Europa eingeführt werden, denn Marschall Lyautey hatte als französischer Statthalter in Rabat viel für den Aufbau der kolonialen Landwirtschaft getan. Außerdem baute Paquet gleich noch eine eigene Hotelkette in Marokko auf.

Die Reederei Fraissinet stellte nach den Kriegsverlusten rasch eine ganze Reihe neuer, in der Werft von Port-de-Bouc gebauter Dampfer für den Korsika- und Algerien-Verkehr in Dienst, kümmerte sich dann allerdings aufgrund ihrer Monopolstellung wenig um deren Instandhaltung. So waren diese Schiffe lange Zeit berüchtigt für ihren schlechten Zustand. Unter Korsen kursierte der Spruch: »Libeccio, Malaria und Fraissinet sind die drei Plagen Korsikas.«

Es dauerte nicht lange, da hatte der Hafen wieder seine Vorkriegskapazität erreicht. Das Empire nahm angesichts der schwelenden Wirtschaftskrise einen noch größeren Platz in der wirtschaftlichen Strategie der Stadt ein. Marseille wurde damit vollends zur Kolonialkapitale.

Die Produktion der Marseiller Zuckerfabriken wurde nun weitgehend in die muslimischen Länder Nordafrikas verkauft, wo süße Getränke zu den autorisierten Genüssen gehörten, während der dort auf Initiative der Kolonialherren angebaute Wein ins Mutterland verschifft wurde. Bis zu 160 000 Tonnen Zucker wurden pro Jahr exportiert, der Löwenanteil nach Marokko. Ebenso ging die Marseiller Seife in großen Mengen in den Nahen Osten und nach Afrika, Marseiller Kerzen beleuchteten die schlichten

Behausungen der kolonialen Untertanen. Bis Petroleum und Elektrizität zu Gebote standen, sollte es vielerorts noch eine Weile dauern.

Aus den Kolonien wiederum wurde ein großer Teil des Arbeitskräftebedarfs gedeckt, der nach dem Krieg angesichts der Millionen Toten und Verstümmelten immens war. Vor allem aus dem Menschenreservoir des Maghreb kam ein kontinuerlicher Zustrom, daneben auch aus Schwarzafrika und Indochina. Über das provenzalische und italienische Marseille lagerten sich neue Schichten. Die große Kolonialhafenstadt begann nun auch in ihrem Bevölkerungsmosaik das Kolonialreich zu reflektieren.

Inszenierte Exotik und echte Armenier

Die ursprünglich für 1916 vorgesehene zweite Kolonialaustellung, die wegen des Kriegs nicht hat realisiert werden können, findet 1922 statt. Am 22. April wird sie feierlich durch Albert Sarraut, den Minister für die Kolonien, eröffnet. Das Budget ist viermal so groß wie bei der ersten und überhaupt ist alles noch größer und schöner als 1906. Wieder repräsentieren Pavillons und reproduzierte Monumente das Empire als eine bunt zusammengewürfelte Zauberwelt. Hier und da wird ein wenig gemogelt, die spektakulären Lehmbauwerke von Timbuktu sind auf ihre dreifache Höhe angewachsen, der Turm der Moschee ist mit einem Fahrstuhl ausgestattet. Dafür ist der Tempel von Angkor Wat noch echter als beim ersten Mal, man hat für die zweite Marseiller Schau Abdrücke von den Originalfassadenelementen genommen. Und es ist wieder ein rauschender Erfolg, als das königliche kambodschanische Ballett im Licht der Projektoren in langsamen Tanzfiguren die Monumentaltreppe hinabschreitet. All diese zierlichen, anmutigen Menschen! Und wieder Rikschas und Teehäuser, wieder orientalische Basare und inszenierte Alltagsszenen, Eingeborene, die Teppiche knüpfen, Handwerker, die im Schneidersitz an Kupferkesseln hämmern.

Hochrangige Gäste, Persönlichkeiten aus den Kolonien in Burnus oder mit Zylinder werden empfangen. Es kommen der Bey von Tunis, der Schah von Persien, der Maharadscha von Kapurthala, der in Hué residierende Kaiser von Annam. Und es kommen die Massen: Mehr als 2,2 Millionen Besucher lassen sich von der Pracht und Herrlichkeit des überseeischen Frankreich betören, das nun von ewiger Dauer zu sein scheint.

Kritiker des Spektakels sind kaum zu hören. Eine Ausnahme ist der vietnamesische Nationalist Phan Chau Trinh, der die koloniale Maskerade missbilligt. Wie ihm geht auch anderen in Frankreich lebenden Vietnamesen der Auftritt des Annamiten-Kaisers Khai Dinh gegen den Strich; sie halten ihn für eine gefügige Marionettenfigur der Franzosen. Ein Nguyen Sinh Cung, der sich damals in Paris mit bescheidenen Jobs durchschlägt, parallel dazu Artikel für die kommunistische *Humanité* schreibt und sich Nguyen Ay Quoc nennt (Nguyen, der Patriot), verspottet den »Kaiser« als »Bambusdrachen«. Später wird sich dieser Nguyen das Pseudonym Ho Chi Minh zulegen und den Franzosen mancherlei Probleme bereiten.

Aber erst einmal zählen noch die koloniale Selbstfeier und die Faszination des Exotischen. Als im Herbst die Tore der Ausstellung schließen, kann sie als immenser Erfolg verbucht werden.

Nun mochten die Vorführungen eines Bilderbuch-Orients und inszenierte Völkerschauen große Begeisterung beim Marseiller Publikum hervorrufen, aber was, wenn plötzlich reale Menschen aus dem echten Orient in großer Zahl vor der Tür stehen? Ab September 1922 – die Ausstellung war noch nicht ganz zu Ende – trafen die ersten armenischen Flüchtlinge aus Syrien, dem Libanon und der Türkei in Marseille ein, Überlebende des Völkermords, der auf Betreiben der jungtürkischen Machthaber während des Ersten Weltkriegs ausgelöst worden war. Bald wurden es immer mehr. Die massenhafte Ankunft der Fremden war für die Bewohner und Autoritäten der Hafenstadt ein Schock ohnegleichen. Mittellos, zerlumpt und ohne Papiere kamen diese Armenier in das von ihnen als Heimat der Menschenrechte hochverehrte Frankreich. Gewiss, manche Hoffnungen waren von der Siegermacht des Weltkriegs schon enttäuscht worden. Allzu schnell hatte sich Paris mit dem Untergang jener armenischen Republik abgefunden, die 1920 aus dem Vertrag von Sèvres entstanden war. Und auch mit dem Versprechen einer armenischen Heimstatt im französisch kontrollierten Kilikien war es nicht weit her: 1921 wurde dieses Gebiet kampflos den Türken überlassen, was den Exodus aller dortigen Armenier nach Syrien und in den Libanon zur Folge hatte. Aber trotz des Gefühls, von den Franzosen im Stich gelassen worden zu sein, wollte man nur fort aus den Flüchtlingslagern in der syrischen Wüste.

Wie zuvor die levantinischen Auswanderer mussten die Armenier erst einmal die Quarantänestation auf den Frioul-Inseln durchlaufen. Natürlich waren die dortigen Einrichtungen total überlastet. Man war es in Marseille zwar gewohnt, dass permanent Menschen aus der Fremde eintrafen, aber nicht auf diese massive Weise und nicht in so schlechtem Zustand. »Sie sind aus Smyrna, aus Konstantinopel, aus Batoum, aus Adana entkommen: Armenier, mehr Armenier und noch mehr Armenier gehen in Marseille an Land«, stöhnte der Starjournalist Albert Londres, der seine Eindrücke in einer Reportagensammlung unter dem Titel *Marseille, porte du Sud* veröffentlichte. Es kamen die »Phrygie« und die »Albano« aus der Türkei, die »Catarina« aus Saloniki und die »Andros« aus Piräus, und noch ein Schiff und noch ein Schiff und noch ein Schiff, jedes mit mehreren Hundert Armenierfamilien an Bord, bald ging die Zahl der Exilanten in die Zehntausende. Gewiss, auch vorher schon waren einzelne Armenier nach Marseille gekommen, Geschäftsleute vor allem, auch einige Flüchtlinge, die aufgrund früherer Drangsalierung das Osmanische Reich verlassen hatten. Aber das waren rasch absorbierte Einzelfälle. Die nun auf einmal hereinströmenden Massen lösten Panik aus. Die Behörden waren völlig überfordert, Bürgermeister Siméon Flaissières geriet außer sich. Im Oktober 1923 appellierte er an die Regierung in Paris, sie möge »unverzüglich diese erbärmlichen Menschenherden zurückschicken« und allen weiteren verwehren, in französischen Häfen an Land zu gehen. »Es wird angekündigt, dass 40 000 dieser Gäste auf dem Weg nach Frankreich sind, was so viel bedeutet wie dass sich Pocken, Typhus und Pest auf uns zu bewegen, wenn es hier nicht sogar schon von solchen Keimen wimmelt seit der Ankunft der ersten dieser Immigranten, denen es an allem fehlt, die unseren abendländischen Sitten nicht zugänglich sind, die sich gegen jede hygienische Maßnahme sträuben, erstarrt wie sie sind in ihrer resignierten Apathie.«

Vom Genozid und dem, was diese Leute hinter sich hatten, wusste man nichts und wollte wohl auch nichts darüber wissen, man sah nur die Invasoren. Von diesen zogen viele in die schäbigen Hotels des Quartier Belsunce, die große Masse aber fand sich in Barackenlagern wie dem Camp Oddo wieder, wo sie von Kolonialtruppen bewacht wurden.

In *Marseille, porte du Sud* beschreibt Albert Londres die Verhältnisse in einem solchen Camp, in dem mehrere Tausend Menschen hausten: »Sie sind jeweils 200 in diesen Baracken. Ein bloßer Lappen trennt den Platz jeder Familie ab. Man schläft dort mit dem Kopf beim Nachbarn zur Rechten, mit den Füßen beim Nachbarn zur Linken. Man schläft mit der Tochter des Nachbarn und glaubt, mit seiner Frau zu schlafen.«

Auch wenn der Autor hier in Sensationsmache abgleitet: Die Transitlager waren klägliche Notbehausungen, viele Armenier waren gezwungen, sich für längere Zeit in der drangvollen Enge dieser Baracken einzurichten. Die Situation war umso beklemmender, als ihnen von außen Misstrauen und Feindseligkeit entgegengebracht wurde. Aber immerhin fanden sie Arbeit, der Krieg hatte große Lücken gerissen, die Industriebetriebe nahmen, wen sie kriegen konnten. Freilich erfuhren die meisten Armenier dabei zunächst einen sozialen Abstieg. Daran erinnert in seiner Autobiografie der in Marseille aufgewachsene Filmregisseur Henri Verneuil, der eigentlich Achod Malakian hieß. Statt der einstigen Villa bewohnte die Familie nun eine triste Absteige, und der Vater, der in der Türkei eine Fischereiflotte besaß, musste sich im Exil als Fabrikarbeiter durchschlagen. »Es war bitter, das Brot der Armenier, während dieser ›verrückten Zwanziger‹, ihre Existenz war ärmlich und von alltäglicher Trostlosigkeit. Zusammengepfercht in verdreckten Mietwohnungen und heruntergekommenen Hotelzimmern, ohne rechtlichen Status, in der französischen Gesellschaft marginalisiert, flüchteten sie sich in die armenischen Vereine oder in ihre kleinen Kapellen, um Kultur und angestammten Glauben zu retten.«

Zigtausende zogen das Rhônetal hinauf, nach Valence, Lyon und weiter bis in die Pariser Vorstädte. Aber viele blieben gleich dort, wo sie erstmals europäischen Boden betreten hatten. Wer nicht in die Fabriken ging, versuchte, sein Brot als Handwerker zu verdienen. Besonders zahlreich waren in Marseille die armenischen Schuster. Die Frauen arbeiteten oft in Heimarbeit für Textilbetriebe. 1923 entstand im Stadtteil Saint Jérôme unter armenischer Leitung die Teppichfabrik France Orient, die das Know-how der Flüchtlinge zu nutzen wusste und Hunderten von Frauen Beschäftigung bot. Produziert wurden handgeknüpfte Teppiche auf hohem Niveau, unter anderem für Ozeandampfer und Luxushotels. Dort, an den Rändern der Stadt, in Saint Jérôme, Saint-Loup, Beaumont, Sainte

Marguerite, Saint Antoine. ehemaligen Dörfern, die nun zu Marseille gehörten und mit der Straßenbahn erreichbar waren, bauten sich die Armenier ihre kleinen Häuser, sobald sie Notaufnahmelager und andere provisorische Unterkünfte verlassen konnten. In diesen Vierteln, wo sie sie sich häufig nach Herkunftsorten gruppierten, enstanden Kerne eines neuen armenischen Soziallebens, nicht zuletzt rund um die in gemeinsamer Arbeit errichteten Kirchen.

Noch eine Weile sahen sich die Armenier von ihrer französischen Umgebung ausgegrenzt und mit Schimpfworten bedacht, in der Schule wurden die Kinder mit unaussprechlichen Namen gehänselt – »der antirassistische Diskurs war noch nicht à la mode«, wie Henri Verneuil lakonisch anmerkte. Aber ganz allmählich gewöhnte man sich in Marseille an das neue Bevölkerungselement, zumal die Armenier niemandem zur Last fielen, keine Forderungen stellten, sich hartnäckig in ihre Arbeit stürzten und sich gewissermaßen selbst am Schopf aus dem Sumpf zogen. Sie erwiesen sich letztlich als Musterbeispiele der Integration, waren im Gegensatz zu den Befürchtungen der Stadtväter den »abendländischen Sitten« sehr wohl zugänglich und gliederten sich unauffällig in die neue Heimat ein. Nur am 24. April, dem Gedenktag an den Völkermord, blieben jedes Jahr ihre Läden geschlossen. Lange interessierte sich kaum jemand für das aus dem Bewusstsein und den Schulbüchern getilgte Verbrechen. Zum öffentlichen Thema wurde es erst in jüngerer Zeit. Die Benennung von Straßen nach dem 24. April 1915 – so im Marseiller Armenierviertel Beaumont – ist ein Zeichen dafür.

Stadt der Ankunft, Stadt des Abschieds

An einem 24. April, aber das war reiner Zufall, wohnte derselbe Bürgermeister Siméon Flaissières, der angesichts der hereinflutenden Armeniermassen derart die Contenance verloren hatte, einem Ereignis bei, das ihm zweifellos größere Freude bereitete. Der Präsident der Republik Gaston Doumergue weihte an diesem Tag des Jahres 1927 in Begleitung des Stadtoberhaupts die prächtige neue Freitreppe am Bahnhof Saint Charles ein. Dem Festakt ging eine Art »republikanische Prozession« durch die ganze Stadt voraus, mit Spahis zu Pferde in Galauniform und einem Konvoi edler Limousinen. Die Treppe war als ein Monument zur Huldigung des Kolonialreichs konzipiert. Zwangsläufig würde sie von allen zur Kenntnis genommen werden, die hier mit dem Zug ankamen um mit dem Schiff weiterzureisen, oder in Marseille an Land gingen um mit der Bahn nach Paris zu fahren – sämtliche Privatreisenden, Geschäftsleute, Delegationen, Funktions- und Würdenträger, ob aus Fernost oder Afrika, für die Marseille eine unumgängliche Etappe darstellte, würden von nun an die 104 Stufen hinauf- oder hinuntersteigen, vorbei an zwei allegorischen Frauengestalten auf Sockeln in Gestalt eines Schiffsbugs mit drei Rudern auf jeder Seite und seitlich auftauchenden Delfinen. Die eine Figur symbolisiert das Tor zum Orient, während die andere die griechische Kolonie Masilia darstellt. Ganz unten, beidseits der Treppe lagert je eine Frau mit zwei Kindern auf ihrer steinernen Bettstatt: Die eine repräsentiert die »Colonies d'Afrique«, die andere die »Colonies d'Asie« – lasziv liegen sie da, wie aus trägem Halbschlaf wachgeküsst von der zivilisationsspendenden Kolonialmacht.

Nicht jedem gefiel diese neue Stadtverschönerung, mancher hielt sie für eine verdammenswerte Geschmacksverirrung. Der Marseiller Schriftsteller André Suarès gab in *Marsiho,* einem leidenschaftlichen Buch über seine Heimatstadt, seinem Zorn freien Lauf, geißelte vulgären Protz und falschen Granit. Eine Stiege wie aus Pappmaché fürs Theater sei dies, ein steinerner Giftpilz, den man am besten mithilfe von Dynamit beseitigen sollte, genauso wie die schreckliche neue Kathedrale oder das Palais Longchamp. Aber gemach! Heute ist der Kitsch von damals schon so sehr in zeitliche Ferne gerückt, dass man an der theatralisch auftrumpfenden Baugeste wieder Gefallen finden kann. Auf jeden Fall hat, wer mit dem Zug ankommt, über die Treppe einen grandiosen Gala-Einstieg in die Stadt.

Dem Präsidenten Doumergue oblagen während seines Marseille-Aufenthalts noch andere Pflichten: Am selben Tag war außer der Kolonialtreppe vom Bahnhof Saint Charles auch das Denkmal »Zum Ruhme der Soldaten des Orients und anderer Weltgegenden« einzuweihen – ein zum Meer hin geöffnetes Tor an der Corniche genannten Uferstraße, das die Männer aus der Ferne ehren sollte, die ihr Blut für Frankreich vergossen hatten – ein Monument als Ersatz für die politische Gleichstellung, die den Kolonialsoldaten während des Weltkriegs in Aussicht gestellt worden war.

Und am folgenden Tag stand eine dritte Einweihung auf dem Programm: Der Canal du Rove, ein verkehrstechnisches Meisterwerk, war offiziell seiner Bestimmung zu übergeben. Der neue Schifffahrtsweg stellte die Verbindung zwischen dem Marseiller Hafen und dem Etang de Berre her, von wo er dann weiter in die Rhône führte. Dazu war ein sieben Kilometer langer Tunnel unter dem Nerthe-Massiv gegraben worden, 22 Meter breit, 15 Meter hoch, mit einer Wassertiefe von vier Metern. Die Arbeiten hatten bereits 1911 begonnen. Während des Krieges waren deutsche Kriegsgefangene dazu herangezogen worden. Außerdem wurden Tausende Italiener und Spanier angeheuert, von denen sich viele gleich in der Umgebung ansiedelten. Der Kanal war ein Millardenprojekt, die Baustelle galt als »pharaonisch«, etliche Arbeiter kamen dort ums Leben. Beim Durchbohren des Gebirges wurde doppelt so viel Abraum hervorgebracht wie beim Bau des Gotthardtunnels in der Schweiz.

Wozu das alles? Durch die Verbindung zur Rhône, so meinte man, würde der Marseiller Seehafen durch einen Flusshafen ergänzt und bekäme endlich ein Hinterland, so wie die großen Konkurrenten des Nordens, wie Le Havre, Antwerpen, Rotterdam oder Hamburg. Schon lange hatte die Handelskammer davon geträumt. Grandiose Perspektiven schienen sich zu eröffnen: Ein künftiger Rhein-Rhône-Kanal würde den Hafen mit der Schweiz, mit Deutschland, mit den Niederlanden verbinden. Natürlich bliebe Marseille das Tor des Südens, könnte nun aber auch ein Tor zum Norden werden. Ungewissheit herrschte zwar, ob dieser Rhein-Rhône-Kanal tatsächlich einmal gebaut werden würde, aber man ließ sich den Optimismus nicht nehmen.

Mediterranes Völkermosaik

Marseille als quirliger Hafen der Binnenschifffahrt – eine schöne Zukunftsvision. Dass daraus nichts werden sollte, konnte man damals noch nicht wissen. Was indessen weiterhin boomte, war der maritime Sektor und hier vor allem der Passagierverkehr. »Wo wollen Sie hin?«, fragt Albert Londres in *Marseille, porte du Sud.* »Nach Marokko, nach Algerien? Nach Tunesien? Nach Senegal, Nach Ägypten? In den Kongo, nach Madagaskar? Nach Syrien, nach Konstaninopel? Nach Tonkin? Nach Indien? Nach Australien? Nach China? Nach Südamerika? Treffen Sie Ihre Wahl.

Von hier aus geht es in alle Meere, in das Rote und das Schwarze, durch alle Meerengen, alle Kanäle, alle Buchten.«

Was das Passagieraufkommen betraf, hatte Marseille inzwischen deutlich die italienische Rivalin Genua überflügelt. »In dieser Stunde stehen mehr als siebenhundert Schiffe im Hafen. Das ist eine Stadt aus Schiffen«, schwärmte Joseph Roth, der staunend von erhobenem Standort aus auf den Wald aus Masten und bunten Schornsteinen schaute. Dies war eine Welt-Drehscheibe, ein Knotenpunkt für internationale Menschenbewegungen: »Jede Stunde läuft ein Schiff ein. Jede zehnte Welle spült Fremde an Land wie Fische.«

Die Armenier bildeten in den 20er-Jahren zwar den massivsten Strom von Fremden, aber sie waren nicht die einzigen Flüchtlinge aus dem östlichen Mittelmeerraum. Es kamen unter anderem christliche Assyro-Chaldäer aus Mesopotamien und Griechen aus Kleinasien, Opfer des türkisch-griechischen Bevölkerungsaustauschs. Und auch in der Zwischenkriegszeit blieb Marseille eine Anlaufstation für Auswanderer nach Amerika und sogar nach Australien, wurde für Abertausende zur Schwellenerfahrung.

»Hafen: eines der schönsten Wörter, die es gibt, eines der reichsten an Schmerzen, an Sehnsüchten … Es gibt keinen Hafen, der so sehr den Abschied beschwört, wie Marseille«, befand André Suarès, der sicher oft am Kai stand und den abfahrenden Schiffen hinterherschaute. Der seefahrterprobte Schweizer Schriftsteller Blaise Cendrars sah es genau andersherum: »Im Gegensatz zu Lissabon, das die Stadt des Abschieds ist, ist Marseille die Stadt des Ankommens.« Was seiner eigenen Erfahrung entsprochen haben mochte.

Eine Stadt des Ankommens war Marseille zweifellos für die Korsen. Streng genommen handelte es sich bei ihnen um eine innerfranzösische Einwanderung, auch wenn sie sich in vielerlei Hinsicht von den Festlandfranzosen unterschieden. Schon gegen Ende des 19. Jahrhunderts hatten sich Seeleute und Händler vom Cap Corse und aus der Balagne am Alten Hafen angesiedelt. In größeren Mengen aber kamen die Insulaner nach dem Krieg, auf der Flucht vor der korsischen Misere. Die Zahlen sprechen für sich: Hatte Korsika im Jahr 1881 noch eine Einwohnerzahl von 220 000, so war sie in der ersten Hälfte des 20. Jahrhunderts auf nur noch

90 000 zusammengeschrumpft. Marseille war für die korsischen Exilanten notwendigerweise die erste Station. Nicht alle, aber viele blieben gleich hier. Die Neuankömmlinge besiedelten die schlichten Quartiers in der Nähe des Hafens, Saint Jean, La Joliette und ganz besonders Le Panier. Mit den dort bereits ansässigen Italienern kamen sie in der Regel gut zurecht, schließlich war man sich kulturell und sprachlich recht nahe.

Im Panier mit seiner mediterran verwinkelten Architektur war es fast wie im heimischen Dorf. Hier konnte sich die gewohnte korsische Lebensweise aufs Schönste entfalten, hier funktionierte das traditionelle Prinzip der gegenseitigen Hilfeleistung, hier herrschten Dorfsolidarität und Clan-Struktur, es gab sozialen Zusammenhalt und menschliche Wärme. Die Kinder spielten auf der Straße, die Wäsche flatterte im Winde. Man blieb im Übrigen in Kontakt mit der Insel. Freundschaftsvereine von Leuten aus demselben Ort sammelten etwa für die Renovierung des Kirchturms daheim. Im Panier kam es den korsischen Bewohnern so vor, als hätten sie Korsika gar nicht wirklich verlassen. So wirkte das Viertel wie eine Übergangs- und Schutzzone, die den Einstieg in die große, noch fremde Stadt erleichterte.

Manche Männer arbeiteten als Fischer, andere waren Seeleute, nicht nur auf den berüchtigten Fraissinet-Fähren nach Bastia und Ajaccio, sondern auch auf großen Überseedampfern. Wenn sie nach längerer Abwesenheit zurückkamen, standen ihre Frauen fein gemacht im Sonntagskleid am Kai zum Empfang. Die Seeleute waren in der Gemeinde hochgeschätzt, denn der Zoll räumte ihnen ein Kontingent ein, so brachten sie Bananen, Gewürze, Stoffe und andere interessante Güter mit heim. Das Ideal der Korsen war freilich ein Job im öffentlichen Dienst, etwa als Feuerwehrmann oder Polizeibeamter. Nützlich beim Streben nach diesen begehrten Posten war die relativ große Zahl korsischstämmiger Politiker in den lokalen Institutionen.

Im Übrigen ist nicht zu verleugnen, dass eine ganze Reihe der von ihrer bettelarmen »Insel der Schönheit« gekommenen Korsen sehr bald auch im kriminellen Milieu der Hafenstadt eine herausgehobene Rolle spielte. Was wiederum nicht ohne Auswirkung auf die Lokalpolitik bleiben sollte.

Die Korsen, so bescheiden ihre Verhältnisse sein mochten, waren privilegiert im Vergleich zu den Einwanderern aus Nordafrika, die sich in ihrer Nachbarschaft niederließen. Die direkten Schiffsverbindungen von Algier und Oran brachten nach dem Krieg einen Strom von Immigranten übers Mittelmeer herüber, die sich ins Heer der in den Öl-, Zucker- und Seifenfabriken benötigten Arbeiter einreihten. Die Maghrebiner wurden zur Dauerkundschaft der Slumlords im Quartier Belsunce, dem Arme-Schlucker-Viertel zwischen der Rue d'Aix und der Butte des Carmes, zwischen Rue Sainte Barbe und Rue des Chapeliers. Als Insassen der »hôtels meublés« traten sie die Nachfolge der zuvor dort provisorisch untergekommenen Armenier an. Manche hatten zunächst nicht einmal die Mittel für einen Schlafplatz in einem dieser mehrfach belegten Zimmer. Sie kampierten dann auf dem »terrain vague«, der öden Fläche hinter der Börse, wo ihnen geschäftstüchtige »Hoteliers« Matratzen unter freiem Himmel vermieteten.

Neuankömmlinge steuerten die algerischen Cafés der Rue des Chapeliers oder Rue de la Lune d'Or an, in denen ein inoffizieller Arbeitsmarkt stattfand, regelmäßig kamen Rekruteure, um Tagelöhner anzuheuern, in der Regel für ein jämmerlich niedriges Entgelt. Wer nicht in die Fabriken konnte oder wollte, suchte Arbeit im Hafen, fand sich früh auf dem Platz von La Joliette ein, der als Arbeitsbörse diente.

Wenn sie am Abend erschöpft, verstaubt und verdreckt von Mehl, Kohlen, Salpeter, Zement vom Hafen oder aus der Fabrik ins Quartier zurückkamen, bot dieses immerhin bei aller Schäbigkeit ein soziales Umfeld, vertraute Sitten, Cafés und Kontakte. Belsunce wurde zu einer arabisch beziehungsweise kabylisch dominierten Zone mit entsprechendem Straßenbild. Die Gassen waren voller Menschen, die palavernd in Gruppen herumstanden, Objekte und Neuigkeiten austauschten. Man lebte draußen, die Häuser waren ja nicht zum Wohnen, nur zum Schlafen da.

Für die gute Marseiller Gesellschaft war dieses herabgesunkene Innenstadtviertel ein Graus – all diese ärmlich gekleideten Menschen, manche in Boubous oder Djellabas, mit verschlossenen Gesichtern, dunklem Teint, krausem Haar und gutturalem Idiom! Der Cours Belsunce, einstmals gute Stube der Stadt, hatte sich in einen nordafrikanischen Basar verwandelt, dem längst nicht das gleiche neugierige Interesse entgegengebracht wurde wie dem hingezauberten sterilen Souk auf der Kolonialausstellung. Hier promenierten früher die Bürger von Marseille, nun hausten dort Kabylen und andere Habenichtse. Besonders abstoßend waren die von dort abzweigenden Straßen, »schmale verwinkelte Gassen, geflaggt mit vielfarbiger Wäsche, mit geheimnisvollen Türen, die sich auf düstere Flure öffnen, die nach Katzenpisse, ranzigem Fett und schmutzigen Bettüchern riechen.«

So stand es in der anspruchsvollen Kulturzeitschrift *Cahiers du Sud*. Unhygienische Verhältnisse herrschten also, und wer weiß, was für Krankheiten in diesen Gassen lauerten? Ein Infektionsherd mitten in der Stadt! Epidemien, so wurde unterstellt, könnten sich von dort aus in alle Richtungen verbreiten. Es schien, als wären alte Ansteckungsphobien lebendig geblieben, noch aus jener Zeit, als die »Grand Saint Antoine« aus dem Orient die Pest nach Marseille eingeschleppt hatte.*

Die zunehmend maghrebinisch bewohnten Viertel wurden Gegenstand zahlreicher journalistischer Stippvisiten. Das Lesepublikum der Feuilletons ergötzte sich mit behaglichem Entsetzen am pittoresken Pöbel und an der Exotik des Orients gleich nebenan, ließ sich von Couscous, siruptriefendem Gebäck und arabischem Kaffee in winzigen Tassen erzählen, interessierte sich aber vor allem für trübe Machenschaften, kriminelle Elemente und schaurige Geheimnisse. Die populären Stimmungsbilder waren durch negative Vorurteile eingefärbt.

»Wollen Sie Algerien sehen, Marokko, Tunesien? Geben Sie mir den Arm. Ich führe Sie in die Rue des Chapeliers: Da sehen Sie die Wohnhöhlen, die Wüstensöhne, die Weiber. Da haben Sie das Parfum des Orients, nämlich den Gestank einer alten Kerze, die in einer Pfanne schmurgelt. Da hängen an den Türen die Hammel mit alten matschigen Keulen. Und jetzt kehren die ›Sidis‹ von der Arbeit im Hafen zurück in die Kasbah. Überlassen Sie ihnen den Bürgersteig und hüten Sie sich, die Frauen anzusprechen, sonst gibt es eine Schlägerei, denn Sie sind hier auf arabischem Territorium. Sie sind in Sfax, in Rabat, im Ghetto von Oran …« Der Grundton dieser Passage aus Albert Londres populärer Reportagensammlung ist nicht frei von Rassismus und kolonialer Überheblichkeit,

* Im Mai 1720 brachte das aus Sidon kommende Schiff »Le Grand Saint Antoine« die Beulenpest nach Marseille. Über 40 000 Menschen – die Hälfte der Bevölkerung – fielen ihr zum Opfer.

und dies bei einem eher liberalen und kritischen Kopf. Londres ist eine Referenz für journalistische Qualität, nach ihm ist der französische Preis für Qualitätsjournalismus benannt, das Pendant zum Kisch-Preis im deutschen Sprachraum. Aber dieser Zungenschlag ist bezeichnend für die Aversionen, die diesen Einwanderern aus dem Maghreb entgegengebracht wurden, die nun so sichtbar im Zentrum der Stadt hausten, deren Reich sich vom Triumphbogen der Porte d'Aix bis zur Canebière ausdehnte, einer Trennlinie, an der brutal die sozialen Welten aufeinanderstießen.

Es war nicht mehr zu übersehen, Marseille war zum Sammelpunkt eines internationalen Proletariats geworden. In *Marsiho* beschreibt André Suarès, wie er bei einem Spaziergang entlang der Hafenkais mit dem Anblick der Docker konfrontiert wird: »Bei jedem Schritt begegnen uns Männer mit nacktem Oberkörper, mit behaarter Brust, von der der Schweiß tropft, ebenso von Armen und Gesicht, mit einem Hals wie Ziegelstein. Sie sind gebeugt unter der Last der Säcke; überqueren die Schienen, tragen das Getreide in die Lagerhäuser, die Leder-Ballen, den Kaffee, die Kohle. Sie fluchen in allen Sprachen; sie sind aus allen Ländern der Welt gekommen.«

Banjo und seine Freunde

Rund um den Hafen machten sich nun auch größere Mengen von Schwarzen als neues Element im Bevölkerungspatchwork bemerkbar. »Marseille ist der europäische Brückenkopf von Afrika«, stellte Egon Erwin Kisch in seiner Reportage »Silvester in Marseille« fest. Nach dem Weltkrieg waren einige der aus der Armee entlassenen »tirailleurs sénégalais« vor Ort geblieben und hatten sich ins Heer der Hafenarbeiter eingereiht. Andere kamen an Bord von Frachtern aus den Häfen der afrikanischen Kolonien, aber auch aus Amerika. Bei schwarzen Seeleuten war Marseille als Zwischenaufenthalt äußerst beliebt. Eindrucksvoll beschrieben wird ihr Milieu in Claude McKays 1929 erschienenem Roman *Banjo*. Der in Jamaika geborene McKay war ein führender Vertreter der »Harlem Renaissance«, jener von New York ausgehenden Bewegung farbiger Intellektueller, die in der Zeit zwischen den Weltkriegen für den kulturellen Aufbruch der afroamerikanischen Bevölkerung stand.

Banjo, ein lebenslustiger junger Bursche aus den USA, der mit Begeisterung das gleichnamige Instrument spielt, vagabundiert neugierig durch die Hafengegend und wundert sich über die Marseiller Verhältnisse: »In keinem anderen Hafen hatte er eine derart pittoreske Vielfalt von Negern zusammenkommen sehen. Neger, die sich zivilisierter Sprachen bedienten, Neger, die afrikanische Dialekte jeder Art sprachen, schwarze Neger, braune Neger, gelbe Neger. Es war, als hätte jedes Land der Welt, in dem Neger lebten, Vertreter nach Marseille geschickt.«

Einen privilegierten Platz muss Marseille in der Vorstellungswelt der Seeleute eingenommen haben. Dorthin zu gelangen war für McKays Helden die Erfüllung eines lang gehegten Traums. »Banjo hatte kein Vorhaben, kein bestimmtes Motiv, kein klares Ziel, das ihn nach Marseille trieb. Es war einfach der Hafen, über den alle Seeleute sprachen – der wunderbare, gefährliche, attraktive, große, weit offene Hafen. Und alles, was er wollte, war, dorthin zu gelangen.«

Am Ziel seiner Wünsche angekommen, reiht er sich in eine Gruppe von heftig trinkenden, laut singenden, sich schnell mal prügelnden schwarzen Seeleuten und Rumtreibern aus der Karibik, Afrika oder Nordamerika ein, die für eine Weile in Marseille hängengeblieben waren, auf ihr nächstes Schiff warteten oder auch nicht und hier fern der Heimat eine marginale Existenz auf Zeit führten.

Banjos Marseille steht für einen gloriosen Ausnahmezustand, einen unkontrollierten Freiraum. Die Freunde schlafen, wo sie können, etwa auf der langen Mole des Industriehafens, zapfen sich gelegentlich nachts etwas von den Wein- und Rumfässern ab, die auf den Kais gestapelt sind.

Das Hafengebiet wurde tatsächlich nur unzureichend bewacht und lockte ein schillerndes Völkchen an. Immer wieder kamen Herumtreiber wegen Vagabundierens im Hafen vor Gericht. Banden von Plünderern operierten in La Joliette und rund um die Lagerhäuser von Arenc. Bis zu 20 Prozent der Waren, so wird berichtet, verschwanden auf diese Weise.

Banjo und seine Freunde frequentieren, wenn sie Geld haben, raue Kaschemmen und durchstreifen das Rotlichtviertel, das sie »the Ditch« nennen: Ein »Sumpf« voller Mädchen, deren Zuwendung nicht mehr kostet als ein Liter billigen Weins. Abendlicher Treffpunkt der dunkelhäutigen Nichtstuer ist die Place Victor Gelu, dort pflegen sie müßig herumzuhängen, zu palavern oder vorbeiflanierende Seeleute aus aller Herren Länder anzuschnorren. Egon Erwin Kisch fühlte sich von dem Basrelief, das den provenzalischen Dichter, nach dem der Platz benannt ist, als Redner mit ausgestrecktem Arm zeigt, an Lenin erinnert. Kischs französisches Pendant, der Starjournalist Albert Londres, hat zu Victor Gelus ungewöhnlicher Pose ein albernes Geschichtchen auf Lager: Als bei der Denkmalseinweihung der Schleier fiel und der Dichter anheben wollte, zu seinen Landsleuten zu sprechen, sei er vor Schreck über die vielen schwarzen Menschen in eben dieser charakteristischen Haltung erstarrt: mit ausgestrecktem Arm und offenem Mund. Heute ist er nur noch auf alten Fotografien zu sehen, denn die nur einige Jahre später auf den Plan tretenden deutschen Besatzer montierten Victor Gelu ab und schmolzen das Bildnis des rebellischen Pazifisten ein, um Munition daraus zu machen.

Auch akustisch machten sich die Schwarzen bemerkbar: Mit dem Jazz brachten sie ein neues musikalisches Phänomen ins Hafenviertel, das dem Geklimper der elektrischen Klaviere aus den Bordellen Konkurrenz machte. Dem sensiblen André Suarès kam das Grausen: »Die infernalische schwarze Musik gibt allen Geräuschen ihren Rhythmus. Kein Zweifel, dieser Lärm ist die Stimme der Hölle. Beherbergt denn jede Etage ein Negerorchester?«

Claude McKay hingegen feierte den Jazz als die einigende Kraft, die alle schwarzen Brüder und farbigen Vettern zusammenbrachte, und er beschreibt, wie sie zu dem von Banjo und seinen Kumpanen intonierten »Jelly Roll Blues« in ekstatische Bewegung gerieten, »shaking that thing«, egal woher sie stammten: »Sogar die Mulatten stiegen von ihrem hohen Ross und machten mit. Denn wie in den britischen ›West-Indies‹ und in Südafrika vermieden es auch die Mulatten der französischen Kolonien normalerweise, sich mit den Schwarzen zu vermischen. Aber der Zauber hatte sie alle zusammengebracht, das Tanzbein zu schwingen und roten, weißen, süßen Wein zu trinken – all die Schwarzen aus dem britischen Westafrika, portugiesische Schwarze, amerikanische Schwarze, alle, die sich in diesem Hafen wiedergefunden haben, durch den die Welt hindurchzieht.«

Literarische Rauschzustände – rassistischer Taumel

Ein Hafen, durch den die Welt hindurchzieht, musste einfach auf die schreibende Zunft einen starken Reiz ausüben. Marseille war ein Ausnahmeort in Europa, der als eine sinnliche Mixtur aus Sonne, Mistral, Schiffen, Verlockungen und Schrecken erlebt wurde.

»Marseille hat einfach Glück gehabt, daher seine Üppigkeit, seine wunderbare Vitalität, sein Durcheinander, seine Ungezwungenheit«, schreibt der Schweizer Autor und Seefahrer Blaise Cendrars. Obwohl schmutzig und heruntergekommen, sei Marseille aufregend und geheimnisvoll.

Weil die Stadt so viel Beschreibens- und Erzählenswertes bot, kamen ihre Liebhaber in Scharen, auch aus dem deutschen Sprachraum – die großen Presseorgane warteten immer mal wieder mit Marseille-Reportagen ihrer Edelfedern auf. So reiste Kurt Tucholsky 1924 für die *Vossische Zeitung* an, entdeckte zwar seltsamerweise beim Blick aus seinem Hotelfenster eine gewisse Ähnlichkeit mit Görlitz, war aber immerhin von den Kolonialsoldaten und exotisch gekleideten Menschen in der Marseiller Straßenbahn beeindruckt und ließ es sich nicht nehmen, mit dem Fahrstuhl hinauf auf den Pont Transbordeur zu fahren, den er »Überladerbrücke« nennt: »Oben gibt es einen überwältigenden Rundblick. Ich für mein Teil hasse Aussichtstürme, und es gibt kaum einen, um den ich nicht schon einen großen Bogen geschlagen hätte. Aber dies hier ist doch ein ander Ding.« Und wenn er auch etwas oberlehrerhaft feststellt, dass der Alte Hafen kleiner ist als die Hamburger Binnenalster, lobt er die Stadt doch wegen »ihrer malerischen Großartigkeit der Anlage«.

Um einiges stärker ergriffen zeigt sich Joseph Roth, der ein paar Jahre später seine Eindrücke in der *Frankfurter Zeitung* veröffentlichte: »Marseille ist New York und Singapur, Hamburg und Kalkutta, Alexandria und Port Arthur, San Francisco und Odessa.« Die Hafenstadt schlechthin also. Sie besitzt amphibische Qualitäten, hat sogar einen Marktplatz aus Wasser, wie Siegfried Kracauer feststellt, der ebenfalls für die *Frankfurter Zeitung* unterwegs war: »Marseille, ein blendendes Amphitheater, baut sich um das Rechteck des Alten Hafens auf. Den meergepflasterten Platz, der mit seiner Tiefe in die Stadt einschneidet, säumen auf den drei Uferseiten Fassadenbänder gleichförmig ein.« Kracauer ist beeindruckt von der Präsenz des Meeres im Inneren der Stadt und ihrer Orientierung auf den Hafen hin, die Regeln und Rhythmus vorgibt: »Ankunft und Abfahrt der Überseedampfer sind die Pole des Lebens …«

Mit dem Hafengeschehen verbunden und unumgängliche Station für auswärtige Besucher, also auch für die Schriftsteller, ist die von Kracauer erwähnte »Straße der Straßen, die den Hafen bis zum Stadtinnern weiterträgt«, jene Hauptader, auf die Joseph Conrad in seinem Roman *Der goldene Pfeil* gleich auf der ersten Seite hinweist: »Es gibt gewisse Straßen, die haben eine eigene Atmosphäre und sind sozusagen weltberühmt; ihnen gehört die besondere Liebe ihrer Bürger. Eine dieser Straßen ist die Cannebière.«

Die Canebière, früher mit zwei »n« geschrieben, ist die gute Stube der Stadt. Hier befinden sich die vornehmen Hotels und großen Cafés – Le Commerce, L'Univers, Grand Café Glacier, Café Riche, Noailles – luxuriöse Stätten mit Spiegeln, Goldstuck, Fresken und ausgedehnten Terrassen, die im Sommer durch vorgehängte Markisen vor der brennenden Sonne oder dem scharfen Mistralwind, im Winter mit verglastem Vorbau geschützt sind.

Diese eigentlich recht kurze Avenue mit ihren prächtigen Fassaden und Kandelabern wird gleichsam als ein vorgeschobener Posten der Zivilisation empfunden. So bezeichnet sie Tucholsky als Sehnsuchtsort der Franzosen in Nordafrika: »La Cannebière, Pforte zu den Freuden und Vergnügungen des Heimatlandes, da beginnt Frankreich.«

Für andere ist dies die letzte Pause vor der Welt des Ungewissen, ein Intermezzo zwischen zwei Schiffen oder zwischen Bahnhof und Schiff, also ein Treffpunkt und Wartesaal der Reisenden. »Man könnte glauben, dass die Reisenden eine heimliche Religion besäßen und dass die Canebière in dieser Religion der Reisenden wäre, was Mekka in der Religion der Muslime ist.« So Albert Londres, der auch gleich ein kleines Spektrum von Gästen der Canebière präsentiert: Zu ihnen gehört der Restaurantinhaber aus Dschibuti, der in Marseille Butter und Eier eingekauft hat, und vielleicht sogar Eiscrème, ein Tabakhändler aus Algerien, ein Lotse vom Saigon-Fluss, ein Bordellbetreiber aus Syrien (seit Kurzem französisches Mandatsgebiet mit vielen französischen Soldaten), der damit prahlt, alle seine Etablissements seien mit mechanischen Klavieren ausgestattet. Aber man hat die Canebière auch »Straße der Kapitäne« genannt. Ihre Cafés sind die Marseiller Salons der Kolonialoffiziere, Stätten flüchtiger Begegnungen zwischen zwei Missionen des kolonialen Personals, das von Tien-Tsin nach Madagaskar wechselt, oder von Brazzaville nach Pondichéry.

»Elle finit au bout de la terre notre Cane-, Cane-, Cane-, Canebière« – so trällert ein Ohrwurm aus einer von Vincent Scottos Marseille-Operetten: Sie führt bis ans Ende der Welt, unsere Canebière. Eine Straße wie keine andere also. Kaum einer der aus dem nördlichen Europa herbeigepilgerten Autoren lässt das urbane Prachtstück aus. Zumal sich die caféhausgewohnten Literaten hier noch auf halbwegs vertrautem Gelände bewegen. Aber natürlich wagen sie sich auch auf Neuland vor, lassen sich ergreifen von einem Strudel sinnlicher Eindrücke in dieser, wie Egon Erwin Kisch schreibt, »farbenlärmenden und geräuschebuntesten Stadt der Erde …«

Von akustischen Reizen zeigt sich auch Joseph Roth beeindruckt, aus ihnen hört er den Lebensrhythmus des Hafens heraus: » Alle Geräusche haben einen und denselben Takt. In allen Geräuschen ist etwas vom Lärm einer Schiffsmaschine.«

Außerdem nimmt er mit Wohlgefallen die exotischen Gerüche wahr, die den Freiluftwarenlagern und Kontoren im Hafengebiet entströmen: »Da ist der berauschende kosmopolitische Gestank, der entsteht, wenn tausend Hektoliter Terpentin neben tausend Zentnern Heringen lagern; wenn Petroleum, Pfeffer, Tomaten, Essig, Sardinen, Juchten, Guttapercha, Zwiebeln, Salpeter, Spiritus, Säcke, Stiefelsohlen, Leinwand, Königstiger, Hyänen, Ziegel, Angorakatzen, Ochsen und Smyrnateppiche ihre warmen Dünste ausatmen …«

Wie sollte diese Stadt die Autoren nicht in ihren Bann schlagen? Sie löste Begeisterung und Verwirrung aus, gestattete das Eintauchen in fremde Milieus, konfrontierte mit geheimnisvollen Grauzonen, kitzelte die Fantasie des schreibenden Menschen. »Marseille ist eine Welt, in der das Abenteuerliche alltäglich und der Alltag abenteuerlich ist«, schreibt Roth.

Zum Rauscherlebnis im buchstäblichen Sinn wurde die Stadt für Walter Benjamin, der am Alten Hafen mit Haschisch experimentierte. Er hielt sich im Sommer 1928 in Marseille auf, wo er Kontakte zur Zeitschrift *Cahiers du Sud* aufgenommen hatte. Möglicherweise war er aber im Laufe der 20er-Jahre mehrmals hier. Versuche mit Rauschgift hatte er bereits zuvor unternommen. Benjamins Ziel war es, mithilfe von Drogen einen temporären Ausstieg aus der eingefahrenen alltäglichen Wahrnehmungsweise zu erreichen, Erfahrungen zu machen, die er »profane Erleuchtung« nannte. Vom Rauscherlebnis sollte die Inspiration zu einem veränderten Denken ausgehen.

Wenn er in seinem Versuchsprotokoll »Haschisch in Marseille« die Gewissheit preist, »in dieser Stadt von Hunderttausenden, wo niemand mich kennt, nicht gestört werden zu können«, so ging es ihm dennoch nicht um die Anonymität einer beliebigen Großstadt, in der er sich mit der Droge zwecks Aufheiterung die Zeit vertrieb. »Viel eher war es der Versuch, ganz mich unter die magische Hand zu ducken, mit der die Stadt mich leise am Genick genommen hatte.«

Gerade dieser Stadt Marseille will er sich aussetzen, in ihre Topografie tastet er sich unter den durch Haschisch veränderten Zeit- und Raumansprüchen vor, zu Basso, dem berühmten Restaurant am Vieux Port, oder in eine schlichte Kneipe der schummrigen Hafengegend.

Der Rausch ermöglicht ein Staunen über die banalsten Dinge. Wunschgemäß wird dabei die Hierarchie von wichtig und unwichtig, schön und hässlich unterlaufen: »Der Ekel schwindet. Man liest die Tafeln auf den Pissoirs.« Überall wirkt die Oberfläche der Stadt gleichermaßen faszinierend, »weil wir, wenn wir Haschisch gegessen haben, nichts vom Hässlichen wissen«.

Auch das dubiose Flair des Marseiller Hafenviertels hat seinen Platz im Haschischerlebnis des einsamen Forschers. So dachte er »mit ungeheurem Stolze daran, hier in Marseille im Haschischrausche zu sitzen …«

Fast scheint es, als kokettiere Benjamin damit, sich in eine derart übel beleumundete Zone begeben zu haben, auch wenn er bei seiner Expedition einen Sicherheitsabstand zur inneren Zone des Lasters hält. Seine Hafenkneipe ist »ein ziemlich weit vorgeschobener Posten«, zwar immer noch »weit genug entfernt von der Rue Bouterie«, der zentralen Gasse des Rotlichtviertels, aber es sitzen dort schon echte Vertreter des Hafenproletariats – zweifellos eine kleine Mutprobe für den Berliner Gelehrten, der mit Genugtuung festhält: »Es schmeichelte mir der Gedanke, hier in einem Zentrum aller Ausschweifungen zu sitzen ...«

Noch in einem anderen, etwa um die gleiche Zeit entstandenen Text, der wie der Haschisch-Bericht in den Sammelband *Denkbilder* aufgenommen wurde, hat sich Walter Benjamin mit Marseille auseinandergesetzt. Es schien ihm ähnlich gegangen zu sein wie Blaise Cendrars, der Marseille als »eine der geheimnisvollsten Städte der Welt – und eine der am schwierigsten zu ergründenden« empfand. Er habe mit keiner Stadt so gekämpft, schreibt Benjamin an Hugo von Hofmannsthal. »Ihr einen Satz abzuringen, könnte man sagen, ist schwerer als aus Rom ein Buch herauszuholen.«

Während er über Paris, die geschichts- und kulturgesättigte Hauptstadt mit ihrem Reichtum an Monumenten und Bezügen in *Denkbilder* schreiben kann: »Paris ist ein großer Bibliothekssaal, der von der Seine durchströmt wird. – Kein Monument in dieser Stadt, das nicht ein Meisterwerk der Dichtung inspiriert hätte«, bietet ihm Marseille wenige Ansatzpunkte. Sinnträchtige historische Landmarken stehen hier kaum zur Verfügung, Kulturmonumente fehlen weitgehend. Wie soll man das Wesen einer Stadt symbolisch oder allegorisch aufscheinen lassen, die so wenig mit anderen Städten gemein hat?

Aber er findet dann doch zum Auftakt ein Gesamtbild: Marseille als Ungeheuer, als großes Maul, »gelbes angestocktes Seehundsgebiss, dem das salzige Wasser zwischen den Zähnen herausfließt«. Dieser Rachen schnappt »nach den schwarzen und braunen Proletenleibern, mit denen die Schiffskompanien ihn nach Fahrplan füttern«.

In dem schaurigen Fabelwesen verkörpert sich das brutale Gesetz des Hafen- und Kolonialbetriebs, die große Wirtschaftsmaschine, die aus der Ferne gekommene Arbeiter aufsaugt, verdaut und ausspuckt; hinter der sonnig-südlichen Fassade verbirgt sich ein rohes Gewaltverhältnis.

Die Fragmente, aus denen das Marseille der *Denkbilder* besteht, sind in surrealistischer Manier verfremdet und gegen den Strich gebürstet. Als »Umschlagplatz für unangreifbare, undurchschaubare Ware« wird etwa die neue Kathedrale definiert, die sich protzig neben den Docks und Lagerhäusern von La Joliette erhebt und sich insgeheim den allgemein herrschenden Verkehrsverhältnissen angleicht. »Das ist der Religionsbahnhof zu Marseille. Schlafwagenzüge in die Ewigkeit werden zur Messezeit hier abgefertigt.«

Während die bourgeoisen Wohnviertel, »die grauen Häuser des Boulevard de Longchamps, die Fenstergatter des Cours Puget und die Bäume der Allée de Meilhan« in ihrer gediegenen Monotonie dem Außenstehenden nichts verraten, erschließen sich manche Wahrheiten über die verschlossene Schöne in ihren Vorstädten: »Je weiter wir aus dem Innern heraustreten, desto politischer wird die Atmosphäre. Es kommen die Docks, die Binnenhäfen, die Speicher, die Quartiere der Armut, die zerstreuten Asyle des Elends; das Weichbild.«

Benjamin liest die Zeichen an der Wand: grelle Reklameplakate und Parolen des Klassenkampfes, er überlässt anderen die literarische Anbetung der von Sonne und Meer verwöhnten, ruhmreich strahlenden Stadt, sammelt stattdessen abwegig erscheinende Splitter und Fetzen, empfindet den bitteren Geschmack des Staubs »aus Meersalz, Kalk und Glimmer«, den Industriezonen und Arbeiterviertel hinterlassen, deutet hin auf den wirtschaftlichen Kontext, den Ort der Ausbeutung.

Das Denkbild über Marseille ist ein poetisch-politisches Statement. Aber trotz seines gesellschaftskritischen Ansatzes hatte Benjamin für Marseille eine Menge übrig. So teilt er in einem Brief an Hugo von Hofmannsthal mit, wie sehr er »diese wundervolle Stadt« genossen habe. Ohne zu ahnen, wie sehr sie schon bald zu seinem Schicksal werden sollte.

Der Sündenpfuhl

Zur Attraktivität von Marseille gehört für die literarischen Erforscher neben den Geräuschen der Schiffssirenen und den Gerüchen von Teer, Tauen und Salzwasser auch die spezifische Gewürzmischung des Hafenmilieus aus zwielichtigen Gestalten, Ganoven, Zuhältern, Tagedieben, Nutten – kurz: die Exotik des Verruchten, wie sie Joseph Roth heraufbeschwört, wenn er schreibt: »Das Leben tanzt auf der Klinge eines Rasiermessers, das im Hafen als Waffe beliebt ist. Das Elend ist tief wie das Wasser, das Laster ist frei wie die Wolke.«

Das Laster hat sein Hauptquartier im Quartier Saint Jean. Dies ist das Revier der »nervis«, der bösen Buben, der Strizzis, der Luden, der kleinen und mittleren Ganoven. Hier werden in den Hinterzimmern dunkler Kneipen wie La Belle Mathilde oder La Mère Jeannette verbotene Glücksspiele praktiziert und Kunden mit geschmuggeltem Absinth versorgt, während vor den Häusern mit den roten Laternen die Mädchen den Passanten dreist die Hüte vom Kopf stibitzen, um sie zum Bleiben zu animieren. Saint Jean bietet das Konzentrat des anrüchigen Marseille, fast kein Autor lässt den Stadtteil bei seinen Beschreibungen aus.

1865 war ausgerechnet dieses älteste der alten Viertel zum »quartier réservé« bestimmt worden. Nur hier durften von da an noch Bordelle betrieben werden, das hatten die Stadtväter beim Präfekten durchgesetzt, nachdem sich die Prostitution unkontrolliert übers gesamte Stadtzentrum auszubreiten drohte.

Es war ein Viertel mit großer Vergangenheit, das historische Herz der Stadt, Erbe des antiken Massalia. Hier hatten im Mittelalter die großen Adelsfamilien ihre Stadthäuser, die einstigen Wappen und Insignien schmücken nun teilweise die Portale der einschlägigen Etablissements. Das New House zum Beispiel gehörte einst Antoine de Ricci, Seigneur de Soutourne, im Theo wohnte einmal Kardinal Odet de Châtillon, das Bordell Clothilde beherbergte im 15. Jahrhundert Balthazard Bourguignon, Seigneur de la Mure, im Palmiers residierte der Marquis von Marignane, Velaux und Saint Cannat, Les Glaces war früher im Besitz des Comte de Rascas.

»In mehreren dieser Mädchen-Ställe erkennt man noch die Gewölbe, die Treppen und die Mauern von einstigen Palästen«, grollt André Suarès angesichts dessen, was aus dem einstigen »Palatin von Marseille« geworden ist. Den tonangebenden bürgerlichen Kreisen des 19. Jahrhunderts unterstellt er schäbige Absichten: »Sie wollten, dass dieser umschlossene Bereich der Schande der der einstigen Aristokratie sei.«

Letztlich beschränkt sich das Gewerbe des Lasters zwar auf einige wenige Gassen, das Quartier Saint Jean ist im Wesentlichen ein Kleineleuteviertel, in dem Fischer-, Docker- oder Arbeiterfamilien wohnen, aber es wird kurzerhand mit dem Rotlichtsektor identifiziert. In seiner Hauptader, der Rue Bouterie, locken bunte Laternen und das Geklimper der mechanischen Pianos, die zur Grundausstattung der Bumslokale gehören. »Dorthin kommen alle Männer von den Schiffen, um Musik zu hören«, bemerkt Albert Londres süffisant. Die Matrosen und die Heizer, die Leute aus dem Maschinenraum und von der Brücke, aus der Kombüse oder aus dem Laderaum, alles, was an Land gegangen ist, von überall her, aus allen Ländern, jedweder Hautfarbe, alle driften sie durchs pianolabeschallte reservierte Viertel, hocken in den Kneipen, verschwinden irgendwann hinter den Vorhängen der Freudenhäuser.

Diese Orte seien wohl einfach unverzichtbar fürs gute Funktionieren der Marine, konstatiert Albert Londres lakonisch, zeigt dabei aber ein gewisses Verständnis fürs navigierende Personal: »Neger, Gelbe, Weiße – da seid ihr nun in diesem Viertel. Ihr seid die Armen des Meeres. Da soll doch der, der nichts über euer Leben weiß, die Nase rümpfen. Ein bisschen Musik, ein bisschen Licht, ein bisschen Alkohol, ein bisschen Fleisch, das ist doch bloß die Ergänzung zu einer mageren Heuer.«

Neugierig und ohne Prüderie spaziert die nach Marseille versetzte Junglehrerin Simone de Beauvoir durch das moralische Sumpfgelände: »Dank meiner Vorliebe für Mythen war ich von der Rue Bouterie entzückt. Ich betrachtete die geschminkten Frauen und durch die halboffenen Türen die großen bunten Plakate über den Eisenbetten. Das war noch poetischer als die Mosaiken im Sphinx.« Sie muss also auch schon einmal einen vorwitzigen Blick ins berühmte Pariser Bordell Le Sphinx geworfen haben …

Leicht überdreht vor Entrüstung wirkt hingegen der ortsansässige Poet André Suarès. Dabei ist er so maßlos empört wie heimlich begeistert. Da! Sie machen obszöne Gesten! Sie zeigen ihre Brüste! Hier sind sie ausladend wie bei Ammen, dort eher frisch und rosig, herrje! Der Dichter kann gar nicht anders als ganz genau hinzustarren und leidet wie ein Hund unter der dargebotenen Obszönität: »Bald ist dieser Ort des grandiosen Schmutzes nichts anders mehr für meine Augen, meine Ohren und alle meine Sinne als ein einziges riesiges, klaffendes Geschlechtsteil.«

Natürlich konnten sich auch deutschsprachige Autoren dieser Marseiller Attraktion nicht verschließen. Alles, was publizistisch Rang und Namen hatte, war vor Ort und hat etwas darüber geschrieben, ausgenommen Kurt Tucholsky, der keusch die Augen zukniff und hier bloß mediterrane Gässchen sah – »sie verlieren sich hügelan in einem engen südlichen Gewirr von Wäsche, die quer über die Straße gehängt ist, Salatkörben, Vogelkäfigen, Häuserwänden …«. Mehr hatte da schon Siegfried Kracauer wahrgenommen: »In den Schwammhöhlungen des Hafenviertels wimmelt die menschliche Fauna, rein steht in den Lachen der Himmel. Verjährte Paläste sind zu Bordellen umgewandelt, die jede Ahnengalerie überdauern.«

Walter Benjamin weist ebenfalls auf die ehemaligen Patrizierhäuser hin und stellt hintersinnig fest: »Ihre hochbusigen Nymphen, ihre schlangenumwundenen Medusenhäupter überm verwitterten Türrahmen sind erst jetzt deutlich Zunft- und Gildenzeichen geworden.«

Selbstverständlich macht auch Joseph Roth einen Abstecher in die schlimmen Gassen und teilt seine Beobachtungen mit: »Vor den Läden sitzen die Frauen, die ältesten und dicksten der Welt. Sie verkaufen Leiber den ganzen Tag, die ganze Nacht. Männer, von den Schiffen kommend, durchziehen die Gasse in losen Trupps zu zehn und fünfzehn.«

Besonders informativ und detailgesättigt aber ist der Bericht von Egon Erwin Kisch. Mit scharfem Reporterblick entdeckt er, dass es im Inneren »des trostlos-entfesselten Hafenviertels« auch Angebote gehobener Kategorie gibt, nämlich die »Nobelbordelle im grellen Schimmer elektrischer Reklamen: Mme Eugénie – Mme Aline – Maison Cythéria! – Etienne Hôtel Renaissance – 5 à la Lune – Auline! Auline! – Théo – En Flamboyant.« [!]

Da hat der wackere Kisch, vom Trubel des Sündenpfuhls umbraust, im abendlichen Glitzerlicht gestanden und sich als pflichtbewusster Journalist all die Namen ins Notizbuch geschrieben. Dankenswerterweise ist er auch mal hineingegangen, hat sich auf den verschiedenen Etagen umgeschaut und vermag so seiner Leserschaft einige soziologische Betrachtungen zu präsentieren: »Oberbootsmänner und Maat und Maschinenmeister drängen sich im Salon des ersten Stockwerks, um lang entbehrte Menage, genießen die Gesellschaft von Frauen vorerst im Gespräch, ehe sie sich zurückziehen; fünfzig Franken kostet das Zimmer.«

Weiter oben aber werden die wohlhabenden Passagiere der Überseedampfer empfangen, die sich auf der Suche nach dem Reiz des Verbotenen gezielt in diese schillernde Zone begeben haben. »In der zweiten Etage wird die Tatsache, daß das übrige Europa seine Frauenhäuser fast überall geschlossen hat, als Fremdenindustrie ausgewertet. Aus England und Amerika kommen die Voyageurs voyeurs, meist Damen, sich am Laster zu begeilen.«

Marseille macht's möglich. Nicht zuletzt die vielen, oft sensationell aufgemachten, in kräftigen Farben gemalten Reportagen und Berichte über »les quartiers louches« dürften diese Art von Tourismus gefördert haben.

Gefährliche Rassen

Den Marseille-Berichten der ausländischen Schriftsteller und Journalisten gab dieser Aspekt der Stadt eine gewisse exotische Würze. Das Publikum daheim konnte sich mit Entsetzen oder Begeisterung an schockierenden Details weiden.

Aber auch der französische Journalismus vertiefte sich in den Mythos der »verbotenen Stadt« und bediente dabei häufig, neben der Sensationslust, verbreitete Ressentiments. Pöbel, Ganoven, Huren, Immigranten, Slums – all das fand sich zusammengerührt im vorherrschenden Negativsterotyp von Marseille. In Wirklichkeit war die Situation sicher nicht schlimmer als in anderen großen Hafenstädten, aber die historisch gewachsene »mauvaise réputation« und die verfestigten Aversionen führten dazu, dass Marseille in besonderem Maße stigmatisiert wurde. Kaum zu glauben, welche Verachtung der nationalistische Intellektuelle Charles Maurras Marseille und den Marseillern entgegenbrachte: »Bankrotteure, Verschwender, Wüstlinge, Galgenvögel und Anwärter für die Strafkolonie! Für all diesen unseren Abschaum und Bodensatz seid ihr das Refugium. Denn ihr seid ihre Hoffnung. Man weiß nicht, wer geboren wird und wer stirbt in Marseille. Alle, die sich ihres Lebens zu schämen haben, strömen herbei, um in dieser Stadt wie im Meer zu ertrinken.«

Was in konservativen Kreisen an den Marseiller Verhältnissen als besonders abstoßend empfunden wurde, war das ungewöhnliche Bevölkerungsgemisch, die große Zahl von Immigranten aus aller Herren Länder, eben das, was den Österreicher Joseph Roth an Marseille gerade so sehr faszinierte: »Greifbar, sichtbar, körperlich und nahe ereignet sich in jeder Stunde die große, unaufhörliche Blutmischung der Völker und Rassen.«

Im Zusammenhang mit den verschiedenen Wirtschaftskrisen der 1920er-Jahre, vor allem dann 1929, wurde Frankreich von Wellen der Fremdenfeindlichkeit heimgesucht. Zeitschriften wie *L'Ami du peuple, Gringoire* oder *Je suis partout* popularisierten rassistische Positionen. »Frankreich den Franzosen!«, lautete der Schlachtruf der rechtsextremen Ligen, die ab den späten 20er-Jahren in Erscheinung traten. Ausländer galten als das Übel schlechthin, und Marseille war ihr Einfallstor, die Hafenstadt wurde zur Projektionsfläche für xenophobe Fantasien. »Man findet hier die unterschiedlichsten Arten. Es ist ein wahrhafter zoologischer Garten, zur Freude der Wissenschaftler aller Länder«, höhnte 1929 die humoristische Zeitschrift *Le Bavard-Noël.* Und die offen ausländerfeindlichen Artikel von Ludovic Nadeau im viel gelesenen Magazin *L'Illustration* sahen in Marseille eine arabische Enklave, das Vorzimmer von Afrika, ein »Negerdorf«, in dem sich »farbige Menschen jeder Art und undefinierbarer Herkunft« benehmen, »als wären sie hier zu Hause«.

Der kultivierte Romancier Paul Morand wetterte gegen »diese für Frankreich außergewöhnliche Übervölkerung, zu der die gefährlichsten Rassen der Erde beitragen und die uns für Marseille eine neue Pest herbeiwünschen lässt.«

Für manche war Marseille schlichtweg das Konzentrat des Südens, gegen den sie pauschal eine unterschwellige Abneigung empfanden. Bei einigen, so bei Louis-Ferdinand Céline, brach sie als offener Hass hervor: »Zone des Südens, bevölkert von degenerierten mediterranen Bastarden, Handlangern, vertrottelten Heimatdichtern, arabischen Parasiten, die Frankreich lieber hätte über Bord werfen sollen. Jenseits der Loire nichts als Fäulnis, Faulenzerei, schmuddelige Vernegerung …«

Solcher antimeridionaler Rassismus, die Aversion gegen ein nicht pariskompatibles Frankreich, diesen irgendwie andersartigen Kulturkreis mit eigenen, wenn auch halb verschütteten Traditionen und ethnischen Komponenten, fand in Marseille sein ideales Objekt. Reales und Fantasiertes verquickten sich im Negativbild der südlichen Metropole. Dies war die Stadt der Metöken, des unfranzösischen Gesindels. Die Denunzierung ihrer Bevölkerung gipfelte wenig später im Delirum des faschistischen Erfolgsschriftstellers Lucien Rebatet: »Dieser Bastardpöbel, diese ölige, olivenfarbige Vulgarität, die die Frucht von man weiß nicht welchen barocken und unreinen Kreuzungen ist, diese Mixtur von Kameltreibern, Armeniern, Maltesern, Smyrnioten – die einzige Ecke Frankreichs, wo der Niedergang der Rasse durch Vermischung wirklich eine Tatsache ist.«

Marseille, dieser Fremdkörper am Südrand des Hexagons Frankreich mit seinem plebejischen Völkergemisch, dieser lärmige Basar, wo alle Sprachen des Mittelmeerraums und weitere zu hören waren, erschien in der Sicht nationalistischer, xenophober Kreise als das gefährliche Laboratorium der ethnischen Vermischung und der Zerstörung nationaler Werte.

Pagnols Marseille

Einen Kontrast zu diesen Schmähungen stellten die Theaterstücke von Marcel Pagnol und deren Verfilmungen dar, die ein weitaus gefälligeres, um nicht zu sagen gemütlicheres Bild von Marseille und seinen Bewohnern boten. Pagnol, in Marseille aufgewachsener Lehrersohn aus Aubagne, war zunächst selbst Englischlehrer, anfangs am Marseiller Lycée Saint Charles und dann in Paris, wo er aber bald den Schuldienst gegen die Karriere eines Schriftstellers und später Filmemachers eintauschte. Berühmt wurde er 1929 mit dem Theaterstück *Marius*. Dessen Schauplatz ist die Bar de la Marine am Alten Hafen. Die Personen: César, der Wirt, unterstützt von seinem Sohn Marius, die Stammgäste Panisse und Escartefigue, die Fischhändlerin Honorine und ihre Tochter Fanny. Im Hintergrund sind manchmal Schiffssirenen zu hören. Der Fährmann Escartefigue schimpft über den Pont Transbordeur, weil er ihm Kunden wegnimmt. Und der junge Marius ist hin und her gerissen zwischen der adretten Fanny und dem Fernweh. Der Hafen ist kaum mehr als eine vage Kulisse für die homogene kleine Welt der Bistrots, bestehend aus Eltern, Kindern, Freunden und Kneipenbesuchern.

Die Intrige entspricht klassischer Komödienthematik: Wer mit wem, die heimlichen Liebenden, die überlistete väterliche Autorität, die düpierte Mutter, all das frei von sozialen Problemen und Spannungen, allenfalls machen sich die Leute altmodische Sorgen um den guten Ruf der Familie. Aus dem Blickwinkel der Bar de la Marine wirkt Marseille wie ein Provence-Dorf. Was einen besonderen Reiz ausmacht und als Quelle der Erheiterung dient, ist eine sprachliche Ausdrucksweise, die typisch für Marseille zu sein scheint. Star bei der ersten Theatervorführung von *Marius* war der legendäre Schauspieler Raimu, der wie kein anderer den südfranzösischen Akzent auf der Bühne zur Geltung brachte. Aber es ist nicht nur der Akzent. Die Protagonisten benutzen überdies seltsame Interjektionen – té! vé qué! vaï!, zou, peuchère, ma pitchouno, Bou Diou – und rätselhafte Wörter wie »estransiné«, »escagasser«, »lou fada«, »O jobastre!«. Es sind dies eingestreute provenzalische Brocken, die der Verstärkung des Lokalkolorits dienen. Sie rufen einen leicht exotischen Eindruck hervor und sind doch nur die letzten Spuren einer weitgehend untergegangenen Sprache.

Das Provenzalische, das angestammte Idiom der Provence und also auch von Marseille, hatte noch lange parallel zum importierten Französisch fortbestanden. Zwar orientierte sich die Mittel- und Oberschicht der Beamten, Gebildeten und Wohlhabenden im 19. Jahrhundert sprachlich und kulturell an den Vorgaben aus Paris, aber das Provenzalische blieb als »le patois«, wie es abschätzig genannt wurde, bis auf Weiteres die Sprache der kleinen Leute. Vor 1914 wurde in den Konzert-Cafés und auf den Bällen der Handwerker und Arbeiter noch okzitanisch gesungen, auch im Alcazar, der großen Music-Hall auf dem Cours Belsunce.

Erst nach dem Ersten Weltkrieg verschwand das Provenzalische aus dem Alltag. Krieg und Wehrdienst hatten zur Französisierung beigetragen, die Lehrer der Dritten Republik, die »schwarzen Husaren«, betrieben die systematische Ausmerzung der unerwünschten Sprache, indem sie Schülern, die den »patois« benutzten, zur Strafe eine Art Schandmal umhängten. Radio und Schallplatte taten ein Übriges bei der sprachlichen Angleichung. Die Restbestände des Okzitanischen konnten noch als drolliges Kauderwelsch auf der Theaterbühne zur Erzeugung von Komik genutzt werden.

Wenn der Akzent des Südens und die provenzalischen Einsprengsel zum Amusement des Publikums eingesetzt wurden, so handelte es sich dabei in erster Linie um ein Pariser Publikum. Denn nicht etwa in Marseille fand am 9. März 1929 die Uraufführung von *Marius* statt, sondern im Théâtre de Paris in der Rue Blanche. Pagnols Marseille-Stücke wurden primär mit dem Blick aufs hauptstädtische Publikum geschrieben, sie erlebten alle ihre Premieren in Paris, und sie waren dort höchst erfolgreich. Das Publikum im Théâtre de Paris applaudierte herzlich, das imaginierte Marseille mit seinen urigen Gestalten kam bestens an. Für die von Übertreibungen und Aufschneidereien geprägten Auftritte dieser meridionalen Faulenzer und Schönschwätzer bürgerte sich der Ausdruck »pagnolade« ein.

Einen Vorläufer hatte Pagnol in dem heute weithin vergessenen Autor Joseph Méry, der schon im 19. Jahrhundert durch sein Werk *Marseille et les Marseillais* seiner Leserschaft gewisse Vorstellungen von Marseille und seinen Bewohnern vermittelte. Méry, selbst ein Marseiller, ging, wie später Pagnol, nach Paris, um Karriere zu machen. Er war es, der das Bild des geschwätzigen, grotesken und nicht ganz ernst zu nehmenden Marseillers in die Welt setzte, der den Hauptstädtern den komisch-pittoresken und leicht zurückgebliebenen Provinzler lieferte.

Für Marcel Pagnol folgte auf den Erfolg im Theater der im Kino: Rasch wurden seine fürs Hauptstadtpublikum geschriebenen Stücke verfilmt. *Marius,* unter der Regie des aus Ungarn stammenden Hollywood-Regisseurs Alexander Korda, kam im Oktober 1931 in die Kinos und landete einen der ersten großen Erfolge des französischen Tonfilms. Ähnlich populär wurde ein Jahr später *Fanny,* die Regie führte Marc Allégret. Den dritten Teil der Trilogie, *César,* drehte Marcel Pagnol selbst, er kam zunächst als Film und dann erst als Theaterstück heraus. Das Kino machte die Trilogie weltweit bekannt. Flächendeckend und nachhaltig prägte sie die Vorstellungen von Marseille und seinen Bewohnern.

Die Theater- und Kino-Pagnoladen wurden ergänzt durch die ebenfalls höchst erfolgreichen Marseille-Operetten von Vincent Scotto, welche die einschlägigen Stereotypen nach Kräften auswalzten, ebenso wie das verwandte Genre der von Henri Alibert dominierten Marseiller Revue. Auf den Pariser Bühnen schien es geradezu nach Bouillabaisse und Aïoli zu riechen, man hörte den Gesang der Zikaden, ergötzte sich an Pétanque spielenden Herren mit weißen Schiebermützen, und all das begleitet von diesem unnachahmlichen »Akzent«. Es war dies ein seltsames Korrelat zur sonst so verbreiteten Denunzierung der von vielen als fremdartig und beunruhigend empfundenen Stadt.

Der Schöpfer von *Marius* wurde und wird weiterhin hoch geschätzt. Die Stadt, die das Modell für seine Stücke abgab, ehrte ihn unter anderem mit dem Quai Pagnol und einem Gymnasium, das seinen Namen trägt. Man war ihm zweifellos dankbar dafür, dass er Marseille auf eine so nachhaltige Weise popularisiert hatte, auch wenn die Rezeption seiner Stücke vor Ort eher zwiespältig war. Das fürs Pariser Publikum fabrizierte Bild kam über Kino und Varieté zu den Marseillern zurück, und es blieb nicht aus, dass sie sich in der Karikatur ihrer selbst wiedererzuerkennen begannen. Auch wenn nicht alle das Identifikationsangebot aus der Populärunterhaltung annahmen. »Diese groben Possen haben viel zur Grobheit eines Volkes beigetragen, das sich am Ende der Idee gleich macht, die man über sein Wesen verbreitet hat, und das die Unanständigkeit dessen nicht mehr wahrnimmt«, zürnt der sensible Lokalpatriot André Suarès. Und der kritische Marseille-Historiker Alessi dell'Umbria empfindet es als eine ärgerliche Verharmlosung wenn Pagnolade und Operette das »meridionale Temperament« auf sonnige Unbekümmertheit reduzieren. »In Wirklichkeit war das Leben hart im Marseille der Zwischenkriegszeit. In dieser Stadt, die in Frankreich den größten Anteil von Arbeitern und Immigranten besaß, waren die sozialen Beziehungen eher brutal.«

Kampf um das Rathaus

In der Tat hatten die heiteren Operetten von Vincent Scotto oder die Theaterstücke und Filme von Pagnol mit ihrem idyllisch-provinziellen Marseille-Bild wenig gemein mit den realen Zuständen der Zeit zwischen den Kriegen. Es war eine Phase heftiger sozialer Konflikte und politischer Konvulsionen, die die Stadt bisweilen im Mark erschütterten.

Während Frankreich 1919 nach rechts rückte, setzte sich in Marseille bei den Parlaments- und Kommunalwahlen die Linke durch. Siméon Flaissières wurde von Sozialisten aller Schattierungen erneut zum Bürgermeister gewählt. Schon vor den Wahlen hatte eine hartnäckige Streikbewegung eingesetzt, in der sich Unzufriedenheit und revolutionäre Hoffnungen manifestierten. Leidenschaftlich reagierten Docker und Fabrikarbeiter auf die russische Oktoberrevolution. Eine Meuterei auf französischen Kriegsschiffen im Schwarzen Meer bewegte die Gemüter: Matrosen der »France« und der »Waldeck-Rousseau« hatten sich geweigert, gegen die revolutionären Russen zu kämpfen. Im Juni 1919 ankerten die Schiffe in der Marseiller Bucht, die Meuterer warteten im Fort Saint Jean auf ihre Verurteilung, in der Stadt formierten sich Demonstrationszüge und forderten Amnestie. Die prosowjetische Euphorie war frisch und virulent, ein Comité des Soviets, veranstaltete Sammlungen für die hungernden russischen Genossen.

Für die Sozialisten der Section Française de l'Internationale Ouvrière (SFIO) zeichnete sich nach der russischen Revolution eine Zerreißprobe ab. Auf dem Parteikongress von Tours im Dezember 1920 beschloss die Mehrheit die Gründung der SFIC, Section Française de l'Internationale Communiste, kurz darauf in Parti Communiste Français (PCF) umbenannt. Die verbliebene SFIO-Minderheit scharte sich um Léon Blum.

In Marseille blieb die SFIO dominante politische Kraft weit vor den Kommunisten, die sich dafür bei öffentlichen Demonstrationen und Streiks hervortaten, so etwa im Zusammenhang mit dem Rif-Krieg in Marokko, das zwischen den Kolonialmächten Spanien und Frankreich aufgeteilt war. Gegen die von Abd el-Krim im Februar 1922 ausgerufene Rif-Republik kämpften spanische Einheiten, kommandiert unter anderem von Francisco Franco, und ab 1924 auch französische Soldaten, zunächst unter Marschall Lyautey, dann unter Marschall Pétain.

Erst 1926 gelang es, Abd el-Krim zu besiegen. In Marseille versuchte der PCF Streikaktionen gegen die Verladung von Munition für die in Marokko eingesetzten Truppen zu lancieren. Sie hatte damit zwar wenig Erfolg, aber es zeichnete sich ab, dass der Hafen künftig zum politischen Schlachtfeld werden sollte.

Unter den linken Aktivisten, die 1920 von der SFIO zu den Kommunisten wechselten, war auch Simon Sabiani, ein Mann, der in den folgenden Jahren auf verhängnisvolle Weise das politische Klima in Marseille beeinflussen sollte. Kein anderer Lokalpolitiker hat in der ersten Hälfte des 20. Jahrhunderts so viel dazu beigetragen, den ohnehin schon schlechten Ruf der Stadt in der französischen Öffentlichkeit weiter zu schädigen.

Von seiner physischen Erscheinung her war Sabiani wenig beeindruckend, kompensierte aber seine schmächtige Statur durch kraftvolles Auftreten. Er war ein schmetternder Volksredner, der Menschen in seinen Bann zu ziehen vermochte. Aus dem Ersten Weltkrieg war er mit dreißig Jahren als ordensdekorierter Held heimgekehrt. In der Schlacht von Verdun hatte er ein Auge verloren, weshalb ihn seine korsischen Landsleute und Anhänger »u Bèrciu« nannten, den Einäugigen.

Seine politische Karriere nahm ihren Anfang im 4. Kanton der Stadt, einem Wahlbezirk, zu dem die Quartiers Panier, Lazaret und La Joliette gehörten. Er reichte von den überfüllten düsteren Gassen des ältesten Marseiller Viertels bis dorthin, wo die Stadt in einen chaotischen Mischmasch aus Fabriken, grauen Lagerhäusern und slumartigen Behausungen überging. Nach Norden, Richtung Arenc, zerfranste dann der städtische Raum endgültig in Hafengelände und Industriezone, in offenes, von Eisenbahnschienen durchzogenes struppiges Gelände. Die Bevölkerung bestand aus Dockern, Seeleuten, kleinen Angestellten, Arbeitslosen, viele von ihnen waren Korsen. Simon Sabiani selbst stammte aus dem korsischen Dorf Casamaccioli. Bevor er zum Berufspolitiker wurde, betrieb er am Boulevard de la Major eine Transportagentur, seine Aufträge bekam er vor allem von seinen korsischen Landsleuten.

Der linke Agitator

Der 4. Kanton mit seiner korsischen Bevölkerung bot ideale Voraussetzungen für den Aufstieg eines korsischstämmigen Politikers. Als Anlaufpunkte und Rückzugsquartiere dienten die Cafés und Bars des Viertels, auch sie meist im Besitz korsischer Landsleute. In verräucherten Sälen wurden Freundschaften besiegelt und honoriert. Hier herrschte ein spezifisches Zusammengehörigkeitsgefühl, hier lieferten die von der Insel importierten Gepflogenheiten den sozialen Kitt. Man riss sich in den Kneipen um Sabiani, weidete sich an seinen rhetorischen Exzessen, jubelte, wenn er sich die großen Reeder, die Industriellen, die Klerikalen, kurz: die herrschende Klasse vorknöpfte. Im Pastis-Nebel und Tabakqualm steigerte sich das Wir-Gefühl. Simon verstand sie, Simon war einer der ihren. Und gab auch immer mal wieder eine Runde aus.

Seinen ersten Wahltriumph erlebte Sabiani am 10. Dezember 1919, als er im Alter von 31 Jahren in den Marseiller Stadtrat gewählt wurde. Und sofort setzte er alles daran, sich als Wohltäter zu erweisen, sorgte für die Unterstützung der Kriegswaisen und mittellosen Arbeiterfamilien seines Viertels, richtete Suppenküchen ein. Klientelismus war stets ein zentraler Aspekt der Marseiller Lokalpolitik: Im Gegenzug für erwiesene Dienste durfte der Volksvertreter Loyalität und Wählerstimmen erwarten. Das größte Geschenk aber, das er seinen Anhängern machen konnte, bestand darin, sie mit Jobs zu versorgen. Professionelle Qualitäten waren dabei nicht das Entscheidende. Es sollte noch ein paar Jahre dauern, bis »u Bèrciu« seine Kundschaft damit beglücken konnte.

Fiebrige Unruhe beherrschte das Jahr 1920. Mehrfach schaffte es Sabiani auf die Titelseite der bürgerlichen Zeitung *Le Petit Marseillais*. Er, der so inbrünstig die Verbrüderung mit den Russen betrieb, wurde als gefährlicher Agitator hingestellt. Für die Marseiller Bourgeoisie war er zu dieser Zeit noch ein angsteinflößender Berufsrevolutionär.

Als er mit fliegenden Fahnen nach dem Kongress von Tours zu den

Kommunisten überwechselte, brachte er seine treue Anhängerschaft mit ein. So wurde die Gegend zwischen Porte d'Aix, Boulevard de Paris und La Joliette zu einer kommunistischen Hochburg, nicht, weil dort die marxistische Lehre auf besonders fruchtbaren Boden gefallen wäre oder man es inbrünstig mit Lenin gehalten hätte, sondern weil man hier »Sabianist« war. Und wenn Simon diesen neuen Weg wies, dann folgte man ihm eben.

»Monsieur Sabiani ist einer der glühendsten Kommunisten in Marseille«, schrieb der Präfekt des Départements Bouche-du-Rhône in einem vertraulichen Bericht, und anfangs stimmte das auch. Ein Jahr später fand der erste nationale Kongress der Kommunistischen Partei in Marseille statt. Auf der Tribüne saßen neben Amadeo Bordiga, dem Gründer der italienischen KP, und Nguyen Ai Quoc, dem späteren Ho Chi Minh, die Galionsfiguren des französischen Kommunismus, Boris Souvarine, Marcel Cachin, Ludovic-Oscar Frossard. Und Simon Sabiani.

Wenig später rückte der kleine Korse als nunmehr kommunistisches Stadtratsmitglied für den 4. Marseiller Wahlkreis ins Rathaus ein, kurz darauf gelang ihm der Sprung in den Generalrat des Départements. Sabiani war der erste gewählte kommunistische Volksvertreter in der Geschichte von Marseille.

Sabianismus

Allerdings hielt es ihn nicht lange in der Partei. Auf dem Hintergrund der »Bolschewisierung« des PCF kam es 1923 zu einer Austrittswelle. Disziplinierung, Empfang von Ordern aus Moskau, sich der Hierarchie der Komintern unterordnen? Das kam auch für »u Bèrciu«, den charismatischen Arbeiterführer, nicht infrage. Sabiani nahm keine Befehle von anderswo entgegen, er gab selbst welche. So gründete er lieber seine eigene lokale Gruppierung, die Autonome kommunistische Föderation, gab ein Blatt namens *Vérité Communiste* heraus und hatte regen Zulauf.

Als Auffangbecken für KP-Dissidenten entstand eine Formation mit dem etwas wunderlichen Namen Union Socialiste Communiste, ab 1927 hieß sie Parti Socialiste Communiste. Dort fand sich auch Sabiani wieder. Gegenüber dem Internationalismus moskauischer Prägung wurde hier an einer nationalen Orientierung festgehalten. Für seinen weiteren Aufstieg war die Abspaltung kein Hindernis. In seinem Umfeld wurde dem Etikett wenig Bedeutung beigemessen. Vorrangig blieb die lokale Verankerung, die Präsenz im Quartier. Sabianis Anhänger folgten ihrem Idol, nicht primär einer bestimmten politischen Richtung. In seinem angestammten Terrain galt er weiter als Freund und Verteidiger der Bedürftigen und Deklassierten, und noch eine ganze Weile wurde in seinen Versammlungen die Internationale gesungen.

Rund um den einäugigen Volkstribun entwickelte sich eine ganz eigene Politkultur: Rau war der Stil, gewalttätig-exzessiv die Grundstimmung. Jedes Meeting konnte in eine Massenschlägerei ausarten. Wenn »u Bèrciu« auf dem Podium stand und Gegner verbal fertigmachte, kochte der Saal, Handgreiflichkeiten folgten auf dem Fuße. »Simons Bande« nannte man seine Männer fürs Grobe. Die Wahlkämpfe, die Sabiani mit ihrer Hilfe führte, waren nicht selten Kämpfe im buchstäblich physischen Sinn. Zur politischen Marseiller Folklore gehörten Prügeleien, Stinkbomben und Tränengas, gelegentlich kam es auch zu Schießereien, wenn es darum ging, die Versammlungen nicht genehmer Sozialisten und missliebiger Gewerkschafter zu sprengen. »Eine lärmende Minderheit schwingt sich zum Diktator der Arbeiterorganisationen auf«, klagte die Zeitung *Le Petit Provençal*.

1928 wählten die Marseiller Sabiani in die Pariser Nationalversammlung. Er war nun Parlamentsabgeordneter, saß im Stadtrat und im Rat des Départements, war also solide in den politischen Institutionen verankert. Allerdings wurde seine ideologische Orientierung zusehends unklarer. Die beibehaltene linke Rhetorik war wenig mehr als eine Camouflage, mit der er seine höchst individuellen Ziele ummäntelte. Was Sabiani vor allem anderen interessierte, war die Macht im Marseiller Rathaus. Um die zu erlangen, reichten freilich seine Stammtruppen aus dem 4. Kanton nicht aus. Neue Bündnisse waren einzugehen, finanzielle Mittel mussten aufgetrieben werden. Hierbei kannte er keine Hemmungen: »Wir nehmen das Geld, wo wir es kriegen«, sagte er lakonisch, als er Unterstützung in den Kreisen des zuvor so inbrünstig geschmähten Unternehmertums fand.

Auf Großveranstaltungen wetterte er vor johlendem Publikum gegen Korruption, Günstlingswirtschaft und persönliche Bereicherung der Sozialisten, die das Rathaus dominierten und die er nun als seine Hauptfeinde ansah. Der sozialistenfreundliche *Petit Provençal* schrieb: »Er schmückt sich mit den schillerndsten Etiketten, winkt mit den kühnsten Programmen, gibt sich den Anschein eines Befreiers der Massen, eines Rächers des Volkes, eines Freundes der Erniedrigten und Beleidigten, aber Vorsicht, Genossen!«

Die Warnung war berechtigt. Sabianis flexible Bündnisstrategie ermöglichte ihm tatsächlich den Aufstieg in die Chefetage der Stadt. Bei den Kommunalwahlen vom Mai 1929 stellte die SFIO mit Henri Tasso erstmals einen Gegenkandidaten zum amtierenden Bürgermeister Siméon Flaissières auf. Dieser verbündete sich daraufhin mit Sabianis bunt zusammengewürfelter Rechts-Mitte-Links-Liste, womit er seiner Stadt kurz vor Ende seiner Laufbahn noch einen wahrhaften Bärendienst erwies. Denn nun stieg der Korse zum »Maire adjoint« auf, zum Stellvertreter des alternden Flaissières, de facto aber zum neuen Chef im Rathaus.

»Und jetzt ans Werk, Marseille wartet!«, rief Sabiani der jubelnden Anhängerschar am Tag seiner Inthronisierung zu. Und es dauerte nicht lange, da wurden die städtischen Posten von SFIO-Sozialisten »gereinigt« und mit den eigenen Leuten besetzt. Angesichts einer ihm weitgehend feindlich gesinnten Lokalpresse wollte Sabiani unbedingt auch über eine eigene Zeitung verfügen. Der Titel war schnell gefunden: *Marseille Matin* sollte sie heißen. Schwieriger erwies sich allerdings die Finanzierung. Beim Versuch einer Subskription kam nur wenig Geld zusammen. Es waren dann wieder die stockkonservativen Reeder, die die Mittel locker machten. Einige enttäuschte Anhänger klagten, Sabiani habe sich an die Reaktion verkauft.

Auch in den Kreisen seiner Sozialistisch-Kommunistischen Partei wurde über Sabianis diskrete Bündnisse mit den schlimmsten Feinden der Arbeiterklasse gemurrt, und die in Marseille viel gelesene Zeitschrift *La Corse* artikulierte die Irritation vieler Stammwähler: »Vor zwei Monaten protestierte Sabiani vor Tausenden Korsen gegen die exzessiven Frachtkosten, die teuren Passagen, die ungewissen Fahrpläne und die schmutzigen Schiffe, die Herr Fraissinet seinen Landsleuten zumutete; heute dinieren die beiden zusammen und sind geschäftlich miteinander verbandelt.«

Die Reeder, allen voran der mächtige Jean Fraissinet, hatten schnell begriffen, dass Sabiani einen Teil der Arbeiterschaft von den für sie gefährlicheren Organisationen fernhielt. Also finanzierten sie ihm 1931 die heiß begehrte Tageszeitung, wobei Fraissinet als offizieller Besitzer fungierte. Zusammen mit der Wochenzeitung *Marseille Libre* wurde *Marseille Matin* zum Sprachrohr des Sabianismus, der sich nun aufs Schönste entfalten konnte. Der alte und kranke Bürgermeister Flaissières jedenfalls legte seinem Vize keine Steine in den Weg und ließ ihn nach Gutdünken schalten und walten.

Nach Flaissières Tod am 26. März 1931 schaffte es Sabiani, auch unter dessen Nachfolger Georges Ribot diese für ihn so gedeihliche Konstellation beizubehalten. Ribot, 56 Jahre alt und von Beruf Arzt wie sein Vorgänger, war ein ruhiger Zeitgenosse, der sich in die von seinem Stellvertreter geführten Amtsgeschäfte nicht weiter einmischte. Wie zuvor schon spielte der »zweite Mann« die erste Geige und erwies sich als der eigentliche Herr im Hôtel de Ville, während der offizielle Amtsinhaber sich im Wesentlichen darauf beschränkte, würdevoll zu repräsentieren.

In seinen Reden unterhielt Sabiani das Publikum auch jetzt noch gelegentlich mit antikapitalistischer Rhetorik und geißelte den »bourgeoisen Egoismus«. Seine neu gegründeten Marseiller Schocktruppe nannte er »Phalanges Prolétariennes«, freilich verbarg sich hinter dem Namen nichts anderes als die altbewährte Bande der prügelfreudigen Kumpane, und die wurden nun von den neuen, nicht sehr proletarischen Freunden, den Reedern und Unternehmern, mit Geld versorgt, denn sie ließen sich bei Bedarf auch als Streikbrecher einsetzen.

Trotz letzter Reste von linker Tünche hatte »u Bèrciu« das Ruder herumgeworfen und fuhr einen neuen Kurs: Kernstück seiner Reden war jetzt der »nationale Gedanke«. Der lag auch in der Luft: Es war die Zeit, in der überall in Frankreich die ultrarechten Ligen aufmarschierten, Croix de Feu, die Jeunesses Patriotes oder die Camelots du Roi. Sehr beeindruckt war er auch vom Parti Socialiste de France des vormaligen SFIO-Sozialisten Marcel Déat, der statt »Freiheit, Gleichheit, Brüderlichkeit« die Parole »Ordnung, Autorität, Nation« ausgab. Das war ganz nach Sabianis Geschmack, und unter diesem Zeichen stand nun auch, was im Hôtel de Ville geschah.

»Italien hat den Faschismus, Deutschland den Nationalsozialismus, Marseille hat Simon Sabiani!«, stöhnte Anfang 1934 der *Petit Marseillais*. Aber was kümmerte es den Vizebürgermeister? Es scherte ihn auch wenig, dass er von den Kommunisten als Renegat und Büttel der Reaktion beschimpft wurde. Was zählte, war, dass er die blau-weiß-rote Schärpe des »Maire adjoint« trug und im Rathaus die Strippen zog, alles Übrige war austauschbares Beiwerk.

Marseille Chicago

Gleichwohl gab es gewisse Prinzipien, die er respektierte. So sorgte er weiterhin geradezu rührend für die Seinen. »Solange ich hier bin, werden wir meine Freunde einstellen und nur meine Freunde!«, ließ er die Sabianisten wissen und hievte so viele wie möglich von ihnen auf Posten und Pöstchen, besetzte Kommissionen mit seinen Anhängern, blähte kommunale Institutionen auf, bis sie zu platzen drohten. In fünf Jahren verdoppelte sich etwa die Belegschaft der Straßenreinigung, der Dreck blieb trotzdem liegen. Deutlich wuchs das Heer der Feuerwehrleute und der Steuereintreiber. Zu den neuen städtischen Angestellten gehörte eine größere Zahl von Vorbestraften, auch Analphabeten waren darunter. Na und? Die städtischen Dienste funktionierten zwar hundsmiserabel, aber Sabianis Kunden standen in Lohn und Brot. Unter den vielen, die einen Job bekamen, war auch ein gewisser Jeannot Carbone. Ihn machte Sabiani zum Inspektor der Marseiller Sportstadien – ein Freundschaftsdienst, denn Jeannot war der Bruder des korsischen Gangsters Paul Carbone, der sich zusammen mit seinem Kollegen François Spirito in die Oberschicht der Marseiller Unterwelt hochgearbeitet hatte. Beiden war Sabiani privat und politisch eng verbunden.

Diese Beziehung, von der Pariser Skandalpresse gierig aufgegriffen, trug zur Verfinsterung des Bildes der Hafenstadt nachhaltig bei. Der spätere Marseille-Gangsterfilm *Borsalino* fand in den beiden prosperierenden Unterweltlern seine Vorbilder.

Paul Bonnaventure Carbone stammte aus der westkorsischen Kleinstadt Propriano. Er hatte das berüchtigte Strafbataillon »Bat-d'Af« (Bataillon d'Afrique) in Nordafrika und den Fronteinsatz im Weltkrieg hinter sich, war eine Weile zur See gefahren und hatte dabei begriffen, welche

Einnahmequellen sich in den Bereichen Prostitution und Drogenhandel boten. In Ägypten hatte er François »Lydro« Spirito kennengelernt und mit ihm dort gemeinsam ein kleines Bordellimperium errichtet. Nach Marseille zurückgekommen, interessierte sich Carbone außerdem für Politik. Er bewunderte seinen korsischen Landsmann Sabiani, mit dem er gelegentlich den Apéritif im Grand Café Glacier an der Canebière einnahm, einer Anlaufstelle für die Marseiller Prominenz.

Spirito hatte einen süditalienischem Familienhintergrund und war in Marseille geboren – ein großer, schlanker Bursche mit mattem Teint, ein Mann, der den Frauen gefiel. Das wusste der schöne Lydro schon früh zu nutzen zum Zwecke der Anwerbung seiner künftigen Ernährerinnen.

Zu Beginn des 20. Jahrhunderts befand sich das Marseiller »Milieu« noch auf handwerklichem Niveau. Seine Basis waren die Kaschemmen und Puffs in den düsteren Gassen des alten Hafenviertels Saint Jean. Aber durch dynamische Kräfte wie Spirito und Carbone modernisierte sich die Unterwelt sehr rasch. Einträglich waren der Frauenexport nach Lateinamerika, die Versorgung der von Prohibition geplagten USA mit Alkohol und auch schon der Drogenhandel. Aus kleinen Zuhältern waren Unternehmer geworden, die sich in den besseren Vierteln niederließen. Als Gangster neuen Typs begannen sie Geld breitgefächert in legale Aktivitäten zu investieren, betrieben Bars, Restaurants, Taxis, organisierten Boxveranstaltungen, legten sich bourgeoise Allüren zu.

Da sie umsichtige Geschäftsleute waren, kannten sie den Wert guter politischer Kontakte. Die Art von Politik, wie sie der mächtige »Maire adjoint« verkörperte, kam ihnen sehr entgegen. Und so standen sie ihm mit ihren Leuten gern hilfreich beim Saalschutz, bei Wahlfälschungen und der Einschüchterung von Gegnern zur Seite.

Auch von anderen Marseiller Politikern wurden für »Ordnungsaufgaben« Kräfte aus der kriminellen Subkultur eingesetzt, das war nichts Ungewöhnliches. Mit den Sozialisten kooperierten die korsischen Guérini-Brüder, die Radikale Partei hielt es mit der Renucci-Familie. Im Gegenzug wurde bei gewissen Aktivitäten dieser »Wahlhelfer« ein Auge zugedrückt. Sabiani freilich ging besonders weit mit seiner Kumpanei und zeigte sich ganz offen mit den Freunden aus der Unterwelt in der Öffentlichkeit.

Durch seine reichlich nach Schwefel riechenden Beziehungen geriet der Quasibürgermeister und Marseiller Parlamentsabgeordnete über kurz oder lang ins Fadenkreuz der Pariser Medien. »Marseille, das französische Chicago« titelten die Gazetten. Auf die Hafenstadt einzudreschen schien angesichts des »Gangster-Abgeordneten« Sabiani mehr als gerechtfertigt. Die genussvoll ausgebreiteten Anekdoten der Massenpresse ließen Marseille mehr denn je als eine Enklave des Übels am Mittelmeer erscheinen.

Carbone und Spirito lebten auf großem Fuß, hielten Hof in den besten Restaurants, trugen edelste Anzüge, fuhren teure Limousinen, frequentierten das Kasino von Monte Carlo. In Carbones Restaurant Le Beauvau im Opernviertel tummelten sich Angehörige der gehobenen Marseiller Gesellschaft, und es kamen gelegentlich auch Touristen aus Paris, um beim Cocktail einen neugierigen Blick auf die echten Gangster zu werfen, über die man so viel in der Zeitung las. Gerne empfing das Ganoventandem auch glamouröse Stars aus dem Showbusiness auf Carbones Yacht »Roselyne«. Andererseits zeigten sich die beiden großzügig gegenüber den kleinen Leuten im Panier, was ihnen die Sympathien der lokalen Bevölkerung sicherte.

Aber sie benötigten auch ein Spielbein in Paris. In Montmartre, dem Zentrum des Rotlichtgewerbes, investierten sie in Bars, Nachtclubs und Bordelle. Sie waren mit dem korsischen Schlagerstar und Herzensbrecher Tino Rossi befreundet, hatten Zugang zur mondänen Gesellschaft, besuchten Pferderennen und noble Spielsalons. Allerdings war das Pariser Leben nicht frei von Tücken.

Es war dies die Zeit der Stavisky-Affäre, eines weit ausgreifenden Skandals, der die Fundamente des Staates erschütterte und Demokratiefeinden in Frankreich frischen Auftrieb gab. Alexandre Stavisky war ein betrügerischer Financier, mit dem viele hochgestellte Persönlichkeiten der Dritten Republik, darunter mehrere Minister, Umgang gepflegt und dubiose Geschäfte gemacht hatten. Im Januar 1934 wurde Staviskys Leiche in Chamonix aufgefunden. Ob Mord oder Selbstmord, das blieb unklar. Die Affäre löste heftige Polemik aus und war Wasser auf die Mühlen der Ultrarechten, die mit ihrer Parole »Tous pourris!« (Alle korrupt) das politische System pauschal infrage stellten. Kurz darauf starb auf seltsame Weise der Richter Albert Prince, der mit dem Stavisky-Dossier befasst war. Seine Leiche wurde auf einem Bahndamm im Burgund gefunden, enthauptet vom Schnellzug Paris–Dijon. Der Verdacht auf Mord lag nahe. Die prominenten Gangster Carbone und Spirito wurden beschuldigt, als Auftragskiller fungiert zu haben und landeten hinter Gittern. Sabiani geriet außer sich. Wollte man womöglich ihn treffen mit der Verhaftung seiner Partner? »Gegen Sabiani sind alle Mittel recht«, überschrieb er ein zorniges Pamphlet, und in Marseille ließ er Plakate kleben, auf denen zu lesen stand: »Volk von Marseille, Carbone und Spirito sind meine Freunde. Ich werde nicht erlauben, dass man ihnen auch nur ein Haar krümmt. Simon Sabiani, stellvertretender Bürgermeister.« Tatsächlich wurden die beiden von allem Verdacht gereinigt und mussten nach einem Monat freigelassen werden. Bei ihrer Heimkehr nach Marseille ließ Sabiani die Ganoven im Triumphzug vom Bahnhof Saint Charles abholen und zum Ehrentrunk ins Rathaus bringen.

Attentat auf der Canebière

Ein katastrophales Ereignis während Sabianis Amtszeit, für das er gleichwohl nicht verantwortlich zu machen war, verdüsterte das ohnedies schon verheerende Image der Stadt noch um einige Grade: das Attentat auf den jugoslawischen König Alexander I. am 9. Oktober 1934. Der Staatsbesuch des Belgrader Monarchen hatte für beide Länder hohe symbolische Bedeutung. In einer Phase, da der Aufstieg von Nazideutschland und Mussoliniitalien für zunehmende Spannungen sorgten, sollte der Welt Frankreichs unverbrüchliche Freundschaft mit Jugoslawien vor Augen geführt werden, außerdem war die Einladung ein demonstratives Bekenntnis zur Einheit des Balkanstaates, die durch interne Sezesssionsbewegungen und italienische Destabilisierungsversuche infrage gestellt wurde.

Der König kam mit dem Schiff nach Marseille und sollte nach einem festlichen Empfang mit der Eisenbahn nach Paris weiterfahren, um dort anderntags mit Regierungschef Gaston Doumergue und Staatspräsident Albert Lebrun zusammenzutreffen. Da aber der Besuch so wichtig war, wollte man die Organisation nicht den lokalen Behörden überlassen; so waren für Ablauf und Sicherheit ausschließlich Kräfte aus der Hauptstadt zuständig.

Begleitet von Salutschüssen und dem Glockengeläut von Notre-Dame de la Garde lief der jugoslawische Kreuzer »Dubrovnik« gegen sechzehn Uhr in den Alten Hafen ein. König Alexander, in prächtiger Admiralsuniform, stieg die Gangway hinunter und nahm in einer offenen schwarzen Limousine Platz. Neben ihm, mit Zwicker auf der Nase und grauem Vollbart, Frankreichs Außenminister Louis Barthou. Außerdem saß noch der französische Stabschef General Georges mit im Auto. Es war Barthou gewesen, der auf dem offenen Wagen bestanden hatte: »Dies ist ein Freund Frankreichs, die Leute müssen ihn sehen können.«

Begleitet wurde das Automobil von 18 Gardisten zu Pferde, sie hatten allerdings eher dekorative Funktion. Ansonsten wimmelte die Stadt zwar von Polizisten, aber bei der Organisation der Sicherheitsvorkehrungen war mit fahrlässiger Unbekümmertheit vorgangen worden, was sich bitter rächen sollte. Nicht dass es keine Warnungen gegeben hätte. Einige Monate zuvor war der König bereits in Jugoslawien knapp einem Attentat entkommen. Dort gab es nationalistische Gruppen, die kein Hehl aus ihrer Absicht machten, den Monarchen zu beseitigen, allen voran die kroatischen Oustachi unter ihrem Chef Ante Pavelić. Sie wurden von Mussolini unterstützt und hatten seit 1933 auch ein Büro in Berlin. Pavelić sollte später Führer des »befreiten« Kroatien von Hitlers Gnaden werden.

Ungeachtet solcher Gefahren war für des Königs Besuch ein langer Parcours durch die Stadt vorgesehen: Erst ein Stück die Canebière hinauf, danach rechts in die Rue Saint Ferréol, weiter durch die Rue Armény und über den Cours Pierre Puget, dann die Corniche entlang bis zur Avenue du Prado und schließlich stadteinwärts zur Präfektur, wo ein festlicher Empfang stattfinden sollte, bevor es dann zur Gare Saint Charles und mit dem Zug ab nach Paris gehen würde. Fenster und Balkons waren dicht bevölkert, die Straßen fahnengeschmückt und von Menschenmassen gesäumt. Aber der Umzug kam nicht weit. Vor dem Palais de la Bourse löste sich ein Mann aus der Zuschauermenge, rief »Vive le roi!«, schwang sich aufs Trittbrett der Limousine, zog eine Pistole hervor und schoss zweimal auf den König. Schüsse trafen auch General Georges und Minister Barthou.

Panik brach aus, der Ordnungsdienst schoss wild umher, mehrere Umstehende wurden von verirrten Polizeikugeln verletzt. Der Attentäter, Wlado Tschernosemski, ein mazedonischer Killer, der im Auftrag der kroatischen Autonomisten agierte, wurde von mehreren Schüssen tödlich getroffen. Der König starb, weniger als eine Stunde nach seiner Ankunft, auf einem Kanapee in der Präfektur. Auch Minister Barthou erlag seinen Verletzungen.

Was hatte Mussolinis Geheimdienst mit dem Anschlag zu tun? Die anschließende Untersuchung ging nicht sehr weit bei der Forschung nach Hintermännern und Unterstützern. Man wollte es nicht mit Italien verderben, zumal der neue Außenminister Pierre Laval, der auf Barthou gefolgt war, eine diplomatische Annäherung ans faschistische Nachbarland betrieb.

Für das Ansehen von Marseille war das Ereignis ein erneuter Schlag. Auch wenn die Stadt mit der Organisation des Besuchs und den Sicherheitsvorkehrungen nichts zu tun hatte, wurde sogleich suggeriert, das Attentat habe nur mit der Hilfe und Unterstützung der fragwürdigen lokalen Einwandererbevölkerung verübt werden können. Von Teilen der Pariser Presse wurden die Ressentiments gegen Südländer, hergelaufenes Gesindel, kurz: den ganzen bedrohlichen Marseiller Menschen-Mischmasch bedient.

Philippe Henriot, der spätere Propagandachef des Vichy-Regimes, lieferte in *France d'abord* Marseille-Schmähung von rechts außen: »Zahlreich waren jene, die sich vor der Tragödie gewundert hatten, dass ausgerechnet Marseille als Ankunftshafen gewählt wurde, Marseille, Stadt der Killer und der dubiosen Ausländer, Marseille, wo die Polizei den Übeltätern gegenüber oft eine Passivität zeigt, die eine eigentümliche Ähnlichkeit mit Komplizenschaft aufweist. Wahrlich eine gute Wahl für die Ankunft des Souveräns! Die ganze Welt weiß, dass keine Polizei weniger verlässlich ist als diejenige dieses orientalischen Hafens. Seine unstet fluktuierende Bevölkerung verhindert jede seriöse Überwachung.«

Vergeblich beschwerte sich der Stadtrat über diese »Kampagne der Beleidigungen und Diffamierung«. Skurril war die Reaktion von Sabiani: Monate später organisierte er mit viel Werbeaufwand in der Pariser Salle des Ambassadeurs am 29. November 1934 eine öffentliche Konferenz mit dem Titel »Die Wahrheit über das Attentat von Marseille«. In Gegenwart von Vertretern der Regierung und Mitgliedern des diplomatischen Korps »entlarvte« er den Anschlag als das Werk der internationalen Hochfinanz, als jüdisch-freimaurerisches Komplott. Er war nun dabei, endgültig in den Wahn rechtsextremer Verschwörungstheorien abzudriften.

Das Rathaus geht verloren

Am 6. Februar 1934 marschierten in Paris ultrarechte Ligen in Richtung Nationalversammlung. Auf der Place de la Concorde wurden sie manu militari gestoppt, es gab Schießereien und Tote. Der gescheiterte rechtsextreme Kraftakt gilt als wichtiger Anstoß für die Entstehung des Front Populaire, der Annäherung von Sozialisten und Kommunisten, die sich seit der Spaltung von 1920 heftig befehdet hatten. Angesichts der italienischen und deutschen Verhältnisse und der nun auch in Frankreich akut werdenden Gefahr von rechts außen rückten die verfeindeten Parteien der Linken wieder zusammen.

KP-Chef Maurice Thorez, der noch kurz zuvor die Sozialisten als Klassengegner geschmäht hatte, drehte eine bemerkenswerte Pirouette und appellierte mit dem Segen der Komintern im Juni 1934 für die Aktionseinheit von KP und SFIO. Ein entsprechender Pakt wurde einen Monat später geschlossen, 1935 schloss sich dem Volksfront-Bündnis außerdem der linksbürgerliche Parti Radical an.

Auch in Marseille wurden die politischen Karten neu gemischt. Einen Monat vor den nationalen Gremien unterzeichneten hier Kommunisten und Sozialisten einen Pakt der gemeinsamen Aktion. Die Überwindung der alten Spaltungen und Feindseligkeiten auf der Linken sollte in der Hafenstadt schon bald Früchte tragen. Dank der Enthaltung des SFIO-Kandidaten im zweiten Wahlgang wurde im Oktober 1934 der Kommunist Jean Cristofol Abgeordneter des Wahlkreises Belle de Mai. Nun rüsteten die Linksparteien gemeinsam für den anstehenden Kampf ums Rathaus.

Sabiani witterte die Gefahr und machte sich daran, ein Wahlbündnis namens »Front Français« zusammenzustellen, das alles unter einen Hut bringen sollte, was gegen die Aktionseinheit von Sozialisten und Kommunisten zu mobilisieren war. Die deklarierten Ziele dieser »Französischen Front«: Kampf gegen den Kapitalismus, Stärkung des Kolonialreichs, Wiedergewinnung der nationalen Größe. In der kommunistischen Zeitung *Rouge-Midi* stand dazu: »Simon Sabianis Französische Front beruht nicht nur, wie man denken könnte, aus den Jeunesses Patriotes und den Croix de Feu oder den anderen faschistischen Gruppen. Dieser nette Verein hat als Leibwächter Killer wie Carbone und Spirito, Zeichen für den fortgeschrittenen Niedergang der Bourgeoisie. Ein Carbone, der ›Vive la France‹ schreit und die Marseillaise anstimmt: Was für ein Symbol!«

Der Kommunalwahlkampf im Mai 1935 wurde wieder einmal von wüsten Schlägereien begleitet. Denn harte Burschen gab es ja auch im Lager der Linken. Der sozialistische Kandidat Henri Tasso, Sohn eines neapolitanischen Einwanderers, der 1919 zusammen mit Sabiani erstmals in den Stadtrat gewählt worden war, profitierte von der Unterstützung des aus dem korsischen Calenzana stammenden Guérini-Clans, der wichtigsten Unterweltkonkurrenz von Spirito und Carbone. Abermals wurde die traditionelle Folklore praktiziert, mit Umzügen, Fanfaren und der Verspottung der Gegner in Massenveranstaltungen. Aber Sabiani und die Seinen waren jetzt ernsthaft in die Defensive geraten. Die Kommunisten wetterten, es sei an der Zeit, den »faschistischen Infektionsherd« zu zerstören. Und im *Petit Marseillais* stand, nun müsse man sich endlich »dieses Operettendiktators entledigen, der über das Schicksal der Stadt herrscht«.

Zwar wurde der Korse wieder von den Getreuen seines 4. Kantons in den Stadtrat gewählt, das Rathaus aber ging an die Sozialisten verloren. Sabiani wurde von seinem langjährigen Gegenspieler Henri Tasso vertrieben, und mit ihm verschwanden auch manche dubiosen Figuren des Sabianismus aus der Stadtverwaltung. Die Ära des Marseiller Rathausfaschismus war zu Ende.

Dies sei der Sieg der »sozialistischen Demokratie«, verkündete Tasso vom Balkon des Rathauses, vor dem eine 20 000 Menschen zählenden Menge mit dem inbrünstigen Absingen der Internationalen antwortete.

Nun war zwar »u Bèrciu« seine Rathausfunktion los, aber deswegen hatten er und seine Anhänger keineswegs an Virulenz eingebüßt. Die Wahlen von 1935 markierten das Ende jeder bis dahin aufrechterhaltenen Unklarheit über Sabianis Orientierung. Es galt jetzt, ein »Bollwerk gegen den Bolschewismus« zu errichten, eindeutig war er auf der äußersten Rechten gelandet und verbreitete ganz offen Ideen, die aus dem Fundus der italienischen Faschisten und der deutschen Nazis stammten. In seiner Zeitung begrüßte er Mussolinis Abessinien-Krieg, den er als Sieg der Latinität über die Barbarei feierte. Auch zeigte er Verständnis für Hitlers Rheinland-Militarisierung. Die antifaschistischen Bewegungen hingegen denunzierte er ausnahmslos als Kriegstreiber. Im Einklang mit anderen ultrarechten Gruppen propagierte er die Notwendigkeit einer »neuen Ordnung«. Dann kam die linke Flutwelle der Parlamentswahlen von 1936: Er verlor seinen Sitz in der Nationalversammlung an den Kommunisten François Billoux, der eigens von der Partei aus Paris hergeschickt worden war, um das Ärgernis Sabiani zu beseitigen.

Der Durchbruch des Front Populaire brachte in Paris eine von Sozialisten und Radikalen gestellte und von den Kommunisten unterstützte Linksregierung unter Léon Blum an die Macht. Auf den Wahlsieg folgte im ganzen Land eine teilweise euphorische Streikwelle. In Marseille lagen Industrie, Werften und Hafenbetrieb still. Die Situation war zwar nicht wirklich revolutionär, aber der Ausstand hatte eine große Zahl neuer Vereinbarungen zwischen Kapital und Arbeit zur Folge, er führte in vielen Branchen zu einer Neudefinition der Arbeitnehmerrechte. Bürgermeister Henri Tasso wurde zum Unterstaatssekretär für die Handelsmarine ernannt und war damit Mitglied der Pariser Volksfront-Regierung, was ihn bei der Marseiller Bourgeosie zusätzlich verhasst machte und ihre Bereitschaft verstärkte, die gegnerischen Kräfte zu unterstützen, unter anderem die »Nationalen«, die sich nun in Marseille formierten. Sabianis Anhänger riefen bei Straßenschlachten »Nieder mit Blum!«, »Frankreich den Franzosen!« und grüßten mit ausgestrecktem Arm.

Sabiani selbst war gleich im Juni 1936 zu einer neu entstandenen Partei gestoßen, die ihm nach all seinen politischen Mutationen eine definitive Heimstatt bieten sollte: beim Parti Populaire Français (PPF), gegründet von dem aus der Kommunistischen Partei ausgeschlossenen Jacques Doriot. Der PPF konnte sich bald einer beachtlichen Basis von mehr als 200 000 Mitgliedern erfreuen.

Als Sabiani zu Doriots Truppe stieß, brachte er gleich auch den Trupp der verbliebenen Marseiller Sabianisten in den PPF ein, Spirito und Carbone inklusive. Schon im Juli 1936 durfte er für »le Grand Jacques« den ersten Großauftritt in Marseille in den Arènes du Prado organisieren. 15 000 Leute kamen und rissen enthusiastisch den Arm zum »römischen

Gruß« hoch. »Wir haben unseren Chef gefunden«, jubelte Sabiani vom Rednerpult. »Von nun an kämpfen wir an seiner Seite für die Erneuerung der französischen Seele, für den Triumph des bedrohten Vaterlandes, für die Zukunft unserer Nation. Auf unserer Seite all die, die keine Feiglinge sind! Marseille hat dir, Jacques Doriot, gezeigt, was du vom französischen Volk erwarten kannst. Geh bis zum Ende deiner Aufgabe, wir werden dir folgen bis zum Ende deines Kampfes!«

Der kleine Korse wurde Doriots beflissener Statthalter und Propagandist, er leitete das PPF-Büro an der Place Sadi-Carnot. Von dort aus schickte er Hunderte Flugblattverteiler und Plakatkleber los; Lautsprecherwagen mit patriotischen Gesängen und antikommunistischen Botschaften rollten durch die Stadt und hinaus ins provenzalische Hinterland. Großzügige finanzielle Unterstützung wurde der neuen Partei von der italienischen Botschaft zuteil. In Marseille bestanden enge Beziehungen zu Mussolinis Kulturhaus, der Casa d'Italia. Geld kam aber auch aus den besseren Kreisen der Stadt, von Unternehmern, Reedern, Werftbesitzern. Es galt in diesen beklemmenden Volksfrontzeiten, eine »volkstümliche« Partei zu stärken, die den Kommunismus bekämpfte und Arbeiter aus der KP-Kundschaft herausbrach.

Verschärfte Spannungen entwickelten sich nach Ausbruch des Spanischen Bürgerkriegs. Mit großem Enthusiasmus demonstrierten in der Stadt Tausende ihre Solidarität mit der republikanischen Sache. Ein Komitee zur Verteidigung der Spanischen Republik wurde gegründet, das Hilfslieferungen, Lebensmittel wie Waffen, nach Spanien organisierte. Der Marseiller Hafen wurde zur zentralen Drehscheibe für die materielle Unterstützung der republikanischen Seite. Die Kommunistische Partei gründete dafür eigens die Reederei France Navigation, deren Schiffe ab Frühjahr 1937 Waffen, Lebensmittel und Freiwillige nach Katalonien transportierten.

Sabiani indessen organisierte mit seinen Eingreiftrupps aus dem Ganovenmilieu Anschläge im Hafen, durchsuchte Schiffe, brachte LKW-Konvois auf, vernichtete Lebensmittel und Kleidung, verhinderte Waffentransporte, die für das republikanische Spanien bestimmt waren. Unterdessen verdienten sich Carbone und Spirito goldene Nasen mit Waffenlieferungen für die Franco-Truppen.

Unter Vormundschaft

Im Oktober 1938 ereignete sich dann eine Katastrophe, die dem bei der Bourgeoisie als Volksfrontmann verschrienen Sozialisten Tasso politisch das Genick brechen und für die gesamte Stadt demütigende Konsequenzen haben sollte: der große Brand im Kaufhaus Nouvelles Galéries an der Canebière.

Ungünstigerweise wehte an dem Tag, als das Feuer ausbrach, ein heftiger Mistral. Und zufällig wurde gerade in jenen Tagen der Kongress der Radikalen Partei in Marseille abgehalten. Sie dominierte die damalige Regierung bürgerlichen Zuschnitts, die auf die Front-Populaire-Ära gefolgt war. Durch den Brand wurden die Delegierten aus ihrer in unmittelbarer Nähe des Kaufhauses gelegenen Unterkunft, dem Grand Hôtel Noailles, vertrieben, unter ihnen Regierungschef Edouard Daladier und Edouard Herriot, Präsident der Nationalversammlung. Das machte natürlich einen verheerenden Eindruck. »Ist hier denn niemand, der in dieser Stadt für Ordnung sorgt? Das ist doch erbärmlich!«, schäumte Daladier.

Das mit Parkettfußböden, Teppichen und Tapeten sehr traditionell und prachtvoll ausgestattete Kaufhaus brannte lichterloh, 73 Todesopfer waren zu beklagen. Durch das Drama wurde deutlich, wie schlecht die Stadt ausgestattet und vorbereitet war. Tausende von Schaulustigen blockierten die Avenue, was den Einsatz der Feuerwehr enorm behinderte. Die erwies sich sowieso als wenig effizient. So hatte sie arge Probleme mit der Wasserzufuhr: Das Löschwasser wurde aus dem Alten Hafen gepumpt, hatte aber zu wenig Druck, die Gerätschaften waren unzureichend und defekt. Feuerwehren aus anderen Städten, aus Toulon, Arles, sogar aus Lyon mussten angefordert werden. Daladier wütete gegen die mangelhaften Einrichtungen, die schlechten Hilfeleistungen, die ineffiziente Feuerwehr. Die 73 Opfer wurden den kommunalen Unzulänglichkeiten zur Last gelegt, das Feuer hatte die Missstände in den städtischen Diensten, auch des Krankenhauswesens, sichtbar gemacht.

Die Ursachen kamen zweifellos von weiter her, sie hatten ihre Vorgeschichte in der mafiösen Ausplünderung der Stadt. Aber mit dem Finger gezeigt wurde natürlich auf den amtierenden Bürgermeister, den Sozialisten Henri Tasso. Die politische Rechte schlachtete das Ereignis nach

Kräften aus, es war eine Revanche für die Schrecken, die ihr die Volksfront von 1936 eingejagt hatte. *Le Petit Marseillais* und *Marseille Matin* vereinten ihre Kräfte zu einer Kampagne gegen Tasso und die sozialistische Stadtverwaltung.

Die Pariser Presse brauchte nicht lange, um in das Konzert einzustimmen. Marseille war grundsätzlich ein beliebtes Thema für Schreckensmeldungen. Das Provinzblatt *Progrès de Lyon* drosch auch mit drauf und sprach anlässlich des Brandes von einer »Marseiller Epidemie«, definiert als ein »allgemeines Sich-Gehen-Lassen, das bis zur Aufgabe der nationalen Pflicht führt«.

Ein hässlicher Spruch tauchte auf den Mauern der Stadt auf: »La bouillabaisse chez Basso, la grillade chez Tasso« (Basso war ein berühmtes Restaurant am Alten Hafen). Bei der Trauerfeier für die Opfer der Feuersbrunst nutzte Innenminister Albert Sarrault seine Rede zu einer heftigen Attacke gegen das Marseiller Rathaus, und es dauerte nicht lang, bis die Bestrafung folgte. Durch ein Regierungsdekret vom 20. März 1939 wurde die Stadt Marseille ihrer zivilen Rechte entkleidet, das heißt, sie wurde politisch entmündigt und unter Vormundschaft gestellt. Paris bestimmte einen außerordentlichen Verwalter, dem gewählten Bürgermeister blieb nur noch eine symbolische Rolle. Erst 1946 sollte dieser unwürdige Zustand enden.

Die Marseiller Feuerwehr, die so dramatisch versagt hatte, wurde aufgelöst und durch eine mililtärische Einheit ersetzt: die Marins Pompiers, die dem Marineministerium unterstanden. Sie existieren bis heute.

Das letzte Tor zur Freiheit – Zweiter Weltkrieg und Vichy-Regime

Als 1939 der Krieg ausbrach, war die Stimmung in Marseille eher gedrückt. An der Gare Saint Charles sammelten sich die Reservisten zu Tausenden, um in überfüllten Zügen zu ihren Einheiten zu fahren. Lieder wurden diesmal keine gesungen, auf den Waggons stand nicht mit Kreide »à Berlin!« geschrieben wie 1914. Es fehlte jeder patriotische Überschwang, und es hingen keine Fahnen aus den Fenstern.

Die Besitzer von Autos bemalten vorschriftsmäßig die Scheinwerfer mit blauer Farbe. Nachts blieb die Stadt in schummrigem Halbdunkel. Der Straßenbahntunnel von Noailles wurde für die Aufnahme größerer Menschenmengen für den Fall von Bombenangriffen hergerichtet. Bei Sammelaktionen für einschmelzbares Altmetall stapelten sich Ofenrohre und Bettgestelle auf den Bürgersteigen. Der Präfekt hatte sogar die Demontage des Pont Transbordeur erwogen, 2000 Tonnen Stahl hätte das gebracht, aber er setzte sich mit diesem Vorschlag nicht durch.

Es wurden einige Pazifisten verhaftet, unter ihnen der Schriftsteller Jean Giono, der wegen defaitistischer Flugblätter eine Weile im Fort Saint Nicolas festgesetzt wurde. Verhaftet wurden auch die beiden kommunistischen Abgeordneten Jean Cristofol und François Billoux. Nach dem am 23. August 1939, eine Woche vor Kriegsausbruch geschlossenen deutsch-sowjetischen Pakt befand sich der im Marseiller Arbeitermilieu überdurchschnittlich starke Parti Communiste Français in einer misslichen Lage. Die offizielle Position der Parteiführung, die diesen Schritt der Sowjetunion rechtfertigte, war der Öffentlichkeit, aber auch vielen Genossen kaum zu vermitteln. Am 26. September wurden alle kommunistischen Organisationen in Frankreich verboten.

Erneut war Marseille Ankunfts- und Abfahrtsort der Kolonialtruppen. Die senegalesischen Bataillone mit ihren Kakiuniformen und den roten Fezen defilierten vom Hafen über die Canebière Richtung Bahnhof. Aber nicht nur Soldaten wurden aus den Kolonien herbeigeholt. Eine größere Zahl von Marokkanern traf in La Joliette ein, die als Landarbeiter den Bauern des Départements zugeteilt wurden. Aus Indochina kamen – nicht ganz freiwillig – 20 000 junge Männer, die in Waffen- und Munitionsfabriken arbeiten sollten. Anfangs brachte man sie in den noch unfertigen Gebäuden des künftigen Gefängnisses von Les Baumettes unter, später in streng kontrollierten Barackenlagern.

Auch die im Land befindlichen Ausländer, viele davon Flüchtlinge, die das Asylrecht in Anspruch nahmen, wurden in die Pflicht genommen. Wer als unverdächtig eingestuft war, konnte in normalen Einheiten als Soldat dienen. Einige Tausend Polen wurden im Camp de Carpiagne in den Bergen der Calanques zum Fronteinsatz gedrillt. Anderen Nationalitäten gegenüber bestand größeres Misstrauen, so bei den Deutschen oder den republikanischen Spaniern, die 1939 nach dem Sieg der Franquisten im Spanischen Bürgerkrieg in großer Zahl über die Pyrenäen nach Frankreich geflohen waren. Unter ihnen waren möglicherweise unerwünschte Elemente – Kommunisten, Anarchisten, was wusste man schon? In die Armee ließ man sie nicht, allenfalls konnten sie sich zur Fremdenlegion melden, wurden dann aber nach Nordafrika verlegt.

Ansonsten gab es für ausländische Flüchtlinge die Kategorie »prestataires de services«: Diese »Dienstleister« hatten, in Kakiuniformen gesteckt und quasimilitärisch in Kompanien organisiert, Arbeit an Befestigungsanlagen, Straßen oder Bahnstrecken zu verrichten.

Zahlreich waren aber auch die, die sich unbeschadet ihrer Antinazigesinnung als Angehörige feindlicher Nationen hinterm Stacheldraht von Internierungslagern wiederfanden, so im roten Staub und Dreck der alten Ziegelei von Les Milles bei Aix-en-Provence, über die Lion Feuchtwanger in *Der Teufel in Frankreich* eindrucksvoll berichtet hat.

Zunächst herrschte die Illusion vor, der Krieg könnte sich auf Gebiete irgendwo im Norden oder Nordosten beschränken und den mediterranen Süden aussparen. Tatsächlich lag Marseille ja weit weg von der Front. Dennoch machte sich der Krieg auch hier bemerkbar. Am 1. Juni 1940

fahrt zum Alten Hafen, oben mit dem 1944 gesprengten Pont Transbordeur.

II Alter und neuer Hafen.

Démolition du Fort S.t Jean, près Marseille

 1790: Das Fort Saint Jean, eine der Marseiller »Bastillen«, wird demoliert.

r Pont Transbordeur mit schwebender Fähre.
ıfen mit Notre-Dame de la Garde im Hintergrund.

VI Der La-Joliette-Hafen um 1900.
Heute sind die Kais verwaist.

ck auf den Quai du Port vor der Zerstörung und heute.

VIII Das Quartier du Panier mit Rue des Moulins (rechts).

X Cathédrale de la Major um 1910 und heute.

lais du Pharo um 1910 und heute.

XII Fischerboote und Marktstand für Muscheln und Seeigel, 1910er-Jahre.

f dem Markt von Noailles heute.

XIV Aussicht auf die Stadt von Notre-Dame de la Garde.

XVI Blick vom Wasser aus auf die »Straße der Kapitäne«.

e Canebière 1913 – und hundert Jahre später.

XVIII Rue Thubaneau, Quartier Belsunce.
Rue de la République.

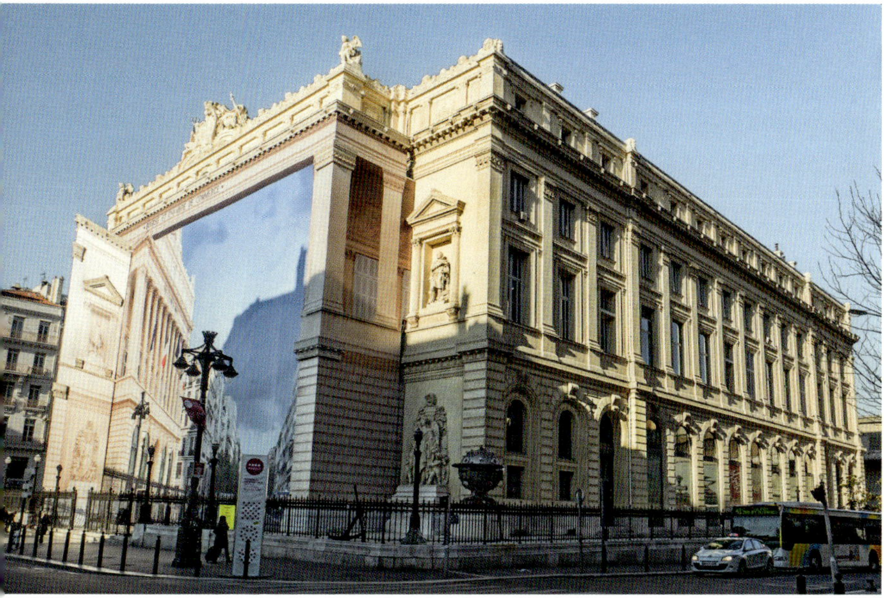

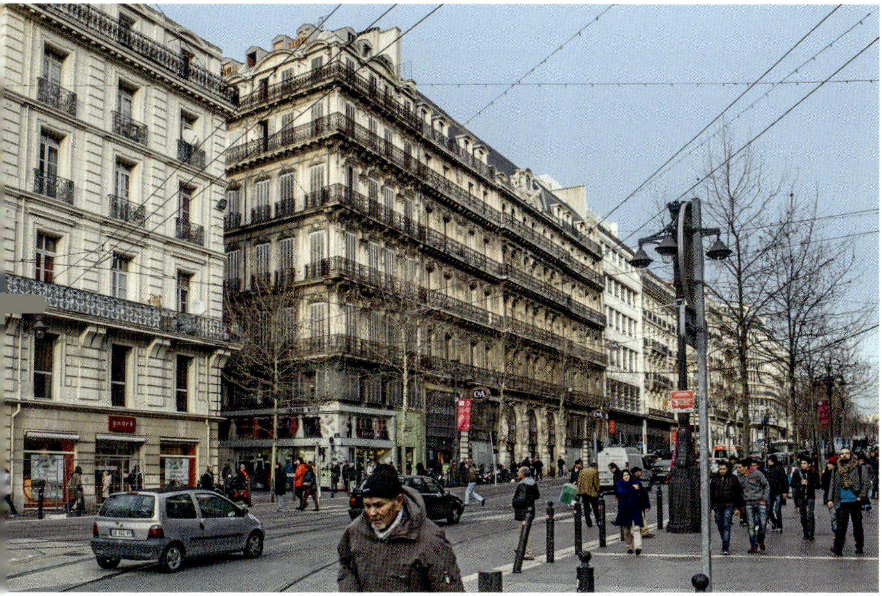

: Börse (im Umbau) und das Hotel du Louvre et de la Paix, heute ein Kaufhaus
:ides an der Canebière).

Plakate zu den Kolonialausstellungen 1906 und 1922.
XX Rechts: Zweite Kolonialausstellung 1922 mit indonesischen Rikschas und äquatorialafrikanischem Pavillon.

XXII Die Docks von La Joliette.

17/01/13
14:35

XXIV Razzia und Patrouille der deutschen Besatzungsmacht im alten Hafenviertel.

akuierung und Vorbereitung der Sprengung des alten Hafenviertels im Januar 1943.

XXVI Untergang der Altstadt.

s in den 1950er-Jahren wiederaufgebaute Quartier Saint Jean.

XXVIII Das Rathaus an der von Fernand Pouillon neu errichteten Hafenfront.
Die zum Nationaltheater umgebaute Fischauktionshalle am Quai de Rive Neuv

eues Wahrzeichen? Der Turm der Reederei CMA-CGM.

XXX Das Kulturzentrum La Friche de la Belle de Mai.
Die Villa Méditerranée mit dem Museum der Mittelmeerzivilisation MUCEM im Hintergru

Corbusiers Cité Radieuse.
oßsiedlung La Rouvière.

Treppe zum Bahnhof Saint Charles.

wurden bei einem Angriff der Luftwaffe mehrere auf Reede liegende Schiffe getroffen, Ölreservoirs, Raffinerien und ein Gasometer zerstört. Am nächsten Tag kamen die deutschen Flieger zurück und versenkten das Passagierschiff »Chellah« der Reederei Paquet. 40 Tote und 140 Verletzte waren zu beklagen. Einige Tage später fielen italienische Bomben auf die Innenstadt und töteten 140 Menschen.

Allgemein wurde mit Erleichterung reagiert, als am 17. Juni Marschall Philippe Pétain im Radio dazu aufrief, die Waffen niederzulegen. Man setzte Vertrauen und Hoffnung in den greisen Helden des Ersten Weltkriegs, der mit bebender Stimme verkündete: »Ich mache Frankreich meine Person zum Geschenk.« Wenige nur nahmen einen Tag später, am 18. Juni den Appell eines Generals de Gaulle über Radio London zur Kenntnis, der zur Fortführung des Kampfes aufrief.

Der Waffenstillstandsvertrag vom 22. Juni 1940 teilte Frankreich in eine von der Wehrmacht besetzte Zone und eine »zone libre«, in der sich auch Marseille befand. Am 10. Juli übertrug in Vichy die letzte gewählte Nationalversammlung per Mehrheitsbeschluss alle Macht dem »Sieger von Verdun«. Der Kurort in der Auvergne wurde zum Regierungssitz. Ministerien und Botschaften quartierten sich in den leer stehenden Hotels ein. Durch seine Selbstabschaffung hatte das Parlament der Dritten Republik den Weg frei gemacht für den autoritären »Etat français«. Statt »Libert, égalité, fraternité« hieß die Devise nun »Travail, famille, patrie«. Die neuen Machthaber verordneten dem Land die »Révolution nationale«. Erklärtes Ziel war die nationale Wiederaufrichtung, das Aufräumen mit Fehlentwicklungen der Vergangenheit, die für die Schmach der Niederlage verantwortlich gemacht wurden.

Ein Ende bereitet wurde den gewählten Instanzen, dem Prinzip des allgemeinen Wahlrechts und der »langen Vergiftung durch die Demokratie«, wie Charles Maurras, Vordenker der »Action française« lobend hervorhob. Die Generalräte der Départements wurden abgeschafft und sämtliche Kompetenzen dem Präfekten übertragen. Wegzusäubern waren die Beamten der Dritten Republik. Der stramm rechte Action-française-Anhänger Maurice de Rodellec du Porzic übernahm das Amt des Polizeichefs von Marseille. Die Gewerkschaften wurden per Dekret aufgelöst. »Die CGT gehört nunmehr der Vergangenheit an«, freute sich Jean

Fraissinets *Marseille Matin*. Verboten wurden selbstverständlich die Freimaurerlogen – gegen sie hatten die Ideologen des Regimes eine geradezu paranoide Abneigung entwickelt. Ein »Büro zur Bekämpfung antinationaler Umtriebe« (Menées antinationales, MA) hatte die Aufgabe, ihren verborgenen Aktivitäten auf die Schliche zu kommen. Aus den Buchläden und Bibliotheken verschwanden Werke, die »moralisch« zu beanstanden waren oder sich kritisch mit Hitler oder Mussolini auseinandersetzten.

Zur Unterstützung der Politik des neuen Regimes entstand die Légion française des Combattants, die Teilnehmern der beiden Kriege offenstand. Die Legion war nicht nur ein Veteranenverband, sondern eine auf Pétain eingeschworene zivile Hilfstruppe. Als »das Rittertum der neuen Zeiten« beschrieb sie ihr Initiator Xavier Vallat, der spätere Chef des Generalkommissariats für jüdische Angelegenheiten. Wichtig war natürlich der Zugriff auf die Jugend: Mit den Chantiers de jeunesse schuf Vichy einen Ersatz für den zwangsweise abgeschafften Militärdienst, und auch die Compagnons de France, eine Pfadfinder-ähnliche Organisation, wirkte der Verweichlichung junger Menschen durch den Einsatz bei Land- und Forstarbeiten entgegen.

Mehrere rechtsextreme Formationen unterstützten das Regime, behielten aber ihre eigene Ausrichtung und eine gewisse Distanz bei, so die ultranationalistische Action Française, der Parti social français (PSF) des Colonel de la Roque oder der in Marseille besonders virulente PPF (Parti Populaire Français), über dessen Marseiller Sektion der frühere stellvertretende Bürgermeister und Ganovenfreund Simon Sabiani herrschte. Nach Marseille verlegte Jacques Doriots Partei auch die Redaktion der Parteizeitschrift *Emancipation nationale*. Was die anstehenden nationalen Aufräum- und Aufbauarbeiten betraf, so hatte der PPF seine eigenen Vorstellungen. Die Regierung ging ihm längst nicht weit genug. Sabiani sah in Vichy eine »Menge von Kriechern und Unfähigen, die sich um den Marschall drängen«. Ihr leuchtendes Vorbild sah die Doriot-Partei in Nazideutschland und wünschte sich die Nationale Revolution dementsprechend weitaus zackiger und brutaler.

Endstation – »Fort von diesem Stern«

Schon in den Tagen vor dem Waffenstillstand vom Juni 1940 konvergierten in Marseille vielfältige Fluchtbewegungen. Der deutsche Vormarsch hatte Hunderttausende Franzosen aus Paris und anderen Städten des Nordens Richtung Süden fliehen lassen. Viele kehrten dann bei der ersten Gelegenheit wieder zurück nach Hause, für einige allerdings – so für die Menschen aus dem faktisch annektierten Elsass und dem lothringischen Département Moselle – war der Rückweg versperrt.

Eine weitere Kategorie bestand aus Heerscharen von Exilanten, die nach Hitlers Machtergreifung Asyl in Frankreich gesucht hatten oder aus den kürzlich von deutschen Truppen besetzten Ländern stammten – Antifaschisten, Juden, Intellektuelle, Künstler aus Deutschland, Österreich, der Tschechoslowakei oder Polen, dazu Teilnehmer des Spanischen Bürgerkriegs und italienische Mussolini-Gegner – ein heterogenes Gemisch von Menschen, die der Krieg in Marseille angespült hatte. Und zu diesen Flüchtlingsströmen kamen nach dem Ende der Kampfhandlungen auch noch Massen von demobilisierten Soldaten, für die Marseille als Sammelpunkt diente.

Die österreichische Schriftstellerin Hertha Pauli gehörte zu den vielen aus Hitlers Machtbereich Geflohenen und oftmals auf Umwegen in Marseille Gestrandeten. In ihrem autobiografischen Bericht *Der Riss der Zeit geht durch mein Herz* schildert sie das verwirrend vielfarbige Gewimmel auf der Canebière in den Sommertagen des Jahres 1940: »Wenn man nicht genau hinsah, bot sich ringsum das altgewohnte bunte Bild. Nur waren es Horden entlassener Soldaten, die uns statt der üblichen Matrosen umgaben. Sie trugen bunte Trachten, waren aber keine exotischen Touristen, sondern gestrandete Militärs der Kolonialtruppen; Marokkaner oder Spahis mit Seidenschärpen, auch Senegalesen mit hohen Turbanen. Statt Touristen aus aller Welt liefen Flüchtlinge aus allen eroberten Gebieten herum, unter Tschechen und Polen auch Belgier, Pariser und Nordfranzosen, denen wir zu gleichen suchten.«

Auch wenn die Südzone nicht von den Deutschen besetzt wurde, waren deutsche Behörden dennoch präsent und machten sich bemerkbar. Vor allem war da die deutsche Waffenstillstandskommission. Eine ganze Etage des Hôtel Splendide am Boulevard d’Athènes gleich unterhalb der großen Bahnhofstreppe war komplett von ihren Büros belegt. Sie kontrollierte unter anderem den Schiffs- und Luftverkehr, überwachte die Verbindungen zum Kolonialreich und ließ sich alle Passagierlisten vorlegen. Besonders bedrohlich für die Flüchtlinge war der Artikel 19 des Waffenstillstandsabkommens. In dem verpflichtete sich die Vichy-Regierung, »alle in Frankreich sowie in den französischen Besitzungen befindlichen Deutschen, die von der deutschen Reichsregierung namhaft gemacht werden, auf Verlangen auszuliefern«. Speziell mit den Flüchtlingen aus dem Reich befasste sich die Kommission Kundt, die am 31. Juli 1940 in Marseille eintraf. Zehn Autos standen dem Legationsrat Ernst Kundt und seinen Leuten zur Verfügung. Sie begannen sogleich mit der Erfassung internierter Deutscher, inspizierten Gefängnisse, durchkämmten das Internierungslager von Les Milles, besuchten das Hôtel Bompard, in dem ausländische Frauen untergebracht waren, interessierten sich auch sehr für Deutsche, die im Spanischen Bürgerkrieg in den Internationalen Brigaden gekämpft hatten und verlangten die Namen derer, die sich bei der Fremdenlegion beworben hatten. Außerdem wurden die Camps der in Marseille zusammengeströmten »prestataires« in Augenschein genommen.

Für die Tausenden von bedrohten Flüchtlingen, die noch die Hoffnung hegten, aus Europa wegzukommen, war Marseille also kein sicherer Hort. Sie waren zwar in der »freien« Zone, befanden sich aber unter der Fuchtel des reaktionären und antisemitischen Vichy-Staates und im Operationsbereich deutscher Schnüffler. Vielen saß die Angst im Nacken. Stets mussten sie fürchten, denunziert, verhaftet, interniert und ausgeliefert zu werden. Viele hatten schon einiges an Fluchterfahrung gesammelt, waren durch diverse Lager gegangen und oft am Ende ihrer Kräfte. Und nun waren sie obendrein konfrontiert mit einer unbekannten, verwirrenden Stadt, fanden sich wieder inmitten eines fremdartigen südlichen Gewimmels, an einem Ort der Ungewissheit, von wo man vielleicht noch wegkam, wo aber auch unsichtbare Gefahren lauerten.

»Marseille war verkommen und schön im magischen Licht einer von feinen Rauchschwaden verklärten Sonne, und durch die engen, von Fisch riechenden Gassen des Vieux Port wälzte sich eine unglaubliche Mischung von Menschen, Weiße und Afrikaner, Araber, Vietnamesen, Malaien, Korsen, Portugiesen, Italiener; Marseille war sozusagen eine noch offene Hintertür Europas«, so Fred Wander in seinem autobiografisch gefärbten Roman *Hôtel Baalbek*. Makaber formulierte es der Schriftsteller und Résistance-Kämpfer David Rousset: »Auschwitz und Marseille sind zu jener Zeit die einzigen offenen Türen in Europa.«

Nur gelegentlich öffnete sich die Tür einen Spalt weit, und vielen wurde sie mehrfach vor der Nase zugeschlagen. Aber nur von hier kam man eventuell noch weiter, Marseille war die europäische Endstation. »Das Stück blauen Wassers da unten am Ende der Cannebière, das also war der Rand unseres Erdteils, der Rand der Welt, die, wenn man will, vom Stillen Ozean, von Wladiwostok und China, bis hierher reicht. Sie heißt nicht umsonst die Alte Welt. Hier aber war sie zu Ende.« So Anna Seghers in ihrem Emigrantenroman *Transit*. Da hockten sie in ihren Hotelkammern, sahen hinaus aus den Dachluken auf die Schiffsmasten, die Möwen, den südlichen Himmel, die vorgelagerten Inseln und das Meer, den weiten Horizont, hinter dem die Rettung winkte. Bloß, wie kam man da hin? »Sie hatten ganz Europa durchflüchtet, doch jetzt vor dem schmalen, blauen Wasser, das unschuldig zwischen den Häusern glitzerte, war ihre Weisheit zu Ende.«

Anna Seghers selbst hielt sich vom Dezember 1940 bis März 1941 mit ihrem fünfzehnjährigen Sohn Pierre und der dreizehnjährigen Tochter Ruth in Marseille auf, während ihr Mann László Radvanyi im Lager Les Milles interniert war, das inzwischen zum Transitlager für ausländische Ausreisekandidaten umdefiniert worden war. Die Autorin selbst stand, wie sich später herausstellte, auf den Fahndungslisten der Nazis, zu ihrem Glück allerdings unter ihrem Schriftsteller-Pseudonym Anna Seghers und nicht unter ihrem bürgerlichen Namen Netty Radvanyi, was sie gerettet haben dürfte. Mit *Transit* hat sie, verpackt in eine Romanhandlung, ihre eigene traumatische Marseille-Erfahrung verarbeitet und einiges von der Atmosphäre und den Ängsten in dieser verwirrten, dramatischen Phase eingefangen. »Damals hatten alle nur einen einzigen Wunsch: abfahren. Alle hatten nur eine einzige Furcht: zurückbleiben. Fort, nur fort aus diesem zusammengebrochenen Land, fort von diesem Stern!«

»Purgatorium der Intelligenz«

Welche Möglichkeiten gab es, wegzukommen? Nach Nordafrika fuhren noch Schiffe, aber nicht für jeden. Ein anderer Weg führte über Spanien nach Portugal. Von Lissabon gab es Verbindungen nach Amerika. Aber dafür brauchte man offiziell ein französisches Ausreisevisum und ein portugiesisches Transitvisum, das man nur bekam, wenn man das Einreisevisum für ein aufnahmebereites Land präsentieren konnte – Mexiko, Kuba, Panama, China, Belgisch-Kongo –, und man brauchte ein spanisches Transitvisum, das man erst beantragen konnte, wenn man ein portugiesisches hatte. Oft war das erste Visum schon abgelaufen, wenn man endlich das letzte ergattert hatte, und dann konnte man wieder von vorn anfangen. Und gewiss, es gab einige Wohlhabendere unter den Ausreisekandidaten, aber viele wussten nicht, wie sie das nötige Geld für die Schiffspassagen auftreiben sollten.

Zum Alltag der Gestrandeten gehörte ständig wiederholtes stundenlanges Anstehen vor Konsulaten und Ämtern, oft genug ohne Ergebnis, gefolgt von resigniertem Rumhängen und ziellosem Umhertreiben, wie es Fred Wander beschreibt: »Und darum saßen wir Tag für Tag in dem nach Essig und Zigarettenasche stinkenden Frühstücksraum unseres Hotels oder rannten durch die glühendheißen Straßen zum alten Hafen hinunter und zum Bahnhof Saint-Charles hinauf und wieder zurück, hin und her, durch die Canebière und das ganze Viertel um den Hafen herum, steckten unsere Nasen in Bistros und schäbige Hotels, die von Flüchtlingen überfüllt waren, um Nachrichten zu erhaschen, Gerüchte, Blitzlichter, irgendein Zeichen, eine Formel für jenen Bannstrahl, Vaterunser, Allmächtiger, Erlöser hilf, der den Vernichter, den Abdecker, so nannten wir ihn, aufhalten konnte.«

Sehnsüchtig pilgerten manche zum Büro der Messageries Maritimes am Quai des Belges, wo auf einem schwarzen Brett die Namen der wenigen auslaufenden Schiffe mit Kreide aufgeschrieben standen. Die Stimmung schwankte zwischen Hoffnung und Angst, Zuversicht und Zynismus. Die wildesten Gerüchte kursierten. Kommen morgen die Deutschen? Sind sie schon da? Gibt es doch noch ein Schiff? In *Mein Weg über die Pyrenäen* beschreibt Lisa Fittko die Atmosphäre: »In der apokalyptischen Stimmung im Marseille des Jahres 1940 gab es Tag für Tag Geschichten von absurden Fluchtversuchen; es gab Pläne mit Fantasiebooten und Fabelkapitänen, Visa für Länder, die auf keiner Karte zu finden waren, und Pässe aus Staaten, die es gar nicht mehr gab. Man war es gewohnt, durch Flüsterpropaganda zu erfahren, welcher todsichere Plan an diesem Tag wieder wie ein Kartenhaus in sich zusammengefallen war.«

Wie lange würde man in dieser Stadt festsitzen? Nur bis auf Weiteres, oder bis zum bitteren Ende? Solange man hier war, galt es jedenfalls aufzupassen, auf dem Quivive zu sein, sich nicht mit Unbekannten auf Gespräche einzulassen, es könnten Spitzel sein, und wie leicht war man am Akzent als Ausländer zu erkennen.

»Zu den unerlässlichen Lebensnotwendigkeiten, um in Marseille sich orientieren zu können, gehörten die Erkenntnis der Illegalität und die Kenntnis der Verhaltensgebote Gejagter«, so Walter Mehring in seinen Erinnerungsfragmenten *Wir müssen weiter.* Immer wieder gab es ja plötzliche Verhaftungswellen, auf der Straße, im Bahnhof, im Hotel. Wichtig war es also, sich unauffällig zu verhalten, keine Aufmerksamkeit auf sich zu ziehen. Nicht ganz ungefährlich war der Aufenthalt in Cafés. Aber was sollten sie machen, die Mittellosen und Unbehausten? Irgendwo mussten sie den Tag über bleiben, die Zeit totschlagen, sich an einem Ersatzkaffee oder einem Glas Rosé festklammern. »Man wohnte im Café, schlief im Café, schrieb Abschiedesbriefe im Café.«

Wie sehr Cafés die Fixpunkte waren, die das Marseiller Terrain der Exilanten absteckten, erschließt sich aus Anna Seghers Roman *Transit,* dessen Protagonist von einem Café zum anderen zieht. Mal ist es »ein schäbiges kleines Café auf der Cannebière«, dann »ein kleines Café am Quai du Port«, »ein kleines Café am Boulevard d'Athènes« oder »das erste beste schmierige Café in der Rue de la République«; er hält sich »im arabischen Café am Cours Belsunce« auf oder auch »in einem kleinen Café am Place Jean Jaurès«, wenn es nicht »das große häßliche Café Ecke de la République/Alter Hafen« ist. Andere Cafés werden mit Namen genannt: Régence, Saint Ferréol, Mont Ventoux (im Roman leicht verfremdet zu Mont Vertoux), Roma, Cuba, Source oder das Brûleur de Loups am Alten Hafen.

Dieses neben dem renommierten Restaurant Basso gelegene Brûleur de Loups spielte ein wenig die Rolle des Literatencafés im Marseiller Exil.

Besonders beliebt war es bei den aus Paris nach Marseille abgewanderten Surrealisten. Aber die Atmosphäre war nicht die gleiche wie in den zuvor frequentierten Etablissements am Pariser Montparnasse, statt souveräner Gelassenheit herrschte fiebrige Unruhe. Es war die verjagte Intelligenzija Europas, die sich hier in Marseille, dem Sammelplatz der Ausgestoßenen, herumdrückte. Walter Mehring, noch vor wenigen Jahren als Größe des politischen Berliner Kabaretts gefeiert, berühmt für seine Chansons, Theaterstücke und satirischen Romane, artikulierte das demütigende Gefühl des Besiegtseins: »In der geopolitischen Dämonografie war Marseille, als ich es mir zum Ausgangspunkt meiner Europaflucht wählte, ein Purgatorium der Intelligenz, Bußort für Erfolgsgier, Geltungsgelüste, Buhlerei um Publizität und Popularität, wo jeder von Ruf und Talent Ehren und Titel, Nationalstolz und Parteidünkel ablegen musste; wo Gewesene und Arrivierte, gesenkten Hauptes, die Stirn mit dem Brandmal ›Indésirables‹ gestempelt, den ›Cartes d'identités et de séjour‹ nachjagten: durch die Korridorlabyrinthe der Bürokratie, im Trüblicht flackernder Glühbirnen, die gerade hell genug brannten, um die Geprüften die Aussichtslosigkeiten ihrer Situation erkennen zu lassen …«

Mehrere US-amerikanische Hilfsorganisationen installierten sich in Marseille. Die USA waren noch nicht am Krieg beteiligt und unterhielten diplomatische Beziehungen zu Vichy. Die Präsenz dieser humanitären Einrichtungen war legal und teilweise durchaus erwünscht. Um Kinder und internierte Flüchtlinge kümmerten sich die Quäker mit dem American Friends Service Committee oder der Young Men's Christian Association (YMCA). Als sehr aktiv erwies sich auch das Unitarian Service Committee von der protestantischen Glaubensgemeinschaft der Unitarier, das vor allem in den Lagern der Südzone tätig war. Dazu kamen mehrere jüdische Hilfsorganisationen wie die Hebrew Sheltering and Immigrant Aid Society (HICEM) oder das American Jewish Joint Distribution Committee, die Emigranten und Ausreisewillige unterstützten und finanzielle Hilfe leisteten.

Der amerikanische Freund

Eine außergewöhnliche Rolle sollte das Emergency Rescue Committee (ERC) spielen, gegründet im Sommer 1940 in New York von einer kleinen

Gruppe amerikanischer Intellektueller und einigen bereits emigrierten deutschen Hitlergegnern. Auslöser war die Gefahr, in der sich die nach Frankreich geflohenen Vertreter der europäischen Kultur befanden, die nach dem Waffenstillstandsvertrag auf bloße Anforderung ihren Henkern ausgeliefert werden konnten.

Das ERC, dessen Ziel es war, die besonders gefährdeten Flüchtlinge aus Frankreich herauszuholen, fand Unterstützung bei der US-Präsidentengattin Eleanor Roosevelt. Sie setzte sich beim Außenministerium dafür ein, dass ihnen rasch und unbürokratisch Einreisevisa zur Verfügung gestellt wurden. Als seinen Vertreter vor Ort schickte das Komitee den jungen Harvard-Absolventen Varian Fry nach Marseille. Der studierte Altphilologe und Herausgeber einer Buchreihe zur Außenpolitik war zwar weder ein politischer Aktivist, noch war er mit Untergrundaktivitäten vertraut, aber er sprach sowohl Französisch als auch Deutsch und kannte die Werke der Künstler und Schriftsteller, die er nun retten sollte. Motiviert war er auch deshalb, weil er 1935 während eines Deutschlandaufenthalts in Berlin miterlebt hatte, wie Juden auf offener Straße misshandelt wurden. Die Auftraggeber hatten in ihrem naiven Optimismus gemeint, die Mission könnte in einigen Wochen erledigt werden. Am 14. August 1940 traf Fry mit einem kleinen Reisekoffer, 3000 Dollar in bar und einer Liste mit etwa 200 Namen in Marseille ein. Er nahm sich ein Zimmer im großen Hôtel Splendide, wo bereits der Amerikaner Frank Bohn untergebracht war, der sich für den Gewerkschaftsbund American Federation of Labor primär um gefährdete sozialistische Politiker kümmerte. Beide fanden sich pikanterweise in jenem Hotel wieder, das unter anderem auch deutsche und italienische Dienststellen der Waffenstillstandskommisionen beherbergte.

Gleich am ersten Tag suchte Fry die Werfels auf. Sie gehörten zu den Stars auf seiner Liste und waren leicht zu finden. Franz Werfel und Alma Mahler-Werfel wohnten nobel im Hôtel du Louvre et de la Paix. Mit ihnen speiste Fry im teuren Restaurant Basso am Alten Hafen. »Nach dem Essen gingen wir zurück ins Hotel, und sie bestanden darauf, noch eine Flasche Champagner zu bestellen«, erzählt Fry in seinem Buch *Auslieferung auf Verlangen*. Das lief also gleich recht gut, der Auftrag schien sich stilvoll bewältigen zu lassen. Auch Lion Feuchtwanger, ein anderer Prominenter, konnte rasch ausfindig gemacht werden: Der amerikanische Vizekonsul Hiram Bingham hielt ihn zusammen mit Gattin Marta in der eigenen Wohnung versteckt, nachdem man ihn in Frauenkleidung aus einem Internierungslager bei Nîmes entführt hatte.

Allerdings waren andere auf der Liste aufgeführte Kandidaten schwieriger zu finden, hausten irgendwo unter falschen Namen, saßen in Lagern, oder hatten sich bereits umgebracht wie Walter Hasenclever, Ernst Weiss oder Carl Einstein. Im Übrigen sprach sich in den Cafés der Exilanten schnell herum, dass da ein Retter aus Amerika nach Marseille gekommen war. Schon an den folgenden Tagen herrschte Gedränge vor dem Hotelzimmer, das Fry als Büro und Empfangssalon diente, und es kamen auch all die weniger Berühmten, die nicht auf der Liste standen, viele in verzweifelter Lage, mittellos und demoralisiert. So hatte sich das der Amerikaner nicht vorgestellt. »Jeden Morgen um 8 Uhr ging die Plackerei von vorne los, und jeder Tag war ein bißchen schlimmer als der vorherige – immer mehr Leute, die um Hilfe baten, immer schrecklichere Geschichten, die man anhören, und immer unmöglichere Entscheidungen, die man treffen musste. Die Entscheidung, wem geholfen werden sollte und wem nicht, war die größte Belastung.«

Es dämmerte Fry, dass sich sein Aufenthalt in Marseille nicht auf ein paar Wochen beschränken würde, und bald war klar, dass er die Arbeit alleine nicht bewältigen konnte. So warb er nach und nach einen Stab von Mitarbeitern an. Zu den ersten gehörten der Berliner Albert Otto Hirschmann, Exspanienkämpfer und Freiwilliger der französischen Armee, sowie der österreichische Katholik und Monarchist Franz von Hildebrand. Später kamen die Amerikanerin Miriam Davenport, der deutsche Betriebsingenieur Heinz-Ernst Oppenheimer, die polyglotte Polin Lena Fishman, der rumänische Arzt Marcel Verzeanu und manche andere hinzu. Einige blieben nur eine kurze Weile, legten einen Zwischenstopp auf ihrem Weg ins Exil ein, andere gehörten zum festen Stamm. Sieben Monate lang machte sich der Filmkritiker und Dichter Hans Sahl als Helfer nützlich. Er stand selbst als einer der Privilegierten auf der ERC-Liste und beschreibt in seinem Exilroman *Die Wenigen und die Vielen* sein erstes Zusammentreffen mit Fry: »Sie müssen sich vorstellen: die Grenzen waren gesperrt, man saß in der Falle, jeden Augenblick konnte man von

Neuem verhaftet werden, das Leben war zu Ende – und nun steht da plötzlich ein Amerikaner in Hemdsärmeln, stopft dir die Taschen mit Geld voll, legt den Arm um dich und zischelt mit schlecht gespielter Verschwörermiene: ›Oh, es gibt Wege, Sie herauszubringen‹, während dir, verdammt nochmal, die Tränen über die Backen laufen …«

Die von Fry aus den USA mitgebrachte Liste war, das hatte sich nun erwiesen, recht willkürlich zusammengestellt und musste erweitert werden, aber wie? Sahls wie auch Walter Mehrings Kenntnisse der deutschen Verhältnisse waren hierbei sehr willkommen.

Einen wichtigen Unterstützer fand Fry im US-Vizekonsul Hiram Bingham, während ihn der Konsul selbst eher als diplomatische Belastung ansah. Mit Misstrauen beobachteten die offiziellen französischen Stellen Frys Aktivitäten. Man zitierte ihn in die Präfektur und befragte ihn über die Natur seiner Geschäfte. Andererseits hatte er einen Sympathisanten in Gestalt eines hohen Polizeibeamten, der ihn vor anstehenden Verhaftungen warnte und ihm Namen von besonders Gefährdeten zuspielte.

Die F-Route

Zum Glück herrschte in den ersten Monaten in Marseille ein gewisses administratives Chaos. Das Regime hatte sich noch nicht komplett installiert. Den Flüchtlingen wurde noch relativ wenig Aufmerksamkeit geschenkt, das vereinfachte anfangs bei manchen die Organisation der Abreise. Offiziell leistete das ERC materielle Hilfe, und war bei der Visa-Beschaffung behilflich, soweit war alles legal. Aber allein im Rahmen der Legalität waren viele Leute nicht außer Landes zu bringen. So wurde die Möglichkeit wahrgenommen, Demobilisierungsbescheinigungen der Armee zu erwerben, die ein geschäftstüchtiger Offizier für je 200 Francs verkaufte. Ein solcher Schein bestätigte, dass man ein in Nordafrika wohnhafter französischer Staatsbürger war. Man wurde damit kostenlos in den Maghreb befördert. Einige Flüchtlinge gelangten so in französischen Uniformen nach Casablanca und von dort in Sicherheit. Allerdings flog die Sache bald auf und der Offizier wurde verhaftet.

Eine Fluchtmöglichkeit, die längere Zeit für Leute ohne Ausreisevisum aus Frankreich genutzt wurde, war die nächtliche Überquerung der

Grenze zu Fuß nach Spanien. Meistens klappte das, und es ging dann relativ reibungslos weiter durch Spanien nach Lissabon. Anfangs wurden die Kandidaten hin und wieder von Dina Vierny über Schleichwege bei Cerbère hinübergeführt, einer 21-jährigen, aus Moldawien stammenden üppigen Schönheit, die als Modell und Muse des Bildhauers Aristide Maillol in Banyuls lebte.

Zu denen, die in den ersten Wochen über diesen Weg hinauskamen, gehörten die österreichische Autorin Hertha Pauli, die Schriftsteller Arthur Koestler, Leonhard Frank und Alfred Polgar, der Physiknobelpreisträger Otto Meyerhof, der ehemalige *Vorwärts*-Chefredakteur Friedrich Stampfer, Stefan Zweigs Frau Friderike und der tschechische Satiriker Hans Natonek. Dina Vierny war allerdings den Behörden als subversive Person mit trotzkistischen Neigungen bekannt, sie wurde zunehmend von der Gendarmerie überwacht und hatte bald keine Bewegungsfreiheit mehr. An ihre Stelle trat das Ehepaar Hans und Lisa Fittko. Die Sozialdemokraten aus Berlin verfügten über falsche französische Papiere und gaben sich als Elsässer aus, um ihren Akzent zu erklären. Sie wohnten zunächst im grenznahen Port Vendres und kannten den Bürgermeister von Banyuls, der ihnen half, Flüchtlinge über die Berge nach Spanien zu bringen. Einer von ihnen war Walter Benjamin. Bei Kriegsausbruch war er als »feindlicher Ausländer« in einem Lager bei Nevers interniert worden, kam dann frei und floh vor den Deutschen erst nach Lourdes, dann nach Marseille.

In ihrem Buch *Mein Weg über die Pyrenäen* erzählt Lisa Fittko von einem kläglich gescheiterten ersten Fluchtversuch, den Benjamin gemeinsam mit dem Arzt und KPD-Gründungsmitglied Fritz Fränkel unternommen hatte: »Man muss sich vorstellen: Dr. Fritz Fränkel mit seiner zierlichen Gestalt und der grauen Haarmähne und sein etwas schwerfälliger Freund Walter Benjamin mit dem durchgeistigten Gelehrtenkopf und dem forschenden Blick hinter dicken Brillengläsern – dieses Pärchen wird, als französische Matrosen verkleidet, durch Bestechung auf einen Frachter geschmuggelt. Weit sind sie nicht gekommen. Zum Glück gelang es ihnen, in dem allgemeinen Chaos davonzukommen.«

Siegfried Kracauer, der Benjamin mehrfach in Marseille getroffen hatte, war erschüttert von der tiefen Niedergeschlagenheit seines alten

Bekannten: »Er glaubte seine Welt vernichtet und panische Ängste erstickten die Hoffnung in ihm.« Auch Stéphane Hessel, Sohn von Benjamins Berliner Freund Franz Hessel, der damals als 23-jähriger Draufgänger voller Tatendrang in Marseille auf die Fluchtmöglichkeit nach London zu de Gaulle wartete, berichtet von der tief depressiven Stimmung Benjamins und seinem vergeblichen Versuch, dem Älteren Mut zu machen. »Walter, das wird sich arrangieren, Sie werden in Amerika mit Ehren empfangen werden.« Aber die Aussicht, nach Amerika zu gehen, hatte für Benjamin nichts Hoffnungsvolles, das war ihm eher eine Schreckensvorstellung.

Am 25. September 1940 brachte Lisa Fittko eine kleine Gruppe über die Pyrenäen, unter ihnen Benjamin, der nicht gut zu Fuß war und unter Herzbeschwerden litt. Als die Flüchtlinge nach rund zehn Stunden die Grenzstation Port Bou erreichten, wurde ihnen die Einreise verweigert. Die Spanier öffneten und schlossen ihre Grenze vollkommen willkürlich, Walter Benjamin sollte zurückgeschickt werden. Die Situation erschien ihm ausweglos, am 26. September brachte er sich in einem Hotel in Port Bou mit einer tödlichen Dosis Morphium um. Kurz darauf war die Grenze wieder geöffnet. Siegfried Kracauer und seiner Frau war zunächst Ähnliches widerfahren, sie wurden aus Spanien nach Perpignan zurückgeschickt, wo sie von Benjamins Selbstmord erfuhren. »Wir selber waren in Perpignan nahe daran, dasselbe zu tun.« Aber sie gaben nicht auf, versuchten es später erneut und schafften es schließlich in die Vereinigten Staaten.

Nach der Benjamin-Tragödie trafen die Fittkos in Marseille »in einem kleinen, etwas schmierigen Bistrot in einer Seitenstraße des ›vieux port‹« mit Varian Fry zusammen, der sie im Herbst 1940 als Fluchthelfer engagierte. Dafür ließen sie vorerst ihre eigenen Ausreisepläne fallen und siedelten sich in Banyuls an, von wo sie »Besucher« über die meernahen Pyrenäenberge Richtung Grenze führten. Die sogenannte F-Route war für etwa sechs Monate eine der wichtigsten Optionen für Frys klandestine Ausreisekandidaten.

Das ERC verließ das Zimmer im Hôtel Splendide, wo die Mitarbeiter auf dem Fußboden, der Bettkante, in der Badewanne oder auf dem Bidet arbeiteten, und bezog neue Räume in der Rue Grignan in einer ehemaligen Lederwarenhandlung, deren jüdischer Besitzer »die Zeichen der Zeit erkannt und sich entschlossen hatte, sein Geschäft in Marseille aufzugeben«. Das Rescue Committee hatte damit eine reguläre Adresse und nannte sich nun Centre Américain de Secours (CAS).

Das Büro präsentierte sich offiziell als Wohlfahrtszentrum mit professionellen Sozialarbeitern, um den Behörden eine respektable Fassade bieten zu können. Die offizielle Flüchtlingshilfe war auch personell klar getrennt von den Fluchthelfern, die in der Illegalität arbeiteten. Zu ihren Aufgaben gehörte das Besorgen von falschen Papieren für viele, die zu Staatenlosen geworden waren. Als sehr kooperativ erwies sich der tschechoslowakische Konsul Vladimir Vochoc, der Pässe ausstellte, solange der Vorrat reichte. Die waren zwar nicht falsch, aber die Tschechoslowakei gab es zu diesem Zeitpunkt schon nicht mehr. Hertha Pauli erwähnt ihn voller Bewunderung: »Das tschechische Konsulat von Marseille war einzigartig. Ein Anachronismus inmitten allgemeiner Auslieferung und Nazi-Verträgen, führte es eine Art Scheindasein in Vertretung der tschechischen Exilregierung. Es teilte das gleiche Schicksal wie wir: heute noch hier, morgen vielleicht schon auf der Flucht …« Vochoc, selbst ein Antinazi, tat alles, um anderen Hitlergegnern zu helfen, und noch als sein Vorrat an Pässen erschöpft war, ließ er illegal welche nachdrucken, Fry zahlte die Druckkosten. Im März 1941 wurde Vochoc festgenommen und unter Hausarrest gestellt. Es gelang ihm, vor seiner Auslieferung an die Deutschen zu fliehen, sich nach Lissabon und schließlich nach England durchzuschlagen.

Bei manchen Konsulaten gab es Visa nur gegen stattliche Bezahlung. Der Honorarkonsul von Panama nahm, wie von Lisa Fittko zu erfahren, statt Geld Salami als Zahlungsmittel. Bei anderen herrschte politische Sympathie vor: Mehrere Tausend Visa ließ der mexikanische Konsul Gilberto Bosques für Juden und Flüchtlinge aus Franco-Spanien ausstellen. Zur Unterbringung spanischer Republikaner mietete er zwei große Anwesen am Marseiller Stadtrand. Über tausend Männer, Frauen und Kinder warteten dort unter einigermaßen menschenwürdigen Bedingungen auf ihre Abreise.

Die Villa Air-Bel

Frys Team in der Rue Grignan erweiterte sich. Eine besonders ungewöhnliche Mitarbeiterin kam in Gestalt der zwanzigjährigen Amerikanerin Mary Jayne Gold hinzu. Wie ein bunter Paradiesvogel flatterte sie in die tristen Büroräume: Die modisch und teuer gekleidete Tochter aus steinreicher Neuenglandfamilie war in Friedenszeiten nach Europa gekommen, um sich nach Kräften zu amüsieren, hielt sich zum Skilaufen in St. Moritz und zum Sonnenbaden an der italienischen Riviera auf, besaß sogar ein kleines Flugzeug, mit dem sie zwischen Cannes und Biarritz herumgondelte. Und dann war da auf einmal der Krieg: Nach dem französischen Debakel geriet sie mit den Flüchtlingsströmen nach Marseille und hätte in die USA zurückreisen können, blieb aber da, weil sie meinte, dass es hier für sie etwas zu tun gebe; außerdem hatte sie eine Liebesaffäre mit einem jungen Gangster begonnen, den sie »Killer« nannte. Es war nicht ganz leicht, Varian Fry davon zu überzeugen, dass sie es ernst meinte und mehr war als ein verwöhntes Luxusgeschöpf. Sie arbeitete fleißig mit bei der Betreuung von Hilfsbedürftigen, führte Interviews mit Ausreisewilligen, eignete sich aber auch für Spezialeinsätze: Den Lagerkommandanten von Le Vernet umgarnte sie mit weiblichem Charme und schaffte es, gefährdete Internierte herauszuholen, um sie nach Marseille zu bringen. Auf ihre Empfehlung nahm Fry auch den französischen Sozialisten Daniel Bénédite und dessen Freund, den Elsässer Jean Gemähling, in die CAS-Mannschaft auf, die später in der Résistance aktiv werden sollten.

Auf der Suche nach einer Wohnstätte fanden Bénédite und seine Frau Theodora im damals noch ganz ländlichen Viertel La Pomme eine sehr preisgünstige, leicht verrottete Villa mit 18 Zimmern, Resten von gediegenem Mobiliar und einem verwilderten Garten: die Villa Air-Bel. Sie war von der Innenstadt aus leicht mit der Straßenbahn erreichbar. Mary Jayne und Varian Fry zogen mit ein. Es war aber noch viel Platz da, und so wurden auch einige illustre Gestalten aus dem Exilantenmilieu mit aufgenommen, unter ihnen der nach Marseille emigrierte Surrealistenpapst André Breton mit Frau Jacqueline und Tochter Aude sowie der alte Revolutionär und Stalingegner Victor Serge – in Frys Worten »ein magenkranker, aber scharfsinniger alter Bolschewik« – mit seiner Gefährtin und seinem Sohn. Sie waren ihrer zwölf, manchmal auch mehr, und bildeten eine buntscheckige Wohngemeinschaft. Später sollte sich auch Max Ernst dazugesellen, der dort im Rahmen einer improvisierten Ausstellung seine Werke in die Bäume des Gartens hängte.

Das Leben draußen im Grünen war ein erholsamer Kontrast zur nervenaufzehrenden Arbeit im Büro der Rue Grignan. Fry nannte es »eine notwendige Entgiftungskur«. Jeden Sonntagnachmittag ging es festlichheiter zu in Air-Bel. Eine Bande von exilierten Künstlern aus der Pariser Szene rückte an, unter ihnen Óscar Domínguez, Victor Brauner, Wifredo Lam, der Dichter Benjamin Péret, der aus Polen stammende Schriftsteller Jean Malaquais alias Vladimir Malacki oder auch der Schauspieler Sylvain Itkine, vormals in Paris Mitglied der von Jacques Prévert gegründeten Gruppe Oktober links orientierter Kulturschaffender. André Breton profilierte sich als Animateur und organisierte Kollektivzeichenwettbewerbe. Es wurde viel getrunken bei diesen Zusammenkünften, die im Übrigen von unverwüstlichem Galgenhumor geprägt waren.

Einige der Sonntagsgäste bestritten ihren Lebensunterhalt mittels einer wunderlichen Firma, die der Theatermann Sylvain Itkine zusammen mit anderen Künstlergenossen gegründet hatte: die Kooperative Le Fruit Mordoré mit Fabrikationsräumen in der Nähe der Porte d'Aix. Sie stellte ein selbst erfundenes geniales Produkt her, eine aus Datteln, Mandeln und Nüssen zusammmengeknetete, »Croque-fruit« (Knabber-Frucht) genannte Süßigkeit. Jean Malaquais beschreibt den klebrigen, mit Sesamkörnern umhüllten Knödel in seinem *Journal du métèque:* »Er ist fade, schwer verdaulich, klebt am Zahnfleisch – eine Leckerei, die in ganz Marseille begehrt ist.« Die Zutaten ließen sich leicht auftreiben, das Produkt war ohne Lebensmittelkarte zu erwerben und erwies sich als so erfolgreich, dass bald bis zu hundert Leute eingestellt werden konnten. Unter den Mitarbeitern waren namhafte Schauspieler, Maler und Schriftsteller sowie spanische und italienische politische Flüchtlinge. Sie alle wechselten sich ab beim Zerstampfen, Mischen, Portionieren, Verpacken. Das war nicht weiter anstrengend, jeder arbeitete zwei Stunden täglich, alle erhielten 80 Franc pro Tag. Damit konnte man sich bescheiden über Wasser halten.

Außer in der Villa Air-Bel und im Café Brûleur de Loups verkehrten viele der exilierten Künstler noch an einem anderen Ausnahmeort, der das Leben im großen Wartesaal Marseille etwas erträglicher machte, nämlich im Schlösschen der Mäzenin Lily Pastré. Sie war die Erbin der Apéritif-Firma Noilly-Prat und besaß eine luxuriöse Bastide in Montredon, am südlichen Stadtrand, inmitten eines prächtigen Parks voller Eichen und Pinien. Lily Pastré war eine reiche Dame mit großem Interesse für Literatur, Kunst und Musik, und sie fühlte sich von der plötzlichen Not vieler in Marseille gestrandeter Künstler herausgefordert. Gleich 1940 gründete sie den Hilfsverein Pour que l'Esprit Vive – der Geist soll leben. Sie beherbergte in ihrem Schloss Dutzende von Flüchtlingen, vor allem Musiker jüdischer Herkunft, und sie veranstaltete private Theateraufführungen und Konzerte. Der vor den Franquisten geflohene Cellist Pablo Casals musizierte dort, auch die rumänischen Pianistinnen Youra Guller und Clara Haskil. Das Pastré-Schloss war wie aus der Zeit gefallen, hatte vor dem Hintergrund von Misere und Verfolgung etwas von der Atmosphäre intellektueller Salons des 18. Jahrhunderts. Lily Pastré tat aber noch mehr. Sie besorgte ihrerseits ihren bedrohten Gästen falsche Papiere und sorgte auch dafür, dass Clara Haskil wegen eines Gehirntumors operiert werden konnte. Später ließ sie ihre Beziehungen spielen, damit die Pianistin trotz anfänglicher Ablehnung der eidgenössischen Behörden in die Schweiz fliehen konnte, nach Vevey, wo sie in der Villa von Charlie Chaplin Aufnahme fand.

Der Besuch des Maréchal

Am 24. Oktober 1940 traf Marschall Pétain auf dem kleinen Provinzbahnhof von Montoire-sur-Loir mit Hitler zusammen, der auf dem Rückweg von einer Begegnung mit General Franco in Hendaye war. Einige Tage darauf verkündete Pétain, er habe nun den Weg der Kollaboration eingeschlagen. Das besiegte Frankreich sollte durch positive Zusammenarbeit mit dem »Reich« ein respektierter Partner im Rahmen der neuen europäischen Ordnung werden, soll heißen: Der »Etat français« sah nun seinen künftigen Platz in einem Nazi-dominierten Europa.

Schon am 3. Oktober war das neue Judenstatut verabschiedet worden, das an der antisemitischen Orientierung des »Etat français« keinen Zweifel ließ: Angehörige der »jüdischen Rasse« waren nun von Wahlämtern und Lehrtätigkeiten ausgeschlossen, ebenso wie aus Polizei, Justiz und Diplomatie. Auch Tätigkeiten im Radio, Theater oder Kino waren ihnen versagt. Ausländische Juden konnten auf Anordnung der Präfekten unter Hausarrest gestellt oder interniert werden. Zurückgenommen wurde das Crémieux-Dekret aus dem Jahr 1870, das den algerischen Juden Zugang zur französischen Staatsangehörigkeit eröffnet hatte. Dadurch verloren gleich 20 Prozent der Marseiller Juden ihre Nationalität.

Im Dezember 1940 schickte sich der Marschall an, die größte Stadt seines Machtbereichs zu besuchen. Sein Kommen war minutiös vorbereitet, die Kinder hatten schulfrei, in Ämtern wurde nicht gearbeitet, die Börse war geschlossen. Alle öffentlichen Monumente waren dekoriert, Schaufenster mit Maréchal-Bildern geschmückt. Die Zeitungen überschlugen sich in Lobeshymnen, um die Jubelstimmung anzuheizen: »Marseille wird sich Pétain hingeben wie sich Pétain Frankreich hingegeben hat«, frohlockte der *Petit Marseillais*.

Im Vorfeld wurden eventuelle Unruhestifter und andere missliebige Gestalten in Gewahrsam genommen und für die Zeit des Pétain-Besuchs inhaftiert, so ähnlich wie es schon einmal 1852 beim ersten Besuch von Louis Napoléon praktiziert worden war. Von dieser Maßnahme waren auch Varian Fry und seine Mitstreiter betroffen. Die Villa Air-Bel wurde »wegen Verdachts auf kommunistische Umtriebe« polizeilich durchsucht. Tatsächlich konnte »revolutionäre Propaganda« sichergestellt werden, unter anderem fand man eine Karikatur, in der sich »Pétain« auf »crétin« reimte. Die Insassen der Villa, offenbar gefährliche Anarchisten, wurden festgenommen, ins Zentralkommissariat neben der Kathedrale abtransportiert und in der Nacht auf den Dampfer »Sinaïa« im Hafenbecken Président Wilson verbracht, auf dem bald etwa 600 »Unerwünschte« herumsaßen. Die Frauen kamen in die Dritte-Klasse-Kabinen, für die Männer gab es Strohsäcke tief im Bauch des Schiffes. »In einer Ecke des Frachtraums sang eine Gruppe Spanier traurige Flamencolieder zu den Akkorden einer verstimmten Gitarre. Es war sehr kalt. Der Dreck im Stroh setzte sich in unseren Kleidern fest und juckte.« So schildert Fry das triste Ambiente.

Neben den »usual suspects« wie bekannten Linksaktivisten, subversiven Künstlern und spanischen Republikanern waren auch irgendwelche

Menschen verhaftet worden, Geschäftsleute, Ausländer jeder Art, die die Polizei kurzerhand von der Straße aufgegriffen hatte. Und alle mussten sich unter Deck verkriechen, als der Marschall anderntags bei einer Hafenrundfahrt vorbeifuhr. Dem Kapitän des konfisizerten Dampfers war das Ganze peinlich. Er lud die Amerikaner in seine Kabine ein und spendierte ihnen einen Cognac. Am vierten Tag konnten sie die »Sinaïa« wieder verlassen. Die Polizeiaktion hatte nachgerade hysterische Ausmaße angenommen. Mehrere Tausend Menschen waren festgenommen worden, zusätzlich zu den vorhandenen Gefängnissen hatte man drei Schiffe, vier Kasernen und drei Kinos als Zwangsunterkünfte zweckentfremdet.

Der Besuch als solcher war bestens durchorganisisert und lief ab wie ein Uhrwerk. Wie anderswo auch wurde Pétain in Marseille enthusiastisch empfangen. Gleich bei der Ankunft schritt er vor dem Bahnhof Saint Charles eine Ehrenkompanie ab. Dann legte er einen Kranz am Kriegerdenkmal oben an der Canebière nieder. 15 000 Mitglieder der neuen Vichy-Massenorganisation der Frontkämpferlegion legten auf dem Platz vor der Präfektur ihren Eid ab. Der Marschall begrüßte eine Abordnung von Kriegsinvaliden, dann war eine weitere Kranzniederlegung fällig, und zwar am Monument für die Helden der »Armee des Orients und anderer ferner Weltgegenden« an der Corniche. Nach der erwähnten Hafenrundfahrt wohnte er als Höhepunkt erneut einem militärischen Aufmarsch bei, diesmal am Alten Hafen auf dem Quai des Belges. Es paradierten Eleven der nach Aix ausgelagerten Offiziersschule Saint Cyr, Gebirgsjäger aus Fréjus, Mobilgarden hoch zu Pferde, Fahrradkompanien, alles, was die Waffenstillstandsarmee noch hergab, um einen Eindruck militärischer Kraft und Souveränität zu erwecken, wobei wohlweislich verdrängt wurde, dass diese Truppe auf 100 000 Mann insgesamt beschränkt war und ihre Ausrüstung sich unter strenger Kontrolle der deutschen und italienischen Kommissionen in der unbesetzten Zone befand. Ein weiterer Höhepunkt war die große religiöse Zeremonie in der Kathedrale am nächsten Tag. Das neue Regime hatte auch mit dem Antiklerikalismus der Dritten Republik Schluss gemacht. »Gott bedient sich Ihrer, Monsieur le Maréchal, um Frankreich zu retten«, verkündete der Bischof von Marseille, Monseigneur Delay, voller Genugtuung.

Zu den Nachwirkungen des Besuches gehörte die Umbenennung des

Quai du Port in Quai du Maréchal Pétain. Auch das Lycée Perier wurde in diesem Sinne umbenannt, und ein soeben auf Kiel gelegtes Schiff wurde auf den Namen »Maréchal Pétain« getauft. Der Staatschef diente dann allerdings etwas später auch als Namensgeber für eine weniger prestigiöse Einrichtung: Les Jardins du Maréchal. Es handelte sich um Gemüsegärten, die auf ungenutzten Terrains, auch mitten in der Stadt, angelegt werden sollten, um die Ernährungslage zu verbessern.

In der Tat verschlechterte sich für die Marseiller die Versorgung mit Lebensmitteln in bedenklicher Weise. Wer es sich leisten konnte, fand zwar noch vieles zu horrenden Preisen auf dem Schwarzmarkt, aber für die breite Masse der Bewohner wurde das Angebot immer kläglicher. Jean Malaquais erwähnt in *Planète sans visa* die Attraktivität von Kinobesuchen als Speiseersatz: »Seit die Restaurants Steckrüben und Topinambour servierten, die Cafés Limonade mit Saccharin und Vichy-Wasser, ging sich das Volk sattsehen an Darbietungen dessen, was auf der Leinwand gegessen und getrunken wurde. Filme wie *Robin Hood* waren doppelt erfolgreich: man sah dort, wie ein grandioses Wildschwein am Spieß gebraten wurde …«

Pierre Mendès-France, der spätere Premierminister der Vierten Republik, unter Pétain als Regimegegner zu sechs Jahren Gefängnis verurteilt, kam im Sommer 1941 auf seiner Flucht, die ihn schließlich nach London führen sollte, auch über Marseille und konstatierte: »Das sonst so fröhliche, pittoreske Marseille ist schrecklich traurig geworden. Versorgungsprobleme sind äußerst akut. Man sieht hier nur Menschen, die einen niedergeschlagenen Eindruck machen, mit löchrigen, von Stricken zusammengehaltenen Schuhen, fadenscheiniger Kleidung, an der die Knöpfe fehlen. Die Gesichter sind müde, zermürbt, verletzt. Die Ernährungslage im Milieu der Arbeiter und Kleinbürger ist dramatisch. Ich bin erschüttert von dem Bild, das Straßen und Geschäfte bieten. Überall leere Schaufenster, geschlossene Läden. Man liest: ›Kein Zucker, Kein Kaffee, Kein Öl‹.«

Kontakt zum »Milieu«

Auch für das CAS wurde die Bekämpfung der materiellen Not vordringlich. Viele der Flüchtlinge, die oft kaum etwas zu beißen hatten, wurden so gut es ging mit Marken und Geld unterstützt. In den Lagern verteilte man Lebensmittelpakete. Das Hilfsprogramm entwickelte sich zusehends zur Hauptaufgabe. Im Winter war das Büro aus der Rue Grignan in größere Räume am Boulevard Garibaldi umgezogen, die mehr Platz zum Empfang des nicht abreißenden Stroms von Bittstellern boten. Zum Kreis der Mitarbeiter stieß ein junger Anwalt namens Gaston Defferre, der die Rolle des juristischen Beraters übernahm. Er sollte kurze Zeit später Chef der sozialistischen Résistance-Gruppe »Brutus« werden und nach dem Krieg entscheidenden Einfluss auf das Schicksal Marseilles nehmen.

Was die Fluchthilfe betraf, verschlechterte sich die Situation, permanent änderten sich die Regeln. Die Portugiesen verweigerten jetzt häufig Transitvisa, weil ihnen klar geworden war, dass man von Lissabon aus Ziele wie Siam oder Belgisch-Kongo gar nicht mit dem Schiff erreichen konnte. Es sollte verhindert werden, dass die Flüchtlinge längerfristig in Portugal blieben. Dann wieder machten die Spanier Schwierigkeiten und ließen keine Staatenlosen mehr durch, und die Reserven von tschechischen, litauischen oder polnischen Pässen waren aufgebraucht.

Kompliziert war die Rettung prominenter spanischer Republikaner, die nicht durch Spanien reisen konnten. Man war hier auf den Seeweg angewiesen, was schwierig zu organisieren war. In den Ganoven-Bars des Opernviertels stellten Mittelsmänner Fluchtschiffe nach Gibraltar in Aussicht, ließen sich für das Organisieren der Passagen im Voraus üppig bezahlen und verschwanden spurlos. Aus den Überfahrten wurde dann natürlich nichts.

Per Schiff sollten eigentlich auch die Werfels, die Feuchtwangers und Heinrich Mann in Sicherheit gebracht werden. Fry nannte sie »meine kostbarsten Schützlinge«. Aber auch hier platzte die scheinbar sorgfältig eingefädelte Aktion. Es blieb also bloß der Landweg.

Fry fuhr dann selbst mit dem Ehepaar Werfel, Heinrich Mann und seiner Frau sowie dem jungen Golo Mann nach Cerbère und stellte entsetzt fest, dass die Werfels 12 Koffer mitgebracht hatten. Die Fluchtkandidaten mussten zu Fuß durch die Weinberge, vor allem für den alten Heinrich Mann war das sehr beschwerlich, er musste über längere Strecken getragen werden, aber sie schafften es. Fry überquerte die Grenze mit den

Koffern der Werfels im Zug und erwartete seine Klienten im spanischen Port Bou. Etwas später konnten über den Pyrenäenweg auch Herr und Frau Feuchtwanger in die Freiheit gebracht werden. Leider verhielt sich Feuchtwanger nach seiner Ankunft in New York nicht sehr hilfreich: In einem Interview machte er allzu genaue Angaben über die Fluchtroute und zwang so die Helfer in Frankreich, aus Sicherheitsgründen neue Schleichwege zu finden.

Trotz des wiederholten Reinfalls mit den Geisterschiffen konnte auf die Zusammenarbeit mit der Unterwelt nicht verzichtet werden. Gefälschte Brotmarken, schwarzer Dollarumtausch, Fluchtfahrzeuge, heiße Tipps – der Kontakt zu den »korsischen Geschäftsleuten« war unerlässlich. Fry beschreibt einen von ihnen: »Nach außen war Jacques der Besitzer eines renommierten Restaurants mit dem Namen Sept petits Pêcheurs. Privat war er der Kopf einer der führenden korsischen Banden von Marseille. Vor seinem Restaurant boten Straßenhändler lautstark Muscheln, Seeigel und Garnelen an, während drinnen Marseiller Geschäftsleute, Flüchtlinge aus Paris und amerikanische Wohlfahrtshelfer aßen. Jacques überwachte das Geschehen argwöhnisch, trank Sodawasser und führte die Geschäfte von seinem Platz hinter der Kasse. Seine Privatgeschäfte bestanden vermutlich aus Bordellbetrieb, Schwarzmarkt und Kokainhandel.«

In seinem Buch *La Filière marseillaise* spricht Daniel Bénédite von »unseren Gangstern« und meint damit die kooperativ gesinnte Fraktion der Unterwelt, die sich gelegentlich als gaullistisch oder sozialistisch ausgab. In der Regel gehörte sie zum Umfeld der Guérini-Brüder, deren Rivalen es wiederum mit dem PPF-Bonzen Simon Sabiani hielten und sich als Hilfskräfte der Vichy-Polizei wie den deutschen und italienischen Geheimpolizisten andienten. »Wann immer eine deutsche Mission nach Marseille kam, tafelten ihre Mitglieder in dem eleganten Bar-Restaurant der Rue Beauvau, dessen Inhaber, der berühmte Carbone mit seiner unglaublich brutalen Visage, sie als Brüder begrüßte«, erinnert sich Daniel Bénédite.

Die von Angehörigen des befreundeten »Milieus« geführten Stundenhotels wurden benutzt, um von Auslieferung besonders bedrohte Flüchtlinge unterzubringen, denn anders als in Hotels brauchte man man dort kein Ausweispapier vorzulegen. Der ehemalige Chefredakteur der *Vossischen Zeitung* und Mitbegründer der Exilzeitung *Pariser Tageblatt* Georg Bernhard wurde zusammen mit seiner Frau längere Zeit in einem Bordell versteckt. In anderen Etablissements wohnten der antifaschistische Anwalt Arthur Wolff und der pazifistische Journalist Berthold Jacob mit ihren Frauen.

Auch für falsche Papiere und Stempel brauchte man die Unterweltkontakte. Freilich war gute Arbeit sehr teuer, und die Fälscher aus dem trüben Dämmerlicht der Kneipenhinterzimmer konnten durchaus auch Spitzel sein. Zum Glück fand man ein immenses Talent in den eigenen Reihen: Den Wiener Karikaturisten Bill Freier alias Wilhelm Spira, der auf der Flucht war, weil er Antinazicartoons veröfffentlicht hatte. Bill wurde für einige Wochen hauptamtlicher Visa-Zeichner. Als Fälscher leistete er Präzisionsarbeit und sein Honorar lag weit unter dem der korsischen Gangster.

Breitscheid und Hilferding

Längst nicht allen konnte geholfen werden. Einige Fluchtversuche endeten in Verhaftung und Deportation, und manche Emigranten unterminierten durch Zögern und Fehlverhalten die Anstrengungen zu ihrer Rettung. »Einige Intellektuelle waren besonders schwierige Fälle. Sie zitterten vor Angst bei dem Gedanken zu bleiben und waren wie gelähmt bei dem Gedanken zu fliehen«, schreibt Varian Fry, und ähnlich klingt es in den Erinnerungen von Lisa Fittko: »Manche unserer deutschen Emigranten ließen sich zwischen Blindheit und Panik hin und her reißen.«

Zu denen, die es den Fluchthelfern besonders schwer machten, gehörten die Politiker Breitscheid und Hilferding, deren Uneinsichtigkeit den eigenen Untergang mit bewirkte. Rudolf Breitscheid war bis zu Hitlers Machtübernahme SPD-Fraktionsvorsitzender im Reichstag, Rudolf Hilferding sozialdemokratischer Reichsfinanzminister gewesen. Sie saßen jeden Tag gemeinsam im selben Café auf dem Boulevard d'Athènes und sprachen laut und deutsch miteinander. Fry wurde von einem hohen Beamten in der Präfektur gewarnt, die beiden brächten durch ihr Verhalten die gesamte deutsche Emigration in Gefahr. Als der Amerikaner ihnen nahelegte, doch lieber unterzutauchen, reagierte Breitscheid stolz und schroff: »Kompletter Unsinn. Hitler wird es nie wagen, unsere Auslieferung zu verlangen.« Sie verfügten über Einreisevisa für die USA, man beschaffte ihnen tschechische Pässe auf falsche Namen, spanische und portugiesische Transitvisa. Sie hatten alles, bis auf französische Ausreisevisa, die ohnehin fast niemand bekam, und hätten daher, wie Hunderte vor ihnen, heimlich die Grenze nach Spanien überschreiten müssen. Das lehnten sie ab, fanden es als Staatsmänner unzumutbar, illegale Wege zu beschreiten. Im Herbst 1940 nahm sie die französische Polizei mit nach Arles und wies ihnen ein Hotel als Zwangsaufenthalt zu.

Jetzt wurde es brenzlig, sie waren in höchster Gefahr. Fry fand eine Möglichkeit, die beiden auf ein Frachtschiff nach Oran zu schmuggeln. In Arles sollten sie von einer Gangster-Limousine abgeholt werden. Sie sagten zu, alles war organisiert, dann plöztlich machten sie einen Rückzieher und wollten lieber auf ein offizielles Ausreisevisum warten. »Ich habe ein Gesuch an Laval gerichtet und ihm erklärt, dass ich als politischer Flüchtling Frankreich legal verlassen möchte«, erklärte Breitscheid. Überraschenderweise erhielten sie dann tatsächlich französische Ausreisevisa. Vorgesehen war, dass sie am 4. Februar auf der SS »Wyoming« Richtung Martinique in See stechen sollten. Aber es gab keine Kabinen mehr, nur noch Schlafsaalplätze. Das Ehepaar Breitscheid weigerte sich, im Zwischendeck zu reisen, und wollte auf ein anderes Schiff warten, während sich Hilferding einen Platz reservierte. Da aber erklärte Vichy plötzlich die Ausreisevisa der beiden SPD-Politiker für ungültig. Die beiden saßen in der Falle.

Breitscheid und Hilferding wurden in Arles abgeholt und zunächst mit dem Auto nach Vichy gebracht, um dann den Deutschen ausgeliefert zu werden. Hilferding endete kurz darauf in einer Zelle des Pariser Santé-Gefängnisses, wo er erhängt aufgefunden wurde. Breitscheid kam drei Jahre später im KZ Buchenwald um.

Hilferdings Koje auf der »Wyoming« bezog Walter Mehring, der nach einem gescheiterten Fluchtversuch fast schon die Hoffnung aufgegeben hatte, jemals wegzukommen. Das Unglück des ehemaligen SPD-Ministers war letztlich seine Rettung.

Letzte Auswege

Es gab zu Beginn des Jahres 1941 einen plötzlichen Wandel bei der Vergabe von Ausreisevisa. Das CAS konnte einen größeren Schub seiner Schützlinge ganz legal nach Lissabon und in die USA ausreisen lassen. Davon profitierten unter anderem Max Ernst, Marc Chagall, der Historiker Valeriu Marcu, die Sängerin Lotte Leonard, der Bildhauer Jacques Lipchitz, der Journalist und Schriftsteller Hans Siemsen, Thomas Manns Schwager Peter Pringsheim und die Witwe des Ministers Hilferding.

Wer durfte fahren, wer lief Gefahr, ausgeliefert zu werden? Die Präfekturen verfügten über eine Liste mit den Namen derer, die – auf deutsche Anordnung – kein Ausreisevisum erhalten sollten. An diese Liste kamen Frys Leute glücklicherweise heran und schafften die besonders Gefährdeten über die bewährte F-Route aus dem Land. Einige wurden auch auf dem Seeweg nach Oran, Algier oder Casablanca geschmuggelt.

Inhabern gültiger Papiere eröffnete sich plötzlich noch ein anderer Weg, nämlich die Ausreise mit dem Schiff auf die französische Karibikinsel Martinique. Man brauchte dafür kein Transitvisum, denn Martinique war ja Frankreich. Von dort kam man relativ leicht nach Mexiko oder New York. Es waren Seelenverkäufer, die für eine Weile in regelmäßigem Rhythmus auf dieser Route verkehrten. Das CAS beeilte sich, die Gunst der Stunde zu nutzen, Tickets zu kaufen und US-Visa zu besorgen. Eines dieser Schiffe war die »Capitaine Paul Lemerle«: ein schäbiger, mit 350 Passagieren hoffnungslos überbelegter Frachter. Den bestiegen am 25. März 1941 auch André Breton mit Frau und Tochter, Victor Serge und Sohn, Wifredo Lam, Alfred Kantorowicz, Anna Seghers mit Mann und Kindern sowie der junge Ethnologe Claude Lévy-Strauss, der in *Traurige Tropen* den denkwürdigen Abschied von Europa beschreibt: »Erst am Tag der Abreise begann ich zu begreifen, nämlich als ich durch die Spaliere der mit Helmen und Maschinenpistolen ausgerüsteten Wachtposten ging, die den Kai absperrten und die Passagiere von jedem Kontakt mit ihren Angehörigen oder Freunden abschnitten, die sie begleiteten, wobei sie den Abschied durch Rippenstöße und wüste Beschimpfungen abkürzten: Es war wahrhaftig kein einsames Abenteuer, vielmehr ein Auszug von Strafgefangenen.«

Wenigstens bekam Lévy-Strauss einen Schlafplatz in einer der beiden vorhandenen Kabinen. Die Unterbringung der übrigen Passagiere war äußerst spartanisch: »Alle meine Reisegefährten, Männer Frauen und Kinder, wurden in luft- und lichtlosen Frachträumen verstaut, in denen Schiffsschreiner notdürftig Betten übereinandergebaut und mit Strohsäcken bestückt hatten.«

Unter den Klienten des CAS, die Marseille auf den Martinique-Frachtern verließen, waren der Essayist Joseph Breitbach, der Biochemiker Zacharias Dische, Vater der Schriftstellerin Irene Dische, und der Soziologe Gottfried Salomon, bei dem Theodor W. Adorno und Walter Benjamin in Frankfurt studiert hatten.

Fry und seine Leute hangelten sich bei ihren Fluchthilfeaktionen von einer Möglichkeit zur nächsten. Das Zeitfenster für die Martinique-Option schloss sich nach ein paar Wochen, und alles wurde wieder komplizierter.

Für eine Weile noch funktionierte der Weg über Spanien nach Portugal. Einer der Letzten, der über ihn entkam, war Ernst Erich Noth alias Paul Krantz. In Deutschland war sein Roman *Die Mietskaserne* Opfer der NS-Bücherverbrennung geworden. Noth war schon seit März 1933 in Frankreich und hatte an der Literaturzeitschrift *Cahiers du Sud* mitgearbeitet. Er lebte versteckt in einem Dorf bei Aix-en-Provence, 1941 aber wurde das Pflaster zu heiß, er wurde von der Vichy-Polizei gesucht und musste weg. Marseiller Dominikanermönche nahmen ihn auf und brachten ihn heimlich nach Perpignan. Unversehrt erreichte er Lissabon und schließlich New York.

Auch die Tage der F-Route waren gezählt. Im Mai 1941 machte Spanien die Grenze für Flüchtlinge dicht, die Fittkos mussten aufhören. In sechs Monaten hatten sie rund 250 Menschen über die Pyrenäen gebracht. Jetzt mussten sie zusehen, wie sie sich selbst in Sicherheit brachten.

Was nun noch blieb, war die sogenannte Carlos-Route. Sie war abenteuerlich und riskant, führte unter Mithilfe eines spanischen Anarchosyndikalisten von Versteck zu Versteck quer durch Spanien und nach Portugal. Das klappte nicht immer, aber für manche war es die einzige Möglichkeit.

Varian-Fry-Straße

Die Schwierigkeiten nahmen zu. Frys Beziehungen zu den offiziellen amerikanischen Stellen, der Botschaft in Vichy und dem Konsulat in Marseille, verschlechterten sich. Der einzige Lichtblick war Hiram Bingham gewesen, aber er wurde abberufen. Für ihn kam ein Vizekonsul, »dessen größtes Vergnügen es zu sein schien, autoritäre Entscheidungen zu fällen und so viele Visumanträge wie möglich abzulehnen. Von neuerer europäischer Geschichte verstand er wenig. Seine Stärke war es vielmehr, Amerika vor Flüchtlingen zu bewahren, die er allesamt für Radikale hielt.«

Wiederholt wurde Fry vom Konsul aufgefordert, Frankreich zu verlassen. Aber auch mit dem Emergency Rescue Committee in den USA gab es Ärger. Seine Auftraggeber erwarteten von ihm, dass er mehr »große Namen« lieferte, da andernfalls die Spenden ausblieben. Pablo Casals wäre gut, auch Matisse oder Picasso. Das Trio aus Heinrich Mann, Franz Werfel und Lion Feuchtwanger, so schrieb ihm der Fundraiser, habe immerhin 35 000 Dollar gebracht. »Aber seit ihrer Ankunft haben wir dem Publikum nichts Gutes anbieten können.«

Fry war grenzenlos empört über die New Yorker Kollegen. Als »Vollidioten« bezeichnete er sie in einem Brief an seine Frau. Er war nun ein Jahr in Marseille, und außer seinen CAS-Kollegen und den Flüchtlingen wollten alle, dass er nach Hause zurückkehrte. Nach wiederholten Durchsuchungen und Einschüchterungsversuchen wurde er im August 1941 auf Anordnung des Polizeichefs Rodellec du Porzic ausgewiesen. Dessen Begründung: »Weil Sie Juden und Nazigegner geschützt haben.«

Das CAS-Büro existierte weiter unter Leitung von Daniel Bénédite. Nach Frys Ausweisung konnten noch knapp 300 Flüchtlinge aus Frankreich herausgebracht werden. Am 2. Juni 1942 wurde das Centre Américain de Secours endgültig geschlossen.

Hatten anfangs 200 Namen auf Frys Liste gestanden, so war die Unterstützung des Hilfszentrums schließlich auf über 4000 Personen ausgedehnt worden. Viele wurden finanziell unterstützt, und 1200 Menschen hatte man beim Verlassen des Landes geholfen, legal oder illegal.

Varian Fry wurde nach seiner Rückkehr in die USA bald vergessen, lebte am Schluss eher schlecht als recht als Lateinlehrer in Connecticut und starb 1967, mit 59 Jahren. Kurz vor seinem Tod hatte man sich in Frankreich dann doch noch seiner erinnert und ihn zum Ritter der Ehrenlegion ernannt. In Berlin wurde 1997 eine Straße in der Nähe des Potsdamer Platzes nach ihm benannt und im Jahr 2000 ein kleiner Platz in Marseille, an dem heute das US-Konsulat liegt.

Die Schließung des CAS und die vorangegangenen Durchsuchungen und Schikanen waren Anzeichen für die sich verschärfende Repression im Vichy-Staat. Das Regime zeigte sich zunehmend willfähriger gegenüber den deutschen Forderungen. Die Fürsprecher einer entschiedeneren Kollaboration machten sich immer lauter bemerkbar. Nach dem Angriff von Hitlers Wehrmacht auf die Sowjetunion verkündete PPF-Chef Jacques Doriot: »Dieser Krieg ist jetzt wirklich unser Krieg.« Der PPF setzte die Gründung der Légion des volontaires français contre le bolchevisme (LVF) durch, eine Freiwilligentruppe zum Einsatz an der Ostfront. Eifrig wurde die Werbetrommel gerührt für den Kreuzzug gegen die Roten. Simon Sabianis Sohn François ließ sich zum Stolz seines Vaters darauf ein und kam in der Nähe von Smolensk ums Leben. Bei der Erinnerungsfeier in der Marseiller Kirche Saint Cannat waren Doriot und das gesamte Politbüro der PPF anwesend, ebenso Polizeichef Rodellec du Porzic und der deutschen Konsul. Sein Sohn sei für eine große Sache gestorben, verkündete Sabiani, er habe sein Blut vergossen im Kampf »für die endgültige Vernichtung der bolschewistischen Hydra und für den Triumph der großzügigen Idee des neuen Europa«.

Im Laufe des Jahres 1941 verfügte das Regime weitere antijüdische Maßnahmen. Die Beschäftigung von Juden in staatlichen und staatlich unterstützten Einrichtungen wurde verboten. Jüdische Ärzte wurden aus den Krankenhäusern vertrieben. Im Oktober schuf das Vichy-Innenministerium eine spezielle Polizei für Judenfragen, die zum Beispiel in öffentlichen Unternehmen wie der Post nach jüdischen Angestellten fahnden sollte. Gelbe Aufkleber mit der Aufschrift »Entreprise juive« (jüdischer Betrieb) tauchten auf Schaufenstern auf. Noch vor der deutschen Besetzung des Südens wurden in Marseille 273 Unternehmen »arisiert«.

Nach einer Verfügung vom 2. Januar 1942 sollten nichtfranzösische und nach Januar 1936 naturalisierte Juden in Gruppen für ausländische Arbeiter zusammengefasst werden. Die Nazis interessierten sich besonders für die in Les Milles internierten Juden. SS-Hauptsturmführer Theo Dannecker, Leiter des Pariser Judenreferats, machte nach einem Besuch in dem Lager bei Aix eine Aufstellung, derzufolge 1192 Juden deportierbar waren; dazu kamen noch 361 Jüdinnen, die in den Hôtels Bompard und Terminus interniert waren. Die Regierung unter Pierre Laval stimmte der Deportation zu und ließ in Marseille wie im ganzen Département Razzien veranstalten, wodurch sich die Zahl der in Les Milles Internierten weiter erhöhte. Im August und September 1942 wurden die Juden mit mehreren Transporten in Güterwaggons ins Sammellager Drancy bei Paris und von dort etwas später in die polnischen Vernichtungslager deportiert.

Das Vichy-Regime erwies sich somit als Komplize bei der Nazi-Endlösung. Die letzten Illusionen über einen etwaigen Schutz, den der Staat des Maréchal gefährdeten Flüchtlingen gewähren könnte, waren zerstoben. »Marseille, diese bezaubernde Stadt, diese einzige Hafenstadt der Welt, in deren Straßenleben Europa, Afrika und der Orient in einer Atmosphäre zusammenklingen, die wie ein Opiat berauscht: Marseille hätte in den letzten Tagen Europas das letzte Tor der Freiheit sein können. Pétain und seine Polizei haben Marseille zur letzten Falle im europäischen Jagdrevier Hitlers gemacht.« So das bittere Resümee von Joseph Roths altem Freund Soma Morgenstern, der selbst noch rechtzeitig mit Varian Frys Hilfe nach Casablanca hatte fliehen können.

Unter deutscher Besatzung

Der 12. November 1942 kündigte sich an als ein grauer Tag mit leichtem Nieselregen. In den Morgenzeitungen lasen die Marseiller eine Aufforderung ihres Präfekten, in Erwartung der kommenden Ereignisse Ruhe zu bewahren. Zu erwarten war die Ankunft der Deutschen. Sie hatten am Vortag die Demarkationslinie überschritten und mit der Besetzung der bis dahin »freien Zone« begonnen. Damit reagierten sie auf die Landung US-amerikanischer Truppen in Nordafrika.

Die Bevölkerung blieb tatsächlich erst einmal ruhig, was blieb ihr schon anderes übrig. Es war eine Ruhe mit beigemischtem Unbehagen, auch wenn die Bewohner nicht ahnen konnten, was ihrer Stadt wirklich bevorstand. Bis dahin hatte Marseille außerhalb des direkten Kriegsgeschehens gelegen, wenngleich man in vermittelter Weise intensiv damit zu tun hatte. Die Stadt war zur Anlaufstelle für Flüchtlinge geworden, zum Tummelplatz für Spione und Denunzianten. Aber mit Ausnahme einiger Verbindungsoffiziere die im Hôtel Splendide aus und ein gingen, hatten die Marseiller noch so gut wie keine deutschen Uniformen gesehen.

Die erste Kolonne drang um acht Uhr in die Stadt vor. Sie fuhr die Rue Nationale entlang, über die Place de la Joliette zum Alten Hafen, ein Stück die Canebière hoch, dann in die Rue de Rome zur Place Castellane und parkte schließlich auf der breiten Allée du Prado.

Und nun rollten eine nach der anderen die Abteilungen des Heerzugs heran, akustisch begleitet vom Rasseln der Panzerketten. Den Tanks folgten Lastkraftwagen mit Gulaschkanonen im Schlepp. Von der Porte d'Aix her kamen einige grüngrau gewandete Offiziere gar in Eroberermanier hoch zu Ross, wie Sieger, die demonstrativ in die unterworfene Stadt einziehen. »Durch die Straßen von Marseille rollen Panzer um Panzer. Europa wird auch hier unangreifbar gemacht«, textete zu den Fotos vom Einmarsch kurz darauf die *Berliner Illustrierte Zeitung.*

Und wie reagierten die Marseiller auf das Eintreffen der neuen Herren? Ein Communiqué der Presseagentur Inter-France gibt die offizielle Lesart wieder: »Der Einzug der deutschen Truppen in Marseille hat in der Bevölkerung lebhafte Neugier erweckt, die im Übrigen ausschließlich von Sympathie getragen war. Beobachtern zufolge hatte die Warmherzigkeit der südlichen Begrüßung unter diesen Umständen nichts von ihrem traditionellen Charakter eingebüßt. Die bemerkenswerte Haltung und das Auftreten der deutschen Truppen haben die Bevölkerung beeindruckt, und die Marseiller, wiewohl sie nicht der Germanophilie verdächtig sind, schätzen, dass dieses von den Neuankömmlingen gebotene Schauspiel geeignet sein könnte, die machmal ein wenig schlampige Haltung der Einheimischen zu verbessern.«

Nordische Zackigkeit gegen südliches Geschlampe also! Die Agentur Inter-France, die das Gros der Regionalzeitungen belieferte, wurde von einer nazifreundlichen Clique geführt. Mit der »Warmherzigkeit der südlichen Begrüßung« war es in Wirklichkeit nicht so weit her: Wie das Kriegstagebuch des Oberkommandos der Wehrmacht festhielt, verhielten sich die Marseiller »ausgesprochen unfreundlich«.

Edmonde Charles-Roux schreibt in ihrem Roman *Elle, Adrienne,* die Deutschen seien bei ihrer Ankunft verlacht und mit Frotzeleien bedacht worden. »Offiziere erlebten, wie sie von Witzbolden geduzt wurden, und die Panzerbesatzungen behandelte man wie sonst nirgendwo. […] Man machte sich über sie lustig. Man versagte ihnen den Respekt.« Wie ein Tiefschlag habe das auf die Besatzer gewirkt. Aber war denn etwas anderes zu erwarten gewesen? Die Marseiller galten als politisch unzuverlässig und überhaupt wenig vertrauenswürdig. »Marseille als Hafenstadt ist bekannte Sammelstelle übler Elemente«, hieß es im Divisionsbefehl Nr. 60 der 335. Infanteriedivision vom 15. November. Von einer solchen Stadt ging Gefahr für den soldatischen Körper aus – Vorsicht vor Schmuddelrassen und ungutem südlichem Gesindel! Man begab sich hier auf infektiöses Terrain. Marseille war ein »Gefahrenherd für Ansteckung«. Demnach also möglichst kein Kontakt zu den »Eingeborenen«, wie der Divisionsbefehl präzisiert: »Bei den innerhalb Stadt- und Hafengebiet Marseille eingesetzten deutschen Truppenteilen ist jede Berührung mit der Bevölkerung auf das strengste zu vermeiden.«

Man richtet sich ein

Die Vichy-Autoritäten bemühten sich, die deutsche Präsenz im Süden herunterzuspielen. Es gehe dabei bloß um Verteidigungsstellungen an der Küste, es handle sich also gar nicht wirklich um eine Besetzung. Für die Zivilbevölkerung bleibe weiterhin die französische Verwaltung und Polizei zuständig, deren Souveränität stehe außer Frage.

Die Realität sah freilich sofort anders aus. Zugang zum Hafen, also dem Kernsektor des Marseiller Wirtschaftslebens, gab es nur noch mit spezieller deutscher Genehmigung. Und am 27. November leitete das Vichy-Innenministerium dem Präfekten die Aufforderung zu, Listen mit deutschen, österreichischen, saarländischen, polnischen, tschechischen, englischen, amerikanischen und russischen Bewohnern aufzustellen und diese auf Anforderung dem deutschen Polizeichef auszuliefern. Mit der Souveränität war es also nicht weit her.

Machtlos schauten die Marseiller zu, wie sich die ungebetenen Gäste einnisteten. Der Divisionsstab der 328. Infanteriedivision wählte sich als Hauptquartier das Grand Hôtel Noailles, die beste Adresse der Stadt. Konteradmiral Heinz Eduard Menche, Chef der nun für den Hafen zuständigen Kriegsmarinedienststelle, bezog das ebenfalls sehr luxuriöse Hôtel du Louvre et de la Paix (heute zu einem Kaufhaus der Kette C&A abgesunken). General von Fischer installierte die Platzkommandantur im Hôtel Splendide am Boulevard d'Athènes, wo vor nicht allzu langer Zeit noch der Amerikaner Varian Fry seine Anlaufstelle für fluchtwillige Intellektuelle unterhalten hatte.

Zur Unterbringungen der Mannschaften wurden 66 Schulen requiriert, darunter sogar Ecoles maternelles, die Vorschulen für die Dreijährigen. Manche Lehranstalten waren allerdings nicht komplett belegt; in den verbleibenden Räumen drängten sich die Schüler zum Unterricht zusammen, während in anderen Klassenzimmern die grüngrauen Soldaten kampierten und in die Holztäfelung Nägel schlugen, um ihre Handtücher und Rasierspiegel aufzuhängen.

Bei Offizieren waren Villen mit Blick aufs Meer beliebt. Jeden Tag gab die Kommandantur neue Requirierungen bekannt. Man machte dabei auch vor den Stützen der Gesellschaft nicht halt. Die Comtesse Lily Pastré – kulturelle Zentralfigur der Marseiller Szene, die in ihrem Schloss kurz zuvor noch bedrohte Künstler beschützt und versorgt hatte – war nun gezwungen, deutsche Soldaten höherer Dienstgrade zu beherbergen. Auch Jean Fraissinet, Erbe des alteingesessenen Reeder-Clans und Direktor der vichyfrommen Zeitung *Marseille Matin*, wurde von den neuen Herren aus seiner Villa verdrängt.

In Windeseile machten sich die Besatzer die unterworfene Stadt zu Diensten. Das legendäre Restaurant Basso, wo sich einst Walter Benjamin seinem Haschischrausch hingegeben hatte, sah sich umstandslos in eine Soldatenkantine verwandelt. Aus den Kinos der Canebière – Rex, Majestic, Trois Salles – wurden deutsche Soldatenkinos. In der Oper reservierten sich Standortkommandantur und Sicherheitsdienst die besten Logen. Das wunderte nicht weiter, man wusste ja, welche Verehrung die Deutschen der Musik entgegenbrachten.

Als sich am 27. November die Besatzungstruppen dem Kriegshafen Toulon näherten, versenkte sich die dort beheimatete französische Mittelmeerflotte selbst, ein Akt, der die sofortige Entwaffnung und Demobilisierung der Waffenstillstandsarmee auslöste. Ohne große Diskussion übernahm das deutsche Militär die Kasernen und warf die Franzosen auf demütigende Weise hinaus.

Das alles vollzog sich rapide und routiniert. Die Marseiller staunten bloß über »les Boches«, »les Chleuhs«, »les Fridolins«: Die schienen genau zu wissen, was zu tun war. Da wurde nicht lange gefackelt. Kaum vorstellbar, dass die den Krieg verlieren könnten, so wie die auftraten.

Parallel zur Wehrmacht begann sich auch die SS einzunisten. Himmler setzte sich höchstpersönlich dafür ein, Marseille zum SS-Standort zu machen. Es ging darum, seine Marke zu setzen, sich im Kompetenzgerangel mit der Wehrmacht durchzusetzen, überdies hatte er seine sehr eigenen Vorstellungen darüber, wie mit dieser Stadt umzuspringen war.

Mitte Dezember 1942 traf ein von Oberst Griese kommandiertes SS-

Polizeiregiment in Marseille ein. Es war nicht nur für Polizeimaßnahmen zuständig, sondern übernahm auch Aufgaben der militärischen Küstenverteidigung im ausgedehnten Hafengebiet.

Die von Sturmbannführer Rolf Mühler kommandierten Polizei- und Sicherheitsdienste – SIPO und SD, von den Franzosen etwas irreführend »Gestapo« genannt – siedelten sich in der Nummer 425 der Rue Paradis an. Die Villa wurde zum SD-Regionalbüro mit Außendienststellen in Nîmes, Avignon, Nizza, Digne und Gap.

Für den faschistischen Parti Populaire Français, in den der ehemalige Quasibürgermeister Simon Sabiani seine Anhänger und auch allerlei Ganovenfreunde eingebunden hatte, ergaben sich hier neue Wirkungsmöglichkeiten. Auch bei anderen deutschen Stellen kamen PPF-Mitglieder unter, so im Office de Placement Allemand in der Rue Beauvau, der Anwerbestelle für Arbeitseinsätze in Deutschland.

Visuelle Eindrücke vom besetzten Marseille aus der Sicht der Besatzer lieferten die Fotografen der Propagandakompanie, die gleich im November mit der Nachhut des Einmarschs in der Hafenstadt auftauchten und im Hôtel Rome et Saint Pierre untergebracht wurden. 1972 wurden ihre Fotos von dem französischen Journalisten Gérard Guicheteau im Bundesarchiv Koblenz aufgestöbert, später hat sie in größerem Umfang der Historiker Ahlrich Meyer ausgewertet und veröffentlicht. Was die Bilder – zumindest anfangs – festhielten, waren typische Szenen des Besatzungstourismus: Wehrmachtssoldaten am Hafen entlangschlendernd, beim Bummel an der Corniche, am Caféhaustisch, beim Auswählen von Ansichskarten, beim Beobachten Netze flickender Fischer, beim Skatspielen zu Füßen von Notre-Dame de la Garde. Dazu Bildlegenden wie »Fremde Menschen, fremde Früchte sind für den deutschen Soldaten in den Straßen von Marseille ein täglich neues Erlebnis«.

Fremde Menschen, fremde Früchte – die Besatzer bewegten sich durch die Kleineleuteviertel mit ihren exotischen Bewohnern wie im Zoo. Auf anderen Fotos ist zu sehen, dass auch zur Unterhaltung der Marseiller etwas beigetragen wurde, zum Beispiel ein Konzert auf dem Quai des Belges: »Darbietung einer deutschen Militärkapelle. Begeisterte Zuhörer.« Teutonische Blasmusik, vielleicht als Kompensation für die aufgezwungene Steckrübendiät. Denn die Ernährungslage verschlechterte sich rapide. Die Versorgung war bis dahin schon schlecht gewesen, jetzt wurde sie miserabel. Nicht einmal Fisch war mehr in hinreichenden Mengen zu haben. Die größeren Kutter wurden beschlagnahmt, die anderen durften nachts nicht aufs Meer hinausfahren. Was die Boote zurückbrachten, war entsprechend mickrig, kein Vergleich zum vormals strotzenden Angebot in der großen Fischmarkthalle und an den Ständen des Quai des Belges.

Die Besatzungssituation ruinierte die Wirtschaft. Die vitalen Verbindungen nach Nordafrika waren gekappt, der Hafenbetrieb kam fast komplett zum Erliegen. Nur nach Korsika, Spanien und Portugal fuhren Ende 1942 noch ein paar Schiffe.

Außerdem war da kurioserweise die Schweizer Handelsmarine, die mit einem Dutzend in Basel registrierten Dampfern Marseille als Mittelmeerstützpunkt nutzte. Um von den kriegführenden Parteien nicht behelligt zu werden, hatte sie auf die Bordwände ihrer Schiffe in großen Lettern »SWITZERLAND« schreiben lassen.

Den einheimischen Reedereien aber blieb nichts übrig, als ihre Schiffsbesatzungen zu entlassen. Unter den in Marseille gestrandeten Seeleuten waren viele Schwarzafrikaner, Sudanesen, Senegalesen, die sich nun irgendwie durchschlagen mussten. In den Docks gab es nichts zu tun, und die Schornsteine der traditionellen Industriebetriebe hörten einer nach dem anderen auf zu rauchen, weil der Rohstoffnachschub ausblieb. Wenn die Ölmühlen, Seifenfabriken und Zuckerraffinerien ihre Reserven verbraucht hatten, waren sie gezwungen, die Belegschaft nach Hause zu schicken und dichtzumachen. Für große Mengen von Kolonialarbeitern – aus dem Maghreb, Madagaskar, Indochina – war der Weg in die Herkunftsländer versperrt. Sie wurden auf militärisch bewachte Lager in Mazargues, Aubagne, Miramas oder La Blancarde verteilt und kläglich mit Reis oder Couscous versorgt.

Die Arbeitslosigkeit unter Dockern, Seeleuten und Industriearbeitern verschärfte sich. Gemildert wurde sie allenfalls durch die neuen Jobs, die bei der Organisation Todt (OT) zu haben waren, jener dem Reichsminister für Bewaffnung und Munition unterstellten Bautruppe, die schon die französische Westküste reichlich mit den Betonanlagen des »Atlantikwalls« bestückt hatte und die nun Arbeitskräfte für den »Südwall« brauchte. Anlaufstelle war das Hôtel du Levant in der Rue Fauchier, vor dem sich lange Schlangen bildeten. Die OT war nun zum größten Arbeitergeber der ganzen Region geworden. Bis zu 40 000 Männer wurden beschäftigt.

Zusehends veränderte die Küste ihr Gesicht. Geschützbatterien entstanden entlang der Côte Bleue, am Cap Janet im nördlichen Hafenbereich wurde in aller Hast Beton für den U-Boot-Bunker »Martha« gegossen. Die Befestigungsaktivitäten ließen auch das Marseiller Heiligtum nicht aus, den Berg von Notre-Dame de la Garde. Der Zugang zur Basilika wurde verboten, Alte, Kranke und Nonnen mussten das Altenheim L'Angelus für eine 200 Mann starke Garnison räumen. Entlang der Uferpromenade, der Corniche, am Prado-Strand und an den Hängen von Roucas Blanc sprossen graue Betonknubbel, MG-Stellungen und Flakbatterien empor, auch die militärisch für besonders wichtig erachteten Frioul-Inseln bekamen Befestigungsanlagen und Landeabwehrbewaffnung verpasst.

Kriegerische Operationen schienen also deutlich näher zu rücken. Angesichts dieser Bedrohung brachten die Marseiller eilig ihre Kulturgüter in Sicherheit. Die Gemälde aus den Kunstsammlungen, Werke von Ingres, Rubens, Courbet, Puvis de Chavannes, Monticelli und Daumier, der Bestand von Bibliotheken und Archiven – all das wurde mit LKWs aus der Stadt geschafft und in die Kellergewölbe möglichst weit entfernter Provence-Schlösser eingelagert, ins Château de Laval in Gréoux, ins Château de Fonscolombe oder ins Château de Puyloubiers am Fuß der Sainte Victoire.

Kahl und leer waren nun die Wände in den Museen – auch sonst verkümmerte das kulturelle Leben. Eine bleierne Atmosphäre legte sich über die sonst so quirlige Stadt. Die fremde Herrschaft prägte das Bild und zwängte Marseille ins Korsett ihrer Zeitvorgaben. Veranstaltungssäle, Restaurants, Cafés und Bars mussten schon um 20 Uhr schließen. Kino- und Theatervorstellungen verschoben sich in die Vormittagsstunden. Der Verkehr auf den Straßen war von Mitternacht bis 5 Uhr früh verboten. Die Ordnung wurde von der Vichy-Polizei sichergestellt, aber die Vorgaben kamen von der deutschen Kommandantur.

Erste Anschläge

»Stimmung in Marseille äußerlich ruhig, aber labil«, schrieb der deutsche Hafenkommandant in sein Kriegstagebuch. Schon kurze Zeit nach dem Einmarsch war es mit der Ruhe vorbei. Feindselige Graffiti an den Mauern erinnerten an die Niederlage der Deutschen im Ersten Weltkrieg. Am 13. November ereignete sich ein erstes Sprengstoffattentat am Boulevard Garibaldi. Anfang Dezember folgten Anschläge auf deutsche Fahrzeuge vor dem Hôtel Astoria und auf das Hôtel Rome et Saint Pierre, das Quartier der Propagandakompanie. Vorerst blieb es bei Sachschäden und leichten Verletzungen.

Diese ersten Widerstandsakte wurden von Untergrundkämpfern verübt, die aus dem Ausland stammten: von Mitgliedern der Francs-tireurs et partisans/Main-d'œuvre immigrée (FTP-MOI), einer von der Kommunistischen Partei betreuten Organisation. In ihr sammelten sich Spanier, Italiener, Polen, Rumänen, Armenier, osteuropäische Juden, ehemalige deutsche Spanienkämpfer der Internationalen Brigaden. Sie bildeten die Avantgarde der französischen Résistance, auch wenn ihr Beitrag nach dem Krieg erst einmal verdrängt wurde, denn natürlich konnte in der offiziellen Lesart der Widerstand keine Sache eines kosmopolitischen Ausländerhaufens sein. Die Marseiller MOI-Gruppe nannte sich »Marat«, nach dem kompromisslosen Volkstribun der Französischen Revolution.

Es krachte erneut in der Silvesternacht 1942/43: In die Bar de Lyon, ein bei deutschen Soldaten beliebtes Lokal, wurde ein Sprengkörper geworfen. Wieder entstand bloß Sachschaden, aber die Lage wurde unbehaglicher. Die beiden nächsten Anschläge drei Tage später waren folgenreicher: Bei einem Attentat auf ein von Deutschen frequentiertes Bordell in der Rue Lemaître wurden zahlreiche Soldaten verletzt. Das zuständige Divisonskommando forderte sogleich eine »Zentralisierung des Bordellbetriebs«, damit »baldigst neue Bordelle in genügender Zahl« zum Zwecke reibungslosen und flüssigen Verkehrs geschaffen werden konnten, denn: »Ein Anstehen deutscher Soldaten vor Bordellen muss unter allen Umständen verhindert werden.«

Und ebenfalls am 3. Januar ging eine selbst gebastelte Bombe im Hôtel Splendide am Boulevard d'Athènes hoch, wo sich das Platzkommando einquartiert hatte. Dieser Anschlag forderte zwei Todesopfer, die Nervosität wurde jetzt größer, und der Kommandant von Marseille, Generalmajor Mylo, verhängte den Belagerungszustand. Für die Bevölkerung war das eine einschneidende Maßnahme, denn von nun an war in der Stadt und den angrenzenden Gemeinden jeder Verkehr ohne Sondergenehmigung von 20 Uhr bis 6 Uhr verboten, Fenster und Fensterläden sämtlicher Gebäude mussten ab 18 Uhr geschlossen bleiben, dazu die Drohung, dass bei jeder Widersetzlichkeit gegen die Anordnungen der deutschen Wehrmacht rücksichtslos von den Schußwaffen Gebrauch gemacht würde.

In Himmlers Visier

Die Attentatsserie lieferte nun auch dem Reichsführer SS Heinrich Himmler einen Vorwand, sich massiv in die Marseiller Angelegenheiten einzumischen. Schon am 30. Dezember 1942 hatte er die »Erfassung und Verhaftung des Verbrechertums« angemahnt, jetzt verschärfte er den Ton, wollte keinen Aufschub mehr dulden bei seinem Vorhaben, Marseille, dieses »größte, durch Tausende von fremdrassigen, vor allem politischen Elementen beherrschte Verbrecherzentrum des Kontinents«, einer passenden Sonderbehandlung zu unterziehen …

Die mediterrane Hafenstadt war dem Herrenmenschen mit der Nickelbrille grundsätzlich ein Feind- und Schreckbild. Man wusste ja Bescheid, schließlich hatte der NSDAP-Ideologe Alfred Rosenberg in seinem *Mythus des 20. Jahrhunderts* Marseille bereits gebrandmarkt als Herd, von dem aus stetig neue »Bastardierungskeime« nach Frankreich hineingeschickt würden. Ein Abszess also, ein Geschwür am Leibe Europas.

Himmlers Mann in Frankreich war seit Mai 1942 der Höhere SS- und Polizeiführer Carl Oberg, der sich mit Aktionen gegen die Résistance, mit Geiselerschießungen und dem Organisieren der Judendeportation in kurzer Zeit den Namen »Schlächter von Paris« verdient hatte. Oberg nutzte mit zynischem Kalkül die Bedürfnisse der Vichy-Führung aus, auch unter den Bedingungen der Besatzung einen Anschein staatlicher Souveränität zu wahren. Ein besonders interessantes Zusammenspiel, gerade im Hinblick auf die Anforderungen der »Endlösung«, war mit dem Vichy-Polizeichef René Bousquet zustande gekommen. Dieser, um die

Beibehaltung einer eigenständigen französischen Rolle im Rahmen der Kollaboration bemüht, hatte sich am 18. Juni 1942 per Brief an den SS-Führer gewandt: »Sie kennen die französische Polizei. Sie hat gewiss ihre Schwächen, aber auch ihre Qualitäten. Ich bin davon überzeugt, dass sie, wenn sie auf neuen Grundlagen reorganisiert und stramm geführt wird, in der Lage ist, äußerst gute Dienste zu leisten. Sie haben bereits bei zahlreichen Anlässen die Effizienz ihrer Tätigkeit feststellen können. Ich bin sicher, dass sie noch mehr tun kann.«

Oberg war darauf eingegangen und hatte am 2. Juli 1942 eine Vereinbarung über polizeiliche Zusammenarbeit getroffen. Ihm war sofort die Nützlichkeit eines solchen Deals klar geworden. Verhaftungen waren auf diese Weise leichter durchzuführen, die zur Deportation Vorgesehenen, vor allem die ausländischen Juden, waren angesichts der französischen Autoritäten weniger misstrauisch und fluchtbereit, als wenn die Gestapo-Ledermanteltypen an die Tür pochten. Natürlich kamen die Anweisungen in Wirklichkeit trotzdem von deutscher Seite. Oberg machte also gerne ein paar oberflächliche Zugeständnisse, ließ seinen »Partnern« die Illusion der Selbständigkeit, wenn ihm im Gegenzug die Dreckarbeit abgenommen wurde. Und, jawohl, Bousquets Polizei leistete gute Dienste, zeigte sich sehr anstellig bei der »rafle du Vel' d'Hiv«, jener nach dem Vélodrome d'Hiver benannten großen Pariser Razzia vom 16. Juli, bei der unter Mitwirkung von 4500 französischen Polizisten rund 13 000 Juden zum Zweck ihrer Deportation in die Vernichtungslager festgenommen wurden.

Zweifellos war Oberg besser mit den französischen Verhältnissen vertraut als Himmler und wusste, wie nützlich ein gewisses Vertrauensklima, eine Pro-forma-Rücksichtnahme auf französische Empfindlichkeiten war. Möglicherweise reagierte er in Sachen Marseille deshalb zunächst ein wenig ausweichend, worüber sich der Reichsführer SS heftig erregte und Depeschen losschickte, denen man förmlich den bellenden Befehlston anmerkte. Er herrschte Oberg wegen seiner Eigenmächtigkeiten an, befahl ihm, sich unverzüglich nach Marseille zu begeben und verlangte »schärfstes und radikales Durchgreifen«. Himmlers Vorstellungen vom Marseiller Hafenviertel hätten aus billigen Schauerromanen stammen können. Er schwadronierte von einem »Untermenschen- und Sabotageaufstand«, einem Höhlensystem und unterirdischen Gängen, einer »Unterstadt«, die es zu vernichten gelte.

Eiligst begab sich Oberg am 6. Januar 1943 nach Marseille und schickte seinem erzürnten Vorgesetzten umgehend ein Blitztelegramm – »melde gehorsamst meine Ankunft«. In der Folge traf er sich wiederholt mit dem ebenfalls angereisten Bousquet sowie mit dem Präfekten Marcel Lemoine, Vertretern der deutschen Militärführung und Oberst Griese, der die in Marseille stationierte SS-Polizeieinheit kommandierte, um ihnen Himmlers Befehl – Sprengung des gesamten Hafenviertels – zu präsentieren und die weitere Aktion abzustimmen.

Französische Städtebauprojekte

Eine Beschreibung jener »Unterstadt«, die beim Reichsführer SS solche Vernichtungsfantasien ausgelöst hatte, findet sich im Roman *Elle, Adrienne* von Edmonde Charles-Roux: »In diesem Gewirr von Gassen, dicht gedrängten Häusern, abgestützten Durchgängen, rätselvollen Fenstern, in dieser Zuflucht, die seit den frühesten Zeiten der Stadt allen offenstand, die Schmerz, Angst, Hunger in sich trugen oder untertauchen wollten, wohnte im besten Einvernehmen ein Volk kleiner Leute von Matrosen, Künstlern, Fischern, Fischweibern, Steuermännern, Stewards oder Köchen abgetakelter Passagierdampfer, von Arbeitern, Gören, die ständig in alles ihre Nase steckten, von Kneipenwirten, an denen ihre Huren, Strichmädchen und vielfältig spezialisierten Gauner hingen, für die das Viertel eine riesige Tarnkappe war, und dann die ehrenhaften Pensionäre des Zolls und der Straßenbahn inmitten einer Menge von Pechvögeln …«

Gewiss gab es dort einschlägig bekannte Rotlichtgassen mit dem entsprechenden Personal, aber das Gros der rund 40 000 Bewohner waren italienischstämmige oder korsische Seeleute, Fischer, Arbeiter, Docker, Handwerker, Angestellte und Ladenbesitzer. Es war ein Viertel, wie es typisch ist für mediterrane Städte, verwinkelt, dicht und hoch bebaut, zweifellos auch einigermaßen schmuddelig, ein Stadtteil, in dem Ortsfremde leicht die Orientierung verlieren konnten. Das hatte es einigen Flüchtlingen, die Marseille nicht rechtzeitig hatten verlassen können, ermöglicht, sich noch eine Weile versteckt zu halten.

Darüber hinaus war dieses Quartier ganz einfach das historische Herz von Marseille. Hier, an dieser Stelle an der Nordseite der natürlichen Bucht des Lacydon hatten sich einst die griechischen Seefahrer aus Phokäa angesiedelt, hier hatte sich das Massalia der Antike, das Marsiho des Mittelalters befunden. Es war dies der älteste Kern der ältesten Stadt Frankreichs. Und der sollte nun also auf Anordnung des delirierenden SS-Chefs ausradiert werden – ein monströser Gedanke.

Allerdings traf es sich auf perfide Weise, dass man auch in französischen Kreisen diesen Stadtteil ins Visier genommen hatte. Schon in der Ära der Dritten Republik waren Urbanisten mit dem Vorhaben einer Radikalsanierung auf den Plan getreten. Wenn Marseille allgemein aus Pariser Sicht gern als korrupt, gewalttätig und schmutzig denunziert wurde, verdichteten sich die Negativstereotypen besonders bei Beschreibungen der alten Quartiers. Für die populäre Presse der 30er-Jahre waren sie das Reich des hergelaufenen Gesindels, der Kriminellen und der Prostitution. Broschüren wie *Le Marseille curieux* boten ihren Lesern schockierende Besuche in den verruchten Gassen und verschafften wohliges Entsetzen.

Der beklagenswerte Zustand mancher Gebäude, schlechte sanitäre Ausstattung, Armut und manche zweifelhaften Aktivitäten – diverse Faktoren kamen zusammen, die Vorwände lieferten für eine generelle Stigmatisierung. Das war Wasser auf die Mühlen der Stadtplaner, die sich als Demiurgen einer besseren, gesunden, lichtdurchfluteten Welt verstanden. Hier öffnete sich ein Betätigungsfeld, auf dem den neuen Glaubenssätzen von Hygiene und frei fließendem Verkehr gehuldigt werden konnte. Wobei der Sanierungsgedanke von Anfang an mit der Idee einherging, das vom Pöbel dominierte Marseiller Zentrum für die bürgerlichen Kreise zurückzuerobern.

Im April 1931 beauftragte der Marseiller Stadtrat den Pariser Architekten und Urbanisten Jacques Gréber mit der Entwicklung eines Planes zur »Herrichtung, Verschönerung und Ausdehnung«. Unterstützt und inspiriert wurde Gréber dabei von Gaston Castel, dem Chefarchitekten des Départements. In mehreren Aufsätzen wie »Marseille et l'urbanisme« oder »Marseille Métropole«, manche gemeinsam mit Jean Ballard, dem Herausgeber der renommierten Literaturzeitschrift *Cahiers du Sud* verfasst, propagierte Castel die gründliche Umgestaltung der Stadt. Sein

Vorbild war Le Corbusier, er nannte ihn den »weitsichtigsten Architekten und Urbanisten der modernen Welt« und pries ihn als würdigsten Erben des Barons Haussmann, der während des Zweiten Kaiserreichs Paris so gründlich umgekrempelt hatte. Für die traditionelle Struktur mediterraner Städte hatten die architektonischen Neuerer nicht viel übrig, Erhalt und Sanierung des Alten waren kein Thema. Der Tribut an das zu bewahrende Bau-Erbe reduzierte sich auf ein paar verstreute »historisch wertvolle« Einzelgebäude, die man allenfalls stehen zu lassen bereit war. Ansonsten wurde die Altstadt diffamiert, man machte sich lustig über die Ergriffenheit naiver Sonntagsmaler angesichts der über die Straße aufgehängten bunten Wäsche …

Gréber fühlte sich den Prinzipien des neuen amerikanischen Urbanismus verpflichtet, den er bei Reisen in die USA kennengelernt hatte. Dazu gehörte die Aufteilung der Stadt in Funktionszonen und das Primat des freien Verkehrsflusses. Die Bewohner des dicht bebauten Sektors sollten in die Randgebiete umgesiedelt werden. Das funktional und hygienisch erneuerte Zentrum würde man dann durch monumentale Reizpunkte aufwerten. Castel und Gréber hatten die Idee, ein hoch emporragendes Monument zu Ehren der Marseillaise, auf dem Sockel des auf der südlichen Hafenseite gelegenen Fort Saint Nicolas zu errichten. Von der Canebière aus hätte man dadurch den Blick auf eine Art wuchtiger Akropolis gehabt.

Auf dem Nordufer sah Gréber die Demolierung des Quartiers in unmittelbarer Nachbarschaft des Rathauses und breite Einschnitte in die Altstadtsubstanz vor, während Castel und Jean Ballard in den *Cahiers du Sud* eine noch radikalere Durchlüftung des Zentrums propagierten, nämlich die komplette Zerstörung des alten Viertels: »Die einzige Lösung, die uns angemessen erscheint, besteht darin, alles abzureißen und anstelle dessen neue Viertel zu bauen.«

Erstaunlicherweise war aber eine Ausnahme im Zerstörungswerk vorgesehen: Die erste Reihe der Häuser am Kai des nördlichen Ufers sollten stehen bleiben, ihres pittoresken Wertes wegen. Castel schlug vor, »dass man die Häuser-Bordüre des Alten Hafens nicht anrührt, sondern sie wie einen Vorhang beibehält, um die Einheitlichkeit des Gesamtbilds zu bewahren, während man die Quartiere erneuert, die sich dahinter verbergen«.

Zweifelte die Moderne doch noch ein wenig an ihrer ästhetischen Überlegenheit? Machte sich hier noch einen letzter Rest von Respekt vor der historischen Fassade bemerkbar, oder war es ein Anflug von schlechtem Gewissen? Jedenfalls ging der Vorschlag in den vorgelegten Plan ein, dessen Inhalt und Orientierung weitgehend im Einklang standen mit den Vorstellungen der lokalen Bourgeoisie von einer künftigen modernen Geschäftsmetropole, den Träumen von neuer Pracht und Größe.

Gréber kam dann allerdings nicht zum Zuge. Die spezifischen Marseiller Trägheitsmomente standen einer raschen Umsetzung entgegen, hinderlich war nicht zuletzt auch das Verwaltungschaos der Rathaus-Ära Ribot-Sabiani. Wieder aufgegriffen wurden seine Richtlinien dann in der Zeit des Pétain-Regimes. Dem »Etat français« war die Transformation von Marseille ein zentrales Anliegen. »Die Wiederaufrichtung Frankreichs ist gebunden an die von Marseille«, hatte der Marschall verkündet. Am 30. Mai 1941 verabschiedete die Vichy-Regierung ein Gesetz über die »Großen Arbeiten« in Marseille. Das urbanistische Programm wurde dem Chefarchitekten der Regierung Eugène Beaudoin übertragen.

Den Ideologen der »Révolution nationale« galt die Stadt als dubioses Pflaster. Insbesondere das alte Hafenviertel, dieses unkontrollierbare Labyrinth in den Händen eines kosmopolitischen Pöbels, verlangte in ihren Augen nach gründlicher Säuberung. In der Zeitschrift des Marseiller Rathauses ereiferte sich das Académie-française-Mitglied Louis Gillet: »Auf dem Hügel Accoules, zwischen dem Rathaus und der Major, befindet sich eine der unsaubersten und obszönsten Kloaken, in der sich der Abschaum des Mittelmeers sammelt.« Entschlossene Eingriffe drängten sich demnach auf.

Eine Broschüre mit dem Titel »Das Marseille von morgen wird eine moderne Stadt sein« äußerte sich abschätzig über das zum Großteil aus der Barockzeit stammende gebaute Erbe – all das war zu alt, zu voll, zu klein, zu verwinkelt, vom Pöbel bewohnt, nicht grandios genug, also weg damit. Stattdessen sollten die »monumentalen Möglichkeiten« anvisiert werden, auch wenn – den veränderten politischen Umständen entsprechend – von einem Monument für die Marseillaise nun nicht mehr die Rede war.

Zu dem von Beaudoin anvisierten Projekt der »modernen Stadt« gehörte wie bei Gréber und Castel das Prinzip der Aufteilung in Funktionszonen und die Rekomposition der Innenstadt, das heißt Radikalsanierung der als »verrottet« geschmähten Viertel, Reduzierung der Bevölkerungsdichte im Zentrum und ein System aus Schnellstraßen, das den modernen Verkehrsanforderungen entsprechen würde.

Beaudoins Plan, der im Januar 1942 in Gestalt eines großen Modells präsentiert wurde, fand sofort die Zustimmung der lokalen Eliten. Hier würde endlich mit eisernem Besen gekehrt, freute sich der konservative Professor und Lokaldichter Emile Ripert: »Marseille, dieses Reich der Sonne mit seiner unvergleichlichen Lage, ist in miserable Lumpen gehüllt. Das sind die schäbigen Quartiers, die Slums, deren Pesthauch die Gesundheit der Kinder und somit die Zukunft unserer Rasse bedroht. [...] Licht und Leben werden nun einziehen, wo Krankheiten und Laster regieren. [...] Herrschaftliche Straßen, schöne Avenuen werden viel leichter die ausländischen Besucher herbeilocken, die bisweilen unsere als Infektionsherd angesehene Stadt gemieden haben.«

In den wesentlichen Orientierungen – Schaffung eines neuen, die Stadt durchschneidenden Straßennetzes, Abriss eines größeren Teils der Altstadt – folgte Beaudoin dem Vorgänger Gréber, auch wenn er sein eigenes Projekt verbal mit vichykompatiblen ideologischen Versatzstücken garnierte. Bezeichnend für die Kontinuität zwischen beiden Stadtplanern ist auch die in Beaudoins Modell von Gréber übernommene Idee einer Aussparung der ersten Häuserzeile am Kai, deren historische Fassaden den dahinter zu vollziehenden Kahlschlag kaschieren sollten.

Razzia und Deportation

Was nun den Reichsführer SS Heinrich Himmler angeht, so darf man wohl annehmen, dass ihm irgendwelche französischen Sanierungs- und Modernisierungsvorhaben herzlich egal waren – fraglich, ob er überhaupt von ihnen Kenntnis hatte. Dem Mann, in dessen Hirn sich wüste Fantasien über Marseille als »Saustall Frankreichs« zusammengebraut hatten, ging es nicht um urbanistische Verbesserungen, es ging ihm um Vernichtung.

»Ich wünsche für die Bereinigung der Verhältnisse in Marseille eine radikale und vollkommene Lösung«, stellte er in einem seiner Fernschreiben an Oberg klar und präzisierte, was ihm vorschwebte: »Verhaftung der großen Verbechermassen von Marseille und deren Abfuhr in KL. [Konzentrationslager], am besten nach Deutschland. Ich stelle mir hier eine Zahl von rund 100 000 vor.« Des Weiteren sei die Unterstadt von Marseille »durch Fachleute zu sprengen, und zwar in der Form, dass allein schon durch den Explosionsdruck die darin Wohnenden zugrunde gehen.« Zudem habe sich an dem zu erwartenden Kampf in den »unterirdischen Gängen und Höhlen« gefälligst die französische Polizei in größtem Umfang zu beteiligen, um deutsche Menschenleben zu schonen.

Carl Oberg stellten Himmlers Delirien vor ein Problem: Er war einerseits Befehlsempfänger, andererseits an einem glatten Besatzungsbetrieb interessiert. Er legte Wert auf die Einbindung der Vichy-Kollaborateure; gerade für eine reibungslose Abwicklung der Judendeportation hatte sie sich als förderlich erwiesen. Auf seine Weise betrieb der Höhere SS-Führer eine Art von »Realpolitik«. Und so wurden im Laufe der Verhandlungsrunden zwischen ihm, Wehrmachtsvertretern und hohen Vichy-Beamten Kompromisse ausgeheckt, die Himmlers exzessive Anordnungen modifizierten. Ahlrich Meyer merkt dazu an: »Offenkundig waren beide Seiten bemüht, die angeordneten Terrormaßnahmen, die vermutlich die französische Öffentlichkeit in einem unkalkulierbaren Maß gegen die deutschen Besatzer aufgebracht und das Kräfteverhältnis zugunsten der französischen Widerstandsbewegung entscheidend verändert hätten, auf das realistische Maß zu reduzieren und damit allererst durchführbar zu machen.«

Reduziert wurde das Ausmaß der vorgesehenen Sprengungen im Hafenviertel. Statt 40 000 Einwohner waren in dem nunmehr festgelegten Areal bloß etwa 25 000 betroffen, und sie sollten nicht gleich durch die Sprengung vernichtet, sondern zuvor evakuiert werden.

Ein anderer Verhandlungspunkt betraf die »Verhaftung der Verbrechermassen«, sprich die Organisation der Razzien. Vorgesehen war hierfür zunächst die Unterstellung der französischen Polizei unter deutsches Kommando. Da aber legte sich erneut Bousquet ins Zeug, der auch hier um den Schein französischer »Souveränität« besorgt war. Oberg kam ihm entgegen, die Vichy-Polizei durfte in eigener Verantwortung tätig werden.

Sozusagen als Gegenleistung für dieses Zugeständnis stellte Bousquet in Aussicht, die Aktion des Durchkämmens, Kontrollierens und Verhaftens nicht nur, wie zunächst von deutscher Seite geplant, auf das 1. Arrondissement zu beschränken – im Wesentlichen die Altstadtviertel am Hafen –, sondern die Operation auf die ganze Stadt auszuweiten.

Festgenommen werden sollten »unerwünschte« Personen, wie sie in einer Dienstanweisung des Präfekten Lemoine definiert wurden: Asoziale, Kriminelle, Ausländer in irregulärer Situation und »alle Juden«. Zwei parallele Aktionen fanden nun zur gleichen Zeit statt: die ausgedehnte Razzia und die Evakuierung des Hafenviertels. Dazu wurden in Marseille insgesamt 12 000 Polizisten aus dem ganzen Land zusammengezogen.

»Aus Gründen der militärischen Ordnung und um die Sicherheit der Bevölkerung zu garantieren, haben die deutschen Militärbehörden die französische Verwaltung angewiesen, unverzüglich die Evakuierung der nördlichen Viertel des Alten Hafens vorzunehmen. Die französische Administration ihrerseits hat aus Gründen der inneren Sicherheit beschlossen, eine großangelegte Polizeiaktion durchzuführen, um Marseille von gewissen Elementen zu befreien, deren Aktivität die Bevölkerung mit großen Risiken belastete. Die französische Administration hat alles getan, um zu vermeiden, dass diese beiden Operationen verwechselt werden.« In diesem Communiqué der Marseiller Präfektur wird deutlich, wie sehr sich die französische Seite bemühte, glauben zu machen, die Razzia habe mit den Nazis nichts zu tun, dabei weist die Anordnung, »alle Juden« zu verhaften, eindeutig auf den Kontext der »Endlösung« hin, deren Zuarbeiter nun auch in Marseille die einheimische Polizei wurde.

Die Razzien fanden in der Nacht vom 22. auf den 23. Januar 1943 statt, von den 6000 vorläufig festgenommenen Personen wurden schließlich 1642 an Deutschland ausgeliefert und am 24. Januar mit dem Güterzug ins nördlich von Paris gelegene Lager Compiègne transportiert. Die Juden, 782 Männer, Frauen und Kinder ab zehn Jahren, wurden zwei Monate später aus Compiègne über Drancy ins Vernichtungslager Sobibor deportiert. Die meisten übrigen Opfer der Razzien kamen ins Konzentrationslager Sachsenhausen bei Berlin.

Eine Ausnahme machte man bei den mit »Arierinnen« verheirateten Marseiller Juden: Sie wurden in ein Lager namens Norderney verbracht, das sich auf der von der Wehrmacht besetzten britischen Kanalinsel Alderney befand. Dort mussten sie gemeinsam mit Russen, »Rotspaniern« und Marokkanern an den Befestigungsanlagen des Atlantikwalls bauen.

Das Ende des Hafenviertels

Am Sonntagmorgen um 6 Uhr, es war der 24. Januar, hörten die Bewohner des Viertels am Vieux Port eine fatale Botschaft, die blechern von Lautsprecherwagen schepperte: Zwei Stunden gab man ihnen, ihr Bündel zu schnüren, 30 Kilo Gepäck durften sie mitnehmen. Das Gebiet zwischen dem damals nach Maréchal Pétain benannten Kai im Süden, der Rue Caissière im Norden, dem Fort Saint Jean im Westen und der Rue Chevalier Rose im Osten war von Truppen des SS-Polizeiregiments Griese abgeriegelt worden.

Die eigentliche Evakuierungsaufgabe oblag den französischen Ordnungshütern. Alles funktionierte wunschgemäß; »Tatkräftig und durchschlagend« sei die Aktion durchgeführt worden, gab der »Oberbefehlshaber West« lobend zu den Akten. Und der *Petit Marseillais* schrieb stolz am 30. Januar 1943: »Es gilt zu präzisieren, dass die Evakuierung des Viertels am Nordufer des Alten Hafens ausschließlich von der französischen Polizei durchgeführt wurde und dass es dabei zu keinerlei Zwischenfall gekommen ist.«

Das traurige Defilee der Evakuierten, die da plötzlich aus ihrer Welt gezerrt worden waren und Bündel tragend oder Karren voller hastig zusammengeraffter Habseligkeiten schiebend unter strengster Polizeibewachung den Kai entlang stolperten, hat bei vielen Augenzeugen einen nachhaltigen Eindruck hinterlassen. Mit requirierten Straßenbahnen wurden die Bewohner des verurteilten Stadtteils zum Güterbahnhof von Arenc gebracht.

In der Tat verzeichnete die französische Polizei keinerlei Widerstand in der Bevölkerung, der ja auch bei dieser einschüchternden Menge von Uniformierten kaum zu erwarten war. Wohl aber gab es verbale Proteste sehr spezieller Art, jedenfalls wenn man der Schilderung von Edmonde Charles-Roux in *Elle, Adrienne* Glauben schenkt: Sie kamen von den Huren des Viertels, die damit auf ihre Weise die Ehre der Stadt retteten. Die Autorin malt genüsslich die Szene aus, wie sie auf hohen Absätzen, mit aufgedonnerten Frisuren, hautengen geschlitzten Kleidern in einem abenteuerlichen wilden Zug herausstöckelten aus den Gassen der Sünde und die französischen Flics, die Handlanger der Nazis bei der Zerstörung der eigenen Stadt nach Kräften beschimpften. »Es war ein Theatercoup, der unerwartete Einzug eines Hexensabbats, das Auftauchen von Frauen, die fähig waren, sich über alles hinwegzusetzen. Denn sie lebten jenseits der Furcht. Und das war eindeutig, und das war zu hören. Plötzlich kamen aus den engen Straßen keine Deportierten und erst recht keine Opfer, sondern Furien. Eine wütende Nachhut. Sie fluchten mit lauten Schreien und großen Gesten. Und was sie über die Franzosen ausspien, die sie zusammentrieben, machte ihre Bewacher sprachlos. Beleidigungen, die aus ihren Bäuchen aufgestiegen waren. Unvorstellbare Obszönitäten. […] Aus der Tiefe dieses Unflats stieg in scheußlichen Worten die Rache der Stadt auf.«

Von Arenc wurden die Evakuierten in plombierten Waggons nach Fréjus in ein leer stehendes Kolonialtruppenlager transportiert. Dort siebten die Deutschen aus, wen sie haben wollten, und stellten einen weiteren Transport von rund 800 Personen nach Compiègne zusammen.

In den verlassenen Häusern hatten unterdessen offizielle Räumtrupps damit begonnen, Gaszähler und Bleirohre zu demontieren sowie Kleidung, Wäsche, Küchengerät, Möbel und Matratzen herauszuholen, Gegenstände, die angeblich den Rückkehrern aus Fréjus bei der Neuunterbringung zugute kommen sollten. Aber es trieben sich auch Plünderer herum, die die Wohnungen nach Kräften ausweideten. Ab dem 28. Januar wurden die meisten nach Fréjus Evakuierten ins Département Bouches-du-Rhône zurückgeschickt. Manche fanden eine Bleibe bei Verwandten in Marseille, die anderen verteilte man auf Asyle oder Schullandheime der Umgebung.

Der Beginn der Sprengungen war auf den 1. Februar festgesetzt worden. Präfekt Pierre Barraud, der in der seit 1938 unter Vormundschaft stehenden Stadt die Stelle des Bürgermeisters einnahm, hatte eine letzte Begehung des Viertels durchgesetzt, um eventuell noch erhaltenswerte Gebäude zu retten. Mit dem Rundgang wurden Jules Formigé, Chefarchitekt der Monuments Historiques, und der deutsche Kunstschutzoffizier Professor Hans Möbius beauftragt. In dem offiziellen Bericht, den Formigé über seine Eindrücke verfasste, versuchte er, beamtenmäßig nüchtern zu bleiben, was ihm aber nicht ganz gelang: »… hastig verlassene Häuser, zerborstenes Mobiliar und Kinderspielzeug, Fassaden, deren bewahrenswerte Verzierungen herausgebrochen wurden, und die ganze Altstadt völlig menschenleer, umzingelt von einem undurchlässigen Polizeikordon, um den herum sich eine deprimierte und armselige Menschenmenge scharte. Und obendrein regnete es. Was für ein Kontrast zu den vorher so quirligen Straßen mit ihrer Lebendigkeit, ihrem Lärm und ihrer buntgemischten Menschenmenge […]. Was bleibt, ist das Bedauern, eine der berühmtesten, eigentümlichsten und pittoreskesten Altstädte verschwinden zu sehen.«

Und dann kam dieser Montag, der 1. Februar 1943. Ein deutscher Augenzeuge, der Journalist Walther Kiaulehn, hat das Geschehen in Form einer Reportage für die Propagandaillustrierte *Signal* festgehalten. Kiaulehn – nach dem Krieg Feuilletonchef des *Münchner Merkur* und erfolgreicher Buchautor – sollte später in seinem Bestseller *Berlin. Schicksal einer Weltstadt* über den 1950 vorgenommenen Abriss des Berliner Preußenschlosses durch die Ostberliner Machthaber klagen: »Man riss der Stadt, die aus tausend Wunden blutete, auch noch das Herz aus der Brust und setzte ihr als Ersatz dafür eine kolossale, kahle Tribüne aus Beton ein.«

Andere Töne hatte er einige Jahre zuvor angeschlagen, als er den Untergang des alten Marseille beschrieb: »So wie ich an diesem 1. Februar 1943, so leer und verlassen, hat noch nie ein Literat vor mir das berühmt-berüchtigte Viertel am alten Hafen von Marseille gesehen. Dieser stinkende Block von 1200 Häusern wohnte im Herzen der Literatur. Er wird ihr jetzt herausgerissen.« Kein Schmerz und Skandal hier, stattdessen die Triumphgebärde des Eroberers. Diese Hafenstadt hatte es, sittenlos und verdreckt, wie sie war, nicht besser verdient: »Vor mir werden über den Kai von deutschen Soldatenfäusten dicke Fässer gestoßen, aus denen eine feine, gelbe Staubspur rieselt: Dynamit!« Geradezu euphorisch feierte Kiaulehns Artikel die Sprengung unter Leitung des Berliner Ingenieurs und Oberleutnants Braun als heilsame deutsche Großtat. »So, wie an diesem Montag, ist in Marseille noch nie der Mittag eingeläutet worden. Ein Hornsignal tönt über den Kai. Aus einem der kleinen Gässchen in der

Nähe des Transbordeurs kommt ein deutscher Offizier im Stahlhelm gelaufen und verschwindet im Toreingang eines der niedrigen Hafengebäude. Ein paar Sekunden lang liegt der Kai völlig menschenleer, und dann setzt es einen gewaltigen Donnerschlag. Als er verhallt ist, fangen die Glocken, drüben in dem alten gotischen Gemäuer zu Füßen der Notre-Dame de la Garde, an zu schwingen und zu klingen. Der Luftdruck hat sie in Bewegung gebracht. Aus der kleinen Gasse bricht eine weiße Staubwolke, und vor dieser Wolke her rennen über das Pflaster kurze schwarze Schatten. Es sind die flüchtenden Ratten. Holz und Steinsplitter regnen vom Himmel, und ein Wasserstrahl zischt in die Staubwolke. Das Gericht über das Verbrecherviertel im alten Hafen von Marseille hat seinen Anfang genommen. Sechs Häuser der Sünde und der Schande stürzten auf diesen ersten Schlag zusammen. Als ich fünf Tage später die Stadt verließ, lagen schon fünfhundert in Staub.«

Mehr als zwei Wochen lang ertönten täglich die Detonationen. Überall in der Stadt konnte man sie hören, noch in den entlegenen Vierteln waren sie als dumpfer Lärm wahrnehmbar. Und Staub regnete vom Marseiller Himmel: die Asche der Altstadt. In stummem Groll reagierte die Bevölkerung auf diese Schändung. Denkmalspfleger Jules Formigé spürte den Stimmungsumschwung: »Dieser aufgezwungene Gewaltakt, diese enormen Detonationen, die in kurzen Intervallen aufeinanderfolgen, rufen in Marseille ein tiefes und schweres Unbehagen hervor. Es gibt keine gewalttätigen Reaktionen, aber eine große Bitterkeit.«

Verschwunden waren die Rues des Bannières, Bernard-de-Berre, Bombard, Bourgogne, Bouterie, Cambo d'Aragno, Cambo d'Araire, Castillon, Château-Joli, du Claret, Coin-des-Cabries, Coind de l'Humilité, Coin-de-Reboul, du Colombier, du Concordat, Cordellerie, de la Croix d'Or, Figuier-de-Cassis, de la Galinière, Ganderie, des Gassins, Giperie, de la Glace, Guintrand, de la Guirlande, Ingarienne, Juge-du-Palais, Lancerie, Lanternerie, de la Loge, de la Reynarde, Maiousse, Moise, de la Mure, Négrel, de Nuit, des Olives, Poissonnerie-Vieille, Radeau, Saint-Christophe, Saint-Jaume, Saint-Victoret, Sainte-Anne, Sainte-Catherine, Servian, de la Taulisse, Torte, des Trois-Soleils, Ventomagi, die Plätze du Mazeau, Vivaux, Villeneuve, Victor Gelu.

Verschwunden das ganze Quartier Saint Jean, das »kleine Neapel«, das von Wolfgang Koeppen so genannte »tausendundeinenachtgleiche Hafenviertel«, es war, wie der deutsche Nachkriegsautor schrieb – »von deutschen Pionieren in die Luft, ins Nichts gesprengt« worden.

Der Schweizer Journalist Robert Vaucher, der für die *Gazette de Lausanne* vor Ort war, ging zwei Tage nach dem Ende der Sprengungen durch die Zone der Verwüstung: »Die Detonationen haben aufgehört. Das Schweigen ist vollständig. Ich traf niemand auf meinem Weg durch die Einöde, außer den Katzen, die entschlossen scheinen zu bleiben. In der fallenden Dunkelheit nahm das Ganze die halluzinatorische Größe und Geisterhaftigkeit eines modernen Pompeji an.«

Über vierzehn Hektar dehnte sich das Ruinenfeld aus. Insgesamt waren mehr als 1400 Häuser der Aktion zum Opfer gefallen. Erhalten blieben innerhalb der Abrisszone nur einige wenige Gebäude wie die Kirche Saint Laurent oder das Maison diamantée. Und wie es die französischen Renovierungspläne von Gréber und Beaudoin vorgesehen hatten, blieb entlang des Kais eine Häuserreihe ausgespart. Plattgemacht wurde diese Zeile erst nach dem Krieg, auf Geheiß anderer modernitätsorientierter Architekten.

Und was war mit den Verbrechermassen? Tatsächlich war die Ausbeute äußerst dürftig. Von den nach Compiègne transportierten »gewöhnlichen« Kriminellen kam bloß eine kümmerliche Handvoll aus dem angeblichen Verbrecherviertel am Alten Hafen. Die größeren Ganoven, die zu einem guten Teil in die Kollaboration eingebunden waren, wurden nicht behelligt.

Bleibt die Frage nach den wirklichen Motiven für das deutsche Vorgehen. Gab es tatsächlich militärische Gründe für die Zerstörungsaktion? Konnte das Hafenviertel ernsthaft als Gefahrenherd angesehen werden? Als potenzielles Widerstandsnest? Als Versteck für Deserteure und »Terroristen«? Das scheint realer Grundlagen weitgehend zu entbehren.

Eher muss man wohl bei der von Himmler initiierten Forderung nach »Säuberung« durch Vernichtung ein gehöriges Quantum Irrationalität in Rechnung stellen. Jedenfalls wurde durch die Abwandlung des irrwitzigen Befehls ein dubioser Kompromiss gefunden, bei dem der Nazi-Exzess französischen Sanierungsvisionen dienstbar zu machen war. Mit Genugtuung hob der *Petit Marseillais* vom 8. Februar 1943 diese eigentümliche

Konvergenz hervor: »Eine Tatsache dominiert alles: Die deutschen strategischen Notwendigkeiten fallen genau mit den seit Langem erkannten Notwendigkeiten lokaler Art zusammen.«

Trotz dieser dreisten Schändung der Stadt versuchten die Besatzer die lokale Bevölkerung, zumal die Intellektuellen, noch mit Kulturangeboten zu gewinnen – mit mäßigem Erfolg, auch wenn die Veranstaltungen in der kulturell verödeten Stadt durchaus besucht wurden. Am 14. Mai kamen die Berliner Philharmoniker in die Marseiller Oper und spielten unter Leitung von Hans Knappertsbusch Werke von Schubert, Liszt und Rienzi. Ein Berlioz-Wagner-Festival wurde veranstaltet. Einige Kinos hatten heitere deutsche Lichtspielkunst im Programm. Im Cinéac an der Canebière lief im Februar der Revuefilm *Hallo Janine*, in dem Marika Rökk den Ohrwurm »Ich brauche keine Millionen« trällerte, während unweit davon die Sprengladungen detonierten.

Und am 16. November organisierte das Office de Placement Allemand einen Varieté-Abend mit dem aufstrebenden Lokalstar Yves Montand und anderen einheimischen Unterhaltungskünstlern, wobei ausnahmsweise die Besucher eine Abend-Sondergenehmigung bekamen, mit einem Spezialservice der Straßenbahnen nach 23 Uhr.

Sabiani und der PPF

Insgesamt ließ sich nur ein sehr geringer Teil der Bevölkerung auf die Fraternisierung mit den Besatzern ein. Zu den wenigen wirklich begeisterten Marseiller Kollaborateuren gehörte Simon Sabiani. Als örtlicher Führer der faschistischen Partei PPF gewann er unter der Besatzung wieder einiges von seiner alten Bedeutung zurück. »U Bèrciu«, der Einäugige, wie ihn seine korsischen Landsleute nannten, kam gut klar mit den neuen Herren, hatte persönliche Beziehungen zum deutschen Konsul Graf von Thun entwickelt und konnte wie früher, als er als stellvertretender Bürgermeister das Rathaus dominierte, manches für seine Anhänger und deren Familienmitglieder erreichen, Vergünstigungen bewirken, Jobs verschaffen, Strafverschonung durchsetzen, all das eben, was den lokalen Klientelismus ausmachte.

Zugleich aber nahm der hagere kleine Korse seine Parteiarbeit höchst wichtig, reiste regelmäßig nach Paris, um sich mit Parteichef Jacques Doriot oder PPF-Generalsekretär Victor Barthélemy zu besprechen und pries auf Propagandatouren durch den französischen Süden die »neue Ordnung« Europas. »Ich will den deutschen Sieg um jeden Preis«, tönte der einstige Kommunist, der nach seiner faschistischen Läuterung seinen Sohn mit der Liga gegen den Bolschewismus an die Ostfront geschickt hatte. Das deutsche Außenministerium betrachtete den umtriebigen Sabiani als eine Schlüsselfigur der Südzone.

Die politische Motivation der PPF-Fußtruppen war allerdings recht begrenzt. Ein größerer Teil von ihnen stammte aus dem Umkreis des Gangsterbosses Paul Bonnaventure Carbone, der Sabiani seit Langem freundschaftlich verbunden war. Andere waren eingetreten, um dem Arbeitseinsatz in Deutschland, dem Service du Travail Obligatoire (STO) zu entkommen und weil es über die Partei mancherlei Jobs gab. Zum Beispiel beim Aufspüren von STO-Verweigerern …

Der Service du Travail Obligatoire war am 16. Februar 1943 eingeführt worden. Vorausgegangen war eine Phase, in der unter der Ägide des Generalbevollmächtigten für den Arbeitseinsatz Fritz Sauckel versucht wurde, Freiwillige für die Arbeit in Deutschland anzuwerben. Das Office de Placement Allemand bot Gratisdeutschkurse an, im Rex-Kino organisierte es kostenlose Filmvorführungen über herrliche deutsche Winterlandschaften, das harmonische Sozialleben im Hitlerreich, die sportgestählte deutsche Jugend oder die moderne Flugzeugproduktion in den Junkers-Werken.

Tatsächlich ließ sich ein größeres Publikum anlocken, Kino an sich war ja attraktiv, außerdem noch gratis. Aber deshalb wollten sie noch lange nicht nach Deutschland, auch wenn ihnen vom OPA-Büro der Rue Beauvau Extralebensmittelkarten sowie drei Dosen Sardinen in Aussicht gestellt wurden.

Eine erfolgversprechendere Methode, Gauleiter Sauckels Fremdarbeiterbedarf zu decken, schien die direkte Rekrutierung in den Fabriken. Von manchen Betrieben wurden bis zu 30 Prozent der Belegschaft angefordert. Aber auch das funktionierte nicht wunschgemäß. Häufig versteckten sich die Arbeiter oder machten sich aus dem Staub, wenn sie geholt werden sollten; in einer Fabrik in Marignane flohen sie gar durch die Kanalisation. Nur ein kleiner Teil der vorgesehenen Leute konnte jeweils in den Sonderzug gesetzt werden, der jeden Donnerstag von der Gare Saint Charles abfuhr.

Mit dem STO sollte diesem Ungenügen abgeholfen werden. Er sah die Einberufung aller jungen Männer von 20 bis 23 Jahren zwecks Zwangsverschickung in die Fabriken des »Reichs« vor. Sie hatten sich in der Rue Honnorat Nummer 15 einzufinden, einem ehemaligen Nachtasyl unweit vom Bahnhof. Im *Petit Provençal* wurde ein idyllisches Bild von der Sammelstelle für den Abtransport gezeichnet: Der gleichgeschalteten Zeitung zufolge ging es da entspannt und fröhlich zu; im Geiste guter Kameradschaft spielten die Verschickungskandidaten Pétanque, genossen gemeinsame reichhaltige Mahlzeiten und nahmen großzügige Prämien entgegen.

In der Regel allerdings waren die Leute meist gegen ihren Willen dort, häufig als Opfer von Razzien, aufgegriffen in Zügen, Kinos, Cafés, oder einfach von der Straße weggeholt. Groß war die Zahl derer, die nicht zum befohlenen Termin erschienen. Die Szenen bei der Abfahrt auf der Gare Saint Charles hatten denn auch wenig mit den propagandistischen Schönfärbereien gemein, vielmehr kam es zu heftigen Unmutsäußerungen. Auf den Waggons war mit Kreide geschrieben »Vive Staline«, »Nieder mit Laval«, »Es lebe de Gaulle«, gelegentlich wurde die Internationale gesungen. 18 000 Marseiller, immerhin weit weniger als geplant, wurden nach Deutschland verbracht. Viele junge Leute versuchten, sich dem Arbeitszwang zu entziehen, wechselten die Adresse oder tauchten ab.

Eine eigens geschaffenes Amt mit Sitz im Hôtel Californie auf dem Cours Belsunce machte Jagd auf die STO-Verweigerer. Den 200 französischen Inspektoren gingen beim Durchkämmen der Stadt rund 100 PPF-Mitglieder zur Hand. Sie erschienen jeden Morgen wie biedere Beamte um halb acht zur Arbeit, bekamen ein festes Gehalt und zusätzlich 100 Francs Kopfgeld für jeden Eingefangenen.

Sabianis Gefolgsleute waren außerdem in einer anderen, besonders berüchtigten »Dienststelle« tätig: im SD-Hauptquartier – vor Ort nicht ganz zutreffend als »Gestapo«-Hauptquartier bezeichnet – an der Rue Paradis 425. Hier herrschte als böser Genius der SS-Scharführer Ernst Dunker, ein aus Halle gebürtiger, wegen Diebstahls vorbestrafter kleiner Ganove. Da er gut Französisch sprach, wurde er während des Kriegs als

Dolmetscher eingesetzt. 1942 arbeitete er im SD-Hauptquartier in Paris, landete aber wegen Schwarzmarktschiebereien und Desertion wieder hinter Gittern. Nach seiner Freilassung Anfang 1943 wurde er als Übersetzer dem SD-Büro in Marseille zugeteilt und legte sich den Kriegsnamen Delage zu. Nach seinen kriminellen Verfehlungen wollte Dunker-Delage offenbar durch Übereifer das Vertrauen seiner SS-Vorgesetzten zurückgewinnen, jedenfalls beteiligte er sich nun mit Inbrunst an Verhaftungen und Verhören und wurde in der auf die Verfolgung von Kommunisten und Partisanen spezialisierten Abteilung bald unverzichtbar. In seiner Equipe fanden sich mehrere umgedrehte Résistance-Leute und eben auch Mitglieder der Doriot-Partei, die ihm als Talentreservoir diente. Auch einige skrupellose Kriminelle gehörten zum Personal. Ungute Berühmtheit als Menschenjäger und Folterknecht erlangte etwa der frühere Preisboxer Antoine Tortora, oder da war der Elektriker Giovanni Galina, den sie »Gueule-en-or«, Goldfresse, nannten – ein Spezialist für Badewannenfolter mit Stromstößen. Dunkers finstere Gesellen konnten sich in Marseille hemmungslos austoben, sie waren mit Sonderausweisen und hakenkreuzverzierten V-Mann-Karten ausgestattet. »Police allemande!«, blafften sie ihren Opfern entgegen.

Zunahme der Résistance-Aktivitäten

Erst ab 1943 wuchs die Résistance in der ehemaligen »freien Zone« aus einem Patchwork verstreuter kleiner Gruppen zu einem einigermaßen kohärenten Netzwerk zusammen und wurde durch die Organisationsarbeit von Jean Moulin in den Mouvements Unifiés de la Résistance (MUR) vereinigt. Abweichende Strategiekonzepte, Verschiedenheit der politischen Ziele, Kampf um Einfluss im Hinblick auf die Nachkriegsordnung, das Beharren auf autonomen Aktionen: es war eine brüchige und von Konflikten begleitete Einigung.

Von zunehmender Bedeutung in den Untergrundorganisationen waren die politischen Parteien. Eine dominante Rolle nahmen die Kommunisten ein. Gerade in Marseille waren sie bei den Dockern, den Werftarbeitern, in den Arbeiterwohngebieten stark vertreten. Ihre »Front national« genannte Widerstandsbewegung war bestens strukturiert. Weit weniger straff organisiert waren die Sozialisten. Entsprechend schwerer hatten es ihre Aktivisten, sich zu behaupten und auf die Leitungsgremien der Résistance Einfluss zu nehmen. Immerhin profilierte sich als Führungsfigur des sozialistisch orientierten »réseau Brutus« ein dynamischer junger Marseiller Anwalt namens Gaston Defferre, von dem man noch einiges hören sollte.

Ein wesentlicher Schwerpunkt der Résistance-Aktivitäten war anfangs die Informationsbeschaffung für die Alliierten – etwa was Positionen, Bewaffnung oder Truppenbewegungen der Wehrmacht betraf. Hinzu kamen jetzt aber zunehmend »militärische« Operationen wie Sabotageakte gegen kriegsrelevante Industriebetriebe oder Transportwege. Und die mit dem Mut der Verzweiflung kämpfenden FTP-MOI-Mitglieder sorgten dafür, dass das Alltagsleben der Besatzer in Marseille ungemütlicher wurde. Es krachte am 23. Februar 1943 vor der als Soldatenheim dienenden Brasserie du Chapitre im oberen Teil der Canebière, auf dem Boulevard Baille explodierte am 13. März ein Wehrmachts-LKW, am 29. März flog eine Bombe in die Flakstellung am Boulevard Oddo, eine Granate ging am 5. Juni im Soldatenkino Capitole hoch.

Rückzugsgebiete für die nun durch die STO-Verweigerer anschwellenden Widerstandsgruppen, für den »maquis« also, waren die Gebirgszüge der näheren Umgebung, der Mont Ventoux, das Massiv der Sainte-Baume oder des Luberon. Allerdings waren die Berge kein sicherer Hort: im Juni 1944 hatte der Maquis in Kämpfen mit gut informierten deutschen Truppen schwere Verluste zu erleiden. Verheerend wirkten sich die Umtriebe der Dunker-Dienststelle in der Rue Paradis aus, der es gelang, die Widerstandsnetze dank ihrer »Umgedrehten« zu infiltrieren. 206 Résistance-Mitglieder wurden erschossen oder zu Tode gefoltert, mehrere Hundert in deutsche KZs deportiert.

Für die Helfershelfer vom PPF, in denen die Bevölkerung jetzt nur noch skrupellose Outcasts sah, war das lukrativste Betätigungsfeld indessen die Jagd auf Juden. Einer, der sich dabei besonders hervortat, war Charles Palmieri, ein langjähriger Gefolgsmann von Sabiani, der mit diesem zusammen in die Doriot-Partei eingetreten war. Ihn heuerte Dunker-Delage an, mithilfe seiner Informanten und Spießgesellen die Provence zu durchkämmen und Juden ausfindig zu machen, die den bisherigen Razzien entkommen waren. Palmieri konnte im Dezember

1943 eine eigene Filiale in der Rue Paradis Nummer 8 eröffnen, das sogenannte Bureau Merle. Da mit dem Aufspüren der Juden das Ausplündern ihrer Wohnungen einherging, stapelte sich im Untergeschoss das beschlagnahmte Hab und Gut. Das Büro entwickelte sich zu einer Ankauf-Verkauf-Einrichtung, in der Schwarzmarktschieber und andere trübe Gestalten aus und ein gingen.

Palmieri wurde für seine Verhaftungen fürstlich entlohnt, jedes Mal kassierte er 1000 Francs, dazu kamen die Geschäfte mit dem geraubten jüdischen Eigentum. Er lebte auf großem Fuß, fuhr einem taubengrauen Citroën »traction avant«, frequentierte Nachtclubs und fiel durch teure Anzüge auf. Nur unmerklich beulte sein Revolver den edlen Stoff im Achselbereich aus.

Für die Unterwelt war diese Art der Kollaboration von quasi naturwüchsigem Interesse, allerdings hielten es zwar viele Ganoven mit dem PPF und den Besatzern, andere aber lieber mit der Résistance. Wie weit dies mit wirklichen Überzeugungen zu tun hatte, sei dahingestellt. Vielleicht war es eher so, wie man auf das eine oder andere Pferd setzt. Und trotz allem blieb man ein wenig in Verbindung mit den Kollegen von der anderen Seite. So hielt der links orientierte Gangster Jo Renucci weiter Kontakt zu Charles Palmieri, mit dem er vor dem Krieg gemeinsam erfolgreiche Dinger gedreht hatte. Das »Milieu« war eben die übergeordnete Familie. Nur zeigten manche Familienmitglieder – wie Renucci, die Guérini-Brüder oder Nick Venturi – letztlich den größeren Weitblick und trafen damit die bessere Wahl für eine gedeihliche kriminelle Zukunft.

Eng mit dem PPF verbunden war die Légion des volontaires français contre le bolchevisme (LVF). Als sie am 14. Februar 1943 im Pathé Palace die Filmvorführung *Français vous avez la mémoire courte* organisierte, kamen immerhin 1400 Zuschauer. Jede Art von Kino stellte offenbar eine willkommene Zerstreuung dar. Gut besucht war auch die Präsentation des Films *Face au bolchevisme* am 25. Mai 1943, der die bolschewistische Barbarei geißelte. Die LVF profitierte bei ihren Veranstaltungen von der Unterstützung der deutschen Behörden, die bei der Finanzierung wie beim Zusammentrommeln von Prominenz halfen. Aber diese propagandistischen Bemühungen erwiesen sich bei den Marseillern als weitgehend fruchtlos, der erhoffte Mitgliederzustrom blieb aus, die LVF war ebenso unpopulär wie der PPF.

Einige Hundert junge Männer aus Marseille und dem Umland ließen sich immerhin auf das Abenteuer der »milice« ein, denn die Mitgliedschaft in der im Frühjahr 1943 gegründeten paramilitärischen Organisation befreite vom Zwangsarbeitsdienst in Deutschland. Von der Ideologie her ähnelte die »milice« dem PPF – nazifreundlich, antisemitisch, antidemokratisch –, war aber wesentlich strammer organisiert als Sabianis von Kriminellen durchsetzter wüster Haufen. Das Rekrutierungsbüro für Marseiller Kandidaten war ein ehemaliges jüdisches Pelzgeschäft in der Rue Saint Ferréol Nummer 15. Trotz einiger Bemühungen, sich durch soziale Aktionen bei der Bevölkerung beliebt zu machen, wurde bald klar, dass die neue Truppe enge Beziehungen zur deutschen Geheimpolizei unterhielt und vor allem zur Bekämpfung des Widerstands diente, Handlangerdienste für die SS leistete und durch ihre Aktionen bis weit ins provenzalische Hinterland das Bürgerkriegsklima anheizte. Begreiflicherweise geriet die »milice« ihrerseits ins Visier der Résistance, die Flugblätter zur Warnung der Bevölkerung kursieren ließ: »Halten Sie sich fern von allen Milizionären, selbst von einzelnen Individuen. Auf der Straße. In der Straßenbahn. Es geht um Ihr Leben. Ein Milizionär ist ein Mörder, der beseitigt werden muss. Das kann von einem Moment zum anderen geschehen. Wir wollen nicht, dass Unschuldige durch Leichtsinn oder Unkenntnis das Schicksal teilen, das den Milizionären bestimmt ist. Halten Sie Ihre Umgebung im Auge. Meiden Sie Orte, an denen sich Milizionäre treffen.«

Kollaborateure lebten nun gefährlich, am 29. Mai 1943 wurde der Marseiller Milice-Führer Paul de Gassowski von einem aus Deutschland stammenden jüdischen Untergrundkämpfer umgebracht. Kurz darauf traf es Propagandachef Bouysson. Polizeikommissariate wurden attackiert, Vertreter der Collabo-Presse, etwa der Direktor des antisemitischen Blattes *Gringoire*, gerieten ins Fadenkreuz, und natürlich waren PPF-Bonzen bevorzugte Ziele von Résistance-Anschlägen.

Das Ende naht

Im Dezember 1943 erwischte es Paul Bonnaventure Carbone. Schon vor dem Krieg hatte der Unterweltkönig eine unbestrittene Autorität über das Marseiller Ganovenmilieu ausgeübt und für Sabianis PPF die skrupellosesten und schlagkräftigsten Jungs fürs Grobe rekrutiert. Aber mit der Okkupation lief er richtig zu Hochform auf. Sein Standbein blieb Marseille, aber er hatte nun auch ein Spielbein in Paris. Dort ließ er sich wie sein Partner Lydro Spirito von den Deutschen als V-Mann anheuern und bekam einen dieser praktischen Ausweise mit dem Hakenkreuzadler, der seine Bewegungsfreiheit sicherstellte. Es war eine gute Zeit für Geschäfte der undurchsichtigeren Art. Carbone pendelte also zwischen beiden Aktionszentren hin und her.

Bis zu jenem 16. Dezember, als die Maquisards bei Neuville-sur-Saône, 15 Kilometer hinter Lyon, bei Durchfahrt des Schnellzugs nach Paris die Bahnstrecke sprengten. Dem Gangsterboss wurden durch die Explosion beide Beine abgetrennt. Er starb im Hôpital des Brotteaux in Lyon. »C'est la vie!«, soll er gesagt haben, als ihm jemand noch eine letzte Zigarette in den Mund steckte.

Für Sabiani und die Marseiller Parteigenossen war die Nachricht vom Tod des Freundes ein schwerer Schlag. Mit großer Delegation reiste »u Bèrciu« zu den Bestattungsfeierlichkeiten nach Paris. Die Messe für Carbone fand am 18. Dezember in der Kirche Sainte Marie des Batignolles statt. Carbones Kollegen hatten für eine üppige Zeremonie gesorgt, wie sie damals sonst eher in Chicago üblich war: 3000 Personen kamen, die Kirche war brechend voll, viele mussten draußen auf dem Platz in der Kälte verharren. Anwesend waren der französische Minister Paul Marion, der deutsche Botschafter Otto Abetz mit einer Delegation von Offizieren, der SS-Chef für Frankreich Carl Oberg, Music-Hall-Stars wie die berühmte Mistinguett sowie natürlich größere Abordnungen aus der Halb- und Unterwelt. 370 Kränze mit Orchideen waren um den Sarg des Gangsters drapiert. Der Herzensbrecher Tino Rossi sang das Ave-Maria und die Korsenhymne »L'Ajaccienne«. Dann setzte sich der Leichenwagen Richtung Friedhof Père Lachaise in Bewegung, gefolgt von 30 Autos mit den Blumengebinden, 50 Limousinen mit Carbones korsischen Kumpanen und 50 Polizeifahrzeugen. »Noch nie hatten die Pariser ein derartiges Spektakel gesehen«, schrieb der Schriftsteller Roger Peyrefitte. »Sie fragten sich, wer denn wohl dieser große Mann gewesen war, von dessen Tod gar nichts in der Zeitung gestanden hatte.«

Carbones pompöses Leichenbegängnis hatte etwas von einem Schwanengesang, das Ende schien jetzt schon recht nahe. Dennoch wurden in Marseille weitere Kongresse organisiert und Vorträge gehalten zu Themen wie »Werden wir bolschewisiert?« oder »Wohin geht Europa?«. Aber das Publikum war nur noch dünn gesät. Am 2. April 1944 hatte Jacques Doriot noch einmal einen Auftritt in der Marseiller Oper und hielt eine flammende Rede über die Bedrohung durch den Bolschewismus, die »Diktatur des Proletariats, die Diktatur der Juden«. Anwesend waren neben Sabiani und anderen Parteigrößen der deutsche Generalkonsul sowie diverse Generäle und Obristen. Aber die ohnedies in Marseille nicht sehr stark entwickelte Kollaborationsfreude hatte arg nachgelassen, die Leute hatten andere Sorgen.

In der Stadt waren die materiellen Nöte immer deutlicher spürbar. Die Versorgung war schlechter denn je. Lebensmittelkarten wurden gefälscht, der Schwarzmarkt florierte, die Preise schossen in die Höhe. Mittlerweile machte sich Unterernährung bemerkbar, Infektionskrankheiten nahmen zu, viele Familien flohen aus der Stadt, in der obendrein demnächst Kampfhandlungen zu befürchten waren. Die Kommunisten sahen es mit Entsetzen. Sie plädierten ja für den bewaffneten Aufstand, die Befreiung von Marseille musste das Werk der Bewohner sein. Sie sollten deshalb auf keinen Fall die Stadt verlassen, sondern sich in den Häusern und Straßen festkrallen, Viertel um Viertel den Feind bekämpfen, so stand es am 20. Januar in der kommunistischen Untergrundzeitung *La Marseillaise*. Dieser unbeugsame Widerstand werde aus Marseille »das französische Stalingrad« machen.

Aus Protest gegen die miserable Versorgungslage traten im März Arbeiter der Metallindustrie in den Streik. Aufgebrachte Hausfrauen hielten Straßenbahnen an, versammelten sich zu Hunderten mit Kindern auf den Armen vor der Präfektur und riefen »Wir wollen Brot!«. In der Stadt begann es zu brodeln. Und mithilfe der im Untergrund wiedererstandenen Gewerkschaft CGT weitete sich die Unmutsbewegung rapide aus. Am 25. Mai 1944 protestierten bereits Tausende gegen die Verknappung der Brotration. Am 26. Mai streikten außer den Metallarbeitern auch die Eisenbahner. Vom Streik wurden auch die Städte Aix, Aubagne, La Ciotat und Port-de-Bouc erfasst. Für den 27. Mai war ein Totalstreik der Marseiller Verkehrsbetriebe vorgesehen. Es schien, als sollte nun der große Aufstand ins Rollen kommen …

Aber just zu diesem Zeitpunkt ereignete sich eine unvorhersehbare Katastrophe: Am Vormittag des 27. Mai heulten plötzlich die Sirenen, 134 amerikanische Flugzeuge brummten über Marseille und bombardierten die Stadt aus 5000 Meter Höhe. Getroffen werden sollten Bahnanlagen, aber die Abwürfe waren viel zu unpräzise. Zerstört wurden vor allem Wohnviertel wie der Stadtteil Belle de Mai unweit der Gare Saint Charles, Bomben fielen auch ins Quartier Belsunce oder in die Rue de Rome, detonierten in Cafés und in Schulen, auf der Canebière traf es zwei Kinos. Etwa 2000 Menschen kamen an diesem Tag ums Leben, doppelt so viele wurden verletzt, 20 000 waren obdachlos, über 400 Wohnhäuser wurden zerstört.

Bitterkeit und Empörung machten sich breit. Auch in Kreisen der Résistance wurde heftige Kritik an dieser Aktion der Aliierten geübt. Tausende von Marseillern verließen nun erst recht die Stadt, zogen aus Angst vor weiteren Bombardierungen irgendwohin ins Umland. Die prodeutsche Propaganda bekam noch einmal kurz Oberwasser, die Gruppen der Kollaboration schlachteten das Bombardement natürlich für ihre Zwecke aus.

Einen Stimmungsumschwung brachte erst die Nachricht von der alliierten Landung am 6. Juni 1944 in der Normandie. »Der jüdische Staat versucht, in Europa einzudringen mithilfe seiner Söldner, Stalin-Churchill-Roosevelt«, zeterte ein Flugblatt des PPF. »Franzosen, steht alle auf wie ein Mann, um aus Frankreich und Europa den Juden und seine Söldner hinauszuwerfen.«

Aber diesen Verein nahm nun wirklich fast niemand mehr ernst. Allerdings mischte sich in der Marseiller Bevölkerung Hoffnung auf die nahe Befreiung mit dem Bangen, welche Prüfungen im Folgenden noch auf sie zukommen würden.

Schlacht um Marseille

In der Nacht zum 15. August 1944 begann die Landung der Alliierten zwischen Cannes und Toulon. Beteiligt waren daran auch französische Einheiten unter General Lattre de Tassigny. Eines der ersten Ziele war der von den Deutschen besetzte Kriegshafen Toulon.

Für die Einnahme von Marseille sollte erst noch die Ankunft weiterer Truppen abgewartet werden. Aber die Marseiller Résistance preschte vor. Am 19. August lancierten die Forces Françaises de l'Intérieur (FFI) Generalstreik und Aufstand. Barrikaden wuchsen empor, die Präfektur wurde eingenommen, der Präfekt festgesetzt, die Trikolore gehisst. Die Gestapo-Villa der Rue Paradis, deren Insassen sich eiligst davongemacht hatten, wurde demoliert. Die Jagd auf Kollaborateure war eröffnet, aus dem PPF-Gebäude an der Canebière schlugen Flammen. Würde sich die gebeutelte Stadt in ein finales Schlachtfeld verwandeln? Viele Bewohner brachten sich in ihren Kellern vor den zu erwartenden Granaten und Bomben in Sicherheit.

Die Deutschen, deren Patrouillen und Militärfahrzeuge beschossen wurden, waren angesichts dieser plötzlichen Eruption erst einmal überrascht. Dennoch erschien der verfrühte Aufstand als ein waghalsiges Unternehmen: Knapp tausend schlecht bewaffnete, nur lose organisierte Leute gegen die 17 000 von General Hans Schäfer kommandierten Soldaten – mit ihren Bunkern, Geschützstellungen, Kanonen und einem Netz von 50 Stützpunkten waren sie weit überlegen. Sie beherrschten den Hafensektor, saßen in den Forts und auf den Höhen. Noch hielten sie sich zurück, aber es war damit zu rechnen, dass sie bald massiv losschlagen und unter den Widerstandskämpfern ein Massaker anrichten würden.

Deshalb nahm der Präsident des lokalen Befreiungskomitees Kontakt mit dem französischen General de Monsabert auf, der die 3. algerische Infanteriedivision befehligte, und forderte ihn auf, so schnell wie möglich einzugreifen. Es begann nun die Schlacht um Marseille, und sie sollte eine Woche dauern. Der Weg führte über Aubagne, wo die Besatzer verbissen Haus um Haus verteidigten. Zwei Tage dauerte es, bis ihr Widerstand gebrochen war.

In Marseille zerstörte die deutsche Kriegsmarine am 22. August sämtliche Hafenanlagen und versenkte 172 Schiffe. Mit dem gekenterten

Dampfer »Cap Corse« versperrten Pioniere die Einfahrt zum Alten Hafen. Außerdem sprengten sie zum selben Zweck den Pont Transbordeur, das stählerne Wahrzeichen des modernen Marseille, dem die Vertreter der Bauhaus-Avantgarde der 20er-Jahre gehuldigt hatten. Allerdings brach nur die nördliche Hälfte der Fährbrücke zusammen, Der andere Teil stand vorerst weiter aufrecht wie ein nutzlos gewordener Riesenkran.

Am 23. August drangen die französischen Streitkräfte in die Stadt vor. Mehrheitlich bestand die Truppe aus Nordafrikanern – Algeriern und Marokkanern. Es hat nach dem Krieg lange gedauert, bis man sich wieder daran erinnern mochte, dass es im Wesentlichen die Kolonisierten waren, die das Mutterland befreiten. Als damals die vorwiegend muslimischen Soldaten unter Führung von General de Monsabert in Marseille einzogen, wurden sie jedenfalls heftig umjubelt.

Immer noch freilich beherrschten die Deutschen den Hafen und die Küste, saßen in den Forts und Geschützstellungen der vorgelagerten Inseln. Die Bunker im Hafenbereich zu knacken forderte noch Hunderte von Opfern. Und erst nach verbissenen Gefechten ergab sich die Garnison, die Notre-Dame de la Garde bewachte. Von überall her konnten danach die Marseiller die Trikolore auf dem Turm mit der goldenen Madonna flattern sehen.

Heftiges Luftbombardement war nötig, um die Batterien auf den Frioul-Inseln auszuschalten. Am 28. August schließlich kapitulierte General Schäfer im Fort Saint Nicolas. Bodycount der Befreiungswoche: 5500 deutsche und 1500 französische Soldaten waren tot, 120 Résistance-Kämpfer hatten bei Straßenkämpfen ihr Leben gelassen, 11 000 Deutsche wanderten in die Gefangenschaft.

Als der Qualm verzogen war, begann für Marseille ein neuer Morgen. Auf der Canbière wurde eine Siegesparade veranstaltet, blau-weiß-rot wehten die Fahnen, alle sangen mit bei der Marseillaise. Aber die Sonne der Freiheit schien auf eine desolate Szenerie: Die Stadt lag da wie ein verletztes, erschöpftes Tier. Die Wunden, die das alliierte Bombardement drei Monate zuvor im Viertel Belle de Mai gerissen hatte, waren noch frisch. Und verunstaltet und geschändet war das historische Herz der Stadt. Wie ein einsamer Zahn in einem Greisenmund ragte das Rathaus aus dem öden Trümmerfeld, das die deutschen Pioniere hinterlassen hatten. Auch der Hafen bot ein Bild der Verwüstung: zwischen Ölflecken kieloben treibende Schiffswracks, der Betonschutt gesprengter Lagerhäuser, das verbogene Metall der zerstörten Kräne, der gesprengten Fährbrücke – ein Ruinenfeld.

Was der Stadt widerfahren war, bezeichnete der Historiker Pierre Guiral später als »die größte Katastrophe der Marseiller Geschichte seit der Verwüstung durch die Katalanen in der Nacht vom 22. November 1423 und der Großen Pest von 1720«.

Nach der Befreiung

Am 24. August 1944 traf Raymond Aubrac in Marseille ein und bezog das Präfekturgebäude. Der Intellektuelle, der sich in der Résistance hervorgetan hatte, war von Charles de Gaulle zum Kommissar der Republik für Marseille und Region ernannt worden. Ordnung sollte er herstellen, Versorgungsprobleme lösen, eine neue Polizeitruppe aufstellen. Der General hatte ihm eingeschärft, es dürfe den Amerikanern kein Vorwand gegeben werden, das befreite Frankreich unter Militärverwaltung zu stellen. Noch hatten die Alliierten seine provisorische Regierung nicht anerkannt, und es drohte die Einführung des Allied Military Government of Occupied Territories (AMGOT), das Besatzungsgeld war schon gedruckt.

Für den gerade einmal dreißigjährigen Widerstandskämpfer Aubrac waren das trotz aller Vollmachten immense Herausforderungen. Er fühlte sich ein wenig überfordert, zumal er mit manchen Marseiller Gepflogenheiten nicht sehr vertraut war. »Meine Aufgabe war umso schwieriger, als Marseille schon wieder dabei war, zu werden, was es immer schon gewesen war: einer von den Orten in Frankreich, zu deren wesentlichen Eigenschaften nicht gerade Ruhe und Sicherheit gehörten«, schrieb er in seinen Memoiren.

Zu Aubracs vordringlichen Aufgaben gehörte es, die »épuration«, die Abrechnung mit den Kollaborateuren in den Griff zu bekommen. Unmittelbar auf die Befreiung war eine Phase willkürlicher Verhaftungen und Racheakte gefolgt. Es galt, solche Exzesse zu bremsen, die Säuberung unter das Vorzeichen einer republikanischen Legalität zu stellen. Nur ein Jahr, bis zum 15. Januar 1945, war Aubrac als Kommissar im Amt. In dieser Zeit fanden 817 Gerichtsverhandlungen statt, 73 Todesurteile wurden gefällt, davon 41 vollstreckt. In 509 Fällen wurden den Angeklagten die bürgerlichen Rechte aberkannt.

Erst später oder überhaupt nicht wurden viele von denen bestraft, die während der Besatzung der Stadt übel zugesetzt hatten, die in besonderem Maße für Repression, Deportation und Zerstörung verantwortlich waren.

Ernst Dunker-Delage zwar, der im SD-Sitz der Rue Paradis mit seinen Spießgesellen so fanatisch gewütet hatte, wurde immerhin bei der Befreiung verhaftet, im Januar 1947 in Marseille zum Tode verurteilt und 1950 erschossen.

Den Endlösungsexperten Carl Oberg indessen hatte zwar 1946 ein Alliierten-Gericht und dann noch einmal 1954 ein französisches Gericht zum Tode verurteilt, aber das Urteil wurde in eine lebenslängliche Haftstrafe umgewandelt. Im November 1962, im Vorfeld des deutsch-französischen Vertrags, wurde er dann von Präsident de Gaulle begnadigt. Der ehemalige SS-Obergruppenführer starb 1965 als freier Mann in Flensburg.

Obergs eifriger Partner beim Organisieren von Judenrazzien, der Vichy-Polizeichef René Bousquet, hatte 1943 das Mäntelchen gewechselt und Kontakt zur Résistance aufgenommen. Tatsächlich half er einigen gefährdeten Leuten, unter ihnen François Mitterrand, mit dem ihn dann auch nach dem Krieg eine anhaltende Freundschaft verband. Wegen seiner Verdienste um die Résistance blieb Bousquet bei seinem Prozess 1949 von Bestrafung verschont. Einige Jahre später bekam er gar noch den Orden der Ehrenlegion zurück. Er begann eine Bankerkarriere und wurde Mitherausgeber der *Dépêche du Midi*. In dieser großen Regionalzeitung machte er Wahlkampf für Mitterrand, und auch finanziell unterstützte er den Freund nach Kräften. Nach dessen Wahl zum Staatspräsidenten stattete ihm Bousquet sogleich einen Besuch im Elysée-Palast ab. Es waren dann 1989 unter anderem Serge Klarsfelds Verein der Nachfahren deportierter Juden und die Liga für Menschenrechte, die Anzeige wegen Verbrechen gegen die Menschlichkeit erstatteten. Das Verfahren, das 1991 begann, konnte nicht zu Ende geführt werden, da im Juni 1993 Bousquet dem Attentat eines mutmaßlichen Einzeltäters zum Opfer fiel.

Simon Sabiani, der »Gangsterpolitiker«, »Westentaschen-Mussolini«

und »Operetten-Diktator«, zog rechtzeitig mit anderen Kollaborateuren ostwärts ins schwäbische Städtchen Sigmaringen. Dorthin hatten die Deutschen die Vichy-Spitze ausquartiert. Im Hohenzollernschloss tagte eine französische Fantomregierung. Unten im Ort leitete Sabiani das PPF-Büro, während sein Parteichef Doriot auf der Insel Mainau residierte und in Erwartung deutscher Wunderwaffen die Wiedereroberung Frankreichs plante. In speziellen Sabotage-Kursen wurden PPF-Mitglieder für den Einsatz hinter den feindlichen Linien vorbereitet. Unter ihnen war Sabianis Parteifreund Charles Palmieri, der Marseiller Judenjäger und Raubgut-Hehler des Bureau Merle. Die Mission, auf die man ihn auf der PPF-Sabotage-Schule in Reutlingen vorbereitet hatte, wurde dann zum Fiasko: Nach einem Fallschirmabsprung im Burgund wurde er von Gendarmen geschnappt und 1946 hingerichtet.

Jacques Doriot wurde im Februar 1945 Opfer eines Jagdfliegers. Sabiani hielt noch bei der Beisetzung seines Idols im Schwarzwaldort Mengen eine bebende Grabrede, bevor es ihm gelang, mithilfe des katholischen Klerus nach Argentinien zu entkommen. Nach sieben Jahren in Buenos Aires zog er nach Barcelona ins franquistische Spanien um, wo ihn eine kleine französische Kolonie ehemaliger PPF-Leute empfing, unter ihnen Jeannot Carbone, der Bruder des legendären Marseiller Gangsters. Sabiani nannte sich Pedro Multedo und betrieb bis zu seinem Tod 1956 ein bescheidenes Import-Export-Geschäft. Die Franquisten erinnerten sich dankbar an seine Unterstützungsaktion im Marseiller Hafen während des Bürgerkriegs und ehrten ihn mit einem Nachruf im Radio als »Kameraden« und »ernsthaften Freund Spaniens«.

Fabriken ohne Fabrikherren

Mit der Befreiung Frankreichs im August 1944 installierte sich in Paris de Gaulles provisorische Regierung, in der Sozialisten, Kommunisten, Radikale und Christlich-Soziale vertreten waren. Die Einbeziehung der Kommunisten war wegen ihres großen Stellenwerts in der Résistance unvermeidbar. Freilich misstraute ihnen der General und tat sein Möglichstes, sie von wichtigen Positionen fernzuhalten.

In Marseille war die Rivalität zwischen Kommunisten und Sozialisten, die sich schon während der Widerstandszeit angekündigt hatte, besonders virulent. Eine Schlüsselrolle in diesem Machtkampf nahm Gaston Defferre, Chef der sozialistischen Résistance-Gruppe »Brutus«, ein. Sein erster Schritt zur Eroberung der Macht in Marseille war die feindliche Übernahme der Zeitung *Le Petit Provençal* mithilfe einiger dubioser Mitstreiter wie dem korsischen Gangster Barthélémy (»Mémé«) Guérini, der mit seinen Männern schon vor dem Krieg den Marseiller Sozialisten zu Diensten war. Umbenannt in *Le Provençal,* wurde das Blatt für die kommenden Jahrzehnte zu Defferres politischem Sprachrohr. Er beanspruchte sogleich auch das Rathaus, und im September ernannte ihn Kommissar Aubrac zum Präsidenten des Stadtrats. Defferre war damit allerdings noch kein gewählter Bürgermeister, denn die Stadt stand nach wie vor unter der 1939 verfügten Vormundschaft.

Aubrac bemühte sich, eine gewisse Balance zu halten, und hatte nicht vor, die Kommunisten auszugrenzen, schon deshalb nicht, weil er sie brauchte. Bahnstrecken, Lokomotiven und Hafenanlagen waren zerstört, der Krieg war noch nicht zu Ende, die Amerikaner benötigten den Hafen als Nachschubbasis und es galt außerdem, die Versorgung der eigenen Bevölkerung sicherzustellen. Zur Wiederankurbelung der Wirtschaftsaktivitäten war die kommunistisch dominierte Gewerkschaft CGT unumgänglich, zumal durch die Abwesenheit mancher Unternehmer in einigen der wichtigsten Betriebe eine ganz neuartige Situation entstanden war: »Das Führungspersonal dieser Unternehmen war verschwunden oder saß im Gefängnis. Die Arbeiter hatten die Werkshallen besetzt und hielten den Betrieb aufrecht«, so beschreibt Aubrac in seinen Memoiren die ungewöhnliche Voraussetzung für seine Mission. »Um die Kontinuität zu gewährleisten, musste man ihnen Vertrauen entgegenbringen, die Situation legalisieren und sie damit operationell machen.«

Es galt, die Bankguthaben der »herrenlosen« Betriebe zugänglich zu machen und an die für Investionen notwendigen Kredite heranzukommen. Und so kam es unter der Ägide des jungen Kommissars der Republik aus ganz pragmatischen Gründen zu einer Marseiller Besonderheit: Auf der Basis eines Gesetzes aus dem Jahre 1938 über die Möglichkeit von Zwangsmaßnahmen in Kriegszeiten wurden 15 Betriebe requiriert. Es handelte sich um Unternehmen, die das Funktionieren des Hafens sicherstellten, um Schiffsbau- und Reparaturwerften, Betriebe der Metallindustrie und der Stromversorgung. Betroffen waren mehr als 15 000 Arbeiter, die nun ohne Fabrikherren arbeiten sollten. In Absprache mit den Gewerkschaftsvertretern wurden kompetente und von der Belegschaft akzeptierte Ingenieure als Direktoren ausgewählt. Ihnen stand ein beratendes Komitee aus Betriebsangehörigen zur Seite, vorgesehen war darin jeweils auch ein Vertreter der Aktionäre. In vielen Fällen verweigerten diese aber aus prinzipeller Gegnerschaft die Mitwirkung, dafür war die Unterstützung der Gewerkschaft umso enthusiastischer.

Aubrac meinte für eine Weile, den Wind der Geschichte zu spüren: »Indem ich den Arbeitern und ihren Gewerkschaften Vertrauen entgegenbrachte, hatte ich auch das Gefühl – vielleicht war das eine jener Utopien, die wir zum Leben brauchen –, im Trend der Strukturreformen zu sein, die von der Résistance angestrebt waren.«

Die Situation war nicht überall die gleiche, die einzelnen Betriebe entfalteten ihre jeweilige Eigendynamik, das Spektrum ging von Mitbestimmung bis zu weitgehender Selbstverwaltung, all das unter entscheidender Beteiligung der Marseiller CGT. Was kaum verwunderlich ist: Nicht überall kam das Experiment gut an. »Die Maßnahme wurde sehr bald interpretiert als eine schwere Versündigung gegen die heiligen Rechte des Eigentums und des freien Unternehmertums«, so Aubrac. Eindringlich wurde er damals vom sozialistischen Minister René Mayer aufgefordert, »im eigenen Interesse« damit Schluss zu machen.

Gaston Defferres Zeitung *Le Provençal,* die sich immer eindeutiger auf die Kommunisten und deren Gewerkschaft einschoss, lancierte eine aggressive Pressekampagne gegen den jungen Kommissar, der sich allzuweit mit den falschen Kräften einließ. Die Attacken zeigten Wirkung, im Januar 1945 wurde Aubrac abberufen. Das Machtgerangel in der Marseiller Linken sollte ihm in unguter Erinnerung bleiben. »Vierzig Jahre später richtete mir Gaston Defferre einen Empfang in seinem Marseiller Rathaus aus und hielt eine solche Lobrede auf mich, dass jeder begriff, dass er mir die Demütigungen vergeben hatte, die er mich hatte erleiden lassen.«

Aubracs aus Paris angereister Nachfolger als Kommissar nahm mit Erstaunen wahr, welche Ordnung und Disziplin in den requirierten Betrieben herrschten und wie sehr sich die Arbeiter mit ihren Unternehmen identifizierten, deren Führungskräfte aus den eigenen Reihen stammten. Das Arbeitsklima hatte sich völlig verändert, zwischen Arbeitern und Betriebsleitung war ein neues Vertrauensverhältnis entstanden. »Der Begriff der Dienstleistung ersetzt den Begriff des Profits«, war auf Plakaten in den Werkshallen zu lesen. Trotz großer Belastung hatten die Arbeiter das ungewohnte Gefühl, fürs Allgemeininteresse zu arbeiten; dazu kamen soziale Verbesserungen wie Kantine, Ferienheim und, so weit wie es möglich war, menschenwürdige Löhne.

Die praktischen Resultate waren in der Regel bemerkenswert. In den meisten Fällen machten die Firmen Gewinn. Die Form der Mitbestimmung beziehungsweise Selbstverwaltung erwies sich als bestens geeignet für die Produktionsschlacht, wie sie gerade auch die Kommunistische Partei propagierte. »Produzieren, das ist heute die höchste Form der Klassenpflicht, der Pflicht aller Franzosen. Gestern war unsere Waffe die Sabotage, die bewaffnete Aktion gegen den Feind. Heute ist unsere Waffe die Produktion, um die Pläne der Reaktion zum Scheitern zu bringen«, so KP-Chef Maurice Thorez im Juli 1945.

Mit dem Ende des Krieges hätten die Requirierungen als provisorische Maßnahme eigentlich beendet werden sollen, wurden aber vorläufig fortgesetzt. Es tauchte wohl auch der Gedanke auf, das Experiment prinzipiell beizubehalten und weiterzuentwickeln. Gerade die nationalen Instanzen der CGT zeigten allerdings in der Debatte eine überraschende Zurückhaltung. Ihnen wie dem PCF könnte das sich abzeichnende Selbstverwaltungsmodell möglicherweise zu revolutionär gewesen sein, argwöhnt Raymond Aubrac. Wenn man dem Historiker Alessi dell'Umbria Glauben schenkt, waren in der Marseiller CGT tatsächlich zum Teil noch anarchosyndikalistische Traditionen lebendig geblieben.

Politischer Klimawandel

Bei den ersten Kommunalwahlen nach der Befreiung im April 1945 und den kurz darauf stattfindenden Kantonalwahlen zum Rat des Départements Bouches-du-Rhône profilierte sich der PCF als stärkste Partei. Der kommunistische Vorkriegsabgeordnete Jean Cristofol rückte anstelle von Defferre zum Chef des Stadtrats auf und wurde, nachdem die Stadt im Februar 1946 ihre kommunalen Freiheiten wiedererlangt hatte und die Zeit der Vormundschaft vorbei war, zum ersten offiziellen Nachkriegsbürgermeister gewählt.

Zu seinen ersten Aktionen gehörte das Aufstellen von freiwilligen Hilfstruppen, »équipes de choc« genannt, die in ihren eigenen Stadtteilen Schulgebäude instandsetzten, Treppen bauten, Straßen reparierten. Bei Arbeiten an der Kanalisation setzte Cristofol auch deutsche Kriegsgefangene ein. Unterstützt wurden seine Bau- und Reparaturmaßnahmen vom kommunistischen Minister für Wiederaufbau François Billoux. Aber Cristofol und Billoux hatten nicht viel Zeit, denn das politische Gesamtklima in Frankreich änderte sich mit dem Ausbruch des Kalten Krieges.

Auf dem Hintergrund von Lebensmittelknappheit, Wohnungsnot und Preissteigerungen rollte im April 1947 eine erste Streikwelle übers Land. Auslöser waren die Arbeiter der Autofirma Renault. Der Streik diente im Mai 1947 Regierungschef Ramadier als Vorwand zur Entlassung der kommunistischen Minister. Damit zerbrach die aus der Résistance hervorgegangene Koalition. Nach der Phase des Kompromisses standen die Zeichen jetzt auf Konfrontation.

Ein Gesetz vom September 1947 beendete nun auch die Ära der Marseiller Requirierungen, die nach vier Jahren zu einem politischen Problem geworden waren. Die Betriebe wurden an die Unternehmer zurückgegeben, die obendrein üppige Entschädigungen erhielten.

Die Marseiller Kommunalwahlen vom Oktober 1947 führten zur Entmachtung des kommunistischen Bürgermeisters Cristofol. Entscheidend hierbei war die Taktik seines Erzgegners Gaston Defferre, der eine Stimmenthaltung zu seinen Gunsten verweigerte und damit dem Gaullisten Michel Carlini zum Sieg verhalf.

Eine zweite landesweite Streikbewegung ging im November von Marseille aus. Anlass waren drastische Fahrpreiserhöhungen für die Straßenbahn, die der soeben gewählte Bürgermeister Carlini verfügt hatte. Die Tram war für die arbeitende Bevölkerung der ausgedehnten Stadt von vitaler Bedeutung. Entsprechend heftig war die Reaktion. Bei einer Demonstration am 12. November kam es zu Krawallen, die einen Volksaufstand befürchten ließen. Nach der Verhaftung einiger Gewerkschaftsführer drang eine aufgebrachte Menge ins Rathaus ein, rückte dem Bürgermeister zu Leibe und demolierte sein Amtszimmer. Sodann zogen die

Demonstranten ins Opernviertel, um sich die Bars und Nachtclubs der stadtbekannten Unterweltkönige vorzunehmen, deren zur Schau gestellter, kriminell erworbener Reichtum angesichts der allgemeinen Not als besonders obszön empfunden wurde. Aus einem Lokal des Guérini-Clans feuerte jemand in die Menge, ein junger Metallarbeiter wurde getötet. Zigtausende kamen zu seiner Beerdigung. Am Tag darauf wurde in den meisten Fabriken die Arbeit niedergelegt. Kein Zug verließ den Bahnhof, die Schiffe blieben am Kai. Und der Funke sprang über aufs ganze Land. Die Bergarbeiter streikten, die Eisenbahner, die Metaller, die Docker, aber auch der öffentliche Dienst, die Lehrer und die Beamten. Bald waren drei Millionen im Ausstand, Frankreich war paralysiert. Innenminister Jules Moch mobilisierte 200 000 Soldaten und Polizeikräfte, berief Reservisten ein, ließ Antiaufstandseinheiten bilden. Eine Ahnung von Bürgerkrieg lag in der Luft.

Gaston Defferre, seit 1946 Abgeordneter, prangerte im Pariser Parlament seine kommunistischen Widersacher an, in Marseille gewaltsam an die Macht zurückkehren zu wollen. Aber auch bei der Kommunistischen Parteiführung rief die Radikalisierung der Bewegung Unbehagen hervor, die Sache geriet außer Kontrolle, entglitt der Partei und entsprach im Übrigen auch nicht den Vorstellungen der Sowjetunion. François Billoux, der bis vor Kurzem noch als kommunistischer Minister in der provisorischen Regierung saß, hob den Zeigefinger: »Marseille ist zu weit gegangen. Es gibt eine übermäßige Diskrepanz zwischen Marseille und dem übrigen Land. Dies ist keine Revolution!« Groß war die Überraschung bei den Marseiller Gewerkschaftern, sie konnten es kaum glauben, als die nationale CGT-Führung am 9. Dezember die Wiederaufnahme der Arbeit anordnete.

Mit steigender Nervosität blickte man auch in den USA auf Frankreich, wo die Kommunisten und ihre Gewerkschaft einen derart großen Einfluss zu haben schienen. Als besonders bedenklich galt die Lage in Marseille, denn die Hafenstadt war unter anderem Brückenkopf für die Lieferungen des Marshallplans nach Europa. Der wurde von der Sowjetregierung bekämpft, die alle europäischen Genossen zum Widerstand gegen diesen Einbindungsversuch ins kapitalistische Lager aufrief. Die Regierung von US-Präsident Truman beschloss, größere Geldmittel für die Bekämpfung des Kommunismus bereitzustellen, und gründete 1947, in diesem Jahr entscheidender Weichenstellungen, die Central Intelligence Agency (CIA). Als eine ihrer ersten Operationen schickte die CIA ihren Agenten Irving Brown, Gewerkschaftsfunktionär der AFL-CIO, nach Frankreich mit dem Auftrag, eine antikommunistische Abspaltung von der CGT zu fördern. Mithilfe der amerikanischen Freunde entstand so im April 1948 die Gewerkschaft Force Ouvrière (FO).

Derweil hatte sich ein neuer Konflikt zusammengebraut, von dem Marseille in besonderem Maße erfasst wurde. Im September 1945 hatte Ho Chi Minh in Hanoi die Republik Vietnam ausgerufen. Zuvor war die französische Kolonialverwaltung in Indochina durch die Japaner entmachtet worden. Frankreich, um Wiedererlangung seines Weltrangs bemüht, strebte nach Rückkehr in die alten Kolonien. »Union française« sollte das Kolonialreich nunmehr heißen. Es waren einige Reformen vorgesehen, die den Status der Kolonisierten verbessern sollten, aber am Ziel der Wiederherstellung der französischen Souveränität in Indochina wurde festgehalten. Nach der Demütigung durch die Japaner ließ General de Gaulle ohne weitere Diskussionen die militärische Wiederbesetzung einleiten.

Was tun mit Ho Chi Minh und seiner Vietminh-Regierung? Sie wurde erst einmal pro forma anerkannt, allerdings sollte sie sich in den Rahmen der »Union française« einfügen. Während die Kolonialarmee nach Indochina zurückkehrte, reiste Ho Chi Minh im Juli 1946 zu Verhandlungen nach Paris. Für die Franzosen kam nur eine sehr begrenzte Dosis vietnamesischer Autonomie infrage, außerdem sollte Cochinchina, also Südvietnam, abgetrennt werden. Eine Einigung konnte unter diesen Umständen nicht erzielt werden.

Anlässlich seiner Frankreichreise stattete der Vietminh-Chef auch den in Marseille lebenden Vietnamesen einen Besuch ab. Es waren mehrere Tausend, die zu Beginn des Zweiten Weltkriegs als Kolonialarbeiter mit Sechs-Monats-Verträgen gekommen waren und nun nach sieben Jahren noch immer in überfüllten Lagern wie dem von Mazargues am südlichen Stadtrand hausten.

Diese Marseiller Vietnamesen waren in ihrer Mehrheit glühende Anhänger der Unabhängigkeit, viele sympathisierten mit den Vietminh. Als sie nach dem Scheitern der Vietnam-Konferenz und dem Beginn der Kriegshandlungen für ein Ende der französischen Militärintervention demonstrierten, wurden sie zum Objekt verschärfter polizeilicher Überwachung. Manche Wortführer wurden herausgegriffen und nach Nordafrika deportiert.

Aber noch auf andere Weise bekam Marseille mit den Indochinakrieg zu tun: Von hier aus wurden Truppen und Waffen nach Fernost verschifft. Im Laufe des Jahres 1949 begannen die in der CGT organisierten Docker mit Boykottaktionen, blockierten die »Montbéliard«, lehnten es ab, Kriegsmaterial auf die »Cap Tourane« und die »Sibila« zu verladen. Bei einer Großversammlung im Kino Saint Lazare wurde als Parole ausgegeben: »Keinen Sou, keinen Mann, keinen Zug, keinen Hammerschlag für den Krieg in Vietnam!«

Besonderes Aufsehen erregte eine Aktion, die den Truppentransporter SS »Pasteur« betraf. Anfang Januar lief das Schiff aus Vietnam kommend in Marseille ein, es brachte Verwundete zurück und sollte möglichst rasch wieder mit 2800 »frischen« Soldaten in See stechen, wurde aber am Auslaufen gehindert. Hafenverwaltung und Regierung entzogen daraufhin 700 aufsässigen Dockern die Arbeitsgenehmigung, was wiederum einen Generalstreik im Hafen zur Folge hatte. Der Streik weitete sich auch auf andere französische Häfen aus, wenngleich es dort um einiges halbherziger zuging als in Marseille.

Erneut sah sich die CIA gefordert. »Once more Marseille's working-class militancy called for special methods« (Einmal mehr verlangte die Militanz der Marseiller Arbeiter nach speziellen Methoden), kommentiert der amerikanische Historiker Alfred W. McKoy.

Die Marseiller Vertreter der neuen, soeben mithilfe des Geheimdienstes gegründeten Gewerkschaft FO bildeten ein »mediterranes Wachsamkeitskomitee« und berieten mit dem angereisten Agenten Irving Brown, auf welche Weise der kommunistische Widerstand gegen die Verschiffung von Kriegsmaterial zu brechen sei. Mit CIA-Geldern heuerte Brown Streikbrecher in Italien an und ließ sie nach Marseille bringen. Dort prügelten ihnen dann die ebenfalls von Brown beauftragten Muskelmänner der korsischen Guérini-Brüder den Zugang zum Hafen und zu den Schiffen frei.

Für die Docker war die Sache verloren. Nach 40 Tagen Streik wurden die Docks »befreit«. Die Waffen für den Kolonialkrieg konnten geladen werden, das vietnamesische Verhängnis nahm seinen Lauf.

Für die Herren des »Milieus« war es ein unschätzbarer Erfolg. Sie hatten sich in den Augen ihrer amerikanischen Gönner als überaus nützlich erwiesen, waren in die lokale Politik eingebunden und hatten sich als Hilfsfkräfte und Leibwächter der Sozialistischen Partei und ihres lokalen Chefs Gaston Defferre bewährt: beste Voraussetzungen für die einschlägigen Geschäfte, die in der Folge blühen und gedeihen sollten.

Tabula rasa am Alten Hafen

Der Wiederaufbau zerstörter Städte, eines der drängenden Probleme nach dem Krieg, wurde in Frankreich als zentrale Staatsangelegenheit behandelt. Zuständig war das Ministerium für Wiederaufbau und Urbanismus, dem ab 1946 der vormalige kommunistische Marseiller Abgeordnete François Billoux vorstand. Es lag nahe, dass die Verhältnisse in der Hafenstadt seine besondere Aufmerksamkeit fanden, umso mehr als sein Parteigenosse Jean Cristofol zu dieser Zeit Marseiller Bürgermeister war.

Von hoher symbolischer Bedeutung war die Neugestaltung des zerstörten Hafenviertels, dafür sollte ein Maximum an Fantasie und Kompetenz mobilisiert werden. Der hierzu ausgeschriebene nationale Wettbewerb umriss die Aufgabe mit eindringlichen Worten: »Der Alte Hafen mit seinem typisch mediterranen Rahmen, geprägt von einer langen Geschichte, bleibt der ›vibrierende Kern‹ von Marseille. Er muss die Grandiosität verkörpern, die wir der Stadt geben wollen. Es geht also darum, für Marseille ein großes Werk zu schaffen [...], das der Stadt endgültig den Titel ›Kapitale des Mittelmeers‹ sichert.«

Ein hehrer Anspruch. Wie aber sollte der Stadtteil aussehen, wer sollte ihn bauen? Die mit enormem Prestige verbundene Aufgabe stachelte Eitelkeiten und Konkurrenzkämpfe an. Auf dem Hintergrund politischer, ästhetischer und persönlicher Streitigkeiten sollten sich mehrere Chefarchitekten, Experten und Urbanisten abwechseln.

Den Anfang machte Roger-Henri Expert (!), er wurde auf Vorschlag von Minister Billoux von Jean Cristofols Stadtrat zum Chefberater für Städtebau ernannt.

Es bestand kein Zweifel daran, dass an die vorher bestehenden Planungen angeknüpft werden sollte, die den historische Kern der Stadt in eine residenzielle, aufgelockerte Zone mit stark verringerter Bevölkerungsdichte und autogerechten breiten Straßen verwandeln wollten. Der verwinkelte Charakter der zerstörten Altstadt sollte weder wiederhergestellt noch zitiert werden. »Im Unterschied zu anderen französischen Orten ist in Marseille das Prinzip einer Orientierung am Vorherigen oder einer getreuen Rekonstruktion niemandem in den Sinn gekommen. Die Idee der Modernisierung hat sich sofort und ohne Debatte aufgedrängt«, schreibt Jean-Lucien Bonillo in *La Reconstruction à Marseille.*

Die Vorstellungen einer Tabula-rasa-Moderne, von denen die Entscheider und Architekten geleitet waren, kollidierten mit einigen verzweifelten Versuchen, wenigstens das übrig gebliebene bauliche Erbe zu schützen. Keine Chancen hatten letztlich die Vertreter des Denkmalschutzes mit ihren Forderungen, die bei der Sprengung im Februar 1943 ausgesparte Häuserreihe am Kai zu retten. Im Frühjahr 1946 wurde sie kurzerhand abgerissen, ein Jahr bevor die ersten Neubauarbeiten begannen.

Was anstelle des plattgemachten Viertels entstehen sollte, war noch eine ganze Weile strittig. Der Wettbewerb brachte keine Entscheidung, er galt ohnehin nur als Ideenwettbewerb, ein erster Preis wurde nicht vergeben. So blieb das Projekt bis auf Weiteres unter Kontrolle des Chefurbanisten Expert. Dessen Konzept sah einen klaren Bruch mit der bisherigen Morphologie des Quartiers vor, mit deutlich veringerter Wohnungszahl und dem Tribut an die heiligen Prinzipien von Licht, Luft und Hygiene. In seinem Massenplan wurde die Hafenfront durch mehrere lange Blöcke in ungefähr der bisherigen Bauhöhe gebildet, dahinter sollten dann Türme mit 14 Etagen emporragen, die das historische Panier-Viertel optisch hätten verschwinden lassen. Sofort machten sich kritische Stimmen bemerkbar, aber Cristofol und Billoux verteidigten das Projekt mit Emphase – »Wir müssen unserer Stadt eine moderne Physiognomie geben« – und versuchten Druck zu machen mit dem Argument der akuten Wohnungsnot.

In der pluralistisch besetzten Marseiller Kommission zum Wiederaufbau, in der Vertreter von Stadt, Staat, Baugewerbe sowie Repräsentanten der Evakuierten des Hafenviertels saßen, wurde indessen die Ablehnung des Expert-Plans immer spürbarer. Die Debatte zog sich hin, bis das Expert-Projekt schließlich gekippt war. Fast zeitgleich wechselte der

Bürgermeister. Auf den Kommunisten Cristofol folgte der Gaullist Carlini, und an die Stelle von Expert trat nun der Architekt André Leconte.

Dieser sah entlang des Kais ein einziges Gebäude von mehr als 400 Meter Länge vor, einen Riegel, lediglich unterbrochen vom Altbau des Rathauses. Aber auch dieses von brutaler Horizontalität geprägte Vorhaben kam nicht gut an. 1950 wurde Leconte abgesetzt und statt seiner als neuer Chefarchitekt Auguste Perret nominiert, eine unumstrittene Autorität auf dem Gebiet der Betonarchitektur. Er war zu dieser Zeit mit dem Neubau des kriegszerstörten Le Havre beschäftigt und unterstützte in Marseille den ehrgeizigen und talentierten Fernand Pouillon, der zum eigentlichen Architekten der Vieux-Port-Baustelle werden sollte.

Im Laufe des Jahres 1952 entstand so die Hafenfront, wie sie heute existiert: Eine Serie von fünf voneinander abgesetzten Gebäuden, für die nobles Material, Pont-du-Gard-Stein, verwendet wurde, mit Loggien, Balkonen, Ziegeldächern und Arkadengängen.

Im inneren Bereich des Quartiers waren allerdings verschiedene Architekten am Werk, die ein wenig harmonisches Ensemble hinterließen, bestehend aus mächtigen, teilweise unter Benutzung vorfabrizierter Bauteile errichteten Blocks auf abgestuftem Terrain. Die ursprünglichen Schrägen des historischen Hügels hatten die Ingenieure des Pariser Ponts-et-Chaussées-Korps dem neuen Bedarf entsprechend weggesprengt. Von der alten Straßenführung blieb so gut wie keine Spur erhalten. Die Farben der in Hellbraun-Ocker gehaltenen Fassaden geben sich mediterran, manche Fronten sind mittlerweile deutlich angeschmuddelt. Auch wenn einige monumentale Baugesten wie großzügige Freitreppen und Art-déco-Skulpturen Bedeutsamkeit und Grandezza suggerieren, kann das ganze neu errichtete Viertel eine gewisse Tristesse nicht verbergen, die aus dem Gewaltakt der vorangegangenen Schändung herrührt.

Die Wohnmaschine

Bezeichnenderweise war die andere bemerkenswerte Realisierung der Marseiller Wiederaufbauphase die »Cité radieuse«, die neue Wohneinheit von Le Corbusier am Boulevard Michelet im Süden der Stadt. Während des Krieges hatte der Schweizer Architekt Kontakte zur Pétain-Regierung geknüpft, sich längere Zeit in Vichy aufgehalten. Er hatte dort versucht, eine größere Rolle zu spielen, was ihm aber trotz Freunden aus dem faschistischen Umkreis misslang. Zwar gab man ihm eine Stelle als Stadtplaner für die zerstörten Gebiete, aber seine Konzepte vermochte er nicht durchzusetzen.

Gleich nach dem Krieg scheiterte er mit seinem Projekt für La Rochelle-La Pallice, und auch in Saint Dié, wo er die Bevölkerung der zerstörten Innenstadt in fünf Wohnmaschinen unterbringen wollte, stieß er auf Ablehnung der politischen Vertreter. Anders in Marseille: Hier bekam er zum ersten Mal die Chance, seine Vorstellung einer »unité d'habitation« zu realisieren. Förderlich war dabei das geradezu blinde Vertrauen, das Bürgermeister Cristofol in die Moderne setzte. Er hatte mit solcher Insistenz in Pariser Ministerien versucht, Mittel für den Wohnungsbau in Marseille loszueisen, dass man ihm schließlich sagte: »Wir haben da bewilligte Kredite für eine Konstruktion extrem modernen Typs, die niemand haben will. Wenn Sie die wollen, bitteschön!« Cristofol griff sofort zu und nahm Kontakt mit Le Corbusier auf.

Im Oktober 1947 wurde der erste Spatenstich für Le Corbusiers Wohneinheit gesetzt. Lieferprobleme und Materialknappheit verzögerten die Bauarbeiten, erst 1952 konnte die »Cité radieuse« eingeweiht werden. Und da stand sie, wie ein Monolith, mitten in einer noch nicht urbanisierten Gartenlandschaft: ein auf 36 Pfeilern ruhendes, 135 Meter langes Betongebäude, 50 Meter hoch, 21 Meter breit. Auf viele Marseiller wirkte das Objekt so fremd, dass sie es »la maison du fada« nannten, das Haus des Verrückten.

Es war nicht nur ein Wohnhaus, dessen Einheiten der Architekt mit integriertem Standardmobiliar ausgestattet hatte, sondern darüber hinaus Ausdruck einer vom Schöpfer Le Corbusier vorgegebenen Gemeinschaftsutopie – ein vertikales Dorf mit internen »Straßen«, Einkaufskooperative, Restaurant, Hotel, Kinderkrippe, Sport- und Spielräumen, Festsaal und Planschbecken auf dem Dach – die Bewohner konnten hier in perfekter Isolation leben.

Le Corbusiers Marseiller Wohneinheit blieb in ihrer eigenwilligen Konzeption ein Solitär. Dennoch wurde hier architektonisch die Richtung für die kommenden Jahrzehnte angegeben, wie es der zur Zeit der Einweihung amtierende Wiederaufbauminister und Le-Corbusier-Fan Eugène Claudius-Petit voraussagte: »Dies ist ein Experiment, dessen Erfolg uns gestatten wird, Schlußfolgerungen zu ziehen und dem Bauen in Frankreich eine Orientierung zu geben.«

»La maison du fada« demonstrierte die Möglichkeiten der neuen Baumaterialien und der modernen Baugesinnung. Die Prinzipien des Funktionalismus waren hier modellhaft vorgegeben: das unter dem Vorwand der Hygiene ins Grüne gestellte, von Leere umgebene Großgebäude, der als Parkplatz nutzbare Unterbau, die Auflösung des traditionellen städtischen Kontexts, das Verschwinden der Straße als sozialer Ort.

»Diese Wohneinheiten werden ganz einfach die Stadt ersetzen«, so schwärmte Le Corbusier selbst bei der Einweihung, und in gewisser Hinsicht hat er recht behalten. Die Normen der funktionalistischen Architektur sollten sich bald in Marseille exzessiv entfalten können, freilich gereingt von allen Träumen und utopischen Vorstellungen.

Die Ära Defferre

1953 begann die lange Amtszeit des Bürgermeisters Gaston Defferre. 33 Jahre hindurch, bis zu seinem Tod 1986 sollte der autoritäre Protestant Marseille regieren, die meiste Zeit als Chef einer Allianz aus Sozialisten, Zentristen und Konservativen. Defferre präsentierte sich und seine Rechts-links-Koalition als Bollwerk gegen die Kommunistische Partei, die damals und noch für lange Zeit weitaus mehr Stimmen bekam als seine SFIO.

Der antikommunistische Kurs verschaffte ihm dauerhafte Sympathien bei der Marseiller Bourgeoisie, sicherte ihm die Unterstützung der Handelskammer und des lokalen Unternehmertums. Auch noch als auf nationaler Ebene bereits die Union de gauche beschlossen worden war, setzte Defferre in Marseille das Bündnis mit den Konservativen und die Ausgrenzung der Kommunisten fort, solange es nur ging. Bis 1983 blieb der PCF in der Opposition.

Seine heterogene Rathausmehrheit führte der Bürgermeister mit harter Hand. Auch die eigenen Leute hatten zu spuren. Wer Widerspruch wagte, riskierte, wie ein Schuljunge abgekanzelt zu werden. Alle fürchteten sich vor den Zornesausbrüchen des Zuchtmeisters im Rathaussessel.

Selbst die kommunistischen Ratsmitglieder mussten mit den Jahren klein beigeben, sie waren terrorisiert wie alle anderen, schreibt Defferres Biograf Georges Marion: »Als Vertreter der politischen Opposition werden sie in Unkenntnis über die Akten und das Funktionieren der einzelnen Dienste gehalten. Ihre Teilnahme reduziert sich darauf, ihre Zustimmung zu äußern, was Defferre, der über eine breite Mehrheit verfügt, herzlich gleichgültig sein kann. Die isolierten und an den Rand gedrängten Kommunisten, die so sehr die Bourgeoisie haben zittern lassen, zittern nun ihrerseits. Ist Defferre heute gut oder schlecht aufgelegt? Das ist die einzige Frage, die sie sich, genau wie ihre anderen Kollegen, stellen, wenn eine Stadtratssitzung eröffnet wird.«

Machtinstrumente

Die Kommunisten regierten allerdings die umliegenden Gemeinden – Aubagne, Arles, Port-de-Bouc, Martigues, La Ciotat. Defferre sah sich von roten Bastionen umgeben, und die kommunistisch dominierte CGT beherrschte wie schon vor dem Krieg den Marseiller Hafen, die Fabriken, die Werften. Aber einer der größten Arbeitgeber in Marseille war und ist die Stadt Marseille selbst, mit all ihren vielen Diensten und Unterabteilungen, und hier setzte Defferre auf die kurz zuvor mit CIA-Hilfe gegründete antikommunistische Gewerkschaft Force Ouvrière (FO). Um den Einfluss der CGT zurückzudrängen, baute er sie zum privilegierten Partner des Rathauses auf. Sie war die einzige Gewerkschaft, die er in seinem Bürgermeisterbüro empfing und mit der er verhandelte. Alle neuen Errungenschaften wurden dem Personal durch die FO-Vertreter mitgeteilt, über sie liefen Einstellungen und Beförderungen. Es war nützlich, FO zu wählen und Mitglied zu werden. Bald dominierte die FO in allen Bereichen der Stadtverwaltung, in Krankenhäusern und Bildungseinrichtungen, bei der Müllabfuhr, der Sozialversicherung und im öffentlichen Nahverkehr, und das ist im Wesentlichen bis heute so geblieben – eine in Frankreich einzigartige Situation.

Force Ouvrière wurde so zu einem wichtigen Faktor im Defferre'schen Herrschaftssystem. Als Gegenleistung zur privilegierten Rolle sorgte die Gewerkschaft für sozialen Frieden, dämpfte Rebellionen des Personals und vermied Streiks. Dank dieses historischen Deals konnte der Bürgermeister relativ konfliktfrei regieren.

Als Relaisstationen des Rathauses in den Stadtteilen wurden die Comités d'intérêt de quartier aufgebaut. Treibende Kräfte bei ihrer Gründung waren die Parteigänger des Bürgermeisters. Diese Stadtteilkomitees, die bald zu einem flächendeckenden Netz zusammenwuchsen, waren keine kritischen Bürgerinitiativen, sondern stellten eine Basis für die Einbindung und Kontrolle der Viertel dar.

Der Marseille-Historiker Alessi dell'Umbria nennt sie »die ideologische Basis des Defferrismus«. Sie ermöglichten es, die Stimmung der Bevölkerung auszuloten, hier durften Wünsche und Beschwerden vorgebracht werden, für die der lokale Volksvertreter ein offenes Ohr hatte. Kleinere Arrangements waren immer möglich. Der südeuropäische Klientelismus fand hier eine institutionalisierte Form. Das Rathaus war der größte Arbeitgeber, teilte Jobs zu und vergab soziale Hilfen. Und es förderte all die Sport-, Kultur- oder landsmannschaftlichen Freundschaftsvereine, die dazu dienten, Kontakte zu verschiedensten Typen von Wählern aufrechtzuerhalten. Zu Defferres »Schlüsseln zur Stadt« gehörte die Pflege wichtiger ethnischer Bevölkerungsgruppen. Stets wurden sie bei der Aufstellung von Wahllisten berücksichtigt: »Auf der Liste des Bürgermeisters finden sich Korsen, Armenier und Juden, durch deren Präsenz sich der Kandidat die Stimmen der jeweiligen Milieus erhofft.«

Wie fürs städtische Personal war es auch für die Angestellten des *Provençal* opportun, Mitglied in der allmächtigen Gewerkschaft FO zu sein. Anfangs, nach der *manu militari* erfolgten Eroberung des durch Kollaboration disqualifizierten *Petit Provençal,* wurde das Blatt zunächst in Form einer Arbeiterkooperative mit Defferre als einem der Kodirektoren unter dem Namen *Le Provençal* neu gegründet, dann in eine Aktiengesellschaft umgewandelt. Defferre stieg rasch zum Hauptaktionär auf, weitere Anteile wurden von Familienangehörigen gehalten. Mit der eigenen Zeitung schuf er sich ein politisches Instrument und gleichzeitig eine Einkommensquelle. Jeden Abend pflegte er in der Redaktion anzurufen, um sich den Inhalt der neuen Ausgabe präsentieren zu lassen, und regelmäßig schrieb er seine Leitartikel. Bei jeder Wahl verwandelte sich die sonst eher biedere Postille in ein militantes Kampfblatt. Für die Marseiller war der *Provençal* schlicht die »Zeitung des Bürgermeisters«.

Zu den Konkurrenten des *Provençal* gehörte neben der noch heute existierenden kommunistischen Tageszeitung *La Marseillaise* das rechtsgerichtete Blatt *Le Méridional,* seit 1953 im Besitz von Jean Fraissinet, dem Erben der alten Marseiller Händler- und Reederdynastie. Er war wegen seiner Kompromittierung mit dem Vichy-Regime bei der Befreiung verhaftet und ein Jahr lang unter Hausarrest gestellt worden, aber das hatte seiner Militanz keinen Abbruch getan.

Verbissen kämpfte er in seiner Zeitung gegen alles, was er für kommunistisch und antinational hielt, aber ein rotes Tuch war ihm auch der Bürgermeister, den er stetig und mit großer Inbrunst attackierte. Defferre ließ seinerseits keine Gelegenheit aus, im *Provençal* an Fraissinets pétainistische Vergangenheit zu erinnern. Es war eine jahrzehntelange, mit Leitartikeln ausgetragene Dauerfehde, zum Leidwesen der Marseiller Bourgeoisie, die zu beiden Kampfhähnen gute Beziehungen unterhielt.

Fraissinet verkaufte 1966 seine Zeitung an eine Lyoner Pressegruppe und fiel aus allen Wolken, als diese fünf Jahre später den *Méridional* ausgerechnet an seinen Erzfeind Defferre abtrat. Der mischte sich allerdings nicht in die redaktionelle Arbeit ein und ließ das stramm rechte Blatt weitermachen wie bisher, inklusive der rituellen Kritik am Bürgermeister. Es war ein Marseiller Kuriosum, hatte aber einiges für sich: Defferrre deckte mit seinen beiden Zeitungen ein breites politisches Spektrum von halb links bis rechts außen ab, und sein kleines Presseimperium war überdies recht einträglich, er besaß nun das Monopol für Zeitungswerbung in der ganzen Region, denn schon 1954 hatte er auch das in Toulon erscheinende Blatt *Var-Matin* übernommen.

Der Sozialist Defferre stellte damit seinen Geschäftssinn unter Beweis und profilierte sich als umsichtiger Unternehmer. »Das hat ihm gestattet, sehr gut zu leben und bei der lokalen Bourgeoisie Anerkennung zu erwerben. Die stellte fest, dass ihr politischer Verbündeter ein Industriekapitän war, der in seinem Betrieb nicht vor Entlassungen oder der Jagd auf missliebige Gewerkschafter zurückschreckte«, kommentieren Michel Peraldi und Michel Samson in ihrem Buch *Gouverner Marseille*.*

Ende des Kolonialreichs

1954 begann das Drama des Algerienkriegs, in das Marseille in mehrfacher Hinsicht hineingezogen wurde. Wie schon während des Indochinakriegs kam dem Marseiller Hafen auch diesmal wieder die undankbare Funktion eines Transitzentrums zu. Die Linienschiffe der Mittelmeer-

* 1987, kurz nach Defferres Tod, wurde die *Provençal*-Gruppe an den Industriellen Jean-Luc Lagardère abgetreten. 1997 wurden *Provençal* und *Méridional* fusioniert zu *La Provence*, 2007 verkaufte Lagardère die Zeitung an die Hersant-Gruppe. 2012 erwarb sie der Unternehmer Bernard Tapie.

flotte wurden zu Truppentransportern umgewandelt, und sie brachten diesmal nicht nur Fremdenlegionäre und Berufssoldaten, sondern Massen von Wehrpflichtigen in die Konfliktzone.

Auf den Kais fanden von der CGT unterstützte Demonstrationen statt. Mütter, Frauen und Freundinnen legten sich vor die Militärfahrzeuge, um den Abtransport der jungen Männer zu verhindern. Die zurückkommenden Särge wurden diskret in der Nacht ausgeladen.

Eine besondere Bedeutung hatte dieser letzte Kolonialkrieg für Marseille auch wegen der Anwesenheit der vielen algerischen Arbeiter. Mehr oder weniger freiwillig zahlten sie ihre Beiträge zur Revolution in Algerien, die von Vertretern des Front de Libération Nationale (FLN) eingetrieben wurden.

Nach einer Serie von FLN-Attentaten im Jahr 1958 – Explosion an Bord der »Président de Cazalet«, Bombenanschlag auf die Präfektur, Sprengung eines Treibstoffdepots im Hafen – wurde die aus Nordafrika stammende Bevölkerung drakonischen Kontrollmaßnahmen durch die Polizei und einen speziellen Service des affaires musulmanes unterworfen. Straßensperren und Verhaftungen waren an der Tagesordnung.

Der Krieg, der offiziel keiner war, bestimmte das Klima der Stadt auch wegen vieler Pieds-noirs, Algerienfranzosen, die sich bereits in Marseille angesiedelt hatten. Unter ihnen waren etliche, die mit der Organisation armée secrète (OAS) sympathisierten, jener Untergrundtruppe, die mit Bombenterror für das französische Algerien kämpfte. Bedingungslose Anhänger der »Algérie française« fanden sich auch unter den Marseiller Unternehmern, von denen sich viele nicht vorstellen mochten, den kolonialen Markt zu verlieren. Einige waren im Mouvement pour la défense de l'empire français organisiert. Ein besonders aktives Mitglied war Jean Fraissinet. In seiner Zeitung *Le Méridional* schoss er aus allen Rohren auf seinen Lieblingsfeind Gaston Defferre. Dieser hatte nach anfänglichem Zögern beschlossen, nach dem Machtwechsel von 1958 die Linie de Gaulles zu unterstützen, der das Verhältnis zwischen »Mutterland« und Algerien mittels Reformen auf eine neue, demokratischere Basis stellen und den Algeriern größere Autonomie zugestehen wollte, wozu es freilich längst zu spät war.

Die Entkolonisierung hatte in Marseille deutlicher spürbare Konsequenzen als anderswo in Frankreich. Schon vor dem Ende des Algerienkriegs kamen über den großen Hafen Zehntausende Menschen von der anderen Mittelmeerseite: Dazu gehörten die 1956 nach der französisch-britischen Suez-Intervention aus Ägypten ausgewiesenen Franzosen sowie die französischen Siedler und Beamten aus den im selben Jahr 1956 unabhängig gewordenen Protektoraten Tunesien und Marokko. Aus beiden Ländern kamen auch größere Mengen von Juden, die primär über die Zwischenstation Marseille nach Israel auswandern wollten, von denen aber viele blieben und zusammen mit den zahlreichen aus Algerien übersiedelten Juden der Marseiller Gemeinde deutlichen Zuwachs bescherten.

Aber erst im Sommer 1962 kam der ganz große Schock: Mit der Unabhängigkeit Algeriens, dem Ende der »Algérie française«, wurde Marseille zum wichtigsten Zielhafen für den großen Exodus der Pieds-noirs. In wenigen Monaten kamen 450 000 Menschen in La Joliette an, was absolut nicht vorhergesehen worden war.

Am 18. März 1962 waren die Verträge von Evian unterzeichnet worden, die nach 132 Jahren französischer Herrschaft und einem acht Jahre dauernden blutigen Kolonialkrieg den Weg in die Unabhängigkeit eröffneten, im Prinzip aber auch die Rechte der Europäer respektierten.

Die OAS begann daraufhin eine blindwütige Terrorkampagne, auf die mit Gegenterror reagiert wurde. Die Gewaltspirale geriet außer Kontrolle, die in Panik geratenen Europäer fürchteten um ihr Leben. Die Devise hieß nur noch: Rette sich, wer kann. Und so drängelten und quetschten sich Tausende und Abertausende auf den Hafenkais von Algier und Oran, die Passagierschiffe waren doppelt belegt, sämtliche denkbaren Transportmittel wurden eingesetzt, Frachter und Fischkutter, auch ein Flugzeugträger der Marine. Frankreichs Regierung hatte mit allenfalls 100 000 übers ganze Jahr verteilten Umsiedlern gerechnet. Aber jetzt kamen fast alle auf einmal, und darauf war niemand vorbereitet.

Tausende gingen täglich in La Joliette von Bord oder stiegen in Marignane aus den Flugzeugen – erschöpfte, traumatisierte, desorientierte Familien mit ihren Koffern und Bündeln. »Rapatriés«, Rückkehrer, wurden sie offiziell genannt, aber sie waren zu einem großen Teil italienischer, spanischer oder maltesischer Herkunft, und das Land, das angeblich auch ihres war, kannten sie kaum.

Am Anfang gab sich Bürgermeister Defferre noch gastfreundlich: »Alle Marseiller sind sich der Rolle bewusst, die sie zu spielen haben, damit auf unseren Kais und unserem Flughafen unseren unglücklichen Landsleuten in Frankreich ein freundlicher Empfang bereitet wird.« (*Le Monde*, 1962)

Aber die massive Einwanderung nahm kein Ende. Marseille konnte die Massen nicht bewältigen, es war ähnlich wie vierzig Jahre zuvor mit den Armeniern. Die Empfangsstrukturen waren völlig unzureichend, das für die Algerienfranzosen eingerichtete Ankunftszentrum in der Rue Breteuil hatte gerade mal acht Angestellte, die endlosen Warteschlangen blockierten den Straßenverkehr. Rasch waren sämtliche Unterbringungskapazitäten der Stadt erschöpft. Als Transitzentrum war wieder einmal das Hôtel Bompard im Stadtteil Endoume vorgesehen, und sonst gab es die halbfertige Sozialwohnungssiedlung La Rouguière. Die Wohnungen dort hatten noch keine Türen, die Armee lieferte Feldbetten. Aber mehr als 3000 Personen konnten da beim besten Willen nicht unterkommen. Die meisten mussten selbst sehen, wo sie blieben. Sämtliche Hilfsorganisationen machten mobil, improvisierten Notunterkünfte und Kinderkrippen – das Rote Kreuz, der jüdische Sozialfonds, Le Secours catholique, Le Secours protestant, die Heilsarmee …

Es gab also durchaus Marseiller, die sich solidarisch und hilfsbereit verhielten. Allerdings kippte die Stimmung sehr bald. Die »unglücklichen Landsleute« wurden nicht wirklich als Landsleute betrachtet. Sie selbst fühlten sich von Frankreich im Stich gelassen, waren voller Groll und taten dies auch kund. Und aus der Bevölkerung schlug ihnen immer deutlichere Feindseligkeit entgegen. Pauschal schmähte man sie als Kolonialisten und Rassisten, wenn nicht gleich als OAS-Bombenleger. Im Hafen war die Parole »Pieds-noirs, geht zurück nach Hause« an die Kaimauer gemalt. Selbst der Bürgermeister verlor die Contenance: »Sollen sie sich doch anderswo wiedereingliedern!«, raunzte Gaston Defferre.

Mit großem Werbeaufwand forderte man die »Rückkehrer« auf, sich im Norden Frankreichs anzusiedeln. Vielen aber war das Leben am Mittelmeer unverzichtbar. Mindestens 120 000 Pieds-noirs blieben, trotz allem, in Marseille. Sie integrierten sich dann viel rascher, als die chaotische Ankunftsphase hätte erwarten lassen, entwickelten geschäftliche

Dynamik, rappelten sich hoch und fügten dem Bevölkerungsmosaik von Marseille eine neue Facette hinzu.

Geblieben ist dennoch bei manchen ein tief sitzendes Ressentiment, gepaart mit einer Vorliebe für die extreme Rechte und heftigen Abneigungen gegen muslimische Algerier.

Gaston Defferre hatte sich bald wieder im Griff. Der pragmatische Machttaktiker erkannte das Wählerpotenzial der Umsiedler, und schon bei den Gemeindewahlen von 1965 spielte er die Pieds-noirs-Karte, befürwortete sogar eine Amnestie für die OAS-Aktivisten und nahm nach der Wahl mehrere Pieds-noirs in seine Mannschaft auf. 1971, kurz vor den nächsten Wahlen, widmete die Stadt den Algerienfranzosen auf der Corniche Kennedy, der prestigeträchtigen Uferstraße, ein vom Marseiller Bildhauer César Baldaccini (den Nachnamen kennt fast kein Mensch, César ist sein Künstlername) entworfenes Monument in Gestalt eines überdimensionierten Schiffsschraubenflügels.

Nicht zuletzt wegen der Ankunft der Pieds-noirs erlebte Marseille eine demografische Explosion: 1954 hatte die Stadt 660 000 Einwohner, 1975 waren es 914 000. Ein weiterer Grund für den Bevölkerungsanstieg war der verstärkte Zustrom algerischer Arbeitsimmigranten nach der Unabhängigkeit Algeriens. Begünstigt wurde die Migration durch die in den Verträgen von Evian zugestandene Freizügigkeit. Das Maghrebland befand sich in einer schwierigen wirtschaftlichen Lage, und in Frankreich bestand Bedarf an Arbeitskräften, auch wenn es sich oft um prekäre Jobs handelte, die nur geringe Qualifikation erforderten. Anders als früher holten nun viele Algerier ihre Familien nach.

Durch das sprunghafte Anwachsen der Bevölkerung verschärfte sich die Wohnungsnot. »Bidonvilles«, Slums aus Bretterbuden mit Wellblech und Teerpappe breiteten sich aus. Der Wohnungsbau wurde zur dringenden Priorität. In kurzer Zeit entstanden nun die meisten der »grands ensembles«, der Sozialbausiedlungen aus Türmen und Riegeln, die das Gesicht der Stadt nachhaltig verändern sollten. Sie wurden hastig hochgezogen nach den Vorgaben des »internationalen Stils«. Den Technokraten der gaullistischen Ära galten die Prinzipien des Funktionalismus – Wohntürme im Grünen, Zonenaufteilung, Orientierung am Auto – als der Weisheit letzter Schluss in Sachen Städtebau.

90 Prozent der Sozialwohnungsblocks entstanden in den drei nördlichen Arrondissements unweit der Hafenanlagen und Industriezonen, wo der Baugrund billig war. An die existierenden dörflichen Kerne wie Saint Antoine, Saint Joseph oder Sainte Marthe lagerten sich mächtige Unterbringungssilos. Nur noch die Namen der Großsiedlungen – Campagne-Larousse, Frais-Vallon, Bois-Luzy oder La Grande Bastide – erinnern an die vormals ländlichen Zonen. Was an alten Landvillen noch verblieben war, verschwand im Schatten monströser Klötze. Selten ist eine Stadtlandschaft derart rücksichtslos verhunzt worden.

Die Viertel des Südens wurden quasi exklusiv zum Wohngebiet der bessergestellten Marseiller. Hier förderte die Stadt den Bau von Eigentumswohnungen mit gehobenem Komfort, wobei sich freilich auch in den besseren Quartiers die funktionalistische Baugesinnung austobte. Aus der Entfernung betrachtet ähneln die Neubauten der südlichen Stadtteile auf frappierende Weise den Sozialblocks der nördlichen Quartiers.

Selbst das Marseiller Zentrum blieb nicht verschont vom in die Höhe strebenden Modernismus. Ein markantes Beispiel geben die drei 1962 eingeweihten Türme des Architekten Jacques-Henri Labourdette am Cours Belsunce ab, errichtet auf dem vormals leeren Terrain »hinter der Börse«. Vom Volksmund wurden sie spöttisch »les radiateurs« genannt, die Heizkörper. Nichtsdestotrotz hat man sie kürzlich unter Denkmalschutz gestellt.

Der weiten Verteilung der neuen Wohneinheiten bis an die Ränder des Marseiller Stadtgebiets entsprach die Herrichtung des urbanen Raums für die Anforderungen des Autoverkehrs. Schnellstraßen und Zubringer begannen die urbane Landschaft zu zerschneiden. Viadukte und Autotunnel, einer davon unter dem Alten Hafen, sollten den Verkehr durch die dicht bebaute Innenstadt verflüssigen. Auf dem Cours Lieutaud und dem Boulevard Baille wurden zwecks Fahrbahnerweiterung die Platanen abgehackt.

Von den 50 Straßenbahnlinien der Vorkriegszeit waren in den 1950er-Jahren noch 25 in Betrieb. Bürgermeister Defferre hielt das altmodische Beförderungsmittel für untragbar. 1960 waren alle Trams bis auf eine Linie abgeschafft. Dafür wurde 1964 der Bau einer Metro beschlossen, deren erste Linie nach langer Verzögerung 1977 eröffnet werden konnte. Gewissermaßen als Bonus zur Metro gab es für die Marseiller Bevölkerung den Prado-Strand dazu: Mit dem Schutt aus dem U-Bahn-Bau konnten dem Meer 45 Hektar Badepark abgerungen werden. Zweifellos eine der erfreulichsten Hinterlassenschaften der Ära Defferre.

Der Hafen wandert ab

Das schrittweise Ende des Kolonialreichs – der Verlust von Indochina 1954, die Unabhängigkeit von Tunesien und Marokko 1956, die der westafrikanischen Staaten und Madagaskars 1960 und Algeriens 1962 – hatte für den Kolonialhafen Marseille einschneidende wirtschaftliche Konsequenzen. Die angestammten Wirtschaftssektoren verloren ihre Märkte und brachen rapide zusammen.

In wenigen Jahren machten dreißig Seifenfabriken dicht. Die Neuerungen auf dem Waschmittelsektor waren an den innovationsresistenten Marseiller Unternehmen vorbeigegangen, auch im Hinblick auf ihr Vertriebssystem und ihre Marketingstrategie gerieten die traditionellen Firmen ins Hintertreffen. Sie waren an den kolonialen Markt gewöhnt und hatten den Zug der Zeit verpasst, wie Pierre Rastoin, Lokalpolitiker und Nachfahre einer alteingesessenen Industriellendynastie mit Bedauern einräumt: »Unser Familienunternehmen vertrieb nach dem Krieg die Marke ›Nicéolive‹. Es handelte sich um hübsche, kleine, grüne Seifenstücke, die in Nordafrika und auch ein wenig in Südfrankreich verkauft wurden, aber ganz ohne Werbung. Diese Produktion wurde völlig weggewischt, als die großen Gruppen kamen und mit Marketing, Werbung und Massenvertrieb arbeiteten.«

Wenn manche Produktionsstätten noch eine Weile erhalten blieben, dann als Filialen multinationaler Konzerne. So wurden Seifenfabriken von Unilever oder Proctor and Gamble übernommen, nach einiger Zeit dann aber wegrationalisiert. Das Gros der »Savon de Marseille« wird inzwischen längst anderswo produziert. Die verbreitete Marke »Le Petit Marseillais« zum Beispiel kommt aus Dijon.

Eine andere Säule des auf den Hafen bezogenen Marseiller Systems war die Lebensmittelindustrie. Auch für fast alle Mühlenbetriebe, Gebäck- und Teigwarenfirmen war in den 1960er-Jahren Schluss. Manche Fabriken wurden noch für eine Weile nach ihrer Übernahme von auswärtigen Großfirmen wie BSN-Danone oder Nestlé weitergeführt, bevor man sie endgültig dichtmachte.

Ein weiterer Schlag für den Hafen war der Einbruch des Passagierverkehrs. Die Popularisierung des Fliegens bedeutete das Ende für die großen internationalen Linien wie Messageries Maritimes oder Fraissinet. Übrig blieben nur noch die Fährverbindungen nach Korsika, Tunesien und Algerien. Die letzten Marseiller Frachtreedereien strichen in den 70er-Jahren die Segel. Sie wurden von der Gruppe Chargeurs réunis, einem in Paris ansässigen Konsortium, geschluckt. Die Werft von Port-de-Bouc machte 1966 dicht, die von La Ciotat überlebte noch bis 1982. Von den früher so wichtigen Schiffsreparaturwerften blieb nur ein kleiner Rest übrig.

Was den Schiffsverkehr angeht, spielten die Erdölimporte nun eine immer größere Rolle. Aber die Tanker wurden nicht in Marseille selbst gelöscht, sondern vierzig Kilometer weiter nördlich in Lavera, wo sich an den Ufern des großen Binnenmeers Etang de Berre Ölraffinerien und petrochemische Industrie ausbreiteten. Hier herrschten große Multis wie Shell oder Saint Gobain. Marseiller Reeder und Industrielle hatten damit nichts mehr zu tun.

Nach dem Ende der Kolonialära sollte sich das verspätete Frankreich endlich, wie de Gaulle sagte, »mit seinem Jahrhundert vermählen« und erlebte eine von Staatstechnokraten vorangetriebene forcierte Industrialisierung. Pariser Ministerien stellten neue Raumordnungspläne auf, lancierten die Errichtung regionaler Wachstumspole und beschlossen in diesem Kontext, unweit von Marseille eine blühende Industrielandschaft aus dem Nichts emporwachsen zu lassen.

Rund um die kleine Gemeinde Fos-sur-Mer sollte aus einer Le Crau genannten kargen Ebene, wo bislang Schafsherden grasten und Stiere gezüchtet wurden, eine Art Ruhrgebiet am Mittelmeer aus dem Boden gestampft werden. Es war ein nationales Großprojekt und stand völlig unter der Kontrolle der Pariser Regierung. Diese dekretierte 1965 überdies die Schaffung des Port autonome de Marseille (PAM), zu dem auch die künftigen Anlagen von Fos gehören sollten. Die Benennung ist irreführend, denn tatsächlich kam der Stadt Marseille dadurch ihr Hafen abhanden, die Industrie- und Handelskammer büßte ihre bisherige Zuständigkeit ein, dieser für Marseille stets existenziell bedeutsame Bereich wurde staatlicher Autorität unterworfen. Der dem Ausrüstungsministerium unterstellte PAM wurde nun mit der Schaffung der Industrie- und Hafenzone von Fos beauftragt.

Für Le Crau, hatte die letzte Stunde geschlagen. Bulldozer und Bagger rollten an. Gewaltige Hafenbecken, 4,5 Kilometer lang und 650 Meter breit, wurden ins Land gefräst. Als industrieller Kernbereich entstand ein monumentales Stahlwerk, mit Hochöfen gleich am Kai, wo das Eisenerz aus Afrika und Südamerika angelandet werden konnte. Solmer hieß die neue Firma (Société lorraine et méridionale), ein Ableger der Sollac im lothringischen Florange. Rund 20 000 Menschen, Manager, Spezialisten und Stahlarbeiter vertauschten ihre Arbeitsplätze in den regnerischen Tälern Lothringens mit dem neuen Standort unter der Mittelmeersonne. Aus der Umgebung wurden allenfalls ungelernte nordafrikanische Arbeiter für die Erdarbeiten auf der Riesenbaustelle eingestellt. Eine grandiose Zukunft zeichnete sich ab: Unternehmen aus den verschiedensten Industriezweigen würden sich in Kürze ansiedeln, fest rechnete man etwa mit einer Autofabrik. Eine neue Großstadt sollte aus dem Niemandsland der Crau-Ebene und rund um den Etang de Berre emporwachsen. Die Kosten für die Herrichtung der Industriezonen, der Hafenterminals, der Straßen, der städtischen Einrichtungen übernahm der Staat. Es wurde geklotzt für »das große Abenteuer des Jahres 2000«.

Obwohl die Marseiller Entscheidungsträger in Planung und Durchführung außen vor blieben, setzten doch viele von ihnen große Erwartungen in den Megakomplex Fos-sur-Mer. Bürgermeister Defferre erklärte im Fernsehen, wie seine Stadt am besten davon profitieren könnte: Marseille sollte auf jeden Fall als Bildungs- und Einkaufszentrum für die Hunderttausenden von Neusiedlern am Golf von Fos fungieren. Voraussetzung dafür waren effiziente Verkehrsanbindungen: »Wir haben deshalb den Bau mehrerer Autobahnen vorgesehen, von denen eine direkt an der Place d'Aix endet. Und wir sind dabei, eine Metro zu bauen, und sehen auch allermodernste Verbindungen mit Aérotrain und dem Luftkissenboot vor, die es ermöglichen werden, schnell zwischen dem Golf von Fos und Marseille hin- und herzufahren.«

Defferre war für alles Moderne aufgeschlossen. Der Aérotrain, eine auf Luftpolstern schwebende Einschienenbahn, wurde einige Jahre lang als zukunftsträchtiger französischer Geniestreich gehandelt. Die Prototypen, die auf einer Versuchsstrecke bei Orléans hin- und herflitzten, sahen auch wirklich modern aus, gerade so, als kämen sie aus einem Science-Fiction-Comic. Aber 1977 hatte die Pariser Regierung genug von dem Düsentrieb-Projekt und entzog ihm die Mittel, das war das Aus für den Aérotrain.

In Fos lief zunächst noch alles nach Plan. Erste Riesentanker liefen in den Hafen ein, erste Chemiefabriken siedelten sich an. Das Stahlwerk nahm 1973 den Dienst auf. 1974 wurden beide Hochöfen in Betrieb genommen, das Ereignis wurde mit großem Pomp gefeiert.

Aber noch im selben Jahr kam der Ölschock, gefolgt von der Stahlkrise. Die europäische Produktion sackte empfindlich um 12 Prozent ab. Schon nach einem Jahr sah sich die Solmer gezwungen, den ersten Hochofen wieder abzuschalten. Sämtliche Prognosen erwiesen sich als weit überzogen. In den gerade fertiggestellten Wohnanlagen wurden die Türen zugemauert. Anstelle der versprochenen 36 000 Arbeitsplätze waren bis 1977 nur 9000 für den gesamten Hafen- und Fabrikbereich entstanden. Es wurde bald überdeutlich, dass dieses »mediterrane Ruhrgebiet«, von dem geschwärmt worden war, nie wirklich zustande kommen und sich allenfalls auf eine Schrumpfversion beschränken würde.

Der Industriehafen Fos hat sich dann nach und nach konsolidiert, freilich auf einem weitaus niedrigeren Niveau als ursprünglich erträumt und geplant. Das Stahlwerk der Solmer gehört inzwischen zum Reich des indischen Großkonzerns Mittal und ist immer wieder von Restrukturation bedroht. Die riesigen Hafenbecken – von den drei vorgesehenen sind nur zwei gebaut worden – werden durchaus genutzt, zumal eins davon inzwischen mit einem Containerterminal ausgestattet worden ist. Dort werden Frachter abgefertigt, die zu groß sind, um Marseille anzulaufen. Aber es ist ein Hafen im Nirgendwo, fernab der Stadt, inmitten der öden Wüstenei einer geopferten Landschaft.

Das Kulturniveau steigt

Drüben, am Golf von Fos und rund um den Etang de Berre, die Industrie, hüben, in Marseille, Verwaltung, Banken, Hospitäler, Bildungs- und Forschungseinrichtungen: So stellte man sich Anfang der 1970er-Jahre im Marseiller Rathaus die künftige Funktionsaufteilung vor.

Entsprechend wurde die Abwanderung von Industriebetrieben aus der Stadt und die Entwicklung des tertiären Sektors begünstigt. Auf der weiten Freifläche hinter der Börse plante Gaston Defferre ein Businessquartier, wo sich die Betriebszentralen der in der neuen Industriezone aktiven Unternehmen ansiedeln sollten – erste Bürogebäude wurden schon einmal in dieser Perspektive hochgezogen. Ohne falsche Bescheidenheit etikettierte man den kleinen Komplex als »World Trade Center«.

Aber die große Enttäuschung ließ nicht lange auf sich warten. Nicht nur entwickelte sich das Jahrhundertprojekt Fos weitaus zögerlicher als erhofft, es siedelte auch kein einziges der in der Zone von Fos präsenten Unternehmen seine Verwaltung in Marseille an. In der Regel handelte es sich um multinationale Konzerne die von Paris, London oder New York aus geleitet wurden. Sie hatten gar keinen Grund, sich in Marseille zu installieren. Die leeren Büros des »World Trade Center« wurden von städtischen Serviceeinrichtungen übernommen.

Damals scheiterte der Plan, aber die Idee einer Transformation der alten Industrie- und Hafenstadt Marseille zu einem Businessstandort war damit keineswegs gestorben. Statt eine Marseiller Ausgabe des Pariser La-Défense-Viertels entstand auf dem »terrain vague« mitten in der Stadt das Einkaufszentrum Centre Bourse. Bei den Ausschachtungsarbeiten für den unförmigen Betonbunker entdeckte man Teile des antiken Hafens und griechische Stadtmauern, auch konnte ein römisches Bootswrack geborgen werden. Das war eine erfreuliche Überraschung, denn diese älteste Stadt Frankreichs hatte bis dahin fast keine nennenswerten Reste aus dem klassischen Altertum vorzuweisen.

Der querköpfige Dichter Blaise Cendrars hatte darin zwar einen Vorteil von Marseille gesehen – »heute ist sie die einzige bedeutende Stadt aus der Antike, die uns nicht mit den Monumenten ihrer Vergangenheit erdrückt« –, aber aus der Sicht der führenden Kreise wurde das Fehlen vorzeigbarer Monumente schon lange als beklagenswertes Manko empfunden.

Zur Präsentation der ausgegrabenen Fundamente und Hafenkais entstand ein archäologischer Garten, Le Jardin des Vestiges. Für die Bootsreste und andere Einzelfunde wurde gleich noch ein Musée d'histoire de Marseille gegründet. Angesichts der zu jener Zeit angestoßenen Bemühungen um kulturelle Aufwertung kamen die antiken Trouvaillen sehr zupass.

Entscheidende Anstöße zu den neuen Initiativen kamen von Gaston Defferres dritter Ehefrau, der Schriftstellerin Edmonde Charles-Roux. Der Sozialist, der stets mit den oberen Gesellschaftsetagen liebäugelte, hatte die Enkelin des legendären Reeders, Industriellen und Politikers Jules Charles-Roux 1973 geheiratet. Zur Bereicherung des Kulturangebots gehörten die Ansiedlung eines Balletts von internationalem Niveau, der Umbau der Fischauktionshalle am Alten Hafen zum Nationaltheater La Criée oder auch die Renovierung der historischen Vagabunden-Verwahranstalt Vieille Charité im Panier-Viertel zu einem Museums- und Kunstausstellungskomplex. Eine neue Kultur- und Freizeitzone entstand außerdem durch die Auslagerung des bis 1972 auf dem Cours Julien angesiedelten Obst- und Gemüsegroßmarkts. Der Cours wurde zu einer Ausgehmeile mit kleinen Theater- und Musikbühnen umgestaltet.

Es wurde mit Nachdruck an einem neuen Image und der Überwindung des alten Schreckens- und Schmuddelbildes gearbeitet, Schluss sollte gemacht werden mit dem alten Vorurteil der Kulturlosigkeit, niemand sollte mehr wie weiland George Sand sagen können: »Das ist eine Stadt von Händlern und Krämern, eine Stadt, wo das intellektuelle Leben vollkommen unbekannt ist«, oder respektlose Frechheiten äußern wie der Brite Bruce Chatwin: »Die Marseiller sind offenherzige Menschen, die derbe Vergnügungen schätzen und erfreulich immun gegen Kunst sind.« Diese neue Orientierung schien auch dringend geboten bei einer Stadt, für die, allen Rückschlägen zum Trotz, eine postindustrielle Karriere vorgesehen war.

Nun sollten diese Anstrengungen aber auch gewürdigt werden! 1979 veröffentlichte der Staranwalt Paul Lombard sein Buch *Plaidoyer pour Marseille*. Er beschwerte sich darin über die von den Medien hartnäckig weiterverbreiteten Negativstereotypen – Marseille, das französische Chicago, dreckig, gefährlich und kulturlos. Er verwahrte sich gegen solche üble Nachrede und bot namhafte Zeugen für die kulturellen Qualitätssprünge seiner Stadt auf.

Lombard machte Schule. In der Folge tadelten mit einer gewissen Regelmäßigkeit Marseiller Lokalpolitiker und Kulturträger in offenen Briefen und Petitionen diffamierende Medienberichterstattungen, schimpften über »abgegriffene Klischees« und »schändliche Bilder«. Tatsächlich hatten sich Fernsehen und Printmagazine seit Langem auf Marseille eingeschossen und das Publikum, das offenbar immer dafür zu haben war, regelmäßig und genüsslich mit einschlägigen Berichten bedient. Bis heute ist etwas davon geblieben.

Andererseits neigen die Image-Verteidiger dazu, auf alles, was ihnen nicht passt, überempfindlich zu reagieren und sofort »Klischee« und »Stigmatisierung« zu rufen, wenn mal von Korruption und Gangstern die Rede ist. Als gebe es nicht wirklich, bei aller Liebe zu Marseille, einige bedenkliche Vorfälle, die es verdienten, erwähnt zu werden. Natürlich sagen sie nicht die ganze Wahrheit über diese Stadt, sind aber ebenfalls Teil ihrer Geschichte.

Alte Kameraden

Die 1970er-Jahre waren eine Zeit, in der Marseille aus sehr realen Gründen international an den Pranger gestellt wurde. Und von Gangstern war dabei leider häufig die Rede. *French Connection* hieß ein amerikanischer Spielfilm von William Friedkin aus dem Jahre 1971, gefolgt vier Jahre später von John Frankenheimers Fortsetzung *French Connection 2*. In beiden Filmen wird die Rolle von Marseille als Dreh- und Angelpunkt des Drogenhandels thematisiert. So spektakulär sie wirken, basieren die Stories doch keineswegs auf böswilligen Hollywood-Erfindungen, sie sind nicht einmal übertrieben.

Voraussetzung für das Florieren dieser »französische Verbindung« war der Aufstieg einer Generation von Führungsgestalten des kriminellen Milieus, die während des Krieges auf der »richtigen« Seite gestanden hatten. Zu denen, die es mit der Résistance hielten, gehörte der korsische Guérini-Clan. Barthélémy »Mémé« Guérini hatte sich im Umfeld von Gaston Defferres Widerstandsgruppe »Brutus« nützlich gemacht. Dasselbe gilt für Dominique »Nick« Venturi, einen im Panier-Viertel geborenen Korsen, der bei der Eroberung des *Petit Provençal* eine maßgebliche Rolle spielte. Später wurden Mémé Guérini und Nick Venturi für ihr patriotisches Engagement mit dem »Croix de Guerre« ausgezeichnet.

Die Guérini kauften aus der Erbmasse ihrer entmachteten Rivalen Spirito und Carbone ein ganzes Reich aus Restaurants, Bars und Nachtclubs zusammen, sowohl im Marseiller Opernviertel als auch in Paris. Zumal nachdem sie 1947 als Prügeltruppe im Hafen die »rote Gefahr« bekämpft hatten, waren sie die unangefochtenen Könige des Milieus und dominierten die klassischen Sektoren Prostitution, Glücksspiel und Schutzgeldeintreibung. »Es gibt an die 250 Etablissements im gesamten Südosten, an der Côte d'Azur, im Rhônetal, in Lyon, in Paris und sogar in Nordafrika, die der Clan besitzt, verwaltet, kontrolliert und mit Mädchen versorgt«, präzisiert Barthélémy Guérinis Tochter Marie-Christine in ihren Erinnerungen.

Sie konnten ihr Imperium in Ruhe aufbauen, denn es gab alte Freundschaften zu tonangebenden Leuten im Rathaus, ja sogar familiäre Verflechtungen. So war der enge Defferre-Vertraute und Sozialistenchef des Panier-Viertels Horace Manicacci mit einer Cousine von Antoine Guérini verheiratet, und Louis Rossi, Chef von Defferres Ordnungsdienst, war Dominique Venturis Onkel. Venturi selbst war bei Bedarf als Bodyguard des Bürgermeisters tätig und kümmerte sich um die handfesteren Probleme während der Wahlkampagnen.

Ansonsten beteiligte er sich in den 1950er-Jahren am blühenden Schwarzmarkthandel mit »zollfreien« amerikanischen Zigaretten, die aus Tanger nach Marseille geschmuggelt wurden. Bald aber erschloss sich das Milieu ein weiteres Geschäftsfeld mit der Produktion und dem Export von Heroin. Die Morphinebase kam aus der Türkei, dem Libanon oder Indochina, die Labors waren vorzugsweise in diskreten Villen der nahen Umgebung untergebracht. Als Star unter den »Chemikern« galt Jo Césari. Er war zwar Analphabet, aber fähig, 97-prozentig reines Heroin zu raffinieren. Ihr beachtliches Know-how bei der Herstellung verschaffte den korsischen Gangsten eine so starke Position, dass sie eine langfristige Partnerschaft mit den Drogenverteilern der US-Mafia aufbauen konnten. 1952 traf Antoine Guérini in Neapel den Mafioso Lucky Luciano zu Verhandlungen über den Ausbau der transatlantischen Geschäftsverbindungen. Auch wenn sein Bruder Mémé von der neuen Orientierung nicht viel hielt und ihn – wenn man den Memoiren seiner Tochter Glauben schenken will – davon gar abzuhalten versuchte, entwickelte sich Marseille zur Drehscheibe eines internationalen Drogennetzwerks.

Der Stoff wurde gern in der Karrosserie von Autos geschmuggelt, die als Seefracht in die USA oder nach Kanada reisten. Im Januar 1962 ging New Yorker Fahndern der französische Fernseh-Animateur Jacques Angelvin ins Netz. In seinem mit dem Schiff angekommenen Buick transportierte er 52 Kilo reines Heroin.

Nach Einschätzung der amerikanischen Drogenbekämpfer wurden 1965 aus den Marseiller Labors an die 5 Tonnen Heroin in die USA exportiert. Das deckte 80 Prozent des US-Konsums. In einem für das US-Repräsentantenhaus verfassten Bericht der Abgeordneten Steele und Murphy über den Drogenkonsum in der Welt wurden mehrere Marseiller Namen genannt, darunter Nick Venturi, der als einer der wichtigsten Köpfe des Heroin-Netzwerks galt. Es wurde vermutet, dass er für die Lieferungen über Montréal in die USA die Dienste seines Bruders Jean in Anspruch nahm, der offiziell als Vertreter der Pastismarke Ricard in Kanada tätig war.

Empörung herrschte in Amerika über die Protektion, die diese Marseiller Gangster offenbar daheim genossen. Die großen Tiere des Drogenhandels seien der Polizei bekannt, aber die französischen Behörden würden nichts unternehmen, schimpfte John T. Cusack vom Bureau of Narcotics and Dangerous Drugs. Mit ein Grund dafür war wohl, dass die Marseiller Syndikate ihr Heroin ausschließlich für den Export herstellten. Marseille mochte zum weltweit größten Heroinproduzenten aufgestiegen sein, aber Frankreich blieb drogenfrei. Die Guérini hatten so ihre Prinzipien. »Über fast zwanzig Jahre waren sie in der Lage, ein absolutes Verbot des Drogenhandels innerhalb Frankreichs durchzusetzen, während sie zur selben Zeit enorme Mengen Heroin in die Vereinigten Staaten exportierten«, schreibt Alfred W. McCoy in *The Politics of Heroin*.

Sie betrieben ein verzweigtes Unternehmen, profilierten sich als seriöse Investoren, bevorzugten teure Limousinen, hielten Hof in ihren Nobelrestaurants, schmückten sich mit der Präsenz von Alain Delon, der als Freund der Familie häufig zu Gast war.

Aber dann wendete sich das Glück. Juni 1967 wurde Antoine, König der Marseiller Nächte, im Rahmen einer Unterweltfehde in seinem Mercedes erschossen. Mémé Guérini landete kurz darauf für lange Zeit wegen eines Auftragsmords im Gefängnis. Das Guérini-Reich brach zusammen. Die Geschäfte indessen gingen weiter. An Nachfolgern und begabten Chemikern mangelte es nicht.

1970 starben in den Vereinigten Staaten 14100 Menschen an einer Heroin-Überdosis. Im Jahr darauf deklarierte US-Präsident Richard Nixon die Drogensucht zum Staatsfeind Nummer eins. Der amerikanische Druck brachte die Franzosen endlich auf Trab, auch deshalb, weil nach dem Abtreten der Guérini der Grundsatz nicht mehr galt, Frankreich als Drogenmarkt auszusparen. »Innerhalb von zwei Jahren nach Antoine Guérinis Tod und Barthélémys Verhaftung war Frankreich selbst in den Klauen einer eskalierenden Heroinpest«, so Alfred W. McCoy. »La chnouf«, wie die Droge im Jargon genannt wird, breitete sich aus wie eine Epidemie. Marseille selbst hatte bald mehrere Tausend Heroinabhängige zu beklagen. Innenminister Marcellin erklärte die Seuche nun auch für Frankreich zum »nationalen Problem Nummer eins«, und Bürgermeister Defferre forderte plötzlich gar die Todesstrafe für Dealer. Im Oktober 1971 begann eine gemeinsame Aktion der Drug Enforcement Agency und der französischen Polizei. In den kommenden zwei Jahren wurden in Marseiller Außenbezirken sechs größere Heroinküchen aufgespürt, darunter das Laboratorium des genialen Chemikers Jo Césari in Aubagne. Jo erhängte sich in seiner Zelle. Im Milieu des Drogenbusiness kam es zu mehreren Tausend Verhaftungen.

Einer, der ungeschoren davonkam, war Nick Venturi. Er hatte es verstanden, sich bedeckt zu halten, und betrieb für alle Fälle schon seit den 1950er-Jahren neben seinen anderen Aktivitäten eine Baufirma. Sein Name tauchte dann wieder Anfang der 80er-Jahre in den Schlagzeilen auf im Zusammenhang mit dem Skandal der »fausses factures«, der getürkten Rechnungen. Es war eine Affäre, die weite Kreise zog und einmal mehr die Medien mit pikantem Material aus Marseille versorgte. Eine Untersuchung enthüllte Kungelei und Filz in großem Stil bei der Vergabe öffentlicher Bauaufträge. Einige Firmen, so auch die von Venturi, hatten einen heißem Draht zu wichtigen Mitgliedern der Stadtverwaltung und wurden bei der Zuteilung von Aufträgen prioritär berücksichtigt. Zum weitverzweigten Korruptionsskandal gehörte die Entdeckung großer

Mengen von Rechnungen für fiktive Arbeiten zur Füllung schwarzer Parteikassen. Führende Persönlichkeiten aus dem Rathaus gerieten ins Visier. 22 kommunale Beamte kamen wegen Betrugs und passiver Bestechung auf die Anklagebank.

Für Defferre war das höchst unangenehm. Als Innenminister der seit 1981 amtierenden Linksregierung unter Präsident François Mitterrand spielte der Marseiller Bürgermeister eine wichtige nationale Rolle und konnte sich natürlich solche Affären in seinem engsten Umfeld nicht leisten. Schon gar nicht wollte er mit Dominique Venturi in Verbindung gebracht werden, Nick gehörte zu den Altlasten aus vergangenen Zeiten. Defferre hatte zu dem Kampfgefährten von einst eine Weile noch sentimentale Beziehungen gehabt, aber damit war es jetzt endgültig vorbei. Der aus der Gunst gefallene Venturi zog für drei Jahre in die Marseiller Haftanstalt Les Baumettes. Und auch im Rathaus räumte Defferre nun auf, trennte sich von alten Mitstreitern, die jahrzehntelang zu seinen engsten Vertrauenspersonen gehört hatten. Eine Seite wurde umgeblättert.

Neue Spielregeln

Als Innenminister war Gaston Defferre auch für das Projekt der Dezentralisierung zuständig. Es gehörte zu den von François Mitterrand angekündigten Reformen und sollte die angestammte zentralistische Struktur der französischen Republik zum ersten Mal, wenn auch nicht sehr tief greifend, modifizieren.

»Der Zentralismus, so wie er in Frankreich existiert, ist eine archaische, lähmende, überholte Regierungsmethode und politische Organisationsstruktur, die nicht mehr den Anforderungen des modernen Lebens und des Wettbewerbs zwischen entwickelten Nationen entspricht«, so Gaston Defferre im Juni 1981 gegenüber *Le Monde*.

Er wusste, wovon er sprach. Als Bürgermeister hatte er sich selbst oft genug über die Trägheit der Pariser Bürokratie, mangelnde Kooperationsbereitschaft und umständliche Prozeduren ärgern müssen, so etwa bei der Finanzierung der Marseiller U-Bahn. Durch das neue Gesetz, das seinen Namen trägt, wurden Kommunen und Départements von der Bevormundung durch den Präfekten, das heißt den Repräsentanten des Staates befreit. Der Handlungsspielraum der Bürgermeister erweiterte sich, im Départment lag die Exekutive von nun an beim gewählten Generalrat und seinem Präsidenten.

Zusätzlich zu den Départements wurden die Regionen zu vollwertigen Gebietskörperschaften mit gewähltem Regionalrat. Es fand eine vorsichtige, mit einem finanziellen Transfer verbundene Kompetenzenverlagerung vom Staat auf diese beiden Ebenen statt, wobei die Region dem Départment nicht übergeordnet wurde, vielmehr wurden die Zuständigkeiten relativ gleichmäßig verteilt. Die Départements sorgen etwa für Bau und Unterhalt der Collèges (Schulen der Mittelstufe), kümmern sich um die Departementalstraßen und die Wasserversorgung, gewisse Museen und Bibliotheken und den Schutz des Kulturerbes, später kam noch die Sozialhilfe hinzu. Die Regionen sind zuständig für die Ausstattung der Gymnasien, den Regionalverkehr, die berufliche Fortbildung und die Wirtschaftsförderung. Verglichen mit den deutschen Ländern oder den autonomen Regionen Spaniens sind dies freilich nur sehr bescheidene Befugnisse. Es sieht so aus, als habe der Zentralstaat bloß nach unten delegiert, was ihm ohnehin lästig war, die Macht über das Wesentliche aber in der Hand behalten.

Der Stadt Marseille bescherte die Reform immerhin das prachtvolle neue Domizil des Generalrats von Bouches-du-Rhône sowie den Sitz des Regionalrats der Region Provence-Alpes-Côtes d'Azur (PACA). Als das Hôtel de la Région zu bauen war, nutzte Defferres Stadtverwaltung die Gelegenheit, ein unerwünschtes, zentral gelegenes Araberviertel rund um die historischen Straßen Rue des Chapeliers und Rue Sainte Barbe abzureißen. Die zwei neuen Institutionen mit ihren zahlreichen Nebenstellen und den vielen Beamten verstärkten neben all den Krankenhäusern und Universitätsinstituten die angestrebte tertiäre Orientierung der Stadt.

Im Rahmen der Dezentralisierung wurde außerdem für die drei größten Städte, Paris, Lyon und Marseille, ein Gesetz *(loi PLM)* verabschiedet, wonach sie erstmals gewählte Stadtteilbürgermeister bekamen. Die Wahlergebnisse der Stadtteile entschieden von da an über die Wahl des Oberbürgermeisters.

Als Minister einer Regierung aus Sozialisten und Kommunisten konnte Defferre nicht umhin, zum ersten Mal auch in Marseille mit dem ungeliebten PCF zusammenzugehen. Es war für ihn eine Zumutung, das bewährte Bündnis mit seinen konservativen Partnern aufkündigen zu müssen. Zum ersten Mal kam es bei der Kommunalwahl 1983 zu einer Links-rechts-Konfrontation, erstmals zerbrach nach dreißig Jahren die typische Defferre'sche Allianz mit der lokalen Bourgeoisie, er verlor die Unterstützung der Handelskammer und des Marseiller Unternehmertums. Diese wählten nun den Zentristen Jean-Claude Gaudin von der Union pour la démocratie française (UDF), der einst als Defferres Juniorpartner angefangen hatte. Zu seinem Glück hatte der Alte dieses neue PLM-Gesetz durchgesetzt und gleich auch die Marseiller Bezirke zweckmäßig zurechtgeschneidert. So wurde er mit Ach und Krach zum sechsten Mal Bürgermeister, obwohl seine Listen weniger Stimmen bekommen hatten als die seines Gegners Gaudin.

Er starb drei Jahre später. Alles, was Rang und Namen hatte, kam zum Staatsbegräbnis des eigenwilligen Sozialisten. Überall in der Stadt hingen große Plakate, auf denen Gaston grüßend seinen Hut schwenkte. »Au revoir Marseille 1953–1986« war darauf zu lesen. Der Stadt, die von seiner Witwe Edmonde als seine vierte Gattin bezeichnet wurde, hatte er zweifellos in diesen 33 Jahren seinen Stempel aufgedrückt.

Aufstieg der extremen Rechten, Kulturboom und ein Fußballmessias

Gaston Defferre hatte ganz offensichtlich keine Neigung verspürt, seine Nachfolge zu regeln. Jedenfalls gab es keinen eindeutigen Kronprinzen, stattdessen verschiedene Clans, die sich gegenseitig das Erbe streitig machten und sich verbissene Grabenkämpfe lieferten. Es musste aber schnell jemand das Amt des Bürgermeisters übernehmen, und so fand man als Verlegenheitslösung den treuen Defferre-Gefolgsmann Robert-Paul Vigouroux, einen namhaften Chirurgen, der die Sympathie der Defferre-Witwe besaß. Als Interimsbürgermeister sollte er bis zur nächsten planmäßigen Wahl in drei Jahren die Lücke füllen. Machtpolitische Ambitionen schienen ihm eher fremd zu sein. »Du bist ein guter Arzt, aber ein lausiger Politiker«, soll Defferre einmal zu ihm gesagt haben.

Der wortkarge Vigouroux trat das Erbe des Alten in einer brisanten Zeit an. Ein Detail bei der Trauerfeier für den verstorbenen Patriarchen deutete darauf hin: Als Sargträger waren acht junge Leute verschiedener ethnischer Herkunft ausgewählt worden – eine demonstrative Geste, angesichts der rassistischen Zwischenfälle, die in Defferres Amtszeit dramatisch zugenommen hatten; in den 80er-Jahren war die Stadt mit dem Aufstieg der rechtsradikalen Partei Front National konfrontiert.

Besonders virulent waren die Ressentiments gegen algerische Immigranten. Auf sie war nach 1962 von Marseiller Unternehmern systematisch zurückgegriffen worden. Man engagierte sie für die unattraktivsten, dreckigsten Jobs, diejenigen, die für die Einheimischen nicht mehr infrage kamen, ob in Ziegeleien, Zuckerfabriken oder im Baugewerbe. Sie galten als anspruchslose, flexible Arbeitskräfte und waren auch deshalb willkommen, weil ihnen die Tradition des Arbeitskampfs fremd war.

Bei manchen der frisch in Marseille angesiedelten Pieds-noirs löste die erneute Nachbarschaft großer Mengen von Algeriern Hassgefühle und Rachereflexe aus, mit denen sie gewissermaßen post festum den Algerienkrieg fortsetzten. Das Klima der 1970er-Jahre war von antiarabischer Stimmungsmache geprägt, als deren Sprachrohr die Tageszeitung *Le Méridional* agierte. Die war zwar schon seit 1971 im Besitz von Gaston Defferre, aber er ließ dem Chefredakteur Gabriel Domenech, der später beim Front National landen sollte, freie Hand.

Nachdem im August 1973 ein Busfahrer von einem geistesgestörten Algerier erstochen worden war, erschien im *Méridional* ein aufpeitschender Leitartikel: »Wir haben genug von algerischen Dieben, genug von algerischen Randalierern, genug von algerischen Maulhelden, genug von algerischen Störenfrieden, genug von algerischen Syphilitikern, genug von algerischen Vergewaltigern, genug von algerischen Zuhältern, genug von algerischen Verrückten, genug von algerischen Killern. Wir haben genug von dieser wilden Immigration, die den Abschaum der anderen Mittelmeerseite in unser Land bringt …«

Es folgten Serien von Anschlägen, bei denen im Laufe eines Jahres ein Dutzend nordafrikanischer Arbeiter umgebracht wurden. Außerdem explodierte eine Bombe im algerischen Konsulat. Die Täter wurden nie gefunden. Möglicherweise waren es alte OAS-Kämpfer, die sich hier austobten.

Als 1982 ein junger Maghrebiner in der Sozialsiedlung Cité Bellevue einem Taxifahrer die Tasche mit seinen Einnahmen geklaut hatte, rotteten sich die über Funk verbundenen Marseiller Taxifahrer zusammen und veranstalteten eine Strafexpedition gegen das Quartier, drangen mit Schlagstöcken in die Treppenhäuser ein und demolierten, was sie konnten. Dann nahm sich der Taxifahrermob das Araberviertel an der Porte d'Aix vor, verprügelte Passanten, schlug Windschutzscheiben ein und zündete Autos an. Der Nährboden für die späteren Erfolge des Front National schien bereitet.

Maghrebiner und Komorer

Bald waren rund 150 000 Bewohner der Stadt nordafrikanischer Herkunft. Außer im traditionellen Migrantenquartier Belsunce und rund um die Porte d'Aix konzentrierten sie sich in den Cités, den Sozialbausiedlungen im Norden der Stadt. Anfangs war dort die Bevölkerung noch sozial durchmischt, aber Angestellte und kleine Beamte zogen fort, sobald sie konnten – zu unattraktiv war die Wohnlage, zu schlecht angebunden waren die Cités ans öffentliche Verkehrsnetz.

Mit der in den 1970er-Jahren ausgebrochenen Krise hatten sich die Aufstiegs- und Integrationsbedingungen für diese Immigranten deutlich verschlechtert. Es gab keinen Weg mehr zu qualifizierteren Jobs, weil die Industrie, die das hätte ermöglichen können – etwa Metall- und Werftindustrie –, fast völlig verschwunden war. Die Arbeitslosenzahlen schossen in die Höhe. Die aus dem Maghreb stammenden Familien blieben, weil sie keine Wahl hatten, in den großen Sozialbaukomplexen. Die funktionalistische Modernität der 60er-Jahre begann zu bröckeln. Die Siedlungen waren zu Abschiebestationen für sozial Schwache geworden. Während bei früheren Einwanderungswellen zumindest für die nachwachsenden Generationen soziale Aufstiegschancen winkten, war den Kindern der maghrebinischen Immigranten der Horizont versperrt. Als Begleiterscheinungen von Prekarisierung, Arbeits- und Hoffnungslosigkeit entwickelten sich Jugendbanden und Drogenkriminalität.

»Les quartiers nord« wurden zum Pauschalbegriff für die Marseiller Zonen mit der höchsten Arbeitslosigkeit und der größten Dichte von Nordafrikanern. Aber die Cités haben in den letzten Jahrzehnten noch eine andere Gruppe von Einwanderern aufgenommen, die zunächst nur wenig Beachtung fand: die Komorer, eine in Europa sonst wenig bekannte Ethnie. Sie sind die bisher letzte Ergänzung zum Bevölkerungs-Patchwork der Stadt. Die meisten von ihnen kamen erst in den 1980er-Jahren, in einer wirtschaftlich wenig verheißungsvollen Phase – eine verspätete Immigration, die auf eine verspätete Entkolonisierung folgte. Die zwischen Mozambique und Madagaskar gelegene Inselgruppe der Komoren, bis dahin eine französische Kolonie, erlangte 1975 ihre Unabhängigkeit, mit Ausnahme der Insel Mayotte, die als Überseeterritorium bei Frankreich blieb und neuerdings sogar den Status eines Übersee-Départements besitzt.

Die Islamische Republik der Komoren – heute Union der Komoren – hatte lange unter chronischer Instabilität zu leiden und erlebte einen

Putsch nach dem anderen. Sie gehört immer noch zu den ärmsten Ländern der Welt und die Lage wäre noch viel schlechter, gäbe es nicht die regelmäßigen Transferleistungen der Emigranten. Den historischen Kern der komorischen Diaspora in Marseille bildeten Seeleute und Docker, die sich schon vor der Unabhängigkeit in der Hafenstadt angesiedelt hatten. Inzwischen arbeiten die Marseiller Komorer vor allem im Restaurantgewerbe, als Köche, Kellner oder Tellerwäscher. Viele der Frauen sind in Reinigungsdiensten beschäftigt, als »technicienne de surface«, Oberflächentechnikerin, wie der offzielle französische Euphemismus für »Putzfrau« lautet.

Als »visuelle« Minderheit sind die Einwanderer aus dem fernen Archipel leicht erkennbar: Es sind dunkelhäutige Menschen, in deren Physiognomie sich afrikanische und arabische Züge mischen, die Männer tragen traditionelle gelb bestickte Kappen, die Frauen farbenfrohe Schals und Kopftücher. In ihrem Sozialleben nimmt die Religion einen großen Platz ein, über zwanzig komorische Betsäle und Moscheen verbergen sich in den anonymen Wohnblocks der nördlichen Stadtteile.

Dazu kommt ein außerordentlich dichtes Netz von Vereinen, die nach Herkunftsdörfern und Sippenzugehörigkeit organisiert sind. Sie dienen vor allem dazu, den Kontakt zur alten Heimat aufrechtzuerhalten und der Pflicht zur finanziellen Solidarität nachzukommen. Hier wird Geld für konkrete Projekte auf den Inseln gesammelt, etwa für die Elektrifizierung eines Dorfes, den Bau einer Kanalisation oder einer neuen Schule. Dominiert wird das Vereinsleben von den älteren Notabeln, den Hütern der Tradition.

Gegen diese Autoritäten und die starren Regeln, die sie verkörpern, beginnt die nachwachsende Generation allmählich aufzubegehren. Sie ist in Frankreich zur Schule gegangen und unter den Einfluss europäischer Sitten und Verhaltensweisen geraten. Die Idee einer Rückkehr auf die Komoren spielt für die Jüngeren kaum mehr eine Rolle. Ihre Perspektive liegt in Frankreich, hier werden sie bleiben. Aber selbst wenn sie sich vom Traditionalismus der Eltern absetzen, scheren sie doch selten ganz aus der Gemeinschaft aus. Zu stark ist der soziale Kitt der Großfamilien.

Die Komorer machen in der Regel wenig auf sich aufmerksam, obwohl inzwischen rund 80 000 von ihnen in Marseille leben, was immerhin zehn Prozent der Gesamtbevölkerung der Stadt entspricht. Von der Öffentlichkeit wurden sie erstmals stärker zur Kenntnis genommen, als sie sich im Stadtzentrum zu einer Demonstration sammelten, nachdem der siebzehnjährige Komorer Ibrahim Ali von Plakatklebern der Le-Pen-Partei umgebracht worden war – ein weiteres Opfer rechtsextremer Gewalt.

Die extreme Rechte trumpft auf

Der Front National (FN), der im Laufe der 1980er-Jahre einen beängstigenden Boom erlebte, war 1972 als Sammelbecken neofaschistischer Splittergruppen gegründet worden und fristete jahrelang ein marginales Dasein. Bei den Präsidentschaftswahlen 1974 war Jean-Marie Le Pen auf klägliche 0,7 Prozent gekommen, 1981 konnte er die für eine Kandidatur notwendigen Unterschriften von Volksvertretern nicht zusammenbringen. Aber in den folgenden Jahren erlebte die Partei einen geradezu explosiven Durchbruch und ist seitdem dauerhaft, wenn auch mit Schwankungen, in der politischen Landschaft Frankreichs präsent. Gerade im französischen Süden und besonders in Marseille konnten sich die Rechtsextremisten etablieren. Bei den Europawahlen 1984 kamen sie quasi aus dem Nichts auf das unglaubliche Ergebnis von 21,4 Prozent. Und bei den Parlamentswahlen vom Frühjahr 1986 lagen sie mit 24,4 Prozent in Marseille nur knapp hinter den Sozialisten.

Bei der Regionalwahl von 1986 verging sich Jean-Claude Gaudin gegen eine unausgesprochene Regel aller republikanischen Parteien: Keine Allianz mit der extremen Rechten! Um seine Wahl zum Präsidenten der Region Provence-Alpes-Côte d'Azur zu sichern, verbündete der UDF-Politiker sich mit den Frontisten, sechs Jahre lang waren sie seine Partner im Regionalrat. Als sein Vize fungierte der berüchtigte *Méridional*-Pamphletist Gabriel Domenech. Der Chefkarikaturist Plantu von *Le Monde* zeichnete Gaudin in dieser Zeit mit hochgeschlagenem Mantelkragen und von Schmeißfliegen umschwirrt. Der katholische Zentrist Gaudin hatte dazu beigetragen, eine Partei salonfähig zu machen, in deren Zeitschrift *National Hebdo* zu lesen war, Marseille sei »der größte Mülleimer Frankreichs für nordafrikanischen Abfall«.

Ausgerechnet Marseille sollte sich als Hochburg der Front-National-

Rassisten profilieren? Das könnte absurd anmuten, wenn man daran denkt, wie viele Wellen von Zuwanderern die Stadt absorbiert hat. Aber es lief mit der Integration auch früher nicht immer so glatt, selbst in Zeiten, als es noch reichlich Arbeit gab. Man muss sich nur an das Beispiel der Italiener im 19. Jahrhundert erinnern, deren Nachfahren inzwischen vielleicht zu den Anhängern des Front National gehören. Auch als nach dem Ersten Weltkrieg die Armenier kamen, wurden sie nicht gerade mit offenen Armen aufgenommen. Alle brauchten eine Weile, sich zu integrieren. Nun aber kam erschwerend die Krise hinzu. Die Arbeitslosenquote lag beängstigend hoch, wie generell in den südfranzösischen Départements am Mittelmeer. Und das waren obendrein genau die Gegenden mit hohem Pieds-noirs-Anteil. Viele Algerienfranzosen erwiesen sich als anfällig für die gezielte antiarabische Propaganda. Gewisse Nähen entstanden außerdem dadurch, dass der Front National zur politischen Heimstatt prominenter OAS-Kader geworden war.

Erfolg hatte die Le-Pen-Partei aber auch im traditionellen Arbeitermilieu, sprang in die Bresche, die der Niedergang der Kommunistischen Partei hatte entstehen lassen. In den alten Dorfkernen und kleinen Einfamilienhäusern des Nordens, die sich in unmittelbarer Nachbarschaft der von Immigranten bewohnten Sozialghettos befanden, reagierten »les petits blancs«, die kleinen Weißen, allergisch auf die Überzahl der Maghrebiner und waren zugänglich für rechtsextreme Botschaften, zumal sich der FN sozial beflissen gab, sich ein bisschen um die Alten kümmerte und auch mal ein Boule-Turnier veranstaltete.

»La France aux Français«, stand auf der Banderole, hinter der Tausende bei der großen nationalen FN-Demonstration in Marseille marschierten. Le Pen rief zum Kampf gegen die Immigranten auf und karikierte de Gaulles berühmte Rede bei der Befreiung von Paris 1944: »Marseille verunstaltet, ruiniert, besetzt! Aber Marseille bald schon befreit! Befreit von seinen heute ausländischen, morgen feindlichen Enklaven. Marseille ist das Symbol eines Frankreich, das seinen Willen zur eigenen Identität bekräftigt, seinen Widerstand gegen Dekadenz und fremde Besetzung …«

Bei der Präsidentschaftswahl von 1988 kam der Front-National-Präsident in Marseille auf sensationelle 28 Prozent, damit lag er hier ganz vorne, vor Mitterrand und Chirac. Er sah jetzt die Möglichkeit, das Rathaus der zweiten Stadt Frankreichs zu erobern, und begann, Marseille zu umwerben wie ein schmieriger Galan. Der Bretone mit dem Glasauge ging so weit, sich selbst anbiedernd »Jean-Marius« zu nennen. Le Pen im Hôtel de Ville? Eine Zeit lang schien das denkbar. Erinnerungen an Simon Sabiani wurden geweckt, einen anderen einäugigen Rechtsextremisten, der sich schon einmal das Rathaus unterwerfen konnte. Gar so abwegig war der Vergleich nicht, wenn man bedenkt, dass Sabianis Parteigenosse Victor Barthélemy, der Generalsekretär des Parti Populaire Français, 1972 maßgeblich an der Gründung des FN beteiligt war und die Parteistrukturen des PPF auf die neue Formation übertragen hatte. Es gab also eine heimliche, unterirdische Kontinuität. Ältere Marseiller gruselte es bei dem Gedanken.

Der große Basar

»Sie haben uns die Canebière gestohlen«, dieser Slogan, den ein gaullistischer Lokalpolitiker geprägt hatte, war bald überall zu hören und wurde ad nauseam wiederholt. »Sie« haben die Stadt besetzt, haben das von ihnen eroberte Gebiet ausgedehnt von der Porte d'Aix bis zum Marseiller Symbol der Canebière, und sogar die andere Seite dieser mythischen Grenze zwischen Nord und Süd erreicht. Diese zu große Präsenz und Sichtbarkeit von Arabern im Zentrum der Stadt wurde auch von den verantwortlichen republikanischen Kräften als Problem angesehen.

Zu einem Politikum wuchs sich der große »Basar« von Belsunce aus: Auf dem Cours und in den Nebenstraßen hatte sich ein riesiger informeller Markt gebildet. Algerier aus allen Teilen Frankreichs, die über Marseille auf Heimaturlaub fuhren, luden hier ihre Autos voll bis übers Dach.

Und dann waren da die sogenannten Trabendisten, gewitzte Händler, die mit der Fähre zwischen Marseille und Algier oder Oran hin- und herpendelten. Sie kauften Waren in Marseille, um sie drüben teurer zu verkaufen. In Belsunce deckten sich Algerier mit allem ein, was es daheim nicht gab – Jeans, Mikrowellenherde, Stereoanlagen, Parabolantennen, Möbel, Schmuck, Kosmetika, Kühlschränke, Autozubehör, Spielzeug. Der quirlige Basar war berühmt im ganzen Maghreb. »Marseille war für das sozialistische Algerien eine Art Westberlin, zu dem im

Unterschied zu den Deutschen der DDR die Algerier bis 1988 freien Zugang hatten«, schreiben Michel Peraldi und Michel Samson in *Gouverner Marseille*.

Über eine Million Einkaufstouristen kamen pro Jahr. Aus 500 einzelnen Geschäften quollen die Segnungen des Fortschritts aufs Trottoir. Vier Milliarden Francs Umsatz wurden gemacht. In dem ununterbrochenen Kommen und Gehen von Männern und Fahrzeugen, überladen mit verschiedenartigsten Waren, zwischen den Kais von La Joliette und dem »Souk«, dem Menschengewühl auf dem Cours Belsunce, manifestierte sich eine kommerzielle Vitalität, wie sie Marseille sonst abging. Aber sie war zu »ethnisch« und daher unerwünscht. Die Handelskammer schlug Alarm, und forderte, der ausufernde maghrebinische Business im Stadtzentrum müsse eingedämmt werden.

Manche nüchtern rechnenden bürgerlichen Köpfe wie der Lokalpolitiker Pierre Rastoin fanden den Maghreb-Basar gar nicht uninteressant; »eine Quelle beträchtlichen Reichtums für Marseille« sei er, »ein wirtschaftlich großartiger Markt«, den man doch möglichst nicht verlieren sollte. Er habe sich nur leider »in einem wenig geeigneten Quartier« angesiedelt. »Warum kann man sich nicht ein ausgedehntes, modernes, zweckmäßiges, schönes Einkaufszentrum vorstellen?«

Es wurde denn auch beschlossen, den enormen Supermarkt zu behalten, ihn aber weit nach draußen auf das Gebiet der ehemaligen Schlachthöfe zu verlagern, wo man das arabische Treiben nicht so vor Augen hatte. Dazu kam es dann nicht mehr. 1988 führte der Pariser Innenminister Pasqua für Algerier den Visumzwang ein und Algerien änderte seine Zollbestimmungen. Nun konnten die Algerier nicht mehr in Massen zum Einkaufen kommen. Bald war das Viertel zwischen Cours Belsunce und Gare Saint Charles nur noch ein Schatten seiner selbst, wenngleich es nach wie vor maghrebinisch dominiert blieb und alle Versuche einer »ethnischen Säuberung« bisher gescheitert sind.

Wie eine anständige, zeitgemäße Innenstadt aussehen sollte, hat Bürgermeister Vigouroux dann gezeigt, indem er die Rue Saint Ferréol in eine allgemeineuropäischen Normen entsprechende Fußgängerzone verwandeln ließ. Später initiierte er auch noch das monumentale Einkaufszentrum Le Grand Littoral, mit 140 000 Quadratmetern und Parkdecks für 5000 Autos das größte in Europa – ein pharaonisches Objekt und eine echte Alternative zu arabischen Souks!

Der Medizinprofessor hatte zunehmend Gefallen am Bürgermeisteramt gefunden und präsentierte sich entgegen dem Willen der sozialistischen Parteigrößen beim regulären Kommunalwahltermin 1989 als sein eigener Nachfolgekandidat. Dafür wurde er kurzerhand aus der Partei ausgeschlossen, genoss aber weiter die diskrete Unterstützung der Defferre-Witwe Edmonde Charles-Roux. Und er wurde mit überwältigender Mehrheit gewählt. Es war das beste Wahlergebnis, das je ein Rathauskandidat erzielte. Die Marseiller hatten das Schauspiel der politischen Kleinkriege satt und sahen wahrscheinlich in dem wenig gesprächigen Chirurgen eine ruhige besonnene Kraft.

Und Le Pen, der zuvor so intensiv um die Gunst der Marseiller gebuhlt hatte? Ihm war es gelungen, sich selbst ein Bein zu stellen, indem er mit einer seiner immer mal wieder hervorbrechenden Verbalinjurien für landesweite Empörung sorgte, auf Kritik aus den eigenen Reihen wütend mit Parteiauschlüssen reagierte und der Öffentlichkeit den FN als von persönlichen Fehden zerrütteten unseriösen Haufen vorführte, was die Rechtsextremisten bis auf Weiteres disqualifizierte.

Zur Dämpfung der inter-ethnischen Spannungen gründete Vigouroux gleich nach seinem triumphalen Wahlsieg eine Institution namens »Marseille Espérance«, in der sich unter der Ägide des Bürgermeisters regelmäßig die Repräsentanten aller Religionsgemeinschaften der Stadt zusammenfinden sollten. Das erste Mal trafen sie sich feierlich im Hochzeitssaal des Rathauses: Der katholische Erzbischof, ein protestantischer Pastor, ein Imam, der Großrabbiner von Marseille, ein buddhistischer Würdenträger, der griechisch-orthodoxe Bischof, der Bischof der armenisch-apostolischen Kirche – sie alle reichten sich zum Fototermin die Hände. »Die Zukunft von Marseille, seine Dynamik, sein Wohlstand, seine Lebensqualität hängen ab von der Wiederbelebung der Wirtschaft, aber gleichzeitig von den guten Beziehungen zwischen den Bevölkerungsgruppen«, sagte Vigouroux.

Als ein Element der Wiederbelebung verordnete der Chefchirurg seiner Stadt eine kräftige Dosis kultureller Aufwertung, womit er den zu Defferres Zeiten unter Einfluss von Edmonde Charles-Roux begonnenen

Weg fortsetzte. Deutlich erhöhte er das Kulturbudget und engagierte einen umtriebigen Kulturdezernenten, der es verstand, kreative Kräfte anzulocken, indem er ihnen Arbeitsmöglichkeiten, Bühnen, Ateliers zur Verfügung stellte. Tatsächlich entfaltete sich eine vielfältige Szene, und es war bald sogar die Rede von einer »Movida« nach dem Muster von Barcelona, diesem großen Vorbild so vieler neuerer Marseiller Anstrengungen.

Wiederverzauberung

Experimentelle Theater siedelten sich an, es wurden Festivals wie die »Fiesta des Suds« aus der Taufe gehoben, die alte Lagerhallen des Hafens musikalisch zu beleben begannen, und es entstand im traditionellen Arbeiterviertel Belle de Mai in den Gebäuden der 1989 geschlossenen Tabakmanufaktur La Friche de la Belle de Mai ein Zentrum aus Multimediapol, Workshops und Bühnensälen, das mit seinen wilden Bemalungen und Spray-Graffiti aussieht, als sei es einer spontanen Besetzung von Anarchokünstlern zu verdanken. In Wirklichkeit aber wurde es auf Betreiben des Kulturreferats eröffnet.

Dessen erklärtes Ziel war es, jenseits der klassischen Institutionen wie Museen, Oper oder Nationaltheater die Kulturpflänzchen zu pflegen, die an den Rändern sprießen, und »die Mixtur verschiedener Disziplinen und Herkünfte zu fördern«. Dies schuf günstige Existenzbedingungen für alternative Genres, marginale und hybride Formen, wobei – als Marseiller Trumpfkarte – der multiethnische Aspekt besonders wichtig war. In dem kreativen Reizklima, das so entstand, konnte sich unter anderem eine reiche Musikszene mit Rap- und Raggae-Gruppen wie IAM oder Massilia Sound System entwickeln. Zum neuen Boom der Populärkultur gehörten ferner die Kriminalromane von Jean-Claude Izzo, die wie Marseiller Gegenstücke zu den Büchern des spanischen Autors Manuel Vázquez Montalbán aus Barcelona wirken und auch nach ähnlichen Mustern gestrickt sind wie dessen Krimis. Und auch die Marseille-Filme von Robert Guédiguian hatten Anteil an der neuen Kreativität, die rasch von den Pariser Medien entdeckt wurde.

Die priesen nun die »kulturelle Explosion«, sangen ein Loblied auf die stimulierende Atmosphäre und riefen bei der Pariser Intelligenzija ein neuartiges Interesse an der eigentlich doch krisengebeutelten und übel beleumundeten Hafenstadt hervor. Auf einmal war die »cité phocéenne« eine Stadt, in der es sich gut leben ließ, zumal wenn man sich dort eine Zweitwohnung leisten konnte. Unter dem Titel »Belle et rebelle« lobte das Frauenmagazin *Elle* eine spezielle »art de vivre«. Marseille hatte eine Wahnsinnsatmosphäre und war irgendwie so authentisch! Sozusagen das Anti-Paris für Pariser, und dazu erfreulich preisgünstig. Das Marseiller Autorengespann Peraldi und Samson spricht von der »Wiederverzauberung von Marseille« durchs Pariser Kultur- und Medienvolk.

Dieser Imagewandel durch neue Kulturaktivitäten passte zur Orientierung in Richtung auf eine postindustrielle Zukunft, wie sie schon unter Defferre angestrebt worden war und nun von Vigouroux wieder aufgegriffen wurde. Gemeinsam mit dem damaligen gaullistischen Premierminister Edouard Balladur schuf er die Grundlagen für ein Projekt urbaner Erneuerung namens »Euroméditerranée«: Es sah die Mutation vernachlässigter Hafen- und Industriezonen zu einem modernen Geschäftsviertel vor, eine entschlossene Hinwendung zum privaten Dienstleistungsbereich unter Beteiligung des Staates, ein Vorhaben, das 1994 auf Kiel gelegt wurde und ein Jahrzehnt später konkrete Formen annehmen sollte.

Dass sich der von der Sozialistischen Partei desavouierte Doktor dann gleich demonstrativ zu seinem konservativen Verhandlungspartner Balladur bekannte und ihn sogar als Präsidentschaftskandidaten unterstützte, wirkte freilich nicht gerade seriös und löste Kopfschütteln bei den Wählern aus. Er manövrierte sich damit selbst ins Abseits und leitete sein politisches Ende ein. Erschwerend kam hinzu, dass zuvor in Gestalt von Bernard Tapie ein neuer Champion mit lautem Getöse die Marseiller Szene betreten hatte, gegen den der schweigsame, eigenbrötlerische Vigouroux ziemlich blass aussah.

Der Fußballmessias

Tapie war bekannt und reich geworden als Selfmademan, der marode Firmen aufkaufte, sie sanierte und mit sattem Gewinn wieder abstieß – ein Winnertyp mit einem etwas bulligen Marktschreiercharme, der in seiner Fernsehsendung »Ambition« (Ehrgeiz) jungen Menschen unternehmerischen Esprit nahebrachte. Umfragen zufolge war der Kraftmensch aus dem Volke für die Frauen der attraktivste Mann Frankreichs nach Alain Delon.

Der Zugriff des schillernden Unternehmers auf die Hafenstadt begann an einer hochsensiblen Stelle, nämlich beim Fußballverein Olympique Marseille (OM). 1985 hatte Gaston Defferre den Tausendsassa eingeladen, die Präsidentschaft des Clubs zu übernehmen, der in größeren Schwierigkeiten steckte.

In keiner anderen Stadt Frankreichs ruft ein Fußballclub vergleichbare Leidenschaften hervor, erregt und erhitzt die Gemüter in solchem Maße. OM steht für den Mythos der Aufhebung sozialer und ethnischer Unterschiede, für die kosmopolitische Verbrüderung im gemeinsamen Kult. Das Stade Vélodrome ist der Ort der Kommunion, an dem scheinbar alle Differenzen der Stadt eingeebnet sind. Im Stadion erstirbt der Rassismus, als OM-Fan ist man nur »Marseillais«. So lautet jedenfalls das Credo.

Honoratioren wie der Bürgermeister oder der Generalratspräsident des Départements verfügen über Logenplätze auf der VIP-Tribüne. Mögen die Volksvertreter auch persönlich vollkommen sportresistent sein, haben sie doch ein Interesse, sich dort blicken zu lassen.

Das Ambiente im Stadion wird dominiert von den Fanclubs, die ein Teil der großen Vereinsmeierei von Marseille sind. Es gibt zehn, die offiziell vom Club anerkannt sind. Sie beherrschen klar definierte Abschnitte des Stadions (Südkurve, Nordkurve usw.) und haben bis zu 5000 Mitglieder. Die Inbrunst ist an ihren Wahlsprüchen abzulesen: »Ein Mythos, ein Glaube, ein Kampf«, verkünden die Ultras, »Ein Wille: siegen, eine Leidenschaft: OM«, lautet die Devise der South Winners, Marseille trop puissant (MTP) stellt klar: »Pas d'arrangement!« (kein Kompromiss!), und im Kampfsong von Brava Massalia heißt es: »In meinen Adern fließt blau-weiß das Blut von Marseille.«

Unter Tapies Herrschaft wurden die Fanclubs gezielt gefördert und verwöhnt. Sie bekamen ein verbilligtes Kontingent von Eintrittskarten für das von ihnen beherrschte Stadionsegment, was ihnen Geld in die Kassen brachte, ebenso wie die Vereinsschals, OM-Shirts, blau-weiße Jogging-Kleidung und Autoaufkleber, die sie in ihren eigenen Boutiquen verkaufen durften. »Tapie-Marseille, Tapie-Marseille«, intonierten die

Sprechchöre, wenn der große Mann im Stade Vélodrome auftauchte. Für die Fangemeinde war Tapie ein Halbgott, nicht zuletzt deshalb, weil sich der Vereinspräsident als extrem erfolgreich erwies. Von 1989 bis 1993 holte OM viermal die Meisterschaft und gewann 1989 den französischen Pokal. Die Mobilisierungskraft des Fußballs in Marseille erreichte in der Ära Tapie nie gekannte Ausmaße. Gezielt heizte er die Rivalität zwischen Marseille und Paris an und baute das Feindbild »PSG« auf (der Hauptstadtclub heißt Paris Saint-Germain). Die Anti-Pariser-Allüre wurde zum Markenzeichen von OM, sie erhöhte den Spektakelwert der Begegnungen. Nach den Siegen illuminierten prächtige Feuerwerke den Marseiller Himmel.

Tapie erlangte durch den Fußball landesweite Berühmtheit und nutzte den Club als Sprungbrett für seine politische Karriere. Unterstützt wurde er dabei von François Mitterrand, der von dem eloquenten Aufsteiger fasziniert war. Mehrfach hatte Tapie bewiesen, dass er es wie kein anderer bei Fernseh-Rededuellen mit dem Front-National-Führer Le Pen aufnehmen konnte. Zunächst gelang ihm 1989 als Marseiller Abgeordneter der Sprung in die Nationalversammlung, und 1992 berief man den Mitterrand-Protégé zum Stadt-Minister in die Linksregierung von Premierminister Pierre Bérégovoy. Das Ministeramt währte dann zwar nicht sehr lange, da die Linke im März 1993 abgewählt wurde, aber viel wichtiger war, dass zwei Monate darauf Tapie mit OM den Europapokal gewann. Das hatte noch kein französischer Verein geschafft, ein Glücksrausch erfasste die Stadt. Olympic Marseille erlebte seine glanzvollste Zeit, das Stade Vélodrome brach alle Zuschauerrekorde.

Für Bernard Tapie erreichte die Verquickung von Fußball und Politik eine neue Stufe. Als Perspektive zeichnete sich die Eroberung des Marseiller Rathauses bei den Kommunalwahlen von 1995 ab. Nach der Sanierung maroder Betriebe reizte ihn nun die Verwaltung einer heruntergewirtschafteten Stadt. Die desorientierten und zerstrittenen Marseiller Sozialisten scharten sich hinter dem Hoffnungsträger, einige eher zynisch, andere resigniert und mit dem nagenden Gefühl, von allen guten Geistern verlassen zu sein. Der Fußballmessias wurde nach Kräften vom Fernsehkanal TF1 unterstützt, an dem er selbst Anteile besaß. Vor dem Rathaus am Alten Hafen hatte er bereits demonstrativ seine prächtige

Viermastyacht »Phocéa« vertäut. Umfrageergebnisse ließen keinen Zweifel daran, dass er die Wahl schon in der Tasche hatte. Der in denselben Umfragen weit abgeschlagene Bürgermeister Vigouroux warf vorzeitig das Handtuch und verzichtete auf eine Kandidatur.

Dann kamen allerdings unschöne Dinge ans Tageslicht. Ein Pokalspiel gegen AS Valenciennes war von OM mittels Bestechung gewonnen worden, das sollte ein gerichtliches Nachspiel haben. Auch was Tapies geschäftliche Aktivitäten betraf, zeichneten sich juristische Probleme ab. Dunkle Wolken zogen auf, dann brach die Katastrophe herein: Tapie verlor seine parlamentarische Immunität, wurde aufgrund der Eröffnung von Gerichtsverfahren für unwählbar erklärt und musste sich aus dem Rennen ums Rathaus zurückziehen. Sein Firmenreich ging bankrott, zum Abtrag seiner Schulden wurden Möbel, Kunstwerke und seine Yacht gepfändet, und für die Fußball-Schieberei wurde er zu einem Jahr Gefängnis ohne Bewährung verurteilt, von denen er zehn Monate absaß.

Für Bernard Tapie war es eine hässliche Pechsträhne, aber es war nicht sein Ende. Nach der Haft recycelte er sich als Schlagersänger (»C'est beau la vie«) und Schauspieler, trat in einem Film von Claude Lelouch auf, stand auf der Theaterbühne in *Einer flog über das Kuckucksnest* und spielte monatelang einen Fernsehserie-Kommissar. Politisch näherte sich die einstige große Hoffnung der Marseiller Sozialisten Nicolas Sarkozy an, der ihn bei seinen Schadensersatzforderungen gegen die Bank Crédit Lyonnais unterstützte. 2008 wurden ihm 285 Millionen Euro zugesprochen, er war wieder obenauf und konnte sich ein neues Boot kaufen. Es heißt »Reborn«, hat 40 Millionen gekostet und liegt nicht in Marseille, sondern in Saint-Tropez. Für 570 000 Euro die Woche kann man es mieten.*

Die Marseiller Kommunalwahl 1995 wurde klar von Jean-Claude Gaudin gewonnen. Der plötzliche Abgang von Tapie muss ihm vorgekommen sein wie eine himmlische Fügung. Ob er ein Exvoto in der Wallfahrtskirche Notre-Dame de la Garde gestiftet hat? Der praktizierende Katholik, der sich seiner guten Verbindungen zum Vatikan rühmt, war gerade noch rechtzeitig dem Rat des Marseiller Erzbischofs gefolgt und

* Seit Tapie im Dezember 2012 überraschend die führende Lokalzeitung *La Provence* übernommen hat, wird geargwöhnt, dass er eine persönliche Revanche vorbereiten und erneut das Marseiller Rathaus ins Visier nehmen könnte.

hatte jeder weiteren Kompromittierung mit den Rechtsradikalen abgeschworen. Zur Belohnung konnte er nun seinen alten Traum realisieren: Der Sohn eines Maurermeisters aus dem Stadtteil Mazargues, der als bescheidener Privatschullehrer angefangen und seine politischen Lehrjahre unter Gaston Defferre abgeleistet hatte, wurde Bürgermeister seiner Heimatstadt.

La Reconquête – das Programm der Rückeroberung

Mit Jean-Claude Gaudin kippte das Marseiller Rathaus zum ersten Mal seit 42 Jahren nach rechts. Als Bürgermeister profitiert Gaudin von den Erfahrungen, die er einst als Defferres Juniorpartner machen konnte. Einiges hat er vom großen Vorbild übernommen, so auch die privilegierte Beziehung zur Gewerkschaft Force Ouvrière, die nach wie vor das Quasimonopol bei den städtischen Angestellten innehat.

Gaudin, der inzwischen zum dritten Mal gewählt wurde, wirkt väterlich und jovial, pflegt seinen lokalen Akzent und gibt sich als Bürgermeister aller ethnischen und religiösen Gemeinschaften, ist auch Präsident von Marseille Espérance, jenem von seinem Vorgänger Vigouroux gegründeten Verein, dem die führenden Würdenträger sämtlicher in der Stadt vertretener Konfessionen angehören. Gleichwohl lässt er immer wieder seine Unzufriedenheit mit den Marseiller Realitäten erkennen. Wie andere vor ihm träumt auch er von einem wohlhabenderen, weißeren Gemeinwesen. Es ist ein altes Ärgernis für die lokalen Eliten: Marseille ist eine der wenigen Großstädte in Europa, in denen »le petit peuple«, die Unterschicht, nicht aus dem Zentrum verschwunden ist, sondern es vielmehr deutlich sichtbar dominiert.

Die Verbesserung von Marseille ist daher ein zentrales Anliegen: Mehr Glamour, mehr europäische Normalität, weniger Immigranten und Einkommensschwache. »Wir müssen die Hälfte der Bevölkerung loswerden«, sagte es mit brutaler Deutlichkeit Gaudins Referentin für Städtebau in einem Zeitungsinterview und meinte damit die Innenstadt. Erstrebenswert wäre es demnach, Arme und Ausländer durch einen wohlhabenden Mittelstand zu ersetzen, die Bausubstanz zu sanieren, kulturelle Anlaufpunkte sowie Stätten des gehobenen Konsums zu schaffen – eine Altstadt als Boutiquenparadies, Vergnügungs- und Ausgehzone für Menschen mit anständiger Kaufkraft.

Wie aber sieht es stattdessen dort aus? Eine vielfarbige Menge schiebt sich durch die Marktstraßen von Noailles, vorbei an überquellenden Ständen mit Obst und Gemüse zu Kampfpreisen, als Geräuschkulisse dazu laute Anpreisungen in französisch-arabischem Sprachmischmasch. Die Ladenhöhlen der Rue d'Aubagne oder der Rue Longue des Capucins sind angefüllt mit exotischen Viktualien. Es stapeln sich Couscous-Töpfe und Tajine-Geschirr, daneben in großen Säcken alle Gewürze dieser Welt, Fässer voller Oliven, in der grell beleuchteten Halal-Schlachterei Au Paradis des Viandes werden Lämmer zerteilt. Die Straßen sind belebt und verschmutzt, es geht unordentlich, laut und südländisch zu.

In einer Präsentation des Rathauses mit dem Titel »Réhabilitations Marseille-Centre« heißt es: »Die Aktionen des Projekts ›Innenstadt‹ sind nicht zu trennen von der Notwendigkeit, wieder mehr Konsumenten zurückzuholen«, und es wird eine große Anstrengung zur Wiederbelebung des Einzelhandels im Stadtzentrum angekündigt. Angesichts des üppigen Angebots und dichten Käufergewimmels erscheint das wie ein Witz. Aber hier wird an einen anderen Konsumententypus gedacht. Dem Bürgermeister ist das real existierende chaotische Bevölkerungsdurcheinander nicht geheuer, und er macht daraus kein Hehl: »Das volkstümliche Marseille, das ist nicht das maghrebinische Marseille, es ist nicht das komorische Marseille. Das Zentrum wurde überrannt von einer ausländischen Bevölkerung, die Marseiller sind weggezogen. Was mich betrifft, ich renoviere, ich bekämpfe skrupellose Vermieter, und ich hole die Leute zurück, die Steuern bezahlen.« Zwar haben sich in der Innenstadt von alters her Migrationsströme abgelöst, überlagert und vermischt, aber Gaudin will dieses Charakteristikum seiner Stadt nicht wahrhaben, wie ihm die Marseiller Autoren Michel Peraldi und Michel Samson vorwerfen: »Der Bürgermeister kennt seine Stadt nicht und noch weniger die Viertel, von denen er spricht, denn abgesehen davon, dass seine Äußerungen verächtlich und aggressiv sind, erfinden sie eine Stadt, die nicht existiert.«

Der Glaube an eine notwendige Erneuerung beziehungsweise Neuerfindung der Innenstadt ist ein Dauerbrenner der Marseiller Lokalpolitik.

Seit den Sanierungsplänen der 1930er-Jahre war das Zentrum immer wieder Eingriffen und Verbesserungsversuchen ausgesetzt. Nach dem Abriss des Quartiers Derrière la Bourse und der Sprengung von Saint Jean sind heute die noch übrig geblieben alten Viertel ins Visier geraten – Le Panier, Belsunce und das bereits jenseits der Canebière liegende Quartier Noailles. Dass die legendäre Avenue vom Plebs umgeben ist, wird als besonders schmerzlich empfunden. »Rund um die Canebière sind 60 Prozent der Wohnungen heruntergekommen und werden zwangsläufig von Clochards, marginalen Gestalten und Immigranten bewohnt, von einer unerträglichen Fauna«, zürnte bereits 1992 Renaud Muselier, einer von Gaudins engsten Mitarbeitern.

Die Canebière ist ein ewiges Sorgenkind. Schon lange hat sich ihre bürgerliche Pracht verflüchtigt, spätestens in den 60er-Jahren sind die großen Brasserien verschwunden. Bis auf ein letztes haben alle Kinos dichtgemacht. Und was ist aus den großen Hotels geworden! Das Grand Hôtel Noailles wurde in ein Polizeizentralkommissariat verwandelt, das Hôtel du Louvre et de la Paix beherbergt eine C&A-Filiale, auch nicht gerade eine sonderlich mondäne Adresse. Billige Schnellimbisse haben sich breitgemacht, und statt der großartigen Cafés von einst gibt es die schlichten Kneipen der Maghrebiner, die sich nach dem Geschmack des Bürgermeisters überhaupt ein wenig zu sehr in den Vordergrund drängen. Entsetzt zeigte er sich, als nach einem Sieg der algerischen Fußballnationalmannschaft über Ägypten die Fans in Massen über die Canebière zogen: »Wir freuen uns, wenn die Muslime glücklich sind über ihr Spiel. Nur, wenn sie danach zu 20 000 die Canebière heimsuchen und man sieht nur algerische Fahnen und keine französischen, dann gefällt uns das nicht.«

Häufig ist in den Diskursen der Rathausmannschaft von »reconquête« die Rede, von Rückeroberung. Man könnte dabei an die Reconquista in Spanien denken, den Kampf der katholischen Könige gegen die Muslime, aus denen ja auch das Marseiller Proletariat zu einem großen Teil besteht. Zum Zwecke der Rückeroberung beziehungsweise Aufwertung wurden bereits Universitätsinstitute und ein Modemuseum an die Canebière verpflanzt, auch ein neues Multiplex-Kino ist im Gespräch. Außerdem gibt es da die neue Trambahnlinie, die wie ein Fortschrittswunder gefeiert wird, in dieser Stadt, die einmal das größte Straßenbahnnetz Europas besaß. Die Bahn sorgt freilich nicht für eine Anbindung der auch verkehrsmäßig vernachlässigten nördlichen Stadtteile, sondern beschränkt sich vorerst darauf, als teures Juwel die Innenstadt zu schmücken. Von Kritikern wird auch angemerkt, dass sie zum Teil eine bereits bestehende Metrolinie verdoppelt. Aber im Unterschied zu dieser ist die Tram sichtbar, wird von der Sonne beschienen und macht einen guten Eindruck.

Tourismus als Perspektive

Seit der Hochgeschwindigkeitszug TGV von Paris nur noch drei und von Straßburg sechs Stunden bis nach Marseille braucht, kommen aus dem Norden Besucher in größeren Mengen nach Marseille, für einen Wochenendtrip oder für länger, und bringen ihre willkommene Kaufkraft mit. Marseille als Touristenmagnet – kaum vorstellbar war das noch vor einiger Zeit, als man nach Möglichkeit einen Bogen um die als gefährlich geltende Hafenstadt machte. Jetzt wird die Tourismus-Wirtschaft als eine der Trumpfkarten für das postindustrielle Marseille angesehen. Er wolle »aus Marseille den größten Freizeithafen Europas machen«, verkündete Jean-Claude Gaudin 2001, zu Beginn seiner zweiten Amtszeit. Das Marseiller Stadtgebiet verfügt über 57 Kilometer Küste. Von L'Estaque bis Pointe Rouge reihen sich schon jetzt mehrere Yachthäfen aneinander, im Vieux Port sind die Fischerboote weitgehend verdrängt, außerdem wird an eine Umnutzung der halb verwaisten Becken des Handelshafens für Freizeit-Skipper gedacht. Und seit 1995 kommen die Kreuzfahrtschiffe. Für die schwimmenden Holiday-Paläste wurde ein eigener Terminal auf der Mole Léon Gourret eingerichtet, dort, wo noch vor einigen Jahren Kühlschiffe entladen wurden. Die Zahl der Passagiere hat sich ständig erhöht, inzwischen sind es schon eine Million pro Jahr, die von hier aus abfahren, ankommen oder einen Zwischenstopp einlegen. Diese Kurzzeitgäste sollen sich wohlfühlen – und Geld ausgeben. Entsprechend muss das Produkt Marseille in Szene gesetzt werden.

Zu einer Besucherattraktion entwickelt sich mehr und mehr das Quartier Le Panier, seit Längerem schon Objekt einer umfassenden Sanierung, die das alte Korsen- und Italienerviertel in eine Art Marseiller Montmartre zu verwandeln droht. Das kulturelle Glanzstück, um das herum sich die Aufwertung des Panier vollzieht, ist die Vieille Charité. Das alte Armenspital ist ein Gebäude mit bewegter Geschichte. Einst wurden dort Bettler und Vagabunden eingesperrt. Im Ersten Weltkrieg beherbergte die einstige Verwahranstalt schwarze Kolonialtruppen. Später diente das Gemäuer als Notunterkunft für die Opfer der Zerstörung von Altstadtvierteln. Noch in den 1960er-Jahren wohnten in dem heruntergekommenen Gebäude Hunderte von Familien, spielten im Innenhof zahllose Kinder. Heute ist die renovierte Charité ein Museum und ein touristisches Highlight.

Die städtische Renovierungsagentur Marseille Aménagement konnte auf die Belegung der von ihr sanierten Panier-Wohnungen Einfluss nehmen und bevorzugte eine Kundschaft aus Besserverdienenden und Kulturschaffenden. So zogen in das pittoreske Kleineleuteviertel immer mehr die ein, die man in Frankreich »les bobos« nennt, »les bourgeois bohème«, Menschen mit höherem Bildungsniveau, Kreative, Künstler, Kunstgewerbler. Allerlei Pariser leisten sich hier eine schnuckelige Zweitwohnung. Bäcker-, Metzger- und Kramläden haben sich in Töpfereien, Keramikboutiquen und Galerien für Glas-Design oder Ähnliches verwandelt. Viele alteingesessene Panier-Bewohner fürchten die Verwandlung ihres Viertels in ein aufgemotztes Freilichtmuseum. Schon zuckelt hier das Touristenbähnchen durch. Mit Empörung reagierten die Anlieger auf das Verbot, die Wäsche vor den Fenstern aufzuhängen, wie das immer üblich war in diesem mediterranen Quartier par excellence. Der Panier als gelackte Postkartenwelt?

Millionen von Menschen in Frankreich kennen inzwischen das Viertel aus dem Fernsehen dank der erfolgreichen Vorabendserie »Plus belle la vie«. Sie spielt in dem fiktiven Marseiller Stadtteil Mistral, dessen Vorbild unverkennbar der Panier ist, auch wenn alle Szenen im Studio gedreht werden. Und in der Rue du Panier hat sinnigerweise eine auf Souvenirs zur Serie spezialisierte Boutique aufgemacht. Dort drängeln sich Fans der Seifenoper zum Erwerb von »Mistral«-Nippes. Für die Zustände im wirklichen Quartier interessieren sie sich weniger.

Was dem Panier möglicherweise den Rest geben wird, ist die Entscheidung von Gaudins Stadtratsmehrheit, das auf dem Hügel thronende, seit 2006 leer stehende Krankenhaus Hôtel-Dieu an die Gruppe Intercontinental zu verkaufen, die es nun in ein Fünf-Sterne-Luxushotel mit 180 Zimmern und 14 Suiten umwandelt. Gaudin sei dabei, die Seele von Marseille zu verkaufen, wetterte ein oppositionelles Ratsmitglied. Die Öffentlichkeit wurde indessen beruhigt: Die neuen Besitzer haben zugesagt, die Auflagen des Denkmalschutzes voll zu erfüllen.

Schon seit Längerem werden auch Versuche zu Gentrifizierung des Stadtteils Belsunce unternommen. Bei der Sanierung der Rue Thubaneau mühte sich die halböffentliche Firma Marseille Aménagement, in die zuvor arabischen Ladenlokale Künstlerateliers und Galerien zu locken. Einige kamen tatsächlich, und so wurde flugs über dem Eingang ein Portikus angebracht, der die einstige Bordellstraße als »Rue des Arts« ausweist. Aber das Künstlertum wirkt ein wenig wie aufgezwungen. Anstelle der erhofften gastronomischen Restaurants florieren in der Nachbarschaft weiterhin arabische Couscous-Lokale und die von tunesischen Juden und Chinesen betriebenen Geschäfte des Textilgroßhandels. Ein Magnet für Besucher von außerhalb wurde immerhin mit dem »Mémorial« geschaffen, das in den Räumen eines ehemaligen Hamam mittels Computeranimation an die Geschichte der Marseillaise erinnert.

Die viel beklagte Ausdünnung der »weißen« Geschäfte im Zentrum hat in Wirklichkeit nichts mit Invasion und Verdrängung durch Immigranten zu tun, sondern ist die Folge veränderter Konsumgewohnheiten, hervorgebracht durch die großen fabrikartigen Einkaufszentren an den Stadträndern wie Le Grand Littoral oder La Valentine. Nachgerückt sind die Maghrebiner mit ihren ethnischen Läden, die noch bestens in solchen kleinen individuellen Strukturen funktionieren. Die Märkte und Läden von Noailles werden im Übrigen nicht nur von Immigranten frequentiert. Menschen jeder Herkunft kommen da hin, weil das Angebot attraktiv ist und man dort günstig einkaufen kann. Aber offenbar wirkt diese kosmopolitisch-proletarische Anwesenheit im alten Kernberich der Stadt auf die »Elite« wie eine Provokation.

Für die Sanierungsprogramme in den Quartiers Belsunce und Noailles gab es unter anderem die Rechtfertigung, es müsse etwas gegen die »marchands de sommeil« unternommen werden, die skrupellosen Immobilienbesitzer, die nordarikanischen Immigranten, meist alleinstehenden alten Männern, für unverhältnismäßig viel Geld schäbig möblierte Bruchbuden vermieten. Nachdem Marseille Aménagement einige dieser heruntergekommenen Häuser aufgekauft und renoviert hatte, wurden sie verkauft – nicht etwa an die Verwaltungsgesellschaft für Sozialwohnungen, um die vorigen Bewohner endlich anständig unterzubringen, sondern an private Investoren, denen noch Steuererleichterungen gewährt wurden. Das heißt, es ging keineswegs darum, den Alten die dort oft seit zig Jahren gewohnt hatten, bessere Lebensbedingungen zu verschaffen, sondern sie loszuwerden.

»Die Rückeroberung der Innenstadt vollzog sich stets gegen die Marseiller, nicht für sie und nicht mit ihnen. Ein alter Araber, der während 35 Jahren im selben Hotelzimmer in Belsunce gelebt hat, ist genauso ein Marseiller wie irgendein anderer. Nur dass er im Unterschied zu anderen auf die Straße gesetzt worden ist«, so der Sozialarbeiter Noureddine Abouakil, Mitbegründer eines seit 2000 bestehenden Vereins mit dem programmatischen Namen Un Centre Ville pour tous (eine Innenstadt für alle), der just in Reaktion auf die rabiaten Methoden der Sozialsanierung ins Leben gerufen wurde. Dem Aktionskollektiv gehören nicht nur jugendlich-alternative Kräfte an, sondern ebenso Lehrer, Architekten, Beamte oder Rentner, vor allem auch juristisch versierte Leute, die sich im Gestrüpp der Administration auskennen. Zu ihren Prinzipien gehört es, die Polarisierung von »echten Marseillern« und »Fremden« zu verweigern. Sie machen sich stark für das Recht auch der wenig Bemittelten, in anständigen Wohnungen der Innenstadt zu leben. Mehrfach hat Un Centre Ville pour tous Prozesse angestrengt. In einigen Fällen wurde die Stadt dazu verurteilt, den alten Immigranten neue Wohnungen zu beschaffen. Auch wenn dies nur punktuelle Erfolge gegen die Gentrifizierungswalze waren, hat sich doch der Verein ein Renommée als Störfaktor im Sanierungsbetrieb erworben und ist inzwischen so bekannt, dass sein Name gelegentlich schon mit CVPT abgekürzt wird.

Rue de la République

Eine viel beachtete Rolle hat Un Centre Ville pour tous dann auch bei den Auseinandersetzungen um die Rue de la République gespielt, diese mehr als einen Kilometer lange, gleichförmig bebaute Avenue zwischen Altem Hafen und La Joliette.

Als Rue Impériale war sie einst von Spekulanten des Zweiten Kaiserreichs gebaut worden. Die nach Pariser Muster im Stil des Baron Haussmann konzipierte Meile war einer Bourgeoisie zugedacht, die dort gar nicht hinkommen wollte, weil sie sich längst in den südlichen Stadtteilen angesiedelt hatte. Statt ihrer zogen dort schließlich Handwerker- und Hafenarbeiterfamilien ein. Die schlichte Bewohnerschaft bildete einen erstaunlichen Kontrast zu den Gebäuden mit ihrer bourgeoisen Allüre. Am Ende wohnte hinter den schmuddeliggrau gewordenen Fassaden zu niedrigen Mieten ein plebejisches Gemisch aus alleinstehenden Rentnerinnen und Rentnern sowie kinderreichen Immigrantenfamilien; im Erdgeschoss deckten unscheinbare kleine Läden den täglichen Bedarf, es fanden sich dort bescheidene Cafés und einfache Esslokale, darunter Heng Heng, das billigste Chinarestaurant der Stadt.

Besitzer der gesamten Rue de la République mit ihren 2500 Wohnungen war über ein Jahrhundert lang die Société Immobilière Marseillaise (SIM). 1987 verkauft sie den zwischen La Joliette und Place Sadi Carnot gelegenen Teil der Straße mit 125 Gebäuden an Cofinda, eine Immobilienfiliale von Danone. An Vermietung hatte die neue Besitzerfirma kein Interesse, es handelte sich um eine bloße Wertanlage. Instandhaltungsarbeiten wurden unterlassen, frei werdende Wohnungen nicht mehr neu vermietet, sondern »devitalisiert« – unbewohnbar gemacht durch Demontage von Rohrleitungen, Abdrehen von Gas, Strom und Wasser. Bald standen zwei Drittel der Wohnungen leer. Die Läden machten dicht, die Straße war halbtot, dennoch warf sie eine beachtliche Rendite ab, denn in den 90er-Jahren zogen die Immobilienpreise kräftig an. Die Straße war erneut zum Spekulationsobjekt geworden.

Inzwischen zeichnete sich ab, dass die Avenue zu den ersten Objekten gehören würde, die im Rahmen des staatlich geförderten urbanistischen Großprojekts »Euroméditerranée« saniert und aufgewertet werden sollten. Mit Gewinn verkaufte Cofinda die Hälfte der Straße an eine französische Immobiliengruppe, die dann 2004 ihrerseits von einem texanischen Pensionsfonds namens Lone Star übernommen wurde. Der gründete eine Firma namens Marseille-République mit dem Ziel, das Objekt nach modernen Standards herzurichten und dann scheibchenweise profitabel zu verkaufen. Aber natürlich sollten dazu auch die verbliebenen Insassen aus den Wohnungen verschwinden. Sie hatten oft länger als dreißig Jahre dort gelebt, nun wurde ihnen plötzlich das Mietverhältnis gekündigt. Lone Star beschäftigte spezielle »Vermittler«, deren Job es war, die Leute auf die eine oder andere Weise zum Wegziehen zu bewegen. Man bot ihnen kleine Geldsummen, schreckte aber bei Weigerung auch vor brutaleren Methoden nicht zurück. Alten Damen wurde durch dauernde Telefonanrufe Angst eingejagt, das Wasser abgestellt, ein defekter Aufzug nicht repariert. Baulärm zermürbte die Nerven.

Un Centre Ville Pour Tous trat auf den Plan, als Anwohner um Hilfe baten. Der Verein stellte keineswegs die Notwendigkeit der Sanierung infrage, die Straße war ja weißgott in einem schlechten Zustand. Aber angesichts der vielen leer stehenden Wohnungen sollte doch eigentlich genug Platz für alle da sein, für betuchtere Neuankömmlinge wie für die noch verbliebenen rund 600 Parteien der Alteingesessenen. Im Rathaus freilich versprach man sich etwas anderes von der Transformation der verhinderten Prachtstraße, durch die man zwecks Aufwertung die neue Trambahnlinie bauen ließ: »Wir sind mit den Zielen von ›Marseille-République‹ einverstanden«, erklärte die Referentin für Städtebau. Und sie sagte auch: »Ich bin nicht dafür, dass diese 600 Familien wieder an Ort und Stelle untergebracht werden. Wir haben den Eindruck, dass die Leute von der Übernahmefirma genau die Politik betreiben, die wir uns wünschen. Sie haben Vertrauen in Marseille gesetzt. Und das ist ein Zeichen dafür, dass es mit Marseille aufwärts geht.«

Demnach geht es Marseille besser, wenn das Marseiller Volk aus dem Zentrum vertrieben wird – das altbekannte Lied. Aber CVPT schaffte es, eine größere Anzahl der bedrohten Mieter aus der Vereinzelung zu holen und zu mobilisieren. Auch gelang es, die Medien für den Fall zu interessieren. Günstig war hierbei, dass es sich beim Gegner um einen US-Investor handelte, ein ideales Feindbild, das beim französischen Publikum leicht einen Konsens entstehen ließ. Rasch sprangen auch überregionale Zeitungen und Fernsehkanäle auf das Thema an. Un Centre Ville pour tous übte mit den Bewohnern den Umgang mit Journalisten, organisierte medienwirksame Demonstrationen und Stadtteilbegehungen, ging aber auch mit juristischen Mitteln vor und strengte Prozesse an. Und der vier

Jahre dauernde Kampf um die Rue de la République brachte tatsächlich einige positive Ergebnisse.

Lone Star musste 356 Wohnungen an Träger des sozialen Wohnungsbaus abtreten. Für 260 Parteien, die sich nicht haben wegekeln und abschieben lassen, wurde erstritten, dass sie vor Ort oder doch in der Nähe bleiben konnten. Lone Star hat Marseille-République 2007 dann wieder – mit Gewinn – abgestoßen, als Dreiviertel der Wohnungen noch immer nicht renoviert waren. Der größte Teil landete bei einer Firma namens Atemi, deren Chef sich mit stolzer Freude über die anstehende Operation äußerte: »Es ist ein so außerordentlich seltenes Phänomen, eine Innenstadt umstrukturieren zu können, ihre Bestimmung zu ändern. Die zweite Stadt Frankreichs bekommt ein neues Gesicht.«

Unglücklichweise war Atemi eine Filiale der amerikanischen Investmentbank Lehman Brothers. Zwar wurde sie nicht mit in den Untergang gerissen, aber die epochale Pleite des Mutterhauses sorgte in der Rue de la République für weitere Verzögerungen. Zumal zur Place de la Joliette hin blieb die Welt noch lange mit Brettern vernagelt.

Etwas anders verlief der Umgestaltungsprozess in dem Straßenabschnitt zwischen Place Sadi Carnot und Vieux Port, der schon sehr viel früher frisch, mit gesäuberten Fassaden erstrahlte. Auch dieser Sektor mit 1350 Wohnungen und 60 000 Quadratmeter Geschäftsräumen befand sich zunächst im Besitz der SIM und war über mehrere Stationen bei einer Gruppe namens Eurazeo gelandet. Die setzte nicht auf Verkauf, sondern weiterhin auf Vermietung, freilich, abgesehen von einem kleinen Sozialwohnungsanteil, mit vervielfachten Mieten, was auch hier zu einem Wechsel der Bewohnerschaft führte: Die Wohnungen sind nun zum größten Teil von Besserverdienenden bezogen, auch die Ladenlokale konnten schnell vermietet werden. Eingezogen sind Filialen von Allerweltsmarken der mittleren bis gehobenen Preisklasse. Allerdings machen die Geschäfte einen ziemlich leeren Eindruck. Aus der Rue de la République die neue Edeleinkaufsmeile von Marseille zu machen, ist bislang trotz großen Werbeaufwands noch nicht gelungen.

In dieser Stadt laufen eben die Dinge oft nicht ganz so wie geplant. Noureddine Abouakil von Un Centre Ville pour tous resümierte es so: »Das neue Quartier ist weder das geworden, was Marseille-République vorgesehen hatte, noch ist es das geworden, was man hätte befürchten können, aber es ist auch nicht mehr, was es vorher war. Das, was das Rathaus oder die Kapitaleigner entscheiden, realisiert sich nicht unausweichlich. Zum einen dank der Aktion von Vereinen, aber auch einfach deshalb, weil die Macher mit ihren Vorstellungen völlig daneben liegen, weil Marseille eine Stadt ist, in der es enorm viele Arme gibt. Und so scheitern manche Projekte einfach an der schwachen Nachfrage.«

Mittelmeermetropole und Kulturhauptstadt

Für das Projekt »Euroméditerranée« war der Wirbel um die Rue de la République kein sehr guter Auftakt, das Medienecho war verheerend. Man musste sich eingestehen, im Umgang mit den Immobilienfirmen reichlich unbekümmert gewesen zu sein, man hatte ihnen allzu freie Hand gelassen. Verstärkte Wachsamkeit und verbesserte Kommunikationsarbeit schienen nun geboten, denn es ging schließlich um das größte Stadtentwicklungsvorhaben in Europa, ein urbanes Sanierungsprogramm, verbunden mit dem Ziel, Marseille einen kräftigen wirtschaftlichen Schub zu geben. Das durfte nicht weiter blockiert oder infrage gestellt werden; man wolle die »Attraktivität und Ausstrahlung« der Stadt entscheidend verstärken, hieß es in einer Selbstdarstellung, es gelte, »Marseille auf das Niveau der größten europäischen Metropolen zu heben«.

Euroméditerranée, deklariert als Operation von »nationalem Interesse«, ist primär eine staatliche Initiative. Vom Staat kommt das Gros der finanziellen Ausstattung, auch wenn die betroffenen Gebietskörperschaften – Stadt, Großraum, Département und Region – an der Finanzierung beteiligt sind. Die öffentliche Institution Euroméditerranée funktioniert als autonome Größe. Sie definiert Projekte, trifft Entscheidungen und lässt lokalen Akteuren allenfalls Statistenrollen.

Es lässt sich nicht bestreiten, dass Marseille in einer chronischen Misere steckt. Die Stadt ist hoch verschuldet, ein Viertel der Bevölkerung lebt unterhalb der Armutsschwelle, die Hälfte bezahlt keine Einkommenssteuer. Die Arbeitslosigkeit liegt bei 14 Prozent. Die größten Arbeitgeber sind der Staat mit 17 000 Stellen im öffentlichen Gesundheitswesen und die Stadtverwaltung mit 13 500 Angestellten. Weit dahinter liegen in der einstigen Industriestadt die größten Unternehmen des Privatsektors: die Verwaltung der Reederei CMA-CGM mit 2000 und die Industrie-Elektrotechnik-Firma SNEF mit 900 Beschäftigten. Im Hafen ist schon lange nicht mehr viel los, die maritime Aktivität findet weitgehend vierzig Kilometer nördlich im Komplex von Fos statt. An den Marseiller Kais verlieren sich ein paar kleinere Frachter, ein bescheidenes Containeraufkommen wird abgefertigt, sonst sind da noch die Fähren nach Korsika und Nordafrika, neuerdings auch die Kreuzfahrtkolosse. Insgesamt aber scheint das Hafengelände überdimensioniert. Als nostalgische Dekorationsstücke stehen ein paar untätige Kräne herum.

Die Lage ist ernst, kein Zweifel. Wo setzt nun Euroméditerranée (im Volksmund Euromed) an, um Marseille wieder aufzurichten? Abgezielt wird auf die »Requalifizierung« von Hafenzonen und Industriebrachen. Man kann sich dabei an diversen Vorbildern orientieren. Ein frühes Beispiel ist Baltimore, das seinen »Inner Harbor« zu einer von modernen Appartmenthäusern umgebenen kommerziellen »Waterfront« umgestaltet hat, die mit dem verheißungsvollen Programm »Shopping Dining Entertainment« wirbt. Ein anderes Modell gibt Barcelonas »Port Vell« ab, der in eine vielbesuchte Touristenattraktion umgewandelt wurde. Und dann sind da die Londoner »Docklands«, um deren verlassene Hafenbecken mächtige Bürokomplexe und teure Wohnanlagen emporgeschossen sind.

Auch in Marseille geht es darum, Terrains, die dem Frachtverkehr und der Industrie gewidmet waren, für Dienstleistungsunternehmen, Konsum und Kultur zu erschließen und dabei jeden Gedanken an eine Wiederbelebung maritimer und industrieller Aktivitäten endgültig aufzugeben.

Den Euromed-Planungen vorausgegangen war der Umbau der großen Docks von La Joliette, jener Anlage, die Paulin Talabot zwischen 1858 und 1868 hatte errichten lassen. Sie war bis Ende der 1970er-Jahre in Betrieb, 1988 wurde sie von einem auf Bürogebäude spezialisierten Pariser Immobilienmagnaten erworben. Lokale Architekten verwandelten die 365 Meter langen Docks zu einem Behälter für Büros, Restaurants und Boutiquen. Natursteinmauern und Eisenträger kamen dabei aufs Schönste zur Geltung. Die Räume konnten überraschend schnell vermietet werden.

Es waren erste Fingerübungen für eine Neugestaltung des Hafenbereichs, und sie lieferten Ideen für das künftige Großprojekt. An diesen Erfolg konnte man anknüpfen, als man begann, weite Teile des Geländes umzumodeln, herzurichten und neuer Verwendung zuzuführen.

Eine weitere Inspiration stammte aus Großbritannien. Während der Ära der New-Labour-Regierung war im Rahmen der »Urban Renaissance«-Programme das als PPP (public private partnership) bekannte Verfahren entwickelt worden, durch öffentliche Vorleistungen bei der Infrastrutkur private Investitionen anzuwerben.

Neues Zentrum

Der erste Teil der Operation, Euroméditerranée I, betrifft ein Gebiet von 480 Hektar. Dazu gehört die erwähnte »Requalifizierung« der Rue de la République wie auch die Renovierung des Bahnhofs Saint Charles, als Ankunftsort des Hochgeschwindigkeitszuges TGV ein wichtiges Tor für die künftigen Besucher und Bewohner.

Kernstück des ursprünglichen Sektors aber ist das neue Geschäftsviertel von La Joliette und Arenc im Hafenrandgebiet. Zunächst galt es, die Grundstücke zu erwerben. Praktischerweise befanden sie sich meist im Besitz öffentlicher Institutionen, die das Terrain zu Niedrigpreisen abtraten, wie dem Port autonome de Marseille (seit 2008 heißt er Grand port maritime de Marseille, GPMM) oder der staatlichen Eisenbahngesellschaft SNCF. Euroméditerranée sorgte dann für die Herrichtung des öffentlichen Raums mit Straßen, Grünanlagen, Kanalisation und Verkabelung, bevor die Parzellen an private Investoren weiterverkauft wurden, und zwar auf der Basis programmatischer und architektonischer Auflagen.

Zielvorgabe war die Erstellung von 600 000 Quadratmeter Bürofläche. An Argumenten, um Immobilieninvestoren und internationale Firmen anzulocken, mangelte es nicht: Man konnte bestens ausgestattete, klimatisierte, modern vernetzte, verkehrstechnisch hervorragend angebundene Businesskomplexe in Aussicht stellen. Aber Bürokästen allein reichten natürlich nicht. Spitzenunternehmen sind anspruchsvoll und suchen für ihre Ansiedlung optimale Rahmenbedingungen. Es musste also auch für das urbane Umfeld Sorge getragen werden. Notwendig war der Bau von Wohnungen mit »gehobenem Niveau«, und es galt, für entsprechende Servicestrukturen zu sorgen – Kinderkrippen, Schulen, Krankenhäuser, Restaurants und Sportanlagen, Kultur- und Unterhaltungsangebote und auch ein bisschen Kunst am Bau. Erst das komplette Angebot an urbaner Qualität gewährleistet einen rundum attraktiven Standort.

Die auf alte Hafen-, Fabrik- und Bahngelände hingezauberte Businesszone darf nun keinesfalls den Eindruck erwecken, sie sei an den Rand der Stadt angeklebt worden. Sondern: Sie *ist* die Stadt.

Es wird von der Herstellung einer »neuen Zentralität« geschwärmt, von der Verschiebung des Marseiller Kraftzentrums, vom neuen Herz der Metropole. Und selbstverständlich muss die neue Zentralität schon von Weitem erkennbar sein. Der an die Hafenbecken angrenzende Sektor bildet eine Schaufront, die »Cité de la Méditerranée« genannt wird. Neue architektonische Landmarken ragen dort empor, als Zeichen dafür, dass es aufwärts geht. Wer wollte da nicht hinziehen?

»Dort wohnen, wo sich die großen Architekten der Welt eine maritime Fassade aus hohen majestätischen Türmen ausgedacht haben, eine Skyline, bei der sich die urbane und wirtschaftliche Zukunft Marseilles in den Himmel ausdehnt.« So lockt die Werbung für die Euroméditerranée-Wohnungsprogramme.

Den Anfang machte der bläulich schimmernde Verwaltungsturm, den die irakisch-britische Architektin Zaha Hadid für die Reederei CMA-CGM entworfen hatte. Seit 2010 steht er als Blickfang in Konkurrenz zur Wallfahrtskirche Notre-Dame de la Garde. Bürgermeister Jean-Claude Gaudin zeigte sich begeistert und sah im neuen blauen Turm »ein Signal wie die Oper von Sidney«. Offenbar kommt die Verbesserung von Marseille nicht ohne solche Referenzen aus. Aber das sind eben die Richtwerte im City-Marketing: Wenn es nicht »Barcelona« ist, dann ist es »Sidney«, oder besonders gerne auch »Bilbao«, wo Frank Gehrys Guggenheim-Museum gezeigt hat, wie mithilfe eines einzigen spektakulären Gebäudes eine abgeschriebene Stadt ins Rampenlicht gebracht werden kann.

Auffallend reich wird die Hafenfront mit Konsummöglichkeiten ausgestattet. »Les Terrasses du Port« heißt eine mehrstöckige Mall mit 160 Boutiquen, die die britische Immobiliengruppe Hammerson über den

Fährenterminal baut. Nicht weit davon lockt mit den »Voutes de la Major« ein weiteres Einkaufszentrum im Sockel der Kathedrale, dessen Gewölbe die Filialen luxusorientierter Ladenketten sowie Lounge Bar und Diskothek beherbergen. Weitere Edelboutiquen sollen in den aufgemöbelten Talabot-Docks eröffnet werden. Für wen das alles? Vor allem ist dabei an die Kreuzfahrttouristen gedacht. Offenbar unterstellt man ihnen enorme Konsumlust und hoch entwickelte Kaufkraft. Bislang sieht man die Kreuzfahrer freilich recht bescheiden mit dem Touristenbähnchen herumzuckeln und dann am Alten Hafen schlichten Andenkennippes kaufen, manchmal auch echte Marseiller Seife im Geschenkpack. Aber wenn sie bald direkt vom Schiff in die Mall dürfen und gar nicht mehr in die alte Stadt müssen, erfasst sie womöglich ein unbezwinglicher Kaufrausch. »Dieses Projekt hat nicht die Bewohner von Marseille als Basis«, stellt ein Sprecher von Hammerson klar; man weiß schon, dass bei ihnen nicht viel zu holen ist. Andererseits hieß es in Euroméditerranée-Verlautbarungen, den Marseillern werde nun endlich der Hafen zurückgegeben, was etwas seltsam erscheint. War nicht der wirkliche Hafen der Marseiller eher jener, der jahrhundertelang die Grundlage ihrer Wirtschaft bildete, sie mit der Welt verband und ihnen Arbeit gab? Für die Kunden auf den Terrassen des Einkaufszentrums ist er nur noch eine dekorative Wasserfläche, eine maritime Kulisse für relaxende Shopper.

Der zweite Akt

2012 wurde eine erste Bilanz des Großprojekts gezogen. Die Operation im ursprünglichen Euromed-Gebiet ist aus Sicht der Betreiber ziemlich erfolgreich verlaufen. Für einen investierten Euro konnten 3,5 privat investierte Euro generiert werden. 800 Unternehmen des tertiären Bereichs – Banken, Versicherungen, internationaler Handel, Multimedia, Telekommunikation – haben sich angesiedelt. 18 000 Arbeitsplätze – davon 7000 komplett neue – wurden geschaffen, 4000 Wohnungen gebaut.

Und weil das so gut funktioniert hat, wurde die Erweiterung Euroméditerranée II beschlossen: die Herrichtung eines 170 Hektar großen Gebiets, das sich nördlich an die bisherige Ausbauzone anschließt. Was will man mit der Erweiterungszone? »Attraktive urbane Umfelder freilegen, die für die Praxis einer vielgestaltigen Öffentlichkeit die Freude an der Stadt ermöglicht.« Entstehen soll dort »ein festfreudiges und kreatives euromediterranes Quartier«. Einen »Ereignispalast« wird es geben, und bei alledem sind 30 Prozent Sozialwohnungen eingeplant. Mehr kann man sich kaum wünschen.

Besonders betont wird der ökologische Faktor und der Aspekt Nachhaltigkeit. Vorgesehen sind unter anderem bioklimatische Gebäude, ein Meereswärmekraftwerk sowie die ausgiebige Nutzung von Sonnenenergie. Das Pariser Umweltministerium hat dem Projekt dafür das Label »Eco-Cité« verliehen. Passend dazu soll, wo vorher ein Verschiebebahnhof war, ein neuer Landschaftspark beidseits des Flüsschens Aygalade entstehen, das teilweise in Kanalisationsröhren verschwunden war und nun wieder freizulegen ist.

Die Kommunikationsabteilung hat sich diesmal von vornherein sehr viel stärker ins Zeug gelegt, auf keinen Fall durfte der zweite Teil des Großprojekts mit solchen Misstönen beginnen wie der erste. Die PR-Leute umwerben nicht mehr nur die potenziellen Investoren, sondern nun auch mit größerem Aufwand die Marseiller Bevölkerung, die positiv eingestimmt werden soll. Es finden Veranstaltungen statt, bei denen Meinungen und Erwartungen geäußert und Zweifel zerstreut werden. »Marseillais, exprimez-vous!« (äußern Sie sich!), fordert eine Website auf. Diskutiert werden kann freilich bloß über Kleinigkeiten. Die wesentlichen Vorhaben sind längst beschlossene Sache, die generelle Ausrichtung steht nicht zur Debatte.

Angesichts der enthusiastischen Diskurse könnte der Eindruck entstehen, der zweite Akt von Euroméditerranée verfolge eine soziale Mission, es solle endlich etwas für die Verbesserung der Lebensverhältnisse in einer vermachlässigten Gegend getan werden. Dieser Eindruck ist irreführend. Worum es tatsächlich geht, ist im Kern wieder das Gleiche wie im ersten Akt: Die Mission besteht darin, noch mehr Büroraum zu schaffen, was den Zugriff auf weitere bebaubare Grundstücke nötig macht. Die Planer berufen sich auf ökonomische Analysen, denen zufolge erst mit einer Million Quadratmeter Bürofläche die kritische Masse erreicht ist, die es einer Stadt ermöglicht, in der internationalen Konkurrenz mitzuhalten. Die Ausweitung des Euroméditerranée-Gebiets gestattet es, diese magische Zahl von einer Million zu erreichen, ja sie zu überschreiten, denn hier sind weitere 500 000 Quadratmeter vorgesehen. Das Wesentliche besteht also auch hier darin, zahlreiche Bürogebäude hochzuziehen, nachdem das Gebiet von industriellen Resten gesäubert wurde. Hinzu kommen Wohnungen für die geplanten 30 000 neuen Bewohner, ergänzt durch die notwendigen Elemente urbaner Lebensqualität.

Im Erweiterungsgebiet liegt, ein bisschen störend, das ärmliche alte Quartier Les Crottes. Die rund 3000 Menschen, die dort leben, sind verunsichert und misstrauisch. Aber man hat ihnen versprochen, dass sie bleiben dürfen. So gibt es demnächst eine Armutsinsel inmitten des neuen Mittelstands. Man darf gespannt sein, wie sich die viel gepriesene »mixité« mit den neuen dynamischen Nachbarn aus der Kreativklasse entwickeln wird.

Ebenfalls im Bereich der neuen Euroméditerranée-Zone befindet sich der sogenannte Marché aux puces. In einer ehemaligen Fabrikhalle des Alstom-Konzerns werden unter Neonlicht die ganze Woche über unendliche Mengen von Obst und Gemüse feilgeboten, dazu lebende Hühner und das Fleisch muslimischer Großmetzgereien, die ihre Ware über Lautsprecher anpreisen. Alles ist preisgünstiger als anderswo. Sonntags kommen draußen auf dem Vorplatz Stände mit billigen Textilien, Hausrat oder Werkzeug hinzu. An den Rändern des Marktes liegt der Ramsch der wilden Händler auf dem Pflaster, gebrauchte Autoreifen und rostige Nägel, altes Spielzeug und alte Schuhe. Das wirkt alles ein wenig unordentlich, aber dieser Markt ist eine Institution und eine Notwendigkeit für Tausende Menschen aus den weiter nördlich gelegenen Vierteln. Für die Erneuerer und Entwickler passt er nicht recht ins Konzept, ist nicht clean genug und wirklich überhaupt nicht schick. Aber nein, Euroméditerranée-Präsident Guy Tessier hat hoch und heilig versichert, man werde ihn nicht verschwinden lassen, allerdings stellt er eine »Reorganisierung und Modernisierung« in Aussicht. Als neuer griffiger Name ist »Marché des cinq continents« vorgesehen.

Ganz im Süden, am anderen Ende der Stadt, hat es auch eine Veränderung gegeben: 2012 wurden die Calanques in den Rang eines Nationalparks erhoben. Das Massiv aus weißen Kalkfelsen und fjordartigen Einschnitten ist tatsächlich eine der schönsten Küstenzonen des Mittelmeers und gehört zum Besten, was Marseille zu bieten hat. Durch den neuen Status werden Tier- und Pflanzenwelt geschützt, Bautätigkeiten und lärmende Jet-Ski verboten. Man kann also kaum etwas gegen diesen Park haben, es sei denn, man ist Jäger oder Jet-Ski-Verleiher.

Mit den Absichten der Euroméditerranée-Manager und der neuen, ökologisch verbrämten Büro- und Wohnzone im Norden hat er auf den ersten Blick nichts zu tun, auf den zweiten aber doch. »Diese beiden Projekte (Park und Eco-Cité) scheinen weit voneinander entfernt, aber in Wirklichkeit ergänzen sie sich in ihren Grundlagen und ihrer Philosophie«, erklärte vor der Marseiller Handelskammer Guy Tessier, der nicht nur Präsident von Euroméditerranée ist, sondern auch die Vorbereitungsarbeiten für den Calanques-Nationalpark geleitet hat. Sie ergänzen sich, indem sie beide zur »Attraktivität und Ausstrahlung« der Stadt beitragen. Nicht nur wird der Park, den Teissier als ein »Objekt weltweiter Bedeutung« bezeichnet, noch mehr Touristen anlocken, er steht auch für Lebensqualität und Freizeitwert, vergoldet das Image der Stadt und erhöht die Standortqualität von Marseille. Produkte mit Medaille verkaufen sich besser. »Parc national« ist ein Qualitätslabel wie »Eco-Cité«, beides Pluspunkte bei den Bemühungen um effizientes City-Marketing.

»Marseille Provence 2013«

Ein zentraler Stellenwert wird im Rahmen der urbanen Regenerierung dem Bereich der Kultur zugeschrieben. Schon seit einigen Jahrzehnten wird ja versucht, die Stadt kulturell aufzurüsten. Mit welchem Ziel? 2002 verriet es der Kulturreferent des Rathauses: »Die Kultur soll leitende Angestellte und Touristen nach Marseille locken.« Das war vielleicht ein wenig plump formuliert. Etwas weltgewandter – auch wenn es auf das Gleiche hinausläuft – äußerte sich Jacques Pfister, Präsident der Marseiller Industrie- und Handelskammer: »Eine starke kulturelle Attraktivität auf internationalem Niveau wird mehr und mehr angesehen als ein großer Vorteil im Konkurrenzkampf, den sich die europäischen Metropolen liefern.«

Von Anfang an gehörte es zur Euroméditerranée-Strategie, starke kulturelle Signale zu setzen. Das war eine entscheidende Voraussetzung dafür, dass Marseille den Zuschlag für die »Europäische Kulturhauptstadt 2013« bekam. Auch hierbei handelt es sich um ein Label wie »Eco-Cité« oder »Parc national«, es garantiert Medienpräsenz und internationale Aufmerksamkeit. Große Erwartungen hegt die Handelskammer, sie sieht in der Kulturhauptstadtwürde einen »Entwicklungsbeschleuniger«, der Jahre an Imagewerbung einsparen könnte.

Wie sehr die Bereiche miteinander verzahnt sind, zeigt sich daran, dass 2009 der Marketingdirektor von Euroméditerranée in die Kulturhauptstadt-Mannschaft übergewechselt ist, um die Funktion eines Verbindungsmanns zur Wirtschaftswelt zu übernehmen, denn so eine Kulturhauptstadt braucht natürlich Sponsoren.

Mit den Kulturbauten, die vor allem im Bereich der Hafenfront errichtet wurden, erstellte Euroméditerranée gewissermaßen die Hardware für das Großevent von 2013, so etwa das MUCEM, das vom Architekten Rudy Ricciotti konzipierte Museum der Mittelmeerzivilisation. Die mit verschnörkelten Gittermusterfassaden verzierte dunkle Kiste steht unübersehbar zu Füßen des Fort Saint Jean direkt an der Hafeneinfahrt. Gleich daneben erhebt sich das sprungbrettförmige Gebäude der Villa Méditerranée, mit dem sich die Region Provence-Alpes-Côte d'Azur ins Kulturgeschehen einbringt. Ein Stück weiter wurde der Hangar J1 zum zentralen Begegnungsforum und Ort der Publikumsinformation umgerüstet. Ebenfalls im Hafenbereich konnte ein großer alter Getreidespeicher vor dem Abriss bewahrt werden, heißt nach spektakulärem Umbau Le Silo und dient als Mehrzwecksaal mit 2000 Plätzen. Ausgebaut wurde außerdem die Friche de la Belle de Mai, ein eminenter Kultur-Pol mit Workshops und Veranstaltungsräumen im benachteiligten Arbeiterviertel Belle de Mai, für dessen Bewohner er wie ein kurioser Fremdkörper wirkt.

Gleich nachdem 2008 die Entscheidung für Marseille gefallen war, hat man sich mächtig ins Zeug gelegt. Die Stadtpromotoren haben dem Ereignis »Marseille 2013« enorme Bedeutung beigemessen und damit große Erwartungen verbunden. Nicht nur sind neue Kultureinrichtungen entstanden, es wurde auch alles, was bereits vorhanden war, renoviert und herausgeputzt: Das Palais Longchamp wie die Oper erstrahlen in neuem Glanz, der Pharo-Palast grüßt mit gereinigter Fassade, der untere Teil der Canebière wurde von Autos befreit, und frisch gepflastert sind die nunmehr ebenfalls fußgängerfreundlichen Kais des Alten Hafens.

Natürlich gab es im Vorfeld die zu erwartenden Reibereien und Eifersüchteleien, zum einen zwischen den am Kulturjahr und also auch am Budget beteiligten Städten, aber auch unter den lokalen Kunstschaffenden, von denen sich einige zugunsten auswärtiger Akteure übergangen fühlten. Es war eine Vorbereitungsphase mit psychodramatischen Begleiterscheinungen, Ortsfremde verzweifelten am provinziellen Kulturklüngel, manche warfen zornig das Handtuch, aber trotz allem verkündete schließlich ein offizieller Slogan triumphierend: »Die Kultur hat ihre Haupstadt gefunden.« Wobei unterschlagen wurde, dass sich Marseille die europäische Ehre im Jahr 2013 mit der slowakischen Stadt Košice teilt. Aber natürlich ist das Marseiller Angebot ungleich reichhaltiger: 400 Ereignisse, 60 Ausstellungen, zahllose Konzerte, Aktionen in Stadtteilen, Schulen, öffentlichen Einrichtungen, sogar auf der wieder zugänglich gemachten Hafenmole – ein üppiges, kunterbuntes Programm mit Schwerpunkt Mittelmeerraum, das Ganze in drei aufeinanderfolgenden Kapiteln: »Marseille-Provence empfängt die Welt«, »Marseille-Provence unter freiem Himmel« und »Die tausend Gesichter von Marseille-Provence«.

So ephemer die Spektakel des Kulturhauptstadtjahres auch sein mögen, das Ereignis hinterlässt doch eine beachtliche neue Infrastruktur, die für die Zukunft eine Fülle weiterer Ereignisse garantiert. Auch bei der Eventkultur kann somit von nachhaltiger Entwicklung gesprochen werden.

Aber es gibt keine ungetrübte Freude. Im Laufe des Jahres 2012, als die PR-Maschinerie schon mächtig angelaufen war und allenthalben die Metamorphose von Marseille gepriesen wurde, häuften sich hässliche Meldungen über Gewaltakte in den nördlichen Stadtteilen und zogen die Aufmerksamkeit auf sich. Kaum hatte sich das Image aufgehellt, da verdüsterte es sich schon wieder, und es wurde in Presse und Fernsehen auf eine Weise über Marseille berichtet, die ganz und gar nicht ins Konzept passte: Blutige Abrechnungen zwischen konkurrierenden Drogendealerbanden, vorzugsweise ausgetragen mit Schusswaffen der Marke Kalaschnikow, Gangs, die die Bewohner von Großsiedlungen terrorisieren, Jugendliche, die zum Entsetzen von Eltern und Sozialarbeitern für Dealer Schmiere stehen statt in die Schule zu gehen – in manchen Zonen der Kulturmetropole herrschen Verhältnisse wie in der amerikanischen Fernsehserie »The Wire«.

Auf krachende Weise bringen sich die Probleme der »quartiers nord« in Erinnerung. Und sie sind keineswegs marginaler Art. Rund 300 000 Menschen leben in den nördlichen Arrondissements, das ist über ein Drittel der Marseiller Bevölkerung. Die Arbeitslosigkeit ist hoch, in einigen der Großsiedlungen liegt sie bei 50 Prozent. Für viele der jüngeren Leute sind die Perspektiven düster; nicht verwunderlich, dass sich Delinquenz und Kriminalität ausbreiten, dass Gewalt aufflackert in den heruntergekommenen Sozialburgen.

Dort hinaus fährt keine Straßenbahn und keine Metro. Es ist, als würde ein Riss durch die Stadt gehen. Die Cités des Nordens sind von den noblen Vierteln des Südens wie Roucas Blanc oder den neuen Glastempeln der Businesszone so weit entfernt wie der Mond. Seit Jahrzehnten wird an den heruntergekommenen Siedlungen herumgedoktert, werden kaputte Aufzüge repariert oder die Blocks und Türme gleich ganz gesprengt. Nur ändern solche Verbesserungsversuche nichts an der Wurzel des Problems: der hohen Arbeits- und Aussichtslosigkeit.

Beim aktuellen euromediterranen Großvorhaben spielt das alles freilich keine Rolle. »Das urbane Projekt geht vom Willen aus, Marseille auf das Niveau der modernen nordeuropäischen Normalstadt zu hieven. Es wird dazu an der architektonischen Qualität und den öffentlichen Räumen gearbeitet, ohne wirklich vom bestehenden sozialen Gewebe auszugehen«, schreiben die Urbanistikforscher Brigitte Bertoncello und Jérôme Dubois.

Aber um die Bedürfnisse und Nöte der Leute, die das bisherige Marseille bewohnen, geht es eben nicht, sondern um die Wünsche von Investoren und die Interessen einer neuen, bislang noch hypothetischen Bevölkerung. Gewiss, es besteht durchaus die Absicht, Marseille aus seiner Dauerkrise herauszubringen. Zugleich aber wird der Stadt eine neue Rolle als Dienstleistungskapitale am Mittelmeer zugewiesen. Das entspricht Frankreichs Ambitionen, größeren wirtschaftlichen und politischen Einfluss im mediterranen Raum auszuüben. Marseille soll sich durchsetzen im Konkurrenzkampf der europäischen Mittelmeermetropolen – dieser Vision ist die Unternehmung Euroméditerranée verpflichtet.

Trägheitsmomente

Was wird nun aus Marseille? Wird die Radikalerneuerung gelingen? Steht die Stadt vor einer neuen Blütezeit? Wird sie trotz ihrer vielen ungelösten Probleme zur tertiären und touristischen Königin am Mittelmeer? Sicher ist: Es kommen Besucher wie nie zuvor. Die Stadt wird mit großem Aufwand hergerichtet, angereichert, aufgehübscht, und über manche Verschönerungen wird man sich nicht beschweren wollen.

Aber wird die Rechnung aufgehen? Werden sie kommen, die erhofften Zuwanderer, und die »neue Zentralität« mit Leben erfüllen? Die kaufkräftigen Event- und Tagungstouristen? Wird sich das Kreuzfahrtpublikum als genügend ausgabefreudig erweisen, um den Erfolg der neuen Shoppingcenter abzusichern?

Bis auf Weiteres ist da noch das alte Zentrum der Stadt als Kontrastprogramm, mit seinem armen, aber exotischen Menschengewimmel, und einer anachronistischen, wiewohl mediterranen Art und Weise, den öffentlichen Raum zu nutzen, wo die Märkte – Marché Noailles, Marché de la Plaine, Marché aux Puces – nichts mit den zeitgemäßeren »euromediterranen« Malls zu tun haben. Die Frage ist nur, wie lange es dauern wird, bis das Neomarseille, die »neue Zentralität«, Einfluss nimmt auf die »alte Zentralität«. Vielleicht springt bald schon der Funke über, und es kommt zur lange vermissten Vitalisierung, Sanierung beziehungsweise Gentrifizierung dieser zurzeit noch von schlichten Menschen bewohnten Innenstadt. Dann würden sich endlich schicke Boutiquen, Design-Shops und Antiquitätenhändler in Belsunce und Noailles ansiedeln und Menschen mit europäischen Physiognomien das Straßenbild dominieren.

Sollte es nun doch endlich gelingen, Marseille den anderen französischen Großstädten – Paris, Lyon, Bordeaux, Nantes, Straßburg – anzugleichen, die schon seit den 1960er-Jahren die Rückeroberung der Stadtzentren und der Kleineleuteviertel an zentraler Lage vollzogen haben?

»Dies ist eine der Städte, die am längsten dem Zentralstaat und der Macht von Paris getrotzt haben. Ohne auf die Barrikaden zu steigen. Eher dadurch, dass den Direktiven, die aus der Hauptstadt kamen, Trägheit, mutwillige Verweigerung, Spitzfindigkeiten und Streiche entgegengesetzt wurden, um die Realisierungen zurückzuschrauben.« So der Publizist Philippe Meyer im Rundfunkprogramm »France Culture«. Dass es solche traditionellen Marseiller Trägheitsmomente gibt, die dem glatten Funktionieren entgegenwirken, daran besteht kein Zweifel. Man mag darin eine spezifische Form von Widerstand sehen, die gelegentlich dafür sorgt, dass sich nicht alles so entwickelt, wie zuvor gedacht. Vielleicht wird es doch noch ein wenig dauern, bis aus Marseille eine »normale« europäische Großstadt wird.

Zeittafel

Etwa 600 v. u. Z. Griechische Seefahrer aus dem kleinasiatischen Phokäa gründen die Kolonie Massalia am nördlichen Ufer der Lacydon genannten, tief eingeschnittenen Hafenbucht.

Um 330 v. u. Z. Erkundungsreise des Seefahrers Pytheas in den Nordatlantik, zu den Britischen Inseln und nach Jütland.

3. Jahrhundert v. u. Z. Marseille verbündet sich im zweiten Punischen Krieg mit Rom gegen die Karthager.

102 v. u. Z. Der römische Feldherr Marius besiegt die Kimbern und Teutonen bei Aix. Marius ist bis heute in Marseille ein beliebter Vorname.

49 v. u. Z. Marseille wird nach mehrmonatiger Belagerung von Julius Cäsars Truppen erobert. Die Stadt hatte sich auf die Seite von Cäsars Rivalen Pompeius gestellt. Beginn der Romanisierung.

4. Jahrhundert Unter Kaiser Konstantin wird das Christentum offizielle Religion. Marseille entwickelt sich zum religiösen Zentrum.

415 Johannes Cassianus gründet das Kloster Saint Victor.

737 Eroberung und Verwüstung durch die Franken, gefolgt von wiederholten Plünderungen durch die Sarazenen.

843 Durch den Vertrag von Verdun wird die Provence von Frankreich getrennt und ist bis zum Ende des 15. Jahrhunderts mit dem Heiligen Römischen Reich verbunden.

12. Jahrhundert In der Stadtrepublik des Mittelalters gibt das Handelsbürgertum den Ton an. Sein Unabhängigkeitsgeist hält Klerus und weltliche Herrscher auf Distanz.

1264 Die Provence fällt an das Haus Anjou, das auch Süditalien dominiert. Dadurch entstehen enge Handelskontakte mit Neapel und Sizilien.

1423 Marseille wird von einer katalanischen Flotte angegriffen, geplündert und fast komplett zerstört.

1481 Die Provence kommt durch Erbfolge ans Königreich Frankreich. Marseille lässt sich seine traditionellen Sonderrechte – Handelsprivilegien und interne Verwaltung – bestätigen.

1590 Vor dem Hintergrund der Religionskriege ergreift Charles de Casaulx, einer der Anführer der katholischen Liga, die Macht in der Stadt und regiert sie als aufgeklärter Diktator wie eine unabhängige Republik. Seine Popularität in der Bevölkerung schlägt in Ablehnung um, als Steuerlast und Teuerung immer drückender werden. 1595 wird er von einem früheren Mitstreiter umgebracht, und die königliche Macht über Marseille wird wiederhergestellt.

1660 Unterwerfung durch Louis XIV. Die Stadt verliert ihre interne Autonomie. Zwei Forts werden an den Hafeneingang gebaut, die vor allem zur Einschüchterung der Marseiller dienen. Die Wirtschaftselite profitiert von Colberts Handelspolitik. Das Arsenal der königlichen Galeeren bildet mit 12 000 Sträflingen eine »Stadt in der Stadt«.

1720 Durch die infizierte Ladung des Schiffs »Le Grand Saint Antoine« wird die letzte große Pestepidemie ausgelöst. Aristokraten und Klerus fliehen aufs Land. Fast die Hälfte der Bevölkerung stirbt. Eine Pestmauer soll das Übergreifen auf die Provence verhindern – vergeblich.

März 1789 Im Vorfeld der Französischen Revolution mündet eine Revolte in eine zwei Monate dauernde, illegale autonome Stadtregierung.

April 1790 Die Einnahme der Forts durch Aufständische wird als Fall der Marseiller Bastillen gefeiert.

August 1792 Ein Trupp von rund 500 Marseillern zieht nach Paris und beteiligt sich am Sturm auf den Tuilerien-Palast, der das Ende der Monarchie einleitet. Auf ihrem Marsch in die Hauptstadt singen sie ein neues Revolutionslied, die »Marseillaise«.

1793 Zwischen dem Marseiller Jakobinerclub und den Sektionen, den Basisversammlungen der Stadtteile bricht ein Konflikt aus. Die Sektionen lehnen die Autorität des Pariser Konvents ab und nehmen am föderalistischen Aufstand Teil. Dieser wird rasch durch Regierungstruppen niedergeschlagen.

1794 Einführung der Schreckensherrschaft durch Kommissare des Konvents. Marseille wird durch Namensentzug bestraft.

1799–1815 Ära von Napoléon Bonaparte. Kriege und englische Seeblockade führen zum wirtschaftlichen Niedergang.

1815–1848 Restaurationszeit und Julimonarchie. Epochenwechsel im Seehandel, Eroberung von Algerien, Beginn des Dampfmaschinenzeitalters in Industrie und Schifffahrt. Ein neuer Hafen wird gebaut.

1852–1871 Zweites Kaiserreich. Anbruch der Ära von Eisenbahn und Industriekapitalismus. Reedereien und Hafenbetrieb geraten unter die Dominanz von Pariser Banken und Gesellschaften. Napoléon III bereichert die Stadt mit dekorativen Bauwerken. Der Suezkanal wird eröffnet.

1871 Die Marseiller Kommune – ein letztes Aufbegehren gegen den Zentralstaat. Auf die Rückeroberung durch die Regierungsarmee folgen Repression und Belagerungszustand bis 1876.

Ab 1881 Das französische Kolonialreich dehnt sich aus. Marseille wird Frankreichs wichtigster Kolonialhafen.

Dezember 1905 Einweihung des Pont Transbordeur. Vier Monate später wird die erste Kolonialausstellung eröffnet.

1914–1918 Erster Weltkrieg. Marseille wird zur Drehscheibe der Kolonialtruppen.

1922 Zweite Kolonialausstellung. 1922 und 1923: Massen armenischer Flüchtlinge treffen in Marseille ein.

1929 Simon Sabiani wird zweiter Bürgermeister und damit zum eigentlichen Herrscher im Rathaus.

1934 Attentat auf den jugoslawischen König Alexander I. auf der Canebière.

1935 Der Sozialist Henri Tasso wird zum Bürgermeister gewählt.

1938 Beim Brand des Kaufhauses Nouvelles Galéries kommen 73 Menschen ums Leben. In der Folge wird Marseille unter staatliche Vormundschaft gestellt.

1940 Nach der Niederlage Frankreichs sammeln sich Flüchtlinge aus Hitlers Machtbereich und aus Spanien zu Tausenden in der Hafenstadt, in der Hoffnung, Europa zu entkommen.

November 1942 Deutsche Truppen besetzen die Südzone. 1943: Judendeportation und Sprengung des Hafenviertels durch Pioniere der Wehrmacht.

August 1944 Landung der Alliierten in der Provence. In Marseille lancieren Widerstandsgruppen den Aufstand. Die Stadt wird durch General Monsaberts Truppen befreit.

1944–1945 Raymond Aubrac amtiert als Kommissar der Republik in Marseille. Die wichtigsten Unternehmen werden requiriert und unter Beteiligung der Belegschaft weitergeführt.

1946 Der Kommunist Jean Cristofol wird der erste Bürgermeister nach Aufhebung der Vormundschaft über die Stadt.

1947 Ausbruch des Kalten Krieges. Im Hafen finden Boykottaktionen gegen die Verschiffung von Truppen und Waffen nach Indochina statt. Eine von Marseille ausgehende Streikbewegung weitet sich auf ganz Frankreich aus.

1953 Gaston Defferre wird von einer Koalition aus Sozialisten und bürgerlichen Zentristen zum Bürgermeister gewählt.

1962 Ende des Algerienkriegs. Hunderttausende Algerienfranzosen (Pieds-noirs) kommen in Marseille an.

1966 Die gaullistische Regierung lanciert das Projekt Fos-sur-Mer, eine Wirtschaftszone aus Tiefseehafen und Schwerindustrie nördlich von Marseille.

1971 Der Film *French Connection* thematisiert die Zusammenarbeit zwischen Marseiller Heroinlabors und der US-Mafia. Die Fortsetzung *French Connection* 2 kommt 1974 in die Kinos.

1986 Tod von Gaston Defferre. Sein Nachfolger als Bürgermeister wird der Chirurg Robert-Paul Vigouroux.

1988 Bei der Präsidentschaftswahl holt der Rechtsextremist Jean-Marie Le Pen in Marseille 28 Prozent der Stimmen.

1993 Olympique de Marseille (OM) gewinnt unter Vereinspräsident Bernard Tapie den Fußball-Europapokal.

1995 Vigouroux und Premierminiser Edouard Balladur vereinbaren das wirtschaftliche und städtebauliche Projekt Euroméditerranée. Jean-Claude Gaudin wird neuer Bürgermeister.

2004 Beginn der Auseinandersetzungen um die Sanierung der Rue de la République.

2007 Einweihung der neuen Straßenbahn. Grundsteinlegung für den CMA-CGM-Turm, das beherrschende Element der neuen Skyline. Der Sektor Euroméditerranée beginnt Gestalt anzunehmen.

2012 Schaffung des Nationalparks der Calanques im Süden der Stadt.

2013 Marseille-Provence Kulturhauptstadt Europas mit über 400 Events.

Literaturverzeichnis

Laurence Américi, Xavier Daumalin, *Les dynasties marseillaises,* Perrin, Paris 2010.

Marie-Françoise Attard-Maraninchi, *Le Panier, village corse à Marseille,* Autrement, Paris 1997.

Simone de Beauvoir, *In den besten Jahren,* Rowohlt, Reinbek 2008.

Lydie Belmonte, *La Petite Arménie. Histoire de la communauté arménienne à Marseille,* Jeanne Laffitte, Marseille 2004.

Daniel Bénédite, *La filière marseillaise. Un chemin vers la liberté sous l'occupation,* Clancier-Guénaud, Paris 1984.

Judith Benhamou-Huet, *Marseille traversées. Enquête littéraire,* Descartes & Cie, Paris 1995.

Walter Benjamin, *Denkbilder,* Suhrkamp, Frankfurt a. M. 1994.

Walter Benjamin, *Über Haschisch,* Suhrkamp, Frankfurt a. M. 1972.

Brigitte Bertoncello, Jérôme Dubois, *Marseille Euroméditerranée. Accélerateur de Métropole,* Parenthèse, Marseille 2010.

Pascal Blanchard, Gilles Boëtsch, *Marseille Porte Sud. Un siècle d'histoire coloniale et d'immigration,* La Découverte, Paris 2005.

Jean Boissieu, *Quand Marseille tenait les clés de l'Orient,* Fayard, Paris 1982.

Jean-Lucien Bonillo, *La Reconstruction à Marseille,* Imbernon, Marseille 2008.

Jean-Stéphane Borja, Martine Derain, Véronique Manry, *Attention à la fermeture des portes!,* éditions commune, Marseille 2010.

Olivier Boura, *Marseille ou la mauvaise réputation,* Arléa, Paris 2001.

Claude Camous, *La Commune à Marseille,* Autres Temps, Gémenos 2009.

Roland Caty, Eliane Richard, *Le Port Autonome de Marseille – Histoire des Hommes. Le Transport maritime,* Jeanne Laffitte, Marseille 2003.

Blaise Cendrars, *Die Signatur des Feuers,* Lenos, Basel 2000.

Edmonde Charles-Roux, *Elle, Adrienne,* Wunderlich, Tübingen 1971.

Bruce Chatwin, *Was mache ich hier,* Fischer, Frankfurt a. M. 2001.

Michel Chevalier, *Système de la Méditerranée,* Mille et une nuits, Paris 2006.

Joseph Conrad, *Der goldene Pfeil,* Fischer, Frankfurt a. M. 1984.

Jacqueline Cristofol, *Batailles pour Marseille,* Flammarion, Paris 1997.

Jacques Dérogy, Jean-Marie Pontaut, *Enquête sur les mystères de Marseille,* Robert Laffont, Paris 1984.

Karima Direche Slimani, Fabienne Le Houérou, *Les Comoriens à Marseille,* Autrement, Paris 2002.

Renée Dray-Bensousan, *Les Juifs à Marseille (1940–1944),* Belles Lettres, Paris 2004.

Roger Duchêne, Jean Contrucci, *Marseille. 2600 ans d'histoire,* Fayard, Paris 1998.

Les Ecrivains et Marseille, hg. von Julie Agostin, Yannick Forno, Jeanne Laffitte, Marseille 1997.

Alain Faujas, »Jean-Claude Gaudin, ou la revanche du ›gentil‹ Marseillais«, in: *Le Monde,* 21. Juni 1995.

Lisa Fittko, *Mein Weg über die Pyrenäen,* Hanser, München 1985.

Varian Fry, *Auslieferung auf Verlangen. Die Rettung deutscher Emigranten in Marseille 1940/41,* Fischer, Frankfurt a. M. 1995.

Pierre Gallocher, *Marseille trottoir,* Paul Tacussel, Marseille 1989.

Sigfried Giedion, *Bauen in Frankreich, Bauen in Eisen, Bauen in Eisenbeton,* Klinkhardt & Biermann, Leipzig 1928.

Mary Jayne Gold, *Marseille année 40,* Phébus, Paris 2001.

Marie-Christine Guérini, *La saga Guérini,* Flammarion, Paris 2003.

Gérard Guicheteau, *Marseille 1943. La fin du Vieux-Port,* Editions Daniel, Paris 1973.

Jacques Guilhaumou, *Marseille républicaine (1791–1793),* Presses de la Fondation nationale des sciences politiques, Paris 1992.

Pierre Guiral, *Libération de Marseille,* Hachette, Paris 1974.

Jean-Michel Guirard, *La Vie intellectuelle et artistique à Marseille à l'époque de Vichy et sous l'occupation 1940–1944,* Jeanne Laffitte, Marseille 1998.

Jean-Claude Izzo, *Die Marseille-Trilogie [Total Khéops, Chourmo, Soléa],* Unionsverlag, Zürich 2004.

Paul Jankowski, *Communism and Collaboration: Simon Sabiani and Politics in Marseille, 1919–1944,* Yale University Press, New Haven 1989.

Egon Erwin Kisch, *Gesammelte Werke,* Bd. 5, Aufbau, Berlin 1983.

Wolfgang Koeppen, *Reisen nach Frankreich,* Suhrkamp, Frankfurt a. M. 1981.

Siegfried Kracauer, *Straßen in Berlin und anderswo,* Suhrkamp, Frankfurt a. M. 2009.

Patrick Langer, *Le pont à transbordeur,* Actes Sud, Arles 2006.

Bruno Le Dantec, *La ville-sans-nom. Marseille dans la bouche de ceux qui l'assassinent,* Le Chien rouge, Marseille 2007.

Prosper Lissagaray, *Geschichte der Commune von 1871,* Suhrkamp, Frankfurt a. M. 1971.

Albert Londres, *Marseille, porte du Sud,* Jeanne Laffitte, Marseille 1980.

Jean Malaquais, *Journal de guerre, suivi de Journal du métèque,* Phébus, Paris 1997.

Jean Malaquais, *Planète sans visa,* Phébus, Paris 1999.

Georges Marion, *Gaston Defferre,* Albin Michel, Paris 1989.

Marseille, hg. von Jean-Claude Baillon, Autrement, Paris 1989.

Marseille, entre ville et ports. Les destins de la rue de la République, hg. von Pierre Fournier, Sylvie Mazzella, La Découverte, Paris 2004.

Marseille ville & port, hg. von Jean-Lucien Bonillo, Parenthèses, Marseille 1991.

Paul Masson, *Marseille et la colonisation française. Essai d'histoire coloniale,* Barlatier, Marseille 1906.

Alfred W. McCoy, *The Politics of Heroin. CIA Complicity in the Global Drug Trade,* Lawrence Hill Books, Chicago 2003.

Claude McKay, *Banjo,* Black Classics, London 2000.

Walter Mehring, *Wir müssen weiter. Fragmente aus dem Exil,* Ullstein, Frankfurt a. M. 1981.

Niklaus Meienberg, *Das Schmettern des gallischen Hahns,* Limmat, Zürich 1984.

Robert Mencherini, *La Libération et les entreprises sous gestion ouvrière. Marseille, 1944–1948*, L'Harmattan, Paris 1994.

Robert Mencherini, *Midi rouge, ombres et lumières. Les années de crise, 1930–1940*, Syllepse, Paris 2004.

Robert Mencherini, *Midi rouge, ombres et lumières. Vichy en Provence*, Syllepse, Paris 2009.

Robert Mencherini, *Midi rouge, ombres et lumières. Résistance et Occupation 1940–1944*, Syllepse, Paris 2011.

Ahlrich Meyer, *Marseille 1942–1944. Der Blick des Besatzers*, Temmen, Bremen 1999.

Klaus Michael, »Vor dem Café. Walter Benjamin und Siegfried Kracauer in Marseille«, in: *Aber ein Sturm weht vom Paradiese her. Texte zu Walter Benjamin*, hg. von Michael Opitz, Erdmut Wizisla, Reclam, Leipzig 1992.

Pierre Milza, *Napoléon III*, Perrin, Paris 2006.

Soma Morgenstern, *Flucht in Frankreich*, Aufbau, Berlin 2000.

Jean-Baptiste Nicolai, *Simon Sabiani*, Olivier Orban, Paris 1991.

Antoine Olivesi, *La Commune de Marseille et ses origines*, Jeanne Laffitte, Marseille 2004.

Marcel Pagnol, *Marius – Fanny – Cesar. Szenen aus Marseille*, Goldmann, München 1986.

Jean-Louis Parisis, *Une ville en fuite. Marseille 1940–1942*, éditions de l'aube, La Tour d'Aigues 1992.

Hertha Pauli, *Der Riss der Zeit geht durch mein Herz*, Ullstein, Frankfurt a. M. 1990.

Michel Peraldi, Michel Samson, *Gouverner Marseille*, La Découverte, Paris 2005.

Jean-Pierre Péroncel-Hugoz, *Villes du Sud*, Payot, Paris 1990.

Fritz J. Raddatz, »Der Engel von Marseille«, in: *Die Zeit*, 5. März 1993.

Pierre Rastoin, *Marseille quai d'avenir*, J.-C. Lattès, Paris 1985.

Rolf Reichardt, »L'année 1790. Prise et démolitions des Bastilles Marseillaises«, in: *Marseille en révolution*, Editions Rivages, Marseille 1989.

Gilbert Rochu, *Marseille. Les années Defferre*, Alain Morau, Paris 1983.

Joseph Roth, »Die weißen Städte«, in: *Werke*, Bd. 3, Kiepenheuer & Witsch, Köln 1976.

Hans Sahl, *Das Exil im Exil*, Luchterhand Literaturverlag, Frankfurt a. M. 1990.

Hans Sahl, *Die Wenigen und die Vielen*, dtv, München 1994.

Michel Samson, »Guerre et paix aux ›puces‹ de Marseille«, in: *Le Monde*, 21. Februar 1999.

Pierre Sauvage, *Varian Fry in Marseille*, Chambon Foundation, Los Angeles 2007.

Anna Seghers, *Transit*, Luchterhand, Darmstadt 1981.

André Segond, *Marseille ville impériale*, Autres Temps , Gémenos 2010.

André Suarès, *Marsiho*, Jeanne Laffitte, Marseille 1990.

Emile Témime, *Marseille transit: les passagers de Belsunce*, Autrement, Paris 1995.

Emile Témime, *Migrance: Histoire des migrations à Marseille*, Jeanne Laffitte, Marseille 1999.

Emile Témime, *Histoire de Marseille*, Jeanne Laffitte, Marseille 2006.

Kurt Tucholsky, »Marseille«, in: *Gesammelte Werke*, Bd. 10, Rowohlt, Reinbek 1975.

Alessi dell'Umbria, *Histoire universelle de Marseille*, Agone, Marseille 2006.

Henri Verneuil, *Mayrig*, Robert Laffont, Paris 1985.

Jean Viard, *Marseille, une ville impossible*, Payot, Paris 1995.

Fred Wander, *Hôtel Baalbek*, dtv, München 2010.

Bildnachweis

Farbfotos: Orlando Piña, Lausanne

I	Agence Rol, Bibliothèque nationale de France
IV	Agence Rol, Bibliothèque nationale de France
V	Agence de presse Meurisse, Bibliothèque nationale de France
VI	Agence Rol, Bibliothèque nationale de France
VII	Agence Rol, Bibliothèque nationale de France
X	Agence Rol, Bibliothèque nationale de France
XI	Agence Rol, Bibliothèque nationale de France
XII	Agence Rol, Bibliothèque nationale de France
XVII	Agence Rol, Bibliothèque nationale de France
XXI	Beide: Agence de presse Meurisse, Bibliothèque nationale de France
XXIV	Oben: Bundesarchiv Deutschland, Bild 101I-027-1477-29, Fotograf: Vennemann, Wolfgang, 24. Januar 1943 Unten: Bundesarchiv Deutschland, Bild 101I-027-1480-19, Fotograf: Vennemann, Wolfgang, 10. Februar 1943
XXV	Oben: Bundesarchiv Deutschland, Bild 101I-027-1474-26A, Fotograf: Vennemann, Wolfgang, Januar 1943 Unten: Bundesarchiv Deutschland, Bild 101I-027-1474-18, Fotograf: Vennemann, Wolfgang, Januar 1943
XXVI	Oben: ECPA, DAM 1414, L 6; Foto: Weber Unten: Bundesarchiv Deutschland, Bild 101I-027-1481-11, Fotograf: Vennemann, Wolfgang, Februar 1943

Personenregister

R

S

T

U

V

W

Z

Ramón Chao
Ignacio Ramonet

Paris – Stadt der Rebellen

Ein Kulturführer

Mit Farbfotos, zahlreichen historischen Abbildungen und Stadtplänen

420 Seiten, Klappenbroschur, 2010
ISBN 978-3-85869-418-8
Fr. 42.–/Euro 32,50

Dieses Buch begleitet uns auf Streifzügen durch das rebellische Paris. Lesebuch und Stadtführer in einem, nimmt es uns mit durch die Arrondissements, erzählt Anekdoten und hebt vergessene Schätze der Geschichte von Paris.
Ergänzt wird der Band mit vielen historischen und zeitgenössischen Fotos und praktischen Stadtplänen.

»Dieser Paris-Verführer macht Lust auf Entdeckungen des politischen und kulturellen Gewebes der Stadt. Zu Flora Tristan, Olympe de Gouges und Louise Michel gesellt sich Josephine Baker so selbstverständlich wie Casanova zu Simón Bolívar, Marx & Engels, Lenin, Ho Chi Minh und Frantz Fanon.«

Pieke Biermann, Deutschlandradio

Ursula Bauer
Jürg Frischknecht
Marco Volken

Wandern in der Stadt Zürich

Farbfotos von Marco Volken
Mit Stadtplänen und Serviceteil

328 Seiten, Klappenbroschur
3. Auflage 2013
ISBN 978-3-85869-481-2
Fr. 39.–/Euro 32,–

Da wo Zürich am grünsten ist, da wo auf Industriebrachen das urbane Zürich boomt, da wo sich die Katzen Gute Nacht sagen und da, wo man auch in Wanderschuhen einkehren kann. Es darf aber auch flaniert werden, da wo schon Gottfried Keller und James Joyce promenierten.

»Die schönste Stadt der Welt kann man jetzt auch in den Wanderfinken entdecken.«
Radio Energy